跨学科视野下的易学丛书（第一辑）

丘亮辉 ◎ 主编

儒学视野下的易学

史少博 著

华南理工大学出版社
·广州·

图书在版编目（CIP）数据

儒学视野下的易学 / 史少博著. —广州：华南理工大学出版社，2017.8
（跨学科视野下的易学丛书/丘亮辉主编. 第一辑）
ISBN 978-7-5623-5364-5

Ⅰ. ①儒… Ⅱ. ①史… Ⅲ. ①《周易》-研究 Ⅳ. ①B221.5

中国版本图书馆 CIP 数据核字（2017）第 192240 号

Ruxue Shiye Xia De Yixue
儒学视野下的易学
史少博　著

出 版 人：卢家明
出版发行：华南理工大学出版社
　　　　　（广州五山华南理工大学17号楼，邮编　510640）
　　　　　http://www.scutpress.com.cn　E-mail: scutc13@scut.edu.cn
　　　　　营销部电话：020-87113487　87111048（传真）
项目负责人：卢家明
策划编辑：罗月花
责任编辑：庄　严　林起提
印　刷　者：广州市新怡印务有限公司
开　　　本：787mm×1092mm　1/16　印张：15.5　字数：328 千
版　　　次：2017 年 8 月第 1 版　2017 年 8 月第 1 次印刷
印　　　数：1～2 200 册
定　　　价：66.00 元

版权所有　盗版必究　　印装差错　负责调换

"跨学科视野下的易学丛书"（第一辑）编辑委员会

主　编　丘亮辉

副主编　卢家明　王跃程

编　委　（以姓氏笔画为序）

　　　　　王炳中　王俊龙　王跃程　王翼宁　丘　东

　　　　　丘亮辉　卢家明　史少博　孙　涤　孙熙国

　　　　　朱　波　朱彦民　李　定　李仕澂　吴克峰

　　　　　杨效雷　罗月花　欧阳维诚　韩　伟

秘　书　王俊龙（兼）

作者简介

史少博,女,清华大学博士后,西安电子科技大学教授,兼通易学象数和义理研究。出版专著有《周易与企业管理》《朱熹易学与理学关系探赜》《土田健次郎对儒家思想的研究与传播》等,在《哲学研究》《哲学动态》等国内外刊物上发表论文100余篇,主持省部级以上课题6项,获得多项省级以上科研奖励。

总 序

易学文化是中华文明特有的、传承五千年从未间断的文化基因，深刻影响着中华民族代代相传的认知模式、思维范式和生活方式。在不同时代背景下，面对新的问题以及解决问题的条件和方式不同，经过历代易学家不断诠释和阐发，从而形成各具时代特色的易学。从科学的视角看，几千年来的易学研究主要集中于四大问题：一为卦的排序和变换以及卦画的起源问题，二为卦爻辞的解释和训诂问题，三为卦爻辞与符号对应的逻辑关系问题，四为筮法的意义及其推理可靠性问题。人类文明进入我们的时代，呼唤创建现代易学。

清末以来的百年易学研究仍未能建立起一个有别于农业文明时代的、能够适应工业文明乃至信息文明时代的现代易学体系，关键在于缺乏一种易学科学化的意识。正如董光璧所说，在科学文明主导时代的易学的生存和发展，在很大程度上取决于它能否适应科学化的当代社会。比特时代即将取代原子时代，作为比特先驱的古老的易学，面临着科学的考验，现代易学研究必须走科学化的新路。现代易学体系应该是一种模型论的、科学的理论体系。现代易学要继承易学经典的精华，吸纳先进的科学文化、现代文明的人文精神和各种人文关怀，从跨学科的视野研究易学经典，发现易学中潜在的科学智慧。

20世纪80年代末我跟随北京大学朱伯崑教授研习易学。在中国科学技术协会所属的中国自然辩证法研究会成立东方国际易学研究院和易学与科学专业委员会，倡导研究现代易学。经民政部注册成立国际易学联合会，团结海内外研究现代易学的学者群，开创国际易学研究的新阶段。2012年我和王跃程、龚心瀚等发起成立太湖书院，并确立"现代易学启智慧"为书院宗旨，团结一大批海内外易学界、科技界的精英，努力打造现代易学研究的学术重镇，以现代科学和人文理念研究易学经典、创建现代易学研究新范式、探索古老的易学思想融入现代生活实践的可行路径。书院先后召开了三次全国现代易学学术研讨会，在《太湖春秋》发表了一批现代易学研究的最新成果，并于2016年发起成立了国际易学联合会现代易学专业委员会。在此基础上提出编辑出版"跨学科视野下的易学"丛书，成立编委会，组织对易学研究有专攻、成就卓著的学者承担撰写工作。经过共同努力，"跨学科视野下的易学丛书"（第一辑）6种《思维模式视野下的易学》《数理视野下的易学》《符号学视野下的易学》《诠释学视野下的易学》《史学视野下的易学》《儒学视野下的易学》即将与广大读者见面。

2016年习近平《在哲学社会科学工作座谈会上的讲话》中提出"新兴学科和交叉学科创新发展""要提倡理论创新和知识创新，鼓励大胆探索，开展平等、健康、活泼和充分说理的学术争鸣，活跃学术空气。要坚持和发扬学术民主，尊重差异，包容多样，提倡不同学术观点、不同风格学派相互切磋、平等讨论"。在这个背景下，组织编撰"跨学科视野下的易学丛书"具有重要的意义。本丛书是一套引进理学研究方法，以跨学科、文理交融的学术视野阐述易学理论的现代易学丛书，倡导以科学精神和现代人文理念研究易学经典，通过中国优秀文化传播，让人们了解《周易》不是迷信之说，而其精髓是用哲学的思维、从辩证的角度揭示世间万物发展的大规律，以及人生大智慧。把这一文化作为"文明之旅""文化之旅"的使者，为中外文化交流，科技、经济等领域的合作传播正能量。因此，本丛书的出版既具有弘扬中国传统文化、挖掘优秀历史文化古为今用的文化传承价值，又具有研究易学在不同学科中的应用价值。同时，也有助于易学研究的国际交流与传播。

本丛书（第一辑）是从跨学科的视野研究易学的初步尝试，后续各辑将从现代科学各学科的视野、传统文化各学派的视野以及医、农、历法等专业层面的视野剖析易学，把丛书继续下去，充分展示科学释易的成果。

应当指出，古老的易学和现代科学所处的时代不同，研究的对象不同，研究方法各异，生成论和模型论体系的差别，等等，使得科学释易的任务十分艰难，作为第一次自觉地探索现代易学的本丛书，期盼更多的学者的参与以及读者的批评指正！

丘亮辉

国际易学联合会荣誉会长、中国自然辩证法研究会原副理事长、太湖书院山长

2017年8月2日

前　言

《儒学视野下的易学》不仅阐释了传统意义上的儒学视野下象数、义理派彼此消长的易学发展脉络，而且阐释了儒学视野下的"卜筮"说、"风水"说，并且还阐释了儒学向国外传播中的易学。

《易》本是卜筮之书。"卜筮""风水"都属于"术数"，《四库提要》曰："术数之兴，多在秦汉以后，要其旨，不出乎阴阳五行、生克制化。实皆易之支派，傅以杂说耳。"由此可见，"术数"是易学的一个分支。历史上儒学家们大都对易学中的"卜筮"等有所阐释，例如孔子、董仲舒、朱熹等都对"易"中的"术数"进行了精湛的研究。故而，不拘泥传统意义上的易学象数、义理脉络的研究，而阐释儒学视野下的易学，在学术上将具有一定的价值。

20世纪初，宁夏黑水城出土了西夏（1038—1227）汉文写本《卜筮要诀》，故而从时间上看，卜筮的产生显然比儒学产生得早。然而，从儒学诞生的那一天起，儒学与易学就有着不可分割的联系，《易经》列为儒家群经之首即是明证。《易》中"卜筮"等"术数"影响着儒学的思维方式，也影响着统治者的思维，例如汉代的朝廷，设有"太卜"之官，专门掌管"祷祠龟策占兆，审卦吉凶"。汉代关于卜筮的著作，主要有：焦延寿的《易林变占》，京房的《易占》《周易占》《周易妖占》《周易占事》《周易逆刺占灾异》《占梦书》《风角五音占》等。尽管随着社会的进步和时代的发展，我们已经不再迷信"卜筮"等"术数"，但是本书通过全新视角揭示儒学视野下的易学发展脉络，将会在实践中对我们某些积淀已久的思维方式，有一定的重新认识。

有人认为《周易》可以概括为象、数、理、占四个部分。但在易学发展史上，易学家往往把"数""占"都归属象数部分，"占"属于"术"。所以，易学家们一般都从"象数"与"义理"两个方面来阐释《周易》。有的易学家偏重阐释《周易》的象数，有的易学家偏重阐发《周易》的义理，还有的易学家既重视《周易》的象数又重视《周易》的义理。关于《周易》的研究路径，笔者将在本书中比较详细地论述，有关论文曾发表在2006年第三期《哲学动态》上。

纵观古代的著名易学家，他们大都也是著名的儒学家，这就形成了儒学和易学难解难分的融合。分析儒学视野下的易学，笔者认为不能泛泛而论，而应该深入儒学家的思想深处，透视出其儒学视野下的易学思想，才能阐释儒学视野下易学的真正蕴含，故而本书分析了儒学著名的代表人物孔子、董仲舒、王充、朱熹的易学思想，从而总体上把握儒学视野下易学的脉络。因为孔子是儒学的开创者，也对《周易》有精湛的研究，正如李学勤先生所说："孔子不仅开创了儒学，也确实开创了易学。"董仲舒作为汉代著名的今文经学大师，不仅利用道家和阴阳家的思想资料通过阐发儒家经典中的微言大义，为汉武帝建立专制主义中央集权的大一统的汉帝国进行论证，而且还大谈符瑞与灾异。董仲舒的特点是以儒家学说为基础，引入了阴阳五行理论，建成新的思想体系。董仲舒的阴阳五行理论不仅被后代易学家所继承发展，而且其"符瑞与灾异"说，也被后世的江湖术士所利用。王充是中国历史上的大思想家，也是中国古代为数不多的在今天具有国际影响的伟大人物。王充是儒家学者中的特色人物，他信奉儒学，但又不囿于一般的"俗儒"之学。在"罢黜百家，独尊儒术"的汉代，王充不盲从儒家的思想，而是敢于批判儒家的思想，他的著作《论衡》虽然是东汉时期著名的唯物论、无神论作品，也在《周易》术数的阐述上做出了很大贡献，在易学史上有着不可估量的价值。王充的"气禀"说，后来成为《周易》术数中八字推命术的理论基础；王充的"骨相"说，后来成为《周易》术数中相术的理论基础；王充对《图宅术》的批判，促使中国风水术不断反思、不断发展，一定程度上促进了中国风水术的发展。朱熹是南宋著名的儒学家，是儒学集大成者，也是著名的易学大家。分析朱熹的思想，会更深入地透视出儒学视野下的易学脉络。

为了使广大读者更好地理解儒学视野下的易学，本书还论述了儒学视《周易》义理和儒学视《周易》象数，以及儒学对外传播中的易学传播。对儒学与《周易》的研究，往往仁者见仁，智者见智。本书只是笔者思考的结晶，希望与各位儒学与易学专家共同进行探讨，从而不断推动易学研究的进步。

目 录

第一章　儒学概述 …………………………………………………（1）
第一节　儒学的内涵及发展 …………………………………（1）
一、儒学的内涵 ………………………………………………（1）
二、儒学的发展 ………………………………………………（1）
第二节　儒学的《五经》《六经》《十三经》 …………………（6）
一、《五经》《六经》之说 ……………………………………（6）
二、十三经之说 ………………………………………………（7）
第三节　《易经》为儒学群经之首 ……………………………（9）

第二章　《周易》相关理论 …………………………………………（11）
第一节　《周易》《易经》"易学"概念的界定 ………………（11）
第二节　中国古代"五行"配"五常"的演化 ………………（12）
第三节　《乾凿度》的卦气说 …………………………………（16）
一、《乾凿度》卦气说的内涵 ………………………………（17）
二、《乾凿度》卦气说的人文精神 …………………………（21）
第四节　《周易》不仅有归纳法而且有演绎法 ……………（22）
第五节　《周易》是否阻碍科学发展的论争 ………………（26）
第六节　《周易》的研究路径评述 ……………………………（28）

第三章　著名儒学家与易学 ………………………………………（33）
第一节　孔子与易学 ……………………………………………（33）
一、孔子开创了儒学和易学 ………………………………（33）
二、孔子与谶纬 ………………………………………………（35）

1

三、蒙培元论孔子与《周易》 …………………………………… (40)
第二节　董仲舒与易学 …………………………………………… (46)
　　一、董仲舒五行说与天人感应论 ………………………………… (46)
　　二、董仲舒的谶纬与瑞祥灾异说 ………………………………… (48)
第三节　王充与易学 ……………………………………………… (54)
　　一、王充论"命" ………………………………………………… (54)
　　二、王充《论衡》对《周易》术数的贡献 ……………………… (59)
第四节　论苏轼易学与王弼易学之同异 ………………………… (63)
　　一、苏轼和王弼解《易》都注重义理 …………………………… (63)
　　二、苏轼与王弼解《易》观点相近之中的相异之处 …………… (65)
第五节　朱熹与易学 ……………………………………………… (69)
　　一、"太极，理也"沟通朱熹易学和理学 ……………………… (69)
　　二、朱熹论"命" ………………………………………………… (76)
　　三、朱熹"五行"配"五常" …………………………………… (81)
　　四、朱熹心性论和易学的关系 …………………………………… (85)
　　五、朱熹用"禀气"说明人的道德先在性 ……………………… (94)
　　六、朱熹"存天理、灭人欲"与易 …………………………… (101)
　　七、朱熹的义利观与易 ………………………………………… (105)

第四章　儒学视野下的《周易》义理 ………………………………… (110)
第一节　易与天地准，弥纶天地之道 ………………………… (110)
　　一、儒学视野下《周易》的"天人合一"思想 ……………… (110)
　　二、儒学视野下《周易》的环境观 …………………………… (114)
第二节　为天地立心、为生民立命 …………………………… (119)
　　一、儒学视野下《周易》的君子之道 ………………………… (119)
　　二、儒学视野下《周易》的忠君及民族精神之思想 ………… (126)
　　三、儒学视野下《周易》的夫妇之道 ………………………… (129)
第三节　通天下之志、定天下之业、断天下之疑 …………… (133)
　　一、"几者，动之微，吉凶之先见者也" …………………… (133)
　　二、"正，终吉" ………………………………………………… (133)

三、"不正,终凶" ………………………………………………………… (134)

第五章 儒学视野下的《周易》象数 …………………………………… (136)

第一节 《周易》象数思维 …………………………………………… (136)
一、《周易》象数思维的内涵 ………………………………………… (136)
二、《周易》象数思维中取象的有序性与无序性的矛盾 …………… (138)
三、《周易》象数思维中"运数"比类的矛盾现象 ………………… (140)

第二节 《周易》术数学的哲学价值 ………………………………… (143)
一、《周易》术数学的发展过程 ……………………………………… (143)
二、术数的分类 ………………………………………………………… (144)
三、《周易》术数对中国哲学的影响 ………………………………… (146)

第三节 中国内地对古代术数研究缺失问题 ………………………… (149)
一、中国内地对术数之源《周易》的研究现状 ……………………… (149)
二、中国内地对术数研究缺失而造成的问题 ………………………… (150)
三、解决中国内地对《周易》的术数研究问题的路径 ……………… (153)

第四节 探析中国古代"相面术"的人脸认知 ……………………… (154)
一、中国古代"面相术"的产生发展 ………………………………… (155)
二、"中国古代相面术"对人的认知 ………………………………… (155)
三、中国古代"相面术"对现代"人脸认知"有启迪意义 ………… (157)

第五节 儒学视野下的"卜筮"说 …………………………………… (159)
一、儒学视野下的"卜筮"发展期、盛行期 ………………………… (160)
二、儒学视野下的"卜筮"衰落期 …………………………………… (163)
三、儒学视野下的"卜筮"回升兼容期 ……………………………… (165)

第六节 儒学视野下的"风水"观 …………………………………… (168)
一、儒学视野中的"气"与"风水"观中的"气" ………………… (169)
二、儒学视野中的"五行"与"风水"观中的"五行" …………… (170)
三、儒学视野中的"孝"与"风水"观中的"葬" ………………… (171)
四、儒学视野中的"天人合一"与"风水"观中的"择地而居" … (172)
五、余论 ………………………………………………………………… (173)

第六章　儒学对外传播中的易学传播 ……………………………………（177）

第一节　儒家思想在西方的传播中的易学传播 ……………………（177）
　　一、《易经》在西方早期的传播 …………………………………（177）
　　二、近现代儒学在西方的传播中易学随之广泛传播 …………（183）

第二节　儒家思想在亚洲的传播 ……………………………………（185）
　　一、儒家思想在日本传播与研究的发展 ………………………（185）
　　二、江户时期伊藤仁斋《易经古义》之探析 …………………（190）
　　三、日本江户时期的《易道拨乱辨》对《易道拨乱》之辩驳 ……（203）
　　四、日本江户时期伊藤仁斋的《大象解》之探析 ……………（214）
　　五、儒家思想在朝鲜半岛传播中的易学研究 …………………（224）
　　六、儒家思想在新加坡传播中的易学传播 ……………………（225）

参考文献 ………………………………………………………………（227）

索引 ……………………………………………………………………（232）

后记 ……………………………………………………………………（234）

第一章
儒学概述

第一节 儒学的内涵及发展

一、儒学的内涵

儒学即儒家学说。儒家之学起源于春秋时期的孔子思想，通常认为孔子开创了儒家之学。《论语·雍也》中有："子谓子夏曰：'女为君子儒，无为小人儒'。"可见"儒"字在孔子对子夏的谈话中已经提到，这说明"儒"字有可能在孔子之前就已经出现。据考证："甲骨文中有儒帝子、儒人、儒师、子儒的记载（见《甲骨续存》11859片，《京都甲骨》2894片，《铁云藏龟》1683片，《殷虚文字乙编》7715片）。由这些名词可见，殷商时代，儒已经是高贵的职称，往往和帝子、公子、国师联系在一起。"[①]孔子的思想为什么被认为是儒学之开端？其思想为什么被称为"儒"学？什么是"儒"？《说文解字》中记载："儒，柔也，术士之称。从人，需声。"从字形上看，"儒"字左边为"人"，右边为"需"，即从人、从需，即"柔"。殷代或更早就有了专门负责办理丧葬事务的神职人员，这些人被称为巫师、术士。由于这种职业收入低微、社会地位低下，做事时要仰人鼻息，故而这些人就形成了比较柔弱的性格，这些人或许被称为儒，但无从考证。孔子最初就是从事这种职业的人，又做过司空，后为大司寇。汉代刘歆的《七略》中说："儒家者流，盖出于司徒之官，助人君，顺阴阳，明教化者也，游文于六经之中，留意于仁义之际，祖述尧舜，宪章文武，宗师仲尼，以重其言，于道最为高。"其中，"盖出于司徒之官"的"盖出于"含有不确定之意。

二、儒学的发展

（一）先秦儒学时期

先秦时代是儒学的创始期，这一时期的儒学家主要以孔子、孟子、荀子为代表。

[①] 孔祥骅. 先秦儒学起源巫史考. 社会科学, 1991 (2)：43.

儒学思想在这一时期已发展完善，并逐渐形成了儒学理论体系。战国时期，"儒分为八"，其中最具影响的是孟子和荀子两派。

孔子（公元前551年9月28日—公元前479年4月11日），华夏族，孔氏，名丘，字仲尼。祖籍宋国（今河南省商丘市夏邑县），春秋末期鲁国陬邑（今山东省曲阜市南辛镇）人。孔子是春秋末期著名的思想家、政治家、教育家，儒家学派的创始人，开创了私人讲学的风气。孔子被誉为"天纵之圣""天之木铎"，是当时社会上最博学者之一，被后代封建统治者尊为孔圣人、至圣、至圣先师、万世师表、文宣皇帝、文宣王，位列"世界十大文化名人"之首。相传他有弟子三千，贤弟子七十二人，曾带领部分弟子周游列国。他编纂修订《诗》《书》《礼》《乐》，序《周易》，撰写《春秋》。孔子去世后，其弟子及其再传弟子把孔子及其弟子的言行语录和思想记录下来，整理编成著名的儒家学派经典《论语》。其儒家思想对中国和世界都有深远的影响，世界上很多地方都有孔庙用以祭祀孔子。

孟子（约公元前372年—公元前289年），名轲，字子舆，战国中期鲁国邹人（今山东邹县东南部人），距离孔子的故乡曲阜不远。孟子是著名的思想家、政治家、教育家，孔子学说的继承者，儒家的重要代表人物。相传孟子是鲁国贵族孟孙氏的后裔，幼年丧父，家庭贫困，曾受业于子思的学生。学成以后，以士的身份游说诸侯，企图推行自己的政治主张，到过梁（魏）国、齐国、宋国、滕国、鲁国。当时几个大国都致力于富国强兵，争取通过暴力的手段实现统一。他继承了孔子"仁"的思想并将其发展成为"仁政"思想，被称为"亚圣"。孟子也是一位深谙易道的易学家。关于这一点，清末大儒杭辛斋早有揭示。杭氏认为：懂得易学并不在于口道乾坤坎离，关键在于心法天道德义："孟子继孔子之后，七篇之首，即揭明仁义大旨，而归体于性善及经正。孔子立人之道，曰仁曰义，及继善成性之嫡系也。安见孟子之不知《易》哉！……"竹书、帛书《五行》的出现，使宋儒追慕崇尚的思孟一派儒学的流传线索重新凸显了出来。任国杰《童子问易》中认为："思孟学派这种将术数引入儒门的努力，高扬'人道'主义旗帜的表现，是企图把儒家的道德条目加以自然哲学和生命哲学化的明证。其理论勇气是巨大的，对国人思维方式影响也是深远的，甚至可以说其对我国古代社会发展进程影响都是深刻的。自此，易学真正走上了医国、医人、医病的光辉历程。孟子曾言'五百年必有王者兴'，其间隐含着终始交替的意蕴。由此看来，应是思孟学派开'五德始终说'之先河。"①

荀子（约公元前313年—公元前238年），名况，字卿，华夏族（汉族），赵国郇（今山西运城临猗县）人，一说今河北邯郸人。时人尊而号为"荀卿"，西汉时因避汉宣帝刘询讳，因"荀"与"孙"二字古音相通，故又称孙卿。著名思想家、

---

①任国杰. 童子问易. 北京：人民出版社，2013：23.

文学家、政治家,儒家代表人物之一。曾三次出任齐国稷下学宫的祭酒,后为楚兰陵(今山东兰陵)令。荀子对儒家思想有所发展,提倡"性恶论",其学说常被后人拿来跟孟子的"性善说"比较。荀子对重新整理儒家典籍也有相当显著的贡献。荀子的思想偏向于经验以及人事方面,从社会脉络方面出发,重视社会秩序,反对神秘主义的思想,重视人为的努力。孔子中心思想为"仁",孟子中心思想为"义",荀子继二人之后提出"礼""法",重视社会上人们行为的规范。他以孔子为圣人,但反对以孟子和子思为首的"思孟学派"哲学思想,认为子贡与自己才是继承孔子思想的学者。荀子认为人与生俱来就想满足欲望,若欲望得不到满足便会发生争执,因此主张人性有恶,须要由圣王及礼法的教化,来"化性起伪",使人格提高。与孔、孟相比,荀子的思想具有更多的现实主义倾向。他在重视礼义道德教化的同时,也强调了政法制度的惩罚作用。

(二) 两汉宗教化的儒学时期

汉初统治者为了治理因秦末苛政、战乱造成的社会民生极度凋敝的状况,采用了简政约法、无为而治、与民休息的方针政策,以恢复社会的生机。与此相应,在文化思想上则主要是推崇和提倡黄老道家学说。这种情况一直延续到汉武帝时才有所变化。但是当时儒学在传授历史文化知识方面,对汉初社会仍然是很有影响的。儒家所推崇的历史文献——"六经"的传授和研究,也是得到官方的肯定和重视的。荀子的学说在汉初儒家中影响很深,"六经"中的《诗》《易》《礼》《乐》等学,都有荀学的传承。同时,荀子作为先秦诸子和儒家各派学说的集大成者,他那广采各家学说之长的学风,对汉初思想也有很大的影响。如,西汉大儒董仲舒的学说中,不仅接受和发扬了荀子关于礼法并重、刑德兼用的理论,而且还大量吸收了墨家"兼爱""尚同"的理论,乃至墨家学说中某些带有宗教色彩的思想。更为突出的是,在他专攻的春秋公羊学中,充满了阴阳家的阴阳五行学说,并使阴阳五行思想成为汉以后儒家学说中的一个重要组成部分。班固在《汉书·五行志》中说:"董仲舒治公羊春秋,始推阴阳,为儒者宗"①,就清楚地指出了这一事实。董仲舒曾向汉武帝建议:"诸不在六艺之科,孔子之术者,皆绝其道,勿使并进。"这是以后汉武帝推行"罢黜百家,独尊儒术"方针的重要根据。但必须指出的是,董仲舒这里所说的"孔子之术",显然已经不是原来的孔子学说,也不是原始儒家学说,而是经过他和汉初其他儒家学者发展了的,吸收了墨、道、名、法、阴阳等各家学说之长的"孔子之术"。董仲舒对于儒学的发展不仅在于学理方面,而更在于他把儒学推向了政治制度化和宗教化的方向。董仲舒研究的春秋公羊学,是一种密切联系社会现实的学说。公羊学认为,《春秋》所载对于各类社会事件的判断和对于历史人物的评价,都具有某种法典的意义,可以作为当时社会(汉王朝)判断各类事

---

① [汉] 班固. 汉书. 北京: 中华书局, 1983: 2523.

件和评价人物的依据和范例。这也就是在当时社会上相当流行的所谓"春秋断狱"说。由此，他们进一步又认为，《春秋》经中所说的"三统""三正""三世"等理论，都是为汉王朝的建立作论证的；而《春秋》经中所提到的各种礼义法度也都可以为汉王朝所效法。于是，董仲舒作《春秋繁露》，藉以揭示孔子作《春秋》之宏旨及其所包含的微言大义。

《春秋》被认为是孔子所作，而孔子所作的《春秋》又居然是为汉王朝制订礼义法度，那么应当把孔子放在什么地位上呢？董仲舒与汉儒们想出了一个绝妙的称号："素王"，即一位没有实际王位的王。这样，儒学就开始与当时实际的社会政治制度联系了起来。不过，这在董仲舒时代仅仅是一个开始而已，直至东汉章帝时，由皇帝亲自主持召集大儒们举行了一次"白虎观会议"，会后由著名学者班固整理纂集，公布了一个官方文件——《白虎通德论》，这才真正完成了把儒家一部分主要学说转变为实际的社会政治制度的律条，以及社会全体成员必须共同遵循的道德规范。从此以后，儒学已不再是单纯的伦理道德修养和政治理想的学说了，而是同时具有了一种社会制度方面的律条作用。在儒学政治制度化发展过程的同时，两汉时期也出现了一股把儒学宗教化的倾向。在董仲舒和当时流传的纬书中，不断地把"天"描绘成儒学中至高无上的神。如董仲舒说："天者，百神之大君也。"（《春秋繁露·郊祭》），并且竭力宣扬天是有意志的，能与人相感应的，而王者是"承天意以从事"的等一整套宗教神学理论。孔子是儒学的创始人，自然也就成了教主。为了神化教主，在当时流传的大量纬书中，不仅把孔子说成是神的儿子，而且把他的相貌也描绘成与一般凡人极不相同的怪模样。同样，为儒家所推崇的历代圣人，如尧、舜、禹、汤、文王、武王、周公等，在纬书中也统统被装扮成了与众不同的神。又如，这些纬书都是以神话和神秘化了的阴阳五行说来附会地阐释"六经"以及《论语》《孝经》《河图》《洛书》等，这些也可以视作是配合当时儒学宗教化所需要的儒教经典。再有，由秦汉以来逐步完备起来的儒家礼仪制度，也为儒学的宗教化准备了仪式上的条件。从两汉儒学发展的历史来看，儒学的宗教化是与儒学的政治制度化密切相关的，是同步进行的，前者是为使后者得以成立和巩固而服务的。

儒学社会政治层面功能的形成和加强，同时也减弱了儒学作为一般伦理道德修养和政治理想层面的作用。在原始儒学那里，它是通过道德教育、理想教育去启发出人们遵守道德规范、追求理想社会的自觉。所以，儒学对于士大夫们的修身养性具有重大的意义和作用。可是，当儒学的一些主要内容被政治制度化以后，它就成了不管你自觉与否，自愿与否，都必须遵守的外在规范，因而它的修养意义和作用就大大地被减弱了。这样，儒学制度化方面的成功，却成了它在道德修养功能方面走向衰危的契机。到了汉末，政治制度化了的儒学礼教（名教），一方面成为束缚和压制人自然感情的条规，另一方面又成了那些伪君子沽名钓誉的工具，因而引起了人们的强烈不满。玄学乘此流弊而起，调和名教与自然（性情）的矛盾，而其中又都强调以"自然"为本。并且在理论学说上,玄学也明确地提出了"道明其本,儒言其用"①。所以,自从玄学诞生以后,尽管儒学在政治制度层面仍然保持着它的统治地位,在思想修养层面的功能,却已为玄学或道家(以及道教)所取代。东晋南北朝以后,以至于隋唐时期,佛教思想的影响又超过了玄学,在士大夫的思想修养方面起着重要的作用。所以,从魏晋南北朝至隋唐五代末的约七百年间,儒学只有那些体现为政治制度化方面的东西,在统治阶层的维护下继续起着作用。

(三) 宋、明、清性理之学的儒学时期

宋明时期儒学分为两支,一支为程朱理学,另一支是陆王心学。程朱理学以孔孟之政治伦理思想的人性论为起点,发展至追问世界终极存在的宇宙论高度,促成了儒学质的飞跃。宋明理学之祖师周敦颐,将老子之无极、易传之太极、中庸之诚意、五行之克生、阴阳之调和融合在一起,建立了无极而太极之宇宙论。理学的代表人物主要有周敦颐、程颢、程颐、朱熹;心学的主要代表人物有陆九渊、王阳明。

清代儒学以王夫之、黄宗羲、顾炎武为代表。王夫之提出"六经责我开生面",对传统的经学作了极富创新精神的哲学阐释,以作为批判现实社会的思想武器;而黄宗羲的《明夷待访录》则发挥了原典儒学的民本思想和抗争精神。顾炎武读此书后写道:"天下之事,有其识者未必遭其时。"这是最发人深思的论点。清人入关后,建立了新的专制王朝,随即大兴文字狱。这一时势是中国早期启蒙思潮转而折入乾嘉经学思潮的重要原因。正如章太炎所说:"家有智慧,大凑于说经,亦以纾死,而其术近工善矣。"② 乾嘉时期的学术,被称为"朴学",又被称为"汉学"。虽然这一时期产生了许多"儒宗硕师",但从更重要的方面而言,则是以考据的烦琐代替了道学的烦琐,使得传统的经学因此丧失了其及时作近代转化的时机。

(四) 现代的新儒学时期

清华大学国学研究院院长、清华大学哲学系教授、北京大学哲学系博士生导师陈来在论述新儒学时说:"其中有熊十力、马一浮、冯友兰、贺麟等。熊十力的儒家哲学体系,我们可以把它叫做'新《易》学';马一浮是讲六经、六艺的,所以我们也许可以把他的儒学体系叫做'新经学';冯友兰的哲学体系当然是'新理学',这是他自己命名的;贺麟是'新心学'。熊十力坚持孟子所建立的本心哲学思想,依据大易的原理,把本心建立为一个绝对的实体,这实体是一个宇宙的实体,同时又建立了一套关于'翕辟成变'的宇宙论,所以他把他的宇宙论叫做'体用不二'的宇宙论。他的哲学思想是一个注重宇宙论建构的儒学体系。马一浮可以说是一个固守传统文化的综合性学者,把传统的经学、理学都综合为一体。他说,一切道术,就是我们今天所说的各种学科,统摄于六艺("六艺"的一个讲法就是六经,马一浮所讲的六艺就是六经),六经、六艺又统摄于一心,这又是一种古典儒家的

---

① [汉] 荀悦著,张烈点校. 两汉记. 北京:中华书局,2002:232.
② 章炳麟. 章氏丛书. 北京:学苑出版社,2016:45.

讲法。冯友兰的哲学要继承程朱理学对于理的世界的强调，通过吸收西方的新实在论，在哲学里面建立起一个理的世界，作为儒家哲学的形上学的一个重要部分。所以我们说，冯友兰的哲学是一个注重形上学建构的现代儒家哲学。"①

第二节 儒学的《五经》《六经》《十三经》

一、《五经》《六经》之说

根据资料，现在学界一般认为，"五经"指儒家的五圣经，即《周易》《尚书》《诗经》《礼记》《春秋》。汉武帝立五经博士，儒教国家化由此谓开端。"五经"还是中医名词，指肝、心、脾、肺、肾五脏的经脉。汉朝儒教圣经《白虎通义》五经篇曰"以为孔子居周之末世，王道陵迟，礼乐废坏，强凌弱，众暴寡，天子不敢诛，方伯不敢伐。闵道德之不行，故周流应聘，冀行其圣德。自卫反鲁，自知不用，故追定五经以行其道。"也就是说，孔子祖述尧舜、宪章文武，编订五经宗周以成王道。在乐经散失之前，其实有六经：诗、书、礼、乐、易、春秋。《礼记·王制》："顺先王诗书礼乐以造士。春、秋教以礼乐，冬、夏教以诗书。"诗书礼乐是周朝的贵族教科书。虽然诗书礼乐是儒家递相传习的典籍，但儒家之外，战国各家也多传习。孔子"治《诗》《书》《礼》《乐》《易》《春秋》六经"。孔子曰："六艺于治一也。礼以节人，乐以发和，书以道事，诗以达意，易以神化，春秋以义。"孔子曰："入其国，其教可知也。其为人也温柔敦厚，《诗》教也；疏通知远，《书》教也；广博易良，《乐》教也；洁静精微，《易》教也；恭俭庄敬，《礼》教也；属辞比事，《春秋》教也。故《诗》之失愚，《书》之失诬，《乐》之失奢，《易》之失贼，《礼》之失烦，《春秋》之失乱。其为人温柔敦厚而不愚，则深于《诗》者矣；疏通知远而不诬，则深于《书》者矣；广博易良而不奢，则深于《乐》者矣；洁静精微而不贼，则深于《易》者矣；恭俭庄敬而不烦，则深于《礼》者矣；属辞比事而不乱，则深于《春秋》者矣。""故书者，政事之纪也；诗者，中声之所止也；礼者，法之大兮，类之纲纪也。故学至乎礼而止矣。夫是之谓道德之极。礼之敬文也，乐之中和也，诗书之博也，春秋之微也，在天地之间者毕矣。""说天者莫辩乎《易》，说事者莫辩乎《书》，说体者莫辩乎《礼》，说志者莫辩乎《诗》，说理者莫辩乎《春秋》。"后来秦始皇"焚书坑儒"，禁语《诗》《书》，"收去诗书百家之语以愚百姓，使天下无以古非今。"六经的流传受到巨大的冲击，不过其仍在各地以一种地下的方式传播，主要是口耳相传。《周礼注疏》曰："故始皇禁挟书，特疾恶，欲绝灭之，搜求焚烧之独悉，是以隐藏百年。孝武帝始除挟书之律，开献

①陈来. 百年儒学的发展和起伏. 文汇报，2013-6-7.

书之路，既出于山岩屋壁，复入于秘府，五家之儒莫得见焉。"由此五经包括《易》《尚书》《诗》《礼》《春秋》。

关于《六经》，《庄子》一书首先称诗经、书经、礼记、易经、乐经（已失传）、春秋为六经。班固在《汉书·艺文志》中称之为"六艺"。汉武帝建元五年（前136）设立五经博士，奠定了儒家经典的尊贵地位。《易》又称《周易》，包括经、传两部分。经的部分共六十四卦，每卦六爻。卦辞和爻辞共约5000字，可能是西周初年编定的。它不仅对于了解殷周时代的哲学思想、社会生活有极重要的意义，而且保存了一些相当重要的商周史事材料。《易》的传，包括系辞、说卦等十个部分，旧称"十翼"，是东周时人所写的对于易经部分的解释。《尚书》是我国上古时代王室诰命、誓辞和追述古代史迹的著作汇编，最初只泛称为《书》，其后分为夏、商、周书，以后才称为《尚书》，义谓上古之书。秦汉之际，《尚书》多亡，独存秦博士济南伏生壁藏之书。汉初，伏生求得其书，存28篇，教授于齐鲁之间。这部《尚书》以汉代通行的隶书写定，故称《今文尚书》。此外，汉代还有《古文尚书》，据说比《今文尚书》多出16篇。《诗》，又称《诗经》。汉初传授《诗》的有齐、鲁、韩三家，都立于学官。毛公亦传，未得立。后来，三家诗亡缺，毛诗独传，因此《诗》又称《毛诗》。《诗》今存305篇，各篇时代早晚不一，早至周初，晚至春秋中期。《诗》不仅有很高的艺术价值，而且是了解先秦社会风貌的珍贵材料。《礼》，汉时指《仪礼》，后世指《礼记》。《仪礼》是春秋战国时代一部礼仪制度的汇编。汉世所传有戴德本、戴圣本和刘向《别录》本。《礼记》是西汉时人所编定的儒家关于礼的阐释，分为《小戴礼》和《大戴礼》两种，戴圣所编49篇并由郑玄作注的为《小戴礼》，戴德所编85篇称为《大戴礼》。《春秋》是鲁国的编年史。它按年、月、日、时记载史事，以春秋代表四时，故名《春秋》。现存《春秋》从鲁隐公元年（前722）到鲁哀公十四年（前481），共记242年间史事。虽然文句简短，但对当时政治事件都有自己的见解和评价。后人为其作注解和阐述，流传下来的有《左传》《公羊传》和《谷梁传》。

二、十三经之说

据资料，一般认为：十三经是指在南宋时期形成的十三部儒家经典。分别是《诗经》《尚书》《周礼》《仪礼》《礼记》《易经》《左传》《公羊传》《谷梁传》《论语》《尔雅》《孝经》《孟子》。关于其形成过程，有关专家认为：汉立《诗》《书》《易》《礼》《春秋》于学官，为五经；唐加《周礼》《仪礼》《公羊》《谷梁》为九经；至开成年间刻石国子学，又加《孝经》《论语》《尔雅》为十二经；宋复增《孟子》，因有"十三经"之称。清孔尚任《桃花扇·逮社》："你看十三经、廿一史、九流三教、诸子百家、腐烂时文、新奇小说，上下充箱盈架，高低列肆连楼。"清昭梿《啸亭续录·石经》："雍正中，有生员蒋衡字湘帆者善书法，立志书十三经，十余年乃成。"（参阅清顾炎武《日知录》卷十八；清钱泰吉《曝书杂记》卷上）此外，佛家与道家各有其十三经的经典著作，分别代表了佛与道的理念。

十三经是由汉朝的五经逐渐发展而来的，最终形成于南宋。十三种儒家文献取得"经"的地位，经过了一个相当长的时期。在汉代，以《易》《诗》《书》《礼》《春秋》为"五经"，官方颇为重视，立于学官。唐代有"九经"，也立于学官，并用以取士。所谓"九经"包括《易》《诗》《书》《周礼》《仪礼》《礼记》和《春秋》三传。唐文宗开成年间于国子学刻石，所镌内容除"九经"外，又益以《论语》《尔雅》《孝经》。五代时蜀主孟昶刻"十一经"，排除《孝经》《尔雅》，收入《孟子》，《孟子》首次跻入诸经之列。南宋硕儒朱熹以《礼记》中的《大学》《中庸》与《论语》《孟子》并列，形成了今天人们所熟知的《四书》，并为官方所认可，《孟子》正式成为"经"。至此，儒家的十三部文献确立了它的经典地位。清乾隆时期，镌刻《十三经》经文于石，阮元又合刻《十三经注疏》。《十三经》的内容极为宽博，就传统观念而言，《易》《诗》《书》《礼》《春秋》谓之"经"，《左传》《公羊传》《谷梁传》属于《春秋》经中之"传"，《礼记》《孝经》《论语》《孟子》均为"记"，《尔雅》则是汉代经师的训诂之作。这十三种文献，当以"经"的地位最高，"传""记"次之，《尔雅》又次之。儒家文化在封建时代居于主导地位，《十三经》作为儒家文化的经典，其地位之尊崇，影响之深广，是其他任何典籍所无法比拟的。封建统治者不但从中寻找治国平天下的方针大计，而且对臣民思想的规范、伦理道德的确立、民风民俗的导向，无一不依从儒家经典。儒家经典施于社会的影响无时不在、无处不有。了解和研究中国封建社会的方方面面，不能不阅读"十三经"。"十三经"是传世文献的始祖，是儒家思想文化的源头、主干。它的内容博大精深，囊括了传统文化的诸多方面：诸如天人合一的思维模式、天下为公的大同理想、以民为本的治国原则、和谐人际的伦理主张、自强不息的奋斗精神等。这些思想、精神中的精华渗透在民族的性格与心理之中，具有强大的凝聚力，至今仍有积极的影响。陕西关中一带，是周秦汉唐等十三个朝代的都城所在地，是当时的经济、文化中心，它亲历了经学的繁荣和发展，经历了经学的鼎盛时期。西安一带文化遗存十分丰富，著名的唐开成石经藏于西安碑林。[1]

在中国传统文化中，儒家文化一直占据非常重要的地位，甚至是许多朝代的主流意识形态，而儒家文化的载体可以说是儒家的经典著作。"从汉代以来直至民国初年，从五经到十三经，这些古籍一直是士人、学子的必读书，很多人可以熟读成诵，书中的观点被奉为道德言行的圭臬。可以说五经乃至十三经，对中国社会的政治、经济、思想、文化，对中华民族的传统道德、中国知识分子传统性格的形成，都产生了巨大的影响，留下了深刻的印记。"[2]

---

[1]转引自 http://baike.baidu.com/view/23284.htm?fr=aladdin.
[2]赵立程. 中华文化经典藏书·儒学十三经. 北京：北方文艺出版社，1997：1.

第三节 《易经》为儒学群经之首

《周易》是占卜之书，其外层神秘，而内蕴的哲理至深至弘。《尚书》是上古历史文件汇编，主要内容为君王的文告及君臣谈话记录。《诗经》是西周初至春秋中期的诗歌集，内分"风""雅""颂"三部分，"风"为土风歌谣；"雅"为西周王畿的正声雅乐；"颂"为上层社会宗庙祭祀的舞曲歌辞。《周礼》原名《周官》，西汉时在民间发现，大多数学者认为创作年代在战国时期，主要汇集了周王室官制和战国时期各国制度。《仪礼》主要记载春秋战国时代的礼制。《礼记》是西汉的两位礼学家——戴德和他的侄子戴圣编辑的战国至秦汉年间儒家学者解释说明经书《仪礼》的文章选集，是秦汉以前有关各种礼仪的论著汇编。《春秋》三传是围绕《春秋》形成的著作。《左传》可能是春秋末年左丘明所作，但也有人认为是战国初期的作品，内容重在史事的陈述。《公羊传》作者是战国时齐人公羊高，他受学于孔子弟子子夏，后来成为传《春秋》的三大家之一。《谷梁传》的作者相传是子夏的弟子，战国时鲁人谷梁赤，起初也为口头传授，至西汉时才成书传世。后二传重在论议。《论语》是春秋时孔子弟子对于孔子的语录笔记，是孔子及其门徒的言行录。《孝经》是西汉在孔壁中发现的藏书，其作者至今仍有争论，但偏向于曾子学派的著作，为论述古代孝道的专著。《孟子》为战国时儒家学者孟子的著作，专载孟子的言论、思想和行迹。《尔雅》是战国到西汉的学者编写的一本可以用来学习儒家经典的词典，《尔雅》全书共收词语4300多个，主要为训解词义，诠释名物，经学家多据以解经。

从汉朝开始，《易》一直为群经之首，直至清朝的《四库全书》仍然把《易》放在首位。"从郭店楚简、马王堆帛书、《庄子》、《礼记》、《史记》等一系列出土文献的记载来看，早在先秦时代，《周易》就已经入经，而且儒家的学者已经展开了对它的研究，这应是不争的事实。"① "战国时期儒家学者们将《易》与《诗》《书》《礼》《乐》并称已经习以为常了。"②

但是"在先秦的文献中，《周易》的地位甚至不如《春秋》，可能和孔门经学上的分歧有关。汉以后，《周易》地位尊显。不但《春秋繁露》《史记》《新书》等称儒家经典必言《周易》，而且《淮南子·泰族训》《汉书》《法言·寡见》《白虎通德论》等更以《周易》为"六经"之首。周予同认为这是古文经学的排列，系以时代早晚为序。其实并非如此。《周易》地位尊显，根源于孔子晚年的好《易》。"③ 廖名春先生用史料证明，并指出："《周易》有'阴阳''柔刚'以见天地之道，有

---

① 廖名春.《周易》经传与易学史新论.济南：齐鲁书社，2001：235.
② 廖名春.《周易》经传与易学史新论.济南：齐鲁书社，2001：233.
③ 廖名春.《周易》经传与易学史新论.济南：齐鲁书社，2001：160-161.

'八卦'以见'四时之变',有'上下'以见'人道',《诗》《书》《礼》《乐》的精华都浓缩在《周易》的损益之道里。所以……《尚书》不如《周易》,《诗》《乐》也不如《周易》。孔子'老而好《易》,居则在席,行则在囊',甚至敢冒'后世之士疑丘'之原因就在于此。这种扬《易》而贬《诗》《礼》《乐》的思想,应是后来《易》列于六经的内在根源。"① 郑万耕先生认为从汉代开始《易经》已成为《六经》之首,他说:"《周易》是中国一部古老的典籍,以后在长期的封建社会中,一直被奉为神圣的经典,从汉朝开始,由于儒家经学的确立和发展,《周易》被列为《六经》之首。"②

---

①廖名春.《周易》经传与易学史新论.济南:齐鲁书社,2001:163.
②郑万耕.易学名著博览.北京:学苑出版社,1994:1.

第二章
《周易》相关理论

第一节 《周易》《易经》"易学"概念的界定

对《周易》《易经》"易学"的解释,在学术界也有很多种。例如张其成先生认为:"《周易》分为《易经》《易传》。《易经》主要是一本占筮之书,成书于西周前期;《易传》主要是一本哲理之书,成书于战国后期。从《经》到《传》不仅反映了'易'的演进,更重要的是反映了巫术文化向人文文化的质变,反映了中国文化发展的轨迹。"① 张其成先生还注释《易经》有狭义、广义之分。狭义指《周易》经文,广义指《周易》经文和传文。在我国的港台地区,一些人习惯性地把《易经》和《易传》都称为《易经》,很少使用《周易》之词,而在中国内地一般把《周易》分为《易经》和《易传》。

"易学"顾名思义就是关于《周易》的学问。"易学,即中国思想文化中关于《周易》的学问,是中国所特有的经学的一个重要部分。"② "从战国之后对《易经》《易传》的解释,被称为'易学'。从形式上看,'易学'是当时《周易》经传的解释之学,从属于'经学',但是从内容实质上审视,则可发现'易学'实为一门探求宇宙生命大规律的学问,从某种意义上说,正是中国古代科学与哲学的代表。'易学'的这个本质内核,就是'易道'。"③ "虽然易学流派很多,但归结起来不外乎象数和义理两大对立的学派。着重从阴阳奇偶之数、九六之数、大衍、天地之数和卦爻象以及八卦所象征的物象,解说《周易》经传文义的,称为象数之学;而着重从卦名的意义和卦的德行解释《周易》的经传文义,注重其中的义理,则属于义理之学。此两大流派,无论对《周易》的经传文的解释,还是对其义理的阐发,都具有自己的特色,而且展开了长期的争论。即使在同一学派之中,又分化为不同的宗派,互相攻驳,从而推动了易学的发展。"④ 张其成先生认为:"《易经》作为巫

---

① 张其成. 易道主干. 南宁:广西科学技术出版社,2007:1.
② 郑万耕. 易学名著博览. 北京:学苑出版社,1994:1.
③ 张其成. 易道主干. 南宁:广西科学技术出版社,2007:1.
④ 郑万耕. 易学名著博览. 北京:学苑出版社,1994:3.

文化的代表，是中华文化的总源头——一切人文文化皆源于巫文化；《易传》作为轴心期时代人文文化的代表，是中华文化的'活水'；'易学'作为秦汉以后人文文化的代表，是中华文化的主旋律。"①

第二节　中国古代"五行"配"五常"的演化

中国古代，有"五行"配"五常"之说。而"五行"配"五常"的提法也有一个演化过程。

《礼记·礼运》提到："故人者，天地之心也，五行之端也，食味、别声、被色而生者也。"孙希旦《礼记集解》以为此五行即"仁、义、礼、智、信"。因此"五行"之说并不只有"水、火、木、金、土"之"五行"，还有德之"五行"。

有台湾学者考证，《庄子·天运》引殷相巫咸之语"天有六极五常"，成玄英《疏》曰："五常谓五行，金、木、水、火、土，人伦之常性也。""五常"指的是水、火、木、金、土"五行"，但又说这是人伦之常性，这一种说法也见于《列子·杨朱》："人肖天地之类，怀五常之性。"又班固《艺文志》也提到："五行者，五常之形气也。"

《吕氏春秋·孝行览》中有："曾子曰：身者，父母之遗体也。行父母之遗体，敢不敬乎？居处不庄，非孝也；事君不忠，非孝也；莅官不敬，非孝也；朋友不笃，非孝也；战陈无勇，非孝也。五行不遂，灾及乎亲，敢不敬乎？"

战国晚期，与荀子约略同时代而同在齐国活跃的是邹衍的"五德终始说"，将五行说结合历史朝代更迭，把这种宇宙观附会到社会历史领域。邹衍的五德终始说，认为"五德"按其势力强弱之次序终而复始，是一种决定论的历史循环论。据记载："凡帝王者之将兴也，天必先见祥乎下民，黄帝之时，天先见大蚓大蝼，黄帝曰：'土气胜'，土气胜，故其色尚黄，其事则土。及禹之时，天先见草木秋冬不杀，禹曰：'木气胜'，木气胜，故其色尚青，其事则木。及汤之时，天先见金刃生于水，汤曰：'金气胜'，金气胜，故其色尚白，其事则金。及文王之时，天先见火，赤鸟衔丹书集于周社，文王曰：'火气胜'，火气胜，故其色尚赤，其事则火。代火者必将水，天且先见水气胜，水气胜，故其色尚黑，其事则水。"（《吕氏春秋·应同篇》）

汉代董仲舒又把"天人"作了牵强的比附，他说："天以终岁之数，成人之身，故小节三百六十六，副日数也。大节十二分，副月数也。内有五脏，副五行数也。外有四肢，副四时数也。乍视乍瞑，副昼夜也。乍刚乍柔，副冬夏也。乍哀乐乐，

---

①张其成．易道主干．南宁：广西科学技术出版社，2007：2.

副阴阳也。……于其可数也，副数；不可数者，副类。皆当同而副天，一也。"（《人副天数》第五十六篇）

董仲舒又用神秘的语言来把自己的政治思想具体化。他说道："天者群物之祖也，故遍覆包涵而无所殊，建日月风雨以和之，经阴阳寒暑以成之。故圣人法天而立道，亦溥爱而亡私，布德施仁以厚之，设谊立礼以导之。春秋天之所以生也，仁者君之所以爱也；夏者天之所以长也，德者君之所以养也；霜者天之所以杀也，刑者君之所以罚也。繇此言之，天人之征，古今之道也，孔子作春秋，上揆之天道，下质诸人情，参之于古，考之于今。"（《汉书·董仲舒传》）

按《春秋繁露·五行五事》以"貌、言、视、听、思"五事配五行"木、金、火、水、土"。"思"的地位即《乐书》"圣"的地位。董氏《春秋繁露》发挥的是《尚书·洪范》的"五行""五事"，只是五行的排列次序略为不同。《春秋繁露》把"思"释为"容"，即包容、宽容之意，以"容作圣"，释《尚书·洪范》的"睿作圣"。董仲舒认为："王者承天意以从事。"（《天人三策》）因此，仁义礼乐之道，五常之道，就是天意。是天要求世人行仁义礼乐，守三纲五常。因为"王道之三纲，可求于天"（《春秋繁露·基义》）。

荀子的批评正好处于曾子时期与邹衍时期之间的思孟一流，若从思想的发展而言，这一时期的"五行"说正是处于与水火木金土之"五行"相结合的转折期，或者说尝试以德之"五行"的作用提出人道与天道之间联系的可能。这种"五行"的转折与结合在战国晚期出现了以"五常"取代"五行"之说，有时"五常"指的是"德之五行"，有时指的却是水、火、木、金、土这"五行"。

《乾凿度》中说"变易也者，其气也。天地不变，不能通气。五行迭终，四时更废"。在《乾凿度》看来，"五行"四时的变化最终都根源于气的变化，或者说五行、四时本身就是一种气，即"五行"之气、四时之气。而四时之气与"五行"之气又不是一种纯粹自然意义上的气，它实际上成了天人感应的枢纽。《乾凿度》托孔子之口，将"五气"和"五常"联结在一起，其目的在于为理想的社会寻求一种"天道"的或者说是哲学上的根据。《乾凿度》说："孔子曰：八卦之序成立则五气变形。故人生而应八卦之体，得五气以为五常，仁义礼智信是也。夫万物始出于震。震，东方之卦也，阳气始生受形之道也，故东方为仁。成于离，离，南方之卦也，阳得正于上，阴得正于下，尊卑之象定，礼之序也，故南方为礼。入于兑，兑，西方之卦也。阴用事而万物得其宜，义之理也，故西方为义。渐于坎，坎，北方之卦也，阴，气形盛阴，阳气含闭，信之类也，故北方为信。夫四方之义皆统于中央，故乾、坤、艮、巽位在四维，中央所以绳四方，行也，智之决也，故中央为智。故道兴于仁，立于礼，理于义，定于信，成于智。五者，道德之分、天人之际也。圣人所以通天意、理人伦而明至道也。"

在汉代，对"五行"的解释则要更为简单而且直接得多，例如东汉郑玄注《乐记》"道五常之行"句便干脆说："五常，五行也"。郑玄注解《中庸》"天命之谓性，率性之谓道"时即说到："木神则仁，金神则义，火神则礼，水神则知，土神则信。"

有学者研究，秦汉人讲"五行"，一般有两种排列，一以《吕氏春秋》为代表，此系承邹衍之说，一以刘歆《世经》为代表。前者排为土、木、金、火、水，是下克上，后者排为木、火、土、金、水，是以上生下（参见饶宗颐《中国史学上之正统论》）。扬雄《太玄·玄数》以"仁、义、礼、智、信"配五行"木、金、火、水、土"。"信"的地位为中央，属土。"五五为土，为中央，为四维，曰戊己，辰辰戌丑未，声宫，色黄，味甘，臭芳，形殖，生金，胜水，时该，藏心。存神，性信，情恐惧，事思，用睿，执圣，征风，帝黄帝，神后土，星从其位……"扬雄讲五行则为《尚书·洪范》的顺序，排为水、火、木、金、土，似与生克无关。但《太玄数》又说："五行用事者王，王所生相，故王废，胜王囚，王所胜死。"《淮南子·坠形》所言之壮、老、生、囚、死与之相似，如春季用事者为木，所生为火，所废为水，囚为金，死为土。如此，则《太玄》五行中，相生、相克都已用到。一般五行配五方，或以土居中央，或以土居四维。《太玄》则既以土居中央，又居四维，《太玄数》"五五为土，为中央，为四维，曰戊己，辰辰未戌丑。"既如此，扬雄为什么不以相生或相克的顺序来讲五行呢？扬雄如此配五行，实际上用心良苦，就是为了用五行架构其宇宙结构。《太玄数》："三八为木，为东方，为春，曰甲乙，辰寅卯……性仁，情喜，事貌，用恭，执肃……四九为金，为西方，为秋……色白，味辛，臭腥，形革，生水，胜木，时杀……性谊，情怒，事言，用从，执义……二七为火，为南方，为夏……形上，生土……性礼，情乐，事视，用明，执哲……一六为水，为北方，为冬……性智，情悲，事听，用聪，执谋……五五为土，为中央，为四维……性信，情恐惧，事思，用睿，执圣……"《太玄图》："一与六共宗，二与七为朋，三与八为友，四与九同道，五与五相守。"我们将五行所代表的方向展开，水火为南北，木金为东西，中央土为交点。"东西为纬，南北为经。"（《太玄经》）扬雄这样配五行，实际上是以五行画出了两个面，一个无疑是平面，表示地，水火配南北为经线，木金配东西为纬线，交错成地，配五德为礼乐、仁义。经纬交错点为土，配五德为信。执为裂开、张大，有发扬、扩充、表现之意，仁、义、礼、智、信为质，"质干在乎自然，华藻在乎人事。"（《太玄经》）也由此看出他对"五行"与"五常"的论述。

唐朝孔颖达注《尚书·甘誓》"有扈氏威侮五行怠弃三正"句，亦曰："五行在人，为仁义礼智信；威侮五行，亦为侮慢此五常而不行也。"

又唐杨倞注《荀子》"谓之五行"句说，"五行，五常——仁义礼智信是也"。

他是根据什么来断定"五行"就是仁义礼智信"五常"的，并没有交代；大概这在当时本是常识。

宋代周敦颐又把"诚"作为"五常之本"，"诚"对于人的德行有何意义呢？周敦颐说："诚，五常之本，百行之源也。"（《通书·诚上》）意思是说，"诚"是仁、义、理、智、信五常的根本，人的一切德行都源自于"诚"。这便是《孟子》所说的："是故诚者，天之道也；思诚者，人之道也。""二程"在解释何以孟子只言仁义礼智四端而不言仁义礼智信五端时说："四端不言信者，既有诚心为四端，则信在其中矣。"

朱熹把"五常"之"仁、义、礼、智、信"等德目，作为人与人之间关系的伦理道德准则，以"五行"配"五常"。他说："五常，仁义礼智信，五行之性也。"（《通书·诚下解》，《周子全书》卷七）

朱熹说："人禀五行之秀以生，故其为心也，未发则具仁义礼智信之性以为之体，已发则有恻隐、羞恶、恭敬、是非、诚实之情以为之用。……是皆天理之固然，人心之所以为妙也。仁之所以为爱之理，于此其可推矣。"（《朱子四书或问》，《论语或问》卷一）朱熹认为，"仁、义、礼、智、信"等是以"木、火、金、水、土"的"五行"作比附的，他说："盖木神曰仁，则爱之理也，而其发为恻隐；火神曰礼，则敬之理也，而其发为恭敬；金神曰义，则宜之理也，而其发为羞恶；水神曰智，则别之理也，而其发为是非；土神曰信，则实有之理也，而其发为忠信。"（《朱子四书或问》，《论语或问》卷一）这是说，"五行"配"五常"，而认为"五常"即"仁、义、礼、智、信"的"性"，是人与生俱来的，其发为"恻隐""羞恶""恭敬""是非""忠信"的"情"。

朱熹认为，"五行"之气含"五常"之理，禀得什么气就会获得此气中的所含之理，未曾禀得此气就会缺乏此气所含之理；禀得哪种气多就得此气所含之力多，反之也是这样。正如他说："所论理气之偏，若论本源，即有理而后有气，故理不可以偏全论。若论禀赋，则有是气而后理随已具，故有是气则有是理，无是气则无是理，是气多则是理多，是气少则是理少，又岂不可以偏全论耶？"（《朱文公文集》五十九，《答赵致道》一），这就是他的禀气说。所禀"五行"之气若有偏重，所禀"五常"之理便不能无偏全，如"理"所禀木气多则偏仁，金气多则偏义等。

朱熹认为气禀之所以有偏有全，与人生之时的自然条件有关。常人只能禀得金、木、水、火、土五行之一，而圣人"阴阳合德，五行全备"。

他认为人禀"五行"之秀而生，"仁、义、礼、智、信"之"五常"，皆是"天理"流行之本然，皆是天理之显现。既然是"天理"，则它"自然""合当如此"，"所以然"决定了"所当然"，客观事物的必然性决定了行为准则的必然性。朱熹以"理"为其哲学本体，其主要目的在于说明儒家伦理纲常的合理性、必然性、至上性、绝对性和永恒性。他说："宇宙之间一理而已，天得之而为天，地得之而为地……其张之为'三纲'，其纪之为'五常'，皆此理之流行，无所适而不在。"（《朱文公文集》卷七十《读大纪》）可见无论是天地等自然现象，还是"三纲""五常"等社会现象，都是"理"所化生。于是，"三纲""五常"等社会现象就成为自有人类社会以来就有的"理"或"天理"，即永远不变的真理。

他认为"先天禀气"是造成人的"善""恶"品质的根据，正像张立文先生所说："善恶是一个具体的概念，它不是一个普遍的、抽象的观念。朱熹企图把人性的'善恶'与产生的具体时代条件割裂开来，而使善恶概念抽象化、绝对化，成为先验的道德伦理观念。"①

综上所述，中国古代的"五行"配"五常"，经历代的演化，到朱熹达到了极致。虽然朱熹也强调后天的修养对良好道德形成的重要性，但他用"五行"论证"五常"实际上折射出他的命定论倾向，服务于他的客观唯心主义的唯理论。

第三节 《乾凿度》的卦气说②

林中军先生认为："西汉易学适应了大一统的政治、文化的需要，得到了空前的发展。其中象数学的产生是易学发展的产物。它凭借着当时易学和包括天文、历法、数学等在内的自然科学所取得成果而建立起来，并形成了形态各异的理论和具有师承关系的学派，以孟喜和京房为代表的易学家，站在时代的前列，运用象数观念作为手段，建立起了推天道、明人事的庞大易学体系，从而改变了易学的方向，成为汉代易学的主流。《易纬》以通论的形式总结西汉象数易学的成就，阐发了具有神学色彩的、独特的象数思想，使西汉象数易学得到了丰富和发展。……东汉时期是象数易学的鼎盛时期，无论是深度和广度，还是其规模、流派皆超过了以往的时代，从而达到了登峰造极的地步。"③汉代开始，因为《易经》成为了儒学经典著作《六经》之首，人们对《周易》的研究开始热衷起来。从官方到民间，都对《周易》产生了极大兴趣，从而使汉代易学成为易学史上十分发达的时代。汉代有孟喜、京房为代表的官方易学，注重用象数解说《周易》，也注重用卦气说解释《周易》原理。汉代末期出现的《易纬》发展了孟喜、京房的象数之学，进一步将其理论化和神秘化了，通过分析《乾凿度》，可见一斑。

《乾凿度》是西汉末年纬书《易纬》中的一篇，故而有人称其为《易纬·乾凿度》。纬书即为儒家经书所作的神秘主义解释，六经皆有纬。《易纬》是对《周易》

---

①张立文. 朱熹思想研究. 北京：中国社会科学出版社，1981：487.
②史少博.《乾凿度》的卦气说. 德州学院学报，2005（5）：65-67.
③林中军. 象数易学发展史. 济南：齐鲁书社，1994：3.

经传所作的解释,是汉易的易葛流派。纬书大多失传,《乾凿度》乃是《易纬》中较为完备而系统的一种,它以阴阳之数的变化说明卦象的形式,以阴阳之数的变化说明一年四季阴阳二气消长的过程和节气的变化,形成了独特的卦气说,发展了孟京卦气说。就其象数形式而言,比孟喜、京房的卦气说更为清晰、更为严谨。孟喜的卦气说以十二月卦为主干,以正四卦主管二十四节气,这个图式颇显简陋。虽然京房的分卦直日、六日七分之说比孟喜的完备,也发明了一套"月建""积算"推算卦气的运转方法,但整个体系缺乏一致性。而《乾凿度》在孟京学的基础上取长补短,并且吸收了西汉的元气说、阴阳五行说以及董仲舒和今文经学的神学目的论,将卦气说从理论上做了一次总结,提出了一个新的图式。唐宋以后对汉易卦气说的了解,多半是以《乾凿度》的这个图式为依据的,因而它在易学发展史上有很大的影响,在当时也促进了儒学的发展,下面我们对《乾凿度》作概要性的探讨。

一、《乾凿度》卦气说的内涵

《乾凿度》对《周易》的性质、八卦的起源、爻卦象的结构以及筮法的体例,都作了解说,并将卦气说进一步理论化。

(一) 九宫卦气说

九宫卦气说乃京房卦气说的发展,其目的是以阴阳之数的变化,来说明一年节气的变化。《乾凿度》中曰:"阳动而进,阴动而退。故阳以七,阴以八为象。易一阴一阳合,而为十五之谓道。阳变七之九,阴变八之六,合于十五,则象变之数若。阳动而进,变七之九,象其气之息也,阴动而退,变八之六,象其气之消也。故太一取其数以行九宫,四正四维皆合于十五。五音六律七宿,由此作焉。"① 也就是说,"象"是指筮法中的七八之数和少阴少阳之象。六九之数和老阴老阳之象,称其为变。以七、九为阳数,六、八为阴数,阳主前进,阴主后退,这是由于阳气主生息,阴气主消失。因而阳气前进止于九,阴数后退止于六。因为七八之数是不变之爻,六九之数是可变之爻,易主变易,所以《周易》以九六之数代表阴阳二爻,以阴阳二气变化的性质结合起来讲九六之数,也可以说是以九六之数解释阴阳二气的变化。就阴阳之数来说,阳七阴八为不变爻之数,其合为十五;阳九阴六为可变之数,其合也为十五,这就是所谓"象变之数若一"。"太一取其数以行九宫,四正四维皆合十五",就是认为太一取阴阳之数从一到九的次序,运行于九宫之中,而九宫有四正四维,其数相加,也都是十五。四正四维,就是指八卦所处的方位,四正是指坎、离、震、兑四卦居于东、西、南、北四正位;四维是指乾、坤、巽、艮四卦居于西南、西北、东南、东北四隅;并且如图所示纵、横、斜之数相加,皆为十五。

---

① [汉] 郑玄. 周易·乾凿度. 北京:中华书局,1985:55.

九宫图

巽 四	离 九	坤 二
震 三	中 五	兑 七
艮 八	坎 一	乾 六

按郑玄的注，太一在九宫运行，始于坎宫一，其次入坤宫二，再入震宫三，再次入巽宫四，然后入中宫五休息；而后入乾宫六，依次入兑宫七，艮宫八，到离宫九而结束。

"太一取其数以行九宫中"中的"太一"是指太乙，郑注谓"北辰之神名也，居其所曰太乙，常行于八卦日辰之间，曰天一，或曰太一。"又引《星经》曰："天一，太乙主气之神。"按此说法，太一就是北极星神。当时的天文学，以北极星主管一年四季的节气，奉北极星为天神，这就是出于依二十八宿距北极星的位置，测定二十四节气的变化。《史记·天官书》中说："中宫天极星，其一明者，太一常居也"。《春秋纬·文耀钩》说："中宫大帝，其精北极星，含元出气，流精生物也。"又曰："中宫大帝，其北极星下一明者，为太一之光，含元气以斗布常。"认为北极星神，驾御北斗七星，决定四时的变化，所以说，"太一行于九宫"表示一年的气侯变化。但《易纬》的作者最终认为，元气和卦气是从中宫大帝即北辰天神口中吐出来的，其运行变化体现了天的意志，将卦气说神秘化，引向了神学目的论。

"太一取其数以行九宫"的"九宫"，出自于古代的明堂制度。《管子·幼宫》《礼记·月令》和《吕氏春秋·十二纪》都认为天子一年四季中，轮流居于九室，天子所居之处，称为明堂，又称为玄宫。《管子》书中"幼宫"即"玄宫"，因字形相近而误认为"幼宫"。明堂分为九室，照《月令》所说，天子春天居东方青阳三室，夏居南方明堂三室，秋居西方总章三室，冬居北方元堂三室。四季之中各居七十二日，中央之室，每季居十八日，共七十二日，总起来，共三百六十日。四隅之处，乃一室，如春天所居为青阳右个，即夏天所居的明堂左个。其区别在于出入的门户，春天此室开东门，夏天则开南门。所以实际上为九室。《大戴礼记·明堂》中将九室配以九个数："明堂者古有之也，凡九室。二九四，七五三，六一八。"其数的排列和九宫图的排列相同（见上文的九宫图）。《乾凿度》的九宫说，来自于《大戴礼记·明堂》九室说，其将九室称为九宫，将天子轮流居于九室，改为"太一取其数以行九宫"用来说明一年四季的变化。

《乾凿度》的九宫卦气说，是京房的八卦卦气说和明堂九室说相结合的产物，其结合媒介是十五之数。《易纬》认为七八九六之数，奇偶相加，各为十五，恰好符合于九宫纵横之数。此十五之数，在《乾凿度》看来，也就是《系辞》说的"大衍之数五十"，所以在太一行九宫说之后说："五音、六律、七宿由此作焉。"五音配十干，六律配十二支，七宿即二十八宿，其数相合为五十。这里的"作"就是兴起的意思，就是说，十干、十二支和二十八宿，都是从九宫中兴起，也就是说九宫之数也符合五十之数，所以《乾凿度》中说："故大衍之数五十，所以成变化而行鬼神也。日十干者五音也。辰十二者六律也。星二十八者七宿也。凡五十所以大阂物而出之者也。"① 由上看出，九宫卦气说除神秘的特点之外，还是以阴阳之数、九宫之数和大衍之数说明八卦所主节气的变化具有数的规定性。

（二）八卦卦气说

《乾凿度》的八卦卦气说主要是对京房八卦卦气说的进一步阐发，在论八卦方位时说："孔子曰：易始于太极，太极分而为二，故生天地。天地有春秋冬夏之节，故生四时。四时各有阴阳刚柔之分，故生八卦。八卦成列，天地之道立，雷风水火山泽之象定矣。"换言之，太极为元气混沌未分的状态，而分为奇偶两数和阴阳二气，形成天地为两仪，以四时为四象，以雷风水火等八种自然物为八卦，也就是以世界的形成解释揲蓍或画卦的过程。又论卦气说为："其布散用事也，震生于东方，位在二月。巽散之于东南，位在四月。离长之于南方，位在五月。坤养之于西南方，位在六月。兑收之于西方，位在八月。乾制之于西北方，位在十月。坎藏之于北方，位在十一月。艮终始之于东北方，位在十二月。八卦之气终，则四正四维之分明，生长收藏之道备，阴阳之体定，神明之德通，而万物各以其类成矣，皆易之所包也。至矣哉！易之德也。孔子曰：岁三百六十日而天气周，八卦用事各四十五日，方备岁焉。"也就是用八卦配十二节气，以坎离震兑为正四卦，乾坤巽艮为四维之卦，各居自己的方位，主四时的变化，体现一年四季阴阳消长的过程，卦气周行一遍当一年三百六十日，每卦主四十五日。

《乾凿度》发展了京房把乾坤作为阴阳之根本的说法，将其列于四维之位，并对此解释道："乾者，天也，终而为万物始，北方，万物所始也，故乾位在于十月。艮者，止物者也，故在四时之终，位在十二月。巽者，阴始顺阳者也，阳始壮于东南方，故位在四月。坤者，地之道也，形正六月。四维正纪，经纬仲序，度毕矣。"这就是认为四维之卦标志着阴阳二气运行的终始，并且"经"是指坎离，"维"是指震兑，是产生四正卦确定二至二分的顺序，这样看来，四正之卦所起的作用更重要。

《乾凿度》解释乾坤两卦说："孔子曰：乾坤，阴阳之主也。阳始于亥，形于丑，乾位在西北，阳祖微据始也。阴始于巳，形于未，据正立位，故坤位在西南，

---

① [汉] 郑玄. 周易·乾凿度. 北京：中华书局，1985：88.

阴之正也。君道倡始，臣道终正，是以乾道在亥，坤位在未，所以明阴阳之职，定君臣之位也。"① 也就是说，阳气从十月亥开始，到十二月丑形成，乾居西北，表示阳气处于开始萌生的地位；阴气开始于四月，形成于六月，因坤不象乾那样居于开始的地位，因此不能同阳气抗衡，表示卑顺为其美德，成就阳气的事业，所谓"据正立位"，即立于其形成之位。此是因为阳为君道，主倡始；坤为臣道，主守成；阴阳各有其职守，君臣各有其定分。卦气说是对阳生于子、阴生于午说的补充，用君臣之道解释乾坤所居的方位，将卦气说理论化了。

《乾凿度》同京房的卦气说比较有很大的特点，就是强调八卦的爻位数目规定一年四季节气的变化的度数，其论八卦和气候的关系时说："八卦之生物也，画六爻之移气，周而从卦。八卦数二十四以生阴阳，衍之皆合之于度量。"其中的"生物"，郑玄注谓："其岁之八节每一卦生三气，则各得十五日。"就是说八卦各主二至二分和四立，每一卦又生出三个节气，一年共二十四个节气，所以每一节气十五日有余。"画六爻之移气"，按郑玄注，一卦三画中分为二，成为六爻，表示太史刻漏，每气两箭。（参见《后汉书·律历志》）"八卦数二十四以生阴阳"，就是说，八单卦二十四画，代表二十四节气，成为重卦，生出四十八箭，即一年的阴阳消长。"衍之皆合之于度量"，就是说，八卦之爻象，加以推衍，共四十八画，都符合律历所说的度数。可以看出，《乾凿度》的作者将八卦卦画的数目同当时的天文历法中推算的二十四节气的程序结合在一起，并认为卦画的数目决定节气的变化的度数，这是对京房学说的进一步发展，同样也是象数之学的特点之一。

（三）以爻辰说明卦气

《乾凿度》中说："阳唱而阴和，男行而女随。天道左旋，地道右迁，二卦十二爻而期一岁。乾阳也，坤阴也，并治而交错行。乾贞于十一月，子，左行，阳时六。坤贞于六月，未，右行，阴时六，以奉顺成其岁。岁终次从于屯蒙。屯蒙主岁，屯为阳，贞于十二月，丑，其爻左行，以间时而治六辰。蒙为阴，贞于正月，寅，其爻右行，亦间时而治六辰。岁终则从其次卦。阳卦以其辰贞，丑，其爻左行，间辰而治六辰。阴卦与阳卦同位者，退一辰以为贞，其爻右行，间辰而治六辰。泰否之卦，独各贞其辰，共比辰，左行相随也。中孚为阳，贞于十一月，子，小过为阴，贞于六月，未，法于乾坤。三十二岁期而周。六十四卦，三百八十四爻，万一千五百二十坼，复从于贞。"这就是按照六十四卦的顺序，每对立两卦，其六爻配以十二辰，代表十二个月份，为一岁；三十二对卦象，则代表三十二年，第一年乾坤主岁月。乾坤初九当十一月，配子；九二当正月，配寅；九三当三月，配辰；九四当五月，配午；九五当七月，配申；上九当九月，配戌。坤卦初六当六月，配未；六二当八月，配酉；六三当十月，配亥；六四当十二月，配丑；六五当二月，配卯；

---

①［汉］郑玄. 周易·乾凿度. 北京：中华书局，1985：118.

上六当四月，配巳。第二年未屯蒙两卦主岁月。首先，屯卦初爻当十二月，配丑；蒙卦初爻当正月，配寅；两卦各爻间隔一辰主岁月。其次，未需讼两卦依次类推。唯泰否两卦不同。泰卦从正月到六月，自下而上依次配寅、卯、辰、巳、午、未六辰；否卦六爻从七月到十二月，自下而上依次配申、酉、戌、亥、子、丑六辰，这样，从乾坤到既济未济，往复循环，推算年代，也就是说，以六十四卦为一周期，计算年代，并表示一年节气的变化。

二、《乾凿度》卦气说的人文精神

（一）《乾凿度》卦气说蕴含了人与自然和谐的思想

人类要想持续发展，必须要保持人与自然的和谐，而《乾凿度》的卦气说恰恰就蕴含了这种和谐观。因为卦气说的基本思路是用象数来描述一年之中的气候变化，表示四时循环、寒暑往来的正常节律；而气候的正常节律属于实证知识，卦气图式属于符号系统，《乾凿度》则尽量使事实系统和符号系统同构。《乾凿度》的卦气图式以中孚卦为起点，以颐卦为终点，构成了一个周而复始的循环圈，是以一年四季的昼夜长短与寒暑差异为参照系进行设计的。这种象数形式的严格对称与气候变化的正常节律息息相关，显示了自然的和谐。

《乾凿度》把九宫与四正四维的八卦方位结合在一起，整齐排比，用卦爻象数架设了一个九宫图，这就是所谓"戴九履一，左三右七，二四为肩，六八为足，五居其中"，横看、竖看、斜看，其和都是十五，并以此为框架基础建立起了卦气说。这一空间和时间相配合的世界图式，代表了自然和社会的有序状态，蕴含了天人整体和谐的思想，宇宙的演化以及天地的有序之理通过象数关系和象数符号表现出来，这个世界图式的四正四维的空间序列，显示了宇宙的有序性。

卦气说中的这种自然和谐思想对当代社会也有深刻的启迪。由于当代社会高扬人的主体性，使主体性扩张，形成了一些全球性的问题，如环境遭到破坏，生态失去平衡，这一切都威胁着人类的生存和发展，所以我们要保持人与自然的和谐，不能违背自然界的规律。

（二）《乾凿度》卦气说中蕴含了人与人和谐的思想

卦气说不仅蕴含了人与自然和谐的思想，而且也蕴含了人和人和谐的思想，即人类社会和谐的思想。例如《乾凿度》以五常配八卦，认为一年气候的变化体现了人伦之道："孔子曰：八卦之序成立，则五气变形。故人生而应八卦之体；得五气以为五常，仁义礼智信是也。夫万物始出于震，震，东方之卦也。阳气始生，受形之道也，故东方为仁。成于离，离，南方之卦也。阳得正于上，阴得正于下，尊卑之象定，礼之序也，故南方为礼。入于兑，兑，西方之卦也。阴用事而万物得其宜，义之理也，故西方为义。渐于坎，坎，北方之卦也。阴气形盛，阳气含闭，信之类也，故北方为信。夫四方之义，皆统于中央，故乾坤艮巽，位在四维。中央所以绳四方行也，智之决也，故中央为智。故道兴于仁，立于礼，理于义，定于信，成于智。五者，道德之分，天人之际也。圣人所以通天意、理人伦而明至道也。"这就是说，以震、离、兑、坎四正配仁、礼、义、信，中央不配卦，但维系四维之卦，故配智。五气是指五行之气，以五行配五常，五行主四时，四时分属于卦气，这样卦气就具有了五常的品德。

卦气的运转体现了五常之德，天人之际以五常之德作为联结的纽带。也就是说，春生为仁，震卦主之；夏长为礼，离卦主之；秋收为义，兑卦主之；冬藏为信，坎卦主之；中央为智，以统四方。合起来，五者都是卦气运转的正常节律，是一个完整的至道，圣人可以据此"通天意、理人伦"，根据自然的和谐规律来寻求社会的和谐，体现了人与自然、人与人和谐相处的人文精神。

虽然《易纬》卦气说具有神秘主义色彩，但其中的天人关系之学丰富了儒学思想，并对当时的政治起了调节作用。在汉代特定条件下，它在人们追求理想价值，防止君主滥用权力、胡作非为方面有一定的实效。例如《乾凿度》中说："故《易》者，所以经天地、理人伦而明王道。是故八卦以建，五气以立，五常以行，象法乾坤，顺阴阳，以正君臣、父子、夫妇之义，度时制宜，作罔罟，以畋以渔，以赡人用。于是人民始治，君亲以尊，臣子以顺，群生和治，各安其性，八卦之用。"这一段话集中概括了卦气说的天人之学的本质：认为天人为一体，天与人相互感应；认为卦气运转是否正常，与人的行为特别是君主的决策有很大关系。所以人们可以通过观察卦气来预言政治的得失，也可以通过了解自然界的灾害对人们的昭示，用政治改革加以改善，消除政治弊端，努力达到社会的和谐，这体现了《乾凿度》卦气说的价值所在。

第四节　《周易》不仅有归纳法而且有演绎法

有专家认为："易经有归纳而无演绎。"笔者认为此观点是不正确的，因为任何人或任何民族思维都不会仅采用归纳或仅采用演绎的，《易经》作为六经之首，更是凝聚了中国古代人的智慧，绝不可能只有归纳而没有演绎。从本质上说，归纳侧重于对经验事实的概括，从经验升华为结论，从个别的、表面化的、缺乏普遍性的经验中抽象出一般原理，把握个性中的共性，这是一种或然性推理；演绎则是对一般性原理的应用，前提和结论之间存在必然联系，是一种必然性推理。虽然这两种推理的思维方向是相反的，但是人们的认识往往总是运用归纳和演绎两种思维方法，从个别事实引出一般结论、概念，又从一般原理引出个别结论而使认识不断深化。故而归纳和演绎既是两种方向完全不同的对立的思维方法，又是互相依存的辩证统一体，即归纳是演绎的基础，演绎的前提常常是依靠归纳而获得的。可以说，归纳的结论就是演绎的前提，离开归纳，演绎不可能进行。正如恩格斯在《自然辩证法》中所说:"归纳和演绎,正如分析和综合一样,是必然相互联系着的。不应当牺牲一个而把另一个捧到天上去,应当把每一个都用到该用的地方,而要做到这一点,就只有注意它们的相互联系,它们的相互补充。"因此,《周易》中凝聚了归纳和演绎等思维形式,不会只有归纳而没有演绎。

《周易》一般分为《易经》和《易传》,《易经》主要是六十四卦和三百八十四爻,并各有卦辞、爻辞加以说明。《易传》是解释卦辞、爻辞的文字,共十篇,称为"十翼"。"十翼"包含《彖传》上下、《象传》上下、《系辞》上下、《文言传》、《说卦传》、《序卦传》、《杂卦传》共十篇。《周易》是一部哲学书,又是一部卜筮书,是中国最早的学术专著。作为中国传统文化的经典著作,其意义博大精深,理论体系结构严谨,其理论思维形式多样。《周易》在西方也广泛传播,并且西方许多著名专家也重视《周易》的演绎及其对科学的启迪。

《周易》自从17世纪传入西方之后,对西方自然科学和哲学的形成和发展也起了十分重要的作用。据记载,法国传教士金尼阁最早把《周易》译成拉丁文,并于1626年在杭州刊印。从此,《周易》开始传入西方世界,拉开西方研究《周易》的序幕。据不完全统计,《周易》自从1626年被译成拉丁文后,又先后被译成德、英、法、俄、日、韩、荷兰、南斯拉夫、丹麦、意大利、西班牙等多种文字。西方对《周易》的研究主要有翻译、占筮、数理和哲学四个方面,其中研究"数理"部分注意到了其中的演绎推理。他们在《周易》思想和易图的启示下,在自然科学和哲学领域中,取得了令人瞩目的成就。例如从数理方面研究《周易》的先驱应当是德国科学家莱布尼兹。有人认为,莱布尼兹是现代数理逻辑的创始人。他在1679年提出了"论二进位制"的观点,莱布尼兹发现,他所发现的二进位制在中国上古所传的"伏羲六十四卦次序"和"伏羲六十四卦方位"两图中早就有所表述和使用后,便用二进位制数把六十四卦作了推理。还有一些国际知名学者把《周易》的思想引进耗散结构理论、宇宙起源和演化、量子场论、真空理论和生命现象等重大基础理论的研究中,给研究工作带来了很多富有启示性的思想。

在中国,《周易》的演绎推理很早就被重视。春秋时期的《左传》《国语》记载着战乱中诸侯、王公、士大夫应用《易经》卦与卦间进行归纳演绎、推理思维的活动。严复、胡适等前辈也肯定过《周易》的演绎思维,例如严复认为《周易》既有归纳,也有演绎,他在《天演论·自序》中指出:"司马迁曰:'《易》本隐而之显,《春秋》推见至隐。'此天下至精之言也。始吾以谓本隐之显者,观《象》《系辞》以定吉凶而已;推见至隐者,诛意褒贬而已。及观西人名学(即逻辑学),则见其于格物致知之事,有内籀之术(即归纳推理)焉,有外籀之术(即演绎推理)焉。内籀云者,察其曲而知其全者也,执其微以会其通者也;外籀云者,据公理以断众事者也,设定数以逆未然者也。乃推卷起曰:有是哉!是固吾《易》《春秋》之学也。迁所谓本隐之显者,外籀也;所谓推见至隐者,内籀也,其言若诏之矣。

二者即穷理之最要途术也，而后人不知广而用之者，未尝事其事，则亦未尝咨其术而已矣。"①严复这是说西方逻辑学的功用在于"见其于格物致知"，而这样的方法论在《周易》《春秋》中早就存在，《周易》的逻辑方法是"观《象》《系辞》以定吉凶而已"，是一种"本隐之显"的方法，这就相当于西方的演绎推理。胡适也说："《易经》里最重要的逻辑学说是象的学说。"②现代易学家刘大钧、朱伯崑也都肯定了《周易》的演绎思维，认为《周易》"有形式逻辑思维，如演绎思维、类推思维、形式化思维；有辩证思维，如整体思维、变易思维、阴阳互补思维、和谐与均衡思维；有直观思维，如模拟思维、功能思维；有形象思维，如意象合一、象数合一等。"③

《周易》中的归纳和演绎是不可分割的，例如《周易·系辞上》对于《易》由爻组成"八卦""六十四卦"的思维过程，有一段论述："……是故四营而成易，十有八变而成卦，八卦小成。引而伸之，触类而长之，天下之能事毕矣。"孔子称这样从爻到卦，从"八卦"到"六十四卦"的演变之道是："知变化之道者，其知神之所为乎！"这个"变化之道"，也是归纳演绎之道。将四十九根策，按阴阳（或天地、奇偶）排列，经三爻为其数，组成"八卦"，以"八卦"的"小成"，引申出"六十四卦"，形成《易》。形成"八卦"的过程，是归纳思维，引申《易》的思维，是演绎思维，两者结合，就体现出归纳演绎结合的思维形式。

《周易》观物取象，然后引申其含义，阐发其义理，具有鲜明的演绎推理特色，例如：

《乾》之卦象：乾上乾下。乾，日也，刚也，健也。两乾相重，是日复一日，刚健不已也，故《周易·象上》曰："天行健，君子以自强不息。"

《坤》之卦象：坤上坤下。坤，顺也，两坤相重，是顺之又顺也。故《周易·象》曰："地势坤，君子以厚德载物。"

《泰》之卦象：乾下坤上。乾，天也；坤，地也，是天之乾阳之气下降，地之坤阴之气上升，乃两相交感，万物通泰，生生不息也，故君主以化裁促成天地之道，以佐佑人民也。故《周易·象》曰："天地交，泰。后以财成天地之道，辅相天地之宜，以佐佑民。"

《节》之卦象：兑下坎上。兑，泽也；坎，水也。人们的行为，如果不遵守一定的规范，没有人伦礼节，则就如泽水无堤，泛滥成灾也。故《周易·象》曰："泽上有水，节。君子以制数度，议德行。"

《中孚》之卦象：兑下巽上。兑，泽也；巽，风也。泽上有风，水波相应，或洪波涌起，或微波荡漾，绝无虚妄，则恒信也。故《周易·象》曰："泽上有风，

---

①严复. 天演论·自序. 北京：华夏出版社，2002：6.
②胡适. 先秦名学史. 北京：中华书局，1999：797.
③朱伯崑. 易学哲学史（第一册）. 北京：华夏出版社，1995：3.

中孚。君子以狱缓死。"

《既济》之卦象：离下坎上。离，火也；坎，水也。水在火上，乃能灭火。然后行事既济，骄矜自满，物极必反，每有后患，故君子以思后患而预防也。故《周易·象》曰："水在火上，既济。君子思患而预防之。"

……

由以上可见，卦以拟象，象以存意；意以象尽，也就是"寻象以观意"也。也可以看出，象数思维，是从取象向演绎思维的一种推移，是一种取象比类的结合和推理。凭借卦象，引发感慨和联想，推理出理性认识的结论，也证明了《周易》的思维具有较强的演绎性。

又如《序卦》的思维也有很强的演绎："有天地，然后有万物生焉。盈天地之间者唯有万物，故受之以屯。屯者，盈也。屯者，物之始生也。物生必蒙，故受之以蒙。蒙者，蒙也，物之樨也……"

《易经》的卦象和卦序都体现着对立面的排列组合的思想，从卦象上来看，有阴阳二爻，经过三重叠，只能得出八种卦象，八卦两两相重也只能得出六十四种卦象，很明显，八卦和六十四卦的构成是根据演绎逻辑思维的原则得出的，就卦序来看，六十四卦的排列体现着"两两相耦，非覆即变"的法则，运用的是演绎思维。

又例如中国古代八字推命术属于术数，而术数是《周易》的一个分支，正如《四库提要》说："术数之兴，多在秦汉以后，要其旨，不出乎阴阳五行、生克制化。实皆易之支源，傅以杂说耳。"中国古代术数的八字推命术具有严格的演绎推理，暂且不讨论其推理方法是否正确，但是其中推理过程的严密是不容置否的，也证明了《周易》的演绎推理思维不容否定。八字推命术首先根据人的出生时间，确定了各种基本概念为大前提，然后将一个人的八字拿来按照大前提进行推论。推论的程式是一定的，就像代数学，先立一个公式，然后一步一步地推演下去。例如：在推断人的命运时，推命术士将东南西北与五行相配，并推出此人命中对五行的宜忌，从而断定此人应向什么方向发展。又如在推断某人的六亲时，则以日干表示自己，日支代表配偶，年干支代表父母，月干支代表兄弟，时干支代表子女；又根据日干与年、月、时干及四个地支中所含的天干之间的阴阳、五行匹配不同的关系，确定正官、偏官、正印、偏印、正财、偏财、比肩、劫财、伤官、食神等概念，然后把大运、小运、流年运配合四柱的构成，再根据其五行的生克、地支的刑冲等进行严格地推理，从而推断六亲的吉凶。其中严密的推理、不可置疑的演绎，蕴含了古人的智慧，让那些认为中国古代文化没有逻辑推理、没有演绎法的学者研究一下其中的思维，也许会改变其固有看法。

有专家认为：《周易》代表一条与西方不同的认识路线。西方主流以物质为本位来看世界、看运动，主张认识的实质即揭示运动着的物质。中国传统主流则以现象为本位来看世界、看物质，其认识目的是把握和利用现象本身的规律。"象者，气也。"认为现象与"气"相联系。"气"是与物质不同的另一种实在。前者以物质为本位，由于物质的存在是有限的，因而必须要对无限的运动关系网加以切割、定格、抽离，于是主要采取抽象方法、控制条件的实验方法和还原论方法。其认识的最终结果是以某种具体物质存在为基础，弄清其与某些重要运动关系的具体统一。其缺点是必定要损害事物所处之运动关系的整体性和完整性，舍弃现象的丰富性和生动性。后者以自然状态的现象为本位，而现象联系具有无限性，因此认识须以保持现象的自然整体为前提，于是主要采取意象方法、彻底开放的实验方法和静观方法。意象方法是指概括而不离象的思维方法。静观是指保持自然整体状态的观察。如发现的规律属于事物的自然整体层面，存在于无限的运动关系之中，所以不可能对具体的物质构成作出清晰的描画。《周易》就是以自然状态现象为本位来总结世界运动规律的，集中体现了中国传统的认识路线。此认识路线可用三句话概括："天下随时""道法自然""立象尽意"。

李约瑟曾指出："当希腊人和印度人发展机械原子论的时候，中国人则发展了有机宇宙哲学"①，"中国思想之思维方式为并连思考。"② 尽管东西方思维存在差异，《周易》的演绎思维和西方的演绎思维显示出不同的特点，并且笔者也赞同某些专家"东西方的思维路线不同"的观点，但是我认为不能因为《周易》的演绎思维与西方不同，而否定《周易》的演绎思维，进而把其看成阻碍科学发展的重要原因也是错误的。

第五节 《周易》是否阻碍科学发展的论争

《周易》阻碍科学发展还是促进科学发展的论战，开始于杨振宁教授 2004 年 9 月 3 日《2004 年文化高峰论坛》上所作《〈易经〉对中华文化的影响》的报告，在报告中，杨教授提出："易经影响中华文化的思维方式，所以这个影响是近代科学没有在中国萌芽的重要原因之一。"杨教授反复强调论述的要点之一是易经和中华文化有归纳而无演绎。2004 年 11 月 6 日中华文化复兴研究院的龙雨辰、尚洪宽、徐钦琦、傅景华、文尔邻、李伯淳等人写了《致杨振宁教授的公开信》，明确指出了中华文化有演绎，《易经》有演绎，并且历史证明了《易经》并没有阻碍科学的发展，从而拉开了论战的序幕。

之后，《周易》是阻碍了科学的发展还是促进了科学的发展的论争一直没有停止过，特别是 2006 年 5 月 13～14 日北京大学国情中心太极文化研究所、中国文化复兴研究院、比利时理学研究所、北京周易研究会等单位在中国科学院举行的"周

---

①［英］李约瑟. 中国科学技术史（第 3 卷）. 上海：上海古籍出版社，1990：337.
②Joseph Needham："Science and Civilizaton on China"，Vol. II，Seetion B8 - 18，279ffand，after，Cambridge University press，1962：279.

易阻碍科学的发展还是促进科学的发展研讨会"使论战达到高峰,这次研讨会讨论的专题有:(1)中国古代灿烂科技成就与《周易》的关系;(2)西方近代科学是否有中国的来源; (3)《周易》是否只有归纳(法)而没有推演(演绎法);(4)《周易》思维是笼统思维还是整体思维;(5)《周易》思维与天人合一思想是否代表另一条科学认识路线; (6)《周易》思维能否推动21世纪的科学发展;(7)取象比类在21世纪复杂性科学中能否上升为重要方法;(8)讨论《周易》与科学关系,是否要区分古代科学、近代科学和21世纪复杂性科学;等等。会议上,来自中国社会科学院、中国科学院、北京大学、清华大学、北京师范大学等全国各地的100多名代表进行了发言,会议争论的焦点集中在"周易是阻碍了科学的发展还是促进了科学的发展"和"周易有无演绎思维"问题上,关于"周易是阻碍了科学的发展还是促进了科学的发展"问题,有三种观点。

一种观点是:周易阻碍了科学的发展,持这种观点的人占极少数,他们赞成杨振宁教授的观点,认为《周易》没有演绎思维,故而《周易》影响了中国的科学思维,阻碍了科学的发展。

一种观点是:周易没有阻碍科学的发展,持这种观点的专家学者从易学是中医发展的动力、周易对古代科技的影响、取象比类必将成为复杂科学的重要方法、周易的理念与科学精神等多个角度论证了《周易》促进了科学的发展。

一种观点是:讨论周易阻碍科学的发展还是促进科学的发展没有意义。持这种观点的一位专家认为《周易》与科学发展的关系问题,不是一个历史学和社会学的问题,可以通过文献的考证和实证研究得到确认。自有《周易》两千多年以来,中国学者从来没有讨论过这样的问题。《周易》是促进科学发展还是阻碍科学发展,都是现代话语的产物,是在全球现代化背景下话语权争夺的结果。《周易》与科学发展是正关联还是负关联,并不重要。关键在于我们要有自己文化的自信心,要敢于用自己的标准来衡量自己的文明,以及全球文明。

专家、学者讨论的另一个焦点是关于《周易》是否有演绎思维的问题,最后达成了共识,一致认为《周易》不仅有归纳,而且有演绎。笔者也在大会上作了《周易》有演绎思维的报告,认为《周易》作为中国传统文化的经典著作,其意义博大精深、其理论体系结构严谨,其理论思维形式、内容丰富,春秋时期的《左传》《国语》记载着战乱中诸侯、王公、士大夫应用《易经》卦与卦进行归纳演绎、推理思维的活动。

《周易》的演绎思维一般是"据象演绎推理""据辞演绎推理""据象辞演绎推理"。笔者认为,《周易》的演绎思维和西方的演绎思维既有共同点,又有差异。笔者赞同某些专家"东西方的思维路线不同"的观点,但是不能因为《周易》的演绎思维与西方不同,而否定《周易》的演绎思维。把其看成是阻碍科学发展的重要原因是欠妥的。再继续争论"周易是阻碍科学的发展还是促进科学的发展"没有什么实际意义，关键是要吸取《周易》"自强不息"的精神，"生生不息"、不断改革，促进中国科学不断发展，赶超世界先进水平。

第六节 《周易》的研究路径评述①

从易学发展史来看，易学主要分为象数派和义理派。在不同的时期，不同的学派对"象数""义理"有不同的界定。虽然人们通常把"象数""义理"对应来提，而实际上"象"和"数"是两个不同的概念。《左传·僖公十五年》："龟，象也；筮，数也。物生而后有象，象而后有滋，滋而后有数。""象"在《易》中最为关键，"天垂象见吉凶，圣人象之"（《易系上传·第十一章》）就连蓍法中"数"的运用，如一、二、三、四……以及大衍之数等，也都蕴含着"象"的意义。构成古经最基本的卦爻画即一奇一偶的爻象符号就为《易》的基本"象"画，像朱熹所说："象卦画，系本卦自有之象"（《朱子语类》卷六十六）。而卦爻辞因卦爻画而发，是卦爻画所表征、蕴含吉凶情状的解释者，然卦爻辞中所说的吉凶、悔吝、变化、刚柔之预示，便可视作人事得失、忧虑、进退、昼夜之所象，并且卦爻辞中近取诸身、远取诸物、"拟诸其形容，象其物宜"之象处处可见。可见"象"是《周易》所特有的一种传达天道的方式。然言天道必立人道，《易上传·第十二章》谓"圣人立象以尽意"，卦爻画本身就蕴含着"义理"，以符号的形式表征、蕴示着占问事项的吉凶情状，而卦爻辞则初步表达"义理"，彰显着卦爻画所表达的吉凶悔吝情状。若卦爻辞诠释着卦爻画的存在，则卦爻画印证卦爻辞之所云，透显着卦爻辞之意蕴，昭示卦爻辞之所以然，故也以符号的形式诠释着卦爻辞，也就是卦爻辞的诠释者。因而形成了卦爻画与卦爻辞之间双项互诠互释的关系，也形成了卦爻画与卦爻辞合二为一、双相互诠释的架构。值得注意的是，卦爻画并不仅仅只是"象"的表征，因其中就蕴含着"义理"。卦爻辞也不只是蕴含"义理"，还处处言"象"。所含"义理"或以形象的方式初步表达，而不是以哲学思维的方式进行表述，是属于具象思维。卦爻辞带有具体事实的明显痕迹，就事论事的现象处处可见，形象、诗化的色彩相当浓厚。然《易传》使象数、义理合一模式最终建立。正如高亨先生所言：经是筮书，传是对筮书的注解，然它已"超出蓍书的范围，进入哲学的领域"。经过传的诠释，才使《易经》成为一部世界上独一无二的象数与义理体用合一的古代典籍，使易学成为一门"广大悉备"、无所不包，整合了天道、地道、人道的宇宙之学。

虽然《周易》内在蕴含"象数"和"义理"的二重性，但研究《周易》者，偏重"象数"的，成了象数派；偏重阐发《周易》"义理"的，成了义理派。

---

① 史少博.《周易》研究路径述评. 哲学动态，2006（3）：54-56.

象数派在不同时代有显著的变化。西汉初期，周王孙、丁宽、杨何等大体沿承先秦卦变、互体等旧例以讲象数。到汉中叶以后，孟喜、焦赣、京房等则倡扬卦气、世应、飞伏诸说，认为《易》之为书是以象为主的，辞由象生，无象外之辞。他们以象数解释《周易》经传，在象数推演的基础上，构造了包括飞伏说、卦气说、纳甲说、爻辰说等在内的庞大的象数易学体系，使象数之学大兴。

两汉象数易学特别凸显象数的优位论，对于象数过分护持、执迷与纠缠，从而衍生出了象数学上的穿凿、繁琐之风。构成虞翻易学的主要有"卦气说""月体纳甲说""卦变说""旁通说""反象说""两象易说""动之正与成既济定说""互体连互说""半象说""逸象说"等，它使两汉易学的繁琐、牵强之风，达到了登峰造极的地步。演之北宋，陈抟、邵雍等发展为自成体系的"先天象数学"。《四库全书提要·经部易类小序》云："汉儒言象数，去古未远也；一变而为京、焦，入于禨祥；再变而为陈、邵，务穷造化，《易》遂不切于民用。"

魏晋时，王弼则突显义理的优先地位，对汉易数之学进行了无情地揭露与清算，在批判中又显示了对义理的偏向。在此情况下，孔颖达著《周易正义》，试图既重义理，又不轻视象数，并为此而阐述王弼注，从而给后世以很大影响，使"象数""义理"至宋代出现合流、互补趋势，如朱熹的"象不穿凿，也不可忘"，无不受到了孔颖达的影响。

宋朝邵雍依托《易经》创造出一套"易外别传"的学术理论，对我国的易学研究与发展做出了重要贡献。特别是在运用八卦进行信息预测的方法上，他把年、月、日、时的数用加减乘除的方法装入卦中，列出卦象，求出动爻，根据八卦阴阳五行排列，以体用生克方法，兼用《周易》爻辞来判断吉凶，这就是《梅花易术》。宋代的象数学主要表现为图书之学。邵雍建立的象数学体系，企图用一个完整的图式来说明宇宙演化和社会、人生的全部运动程式。虽然这个象数体系是由主观推演而成的，但也具有一些合理的成分。邵雍是第一个把象数学理论和方法同理学思想相结合的理学大家，在理学史上的地位很高，对朱熹的影响很大。南宋朱震描述了图书之学的传承情况："陈抟以《先天图》传种放，放传穆修，修传李之才，李之才传邵雍。……穆修以《太极图》传周敦颐，敦颐传程颢、程颐。是时张载讲学于'二程'、邵雍之间，故雍著《皇极经世》之书。"① 陈抟把图书和数结合起来，开启了易学研究的新视角，对宋明理学影响至深。这里的"数"指讲阴阳奇偶数为主的图式，"象学"指讲乾坤卦爻象为主的图式。然而不能单纯依据是以卦象图式还是以奇偶数图式解《易》来划分象学派还是数学派，而应该从对待"象""数"先后问题，以及以何为易学乃至宇宙本体的立场上来区分是象学派还是数学派。主张"象在数先"、以"象"为易学乃至宇宙之本原者，为象学派；主张"数在象先"、

---

① 朱震. 汉上易传. 上海：上海古籍出版社，1989：5.

以"数"为易学乃至宇宙之本原者,为"数学派"。象学派注重卦象分析,数学派注重易数分析。以此为标准,检视两宋及元明清象、数学家,李之才、周敦颐、朱震、俞琰、来知德、方以智,属象学派;刘牧、邵雍、张行成、蔡元定、蔡沈、雷思齐,属数学派。在易学哲学上象学派提出象气合一的象本论,数学派提出理数合一的数本论。

邵雍以象数易学闻名于世,所著《皇极经世书》是易学的经典名著,其哲学思想主要是他所谓的"先天学"。"先天学"及其所本《先天图》,是间接师承于四川学者陈抟,邵雍之子邵伯温和宗仰邵学的朱震都这么认为。朱熹在《周易本义》中解释说:"伏羲四图,其说皆出于邵氏。盖邵氏得之李之才挺之,挺之得之穆修伯长,伯长得之华山希夷先生陈抟图南者,所谓先天之学也。"所谓"伏羲四图",是指伏羲先天图的四种图式,即伏羲八卦次序图、伏羲八卦方位图、伏羲六十四卦次序图、伏羲六十四卦方位图。朱熹所归纳的这四种图式,未必尽括邵雍先天图,但却道出了邵雍先天学的基本内容。

邵雍作为宋代先天象数学的大师,毕生以推演易数来穷究宇宙和社会人生变化之道,并以象数为工具建构了一个先天象数学体系。邵雍的先天象数学,主要包含在他的《皇极经世书》中。《皇极经世书》的内容十分丰富,体系也很庞大。在这本书中,他力图构建一个说明宇宙、自然、社会、人生的完整体系,并力求探索出一个贯穿于整个体系的最高法则。周敦颐《太极图说》所建构的宇宙图式是从象学推衍出来的,邵雍的宇宙图式则是兼用象学和数学推衍出来的,所以邵雍的图式较周敦颐的图式更为详细。在先天象数学中,邵雍创立了一套宇宙生成学说:"太极;一也,不动;生二,二则生神也。神生数,数生象,象生器。"意思是说,太极是一,太极生阴阳就是一生二,但一能生二的作用是神,所以说"神生数"。由于一生二是对立性的双数,以此一倍开展,二变为四,即两仪生四象,这就是"数生象";再由这对立着的象的变化,产生具体事物"器",这就是"象生器"。邵雍把宇宙万物生成,说成是由抽象概念的数字经过倍数相乘得来的,这就是邵雍以象数理论所虚构的宇宙生成图式。

邵雍的先天象数学结构完备,脱离了《周易》经传,为人们认识世界提供了一个新的角度。目的是为了经世致用,但它缺少经典的依据,只是凭借复杂的数学推理,没有找到现实的落脚点。因此,"二程"称之为"空中楼阁"。朱熹从探求《周易》本义的角度对其做了继承和发展,他给了邵雍极高的评价。可以说,以朱熹当时的学术地位,他对邵氏易学的关注和研究对邵雍象数学说的传播起了推动作用。虽然邵雍的学说遭到了很大的攻击,但依然对后世产生了巨大的影响。"南渡之后,如林栗、袁枢之徒,攻邵者尤众,虽象山陆氏亦以为先天图非圣人作《易》本指,独朱子与蔡氏阐发表章,而邵学始显明于世,五百年来,虽复有为异论者而不能夺也。"(李光地《御纂周易折中》卷十九)除了朱熹和蔡元定,还有很多人对邵雍的学说进行了研究。如宋代张行成撰写了《皇极经世观物外篇衍义》《皇极经世索隐》《易通变》，元代俞琰著《易外别传》，明代黄畿写《皇极经世传》等。而朱熹对后世易学的影响更是深远，以至出现了这样的情况："朱子以程子不言数，乃取河洛九图冠于所作《本义》之首，于是宋元明言《易》者，开卷即说先天后天。"① 朱熹不仅为易学增添了新的内容，而且更为重要的是提供了一种合理的解《易》方法，可以说是方法论上的改变。这对宋明理学乃至后世哲学的发展有着很大的影响。朱熹有感于北宋易学重"义理"而疏"象数"的局面，以求真的精神写成了《周易本义》，力图从占筮的角度来注释卦爻象与卦爻辞，以切及《周易》之本来面目。

尽管主流上，宋代易学表现为义理之学，但就治易方法和研究的内容而言，象数学仍然是一些易学家关注和探讨的热点。宋代的象数学主要表现为图书之学。朱熹作为宋代易学大师，当然也会受到图书之学的影响。

一方面，朱熹反对研究《易》只重"象数"，对汉易象数派的解易学风极为不满，他说："且以一端论之，乾之为马，坤之为牛，《说卦》有明文矣。马之为健，牛之为顺，在物有常理矣。至于案文责卦，若屯之有马而无乾，离之有牛而无坤，乾之六龙，则或疑于震，坤之牝马，则当反为乾，是皆有不可晓者。是以汉儒求之《说卦》而不得，则遂相与创为互体、变卦、五行、纳甲、飞伏之法，参互以求，而幸其偶合。其说虽详，然其不可通者，终不可通；其可通者，又皆傅会穿凿，而非有自然之势……故王弼曰：'义苟应健，何必乾乃为马？爻苟合顺，何必坤乃为牛？'而程子亦曰：'理，无形也，故假象以显义'。此其所以破先儒胶固支离之失，而开后学玩辞玩占之方，则至矣。"（《易象说》，见《文集杂著》）这段文字是说，《说卦》以乾为马、坤为牛，是合乎物之常理的。但是《屯》卦中是坎上震下，并没有乾象，然而卦爻辞中有"马"，例如《屯》卦的六二、六四、上六爻辞中都有"乘马班如"的字句，这就是"屯之有马而无乾"，也就不可理解了。又例如离卦卦辞说："畜牝牛，吉。"可是离卦上下皆为离象，并无坤象，这就是"离之有牛而无坤"，《说卦》以震为龙，按此说法，乾卦六爻的爻辞讲龙象，此卦就应当为震卦。而坤卦有"利牝马之贞"，"马"是乾象，就应该为乾卦了，这些取象都是不可晓得的。所以依据汉儒的《说卦》之说也难以理解。可是又创立了互体、变卦、五行、纳甲、飞伏等体例，或者穿凿附会，或者终究是不通。于是王弼提出忘象求义说，程颐提出假象以显义说，破汉易支离之病，为后学玩辞玩占提供了方式方法。

另一方面，朱熹也反对研究《易》只重"义理"，从以下几个方面对"义理"派的偏颇进行了指正。

朱熹批评了义理派"义理"与经文相脱节的倾向。这是朱熹易学经学史上的创见，也是对借经典阐发"义理"的宋代理学的补充。他提出"《周易》本卜筮之书"，说道："《易》本为卜筮而作。古人淳质，初无文义，故画卦爻以'开物成

---

① 皮锡瑞. 经学历史. 北京：中华书局，1981：65.

务'……此《易》之大意如此。"(《朱子语类》卷六十六)又说:"喻读《易》甚善,此书本为卜筮而作,其言皆依象数,以断吉凶。今其法已不传,诸儒之言象数者,例皆穿凿;言义理者,又太汗漫,故其书为难读,此《本义》《启蒙》所以作也。"(《朱子语类》卷六十,《答刘君房(二)》)由此看出,朱熹认为圣人作《易》的本意就是为了卜筮,其卦爻辞都是依据"象数",由此来推断预测吉凶。由于其法已经不传,诸儒言象数,就牵强附会,不能领会《周易》的本义。又言"义理"者,太随意发挥,也使得圣人作经的本意不明,为了纠正治《易》中的两种偏向,朱熹追本求源,撰《周义本义》和《易学启蒙》两书,探求圣人作经之本意。他认为卦爻辞根源于"象数",以求经文之本易,他又提出经、传相分,把《周易》分为伏羲、文王、孔子三圣之《易》,从而探求了伏羲之《易》的原本之义,并论述了易学发展阶段。他说:"自伏羲而上,但有此六画,而未有文字可传,到得文王、周公乃系之以辞,故曰:'圣人设卦观象,系辞焉而明吉凶。'"(《朱子语类》卷六十六)也就是说,伏羲而上,只有卦象,到文王、周公才做卦爻辞,故而说圣人设卦观象,系辞来预测吉凶,从而说明《易》为卜筮而作。为了对此进行充分证明,朱熹还批判了王弼只注重"义理"而忽视"象数"的倾向,他说:"《易》本卜筮之书,后人以为止于卜筮。至王弼用老庄解,后人便只以为理,而不以为卜筮,亦非。……今人不看卦爻,而看《系辞》,是犹不看刑统,而看刑统之序例也,安能晓!今人须以卜筮之书看之,方得;不然,不可看《易》。尝见艾轩与南轩争,而南轩不然其说。南轩亦不晓。"(《朱子语类》卷六十六)他批评了王弼从"义理"解《易》,只讲义理而避谈卜筮的倾向。《易》本为卜筮之书,后人认为应止于卜筮,到王弼用老庄解《易》开始,后人就只偏重义理,而不认为《易》是卜筮之书,也是不对的。如果不以卜筮之书看《易》,只看《系辞》,则不可治易,这表明了朱熹的治易原则:解《易》既要从义理看,又要从卜筮看。

从现代研究《周易》看,大多数学者都是从象数和义理两个方面去研究的,例如山东大学易学与中国古代研究中心,以刘大钧教授为首的学者研究《周易》,既研究象数,又研究义理,但多研究象数;而以北京大学朱伯崑教授为首的学者研究《周易》,也研究《周易》的象数和义理,但更多的是研究《周易》的义理。

近年来,中国内地对《周易》的研究,主要是对《周易》经传的解读、简帛易学研究、易学史问题研究、易学思维研究、易学与儒学研究、易学与道学研究、易学与自然科学研究、易学与文化研究、研究古代易学人物等。

另外从古代到现代,还有对《周易》研究的一个分支,就是江湖术士派的占卜、八字推命、风水等术数的开发沿用,近几年来已经风靡于网络。

从发展趋势看,对《周易》的研究会沿着既重视象数、又重视义理的路径发展,也可能更重视《周易》义理对人类的启迪。

第三章

著名儒学家与易学

第一节 孔子与易学

一、孔子开创了儒学和易学

李学勤先生说:"孔子不仅开创了儒学,也确实开创了易学。"在马王堆帛书《要》篇,孔子明确讲"得一(《易》)以群毕",也就是说"《诗》《书》《礼》《乐》的精华都浓缩在《周易》的损益之道里。"①

《论语》有关《周易》的记载共有三条。《述而》篇曰:"子曰:'加我数年,五十以学《易》,可以无大过矣。'""子路曰:'南人有言曰:人而无恒,不可以作巫医。善夫!不恒其德,或承之羞。'子曰:'不占而已'。"《宪问篇》曰:"不在其位,不谋其政。"《论语》的这三条记载,后人都存在着诸多歧解。近代以来,疑古论者更认为《论语》此三则"不特不足以证孔丘曾赞易,且反足以证孔丘与易无关。"(张心澂《伪书通考》上册92页)具体而言,他们认为:"五十以学易"之"易"字,《古论》之作"易",而《鲁论》作"亦",应从《鲁论》,以"亦"为本字,以"五十以学"断句。又说:"《论语》文中,又无易曰二字,只曰不占而已,安得据此以为《周易》已经成立之证?又安知非后世之编易者,取此辞以入于易乎?若以为孔子喜易,而且学易,其高弟颜回、子贡、子夏、子路、子张等,何故无学易乎?"(本田成之《作易年代考》)又曰:"君子思而不出其位",见于《大象传》,此言"曾子曰",足证《大象传》出于孔子之后,系《大象传》作者袭曾参语(《洙泗考信录》)。其实,除了疑古论者的上述问题外,《论语》此三则还有其他一些疑问。比如孔子"假年之叹"应在何时?"五十"二字,应如何理解?孔子学易从何时开始?"大过"二字有何涵义?孔子于易是否均"不占",唯取人道教训义?这些问题若只凭《论语》本文,不借助其他传世和出土文献,大多是无法解决的。疑古论者以《鲁论》之"亦"来否定《古论》等之"易",其证据是很薄弱

---

①廖名春. 周易经传与易学史新论. 济南:齐鲁书社,2001:161.

的。"易""亦"异文是因为同音通借而致。李学勤先生已经指出,"易""亦"两字在上古音中韵部并不相同,一在锡部、一在铎部,因此不能相通。西汉以后,锡部、铎部之字才开始押韵,"易""亦"两字之音才开始接近。因此它们的通借应是两汉之后的事,不可能发生在西汉。人们公认司马迁《史记·孔子世家》"假我数年,若是,我于《易》则彬彬矣。"脱胎于《论语》"五十以学易"章,可见司马迁所见之《论语》,字本作"易"。而《经典释文》所载《鲁论》之异文"亦",不说是两汉之际以后出,决难早于司马迁。①

有专家认为孔子学易当在五十岁之前,"三国魏人何晏《论语集解》注云:'易穷理尽性以至于命,年五十而知天命,以致天命之年读至命之书,故可以无大过矣。'"其意认为孔子讲此话的时间当在五十岁之前。南朝梁黄侃《论语义疏》说:"当孔子尔时年已四十五六,故云加我数年,五十而学易也。"宋刑昺《论语注疏》也说:"加我数年,方至五十,谓四十七时也。"对此说,后人也有怀疑,主要是不相信孔子是"五十"时才学易,因此,对"五十"二字,或改读,或另作别解,或改字。②

《史记》孔子传《易》之说,近代以来否定者日众。人们由否定孔子与《易传》有关,进而认定先秦儒家与《周易》无关、与《易传》无关。于是《易传》,特别是《系辞》属于儒家的作品,也就成了问题。马王堆帛书《要》的出土,印证了《史记》"孔子晚而喜易"之说。但是有些学者还是不承认,认为"《要》篇的成书年代,是在荀子思想广为流布之后不久,在《老子》成书不太长的时间内,具体地说,是在西汉初期的高祖到吕后,即公元前206年—前180年之间",坚持说"创始于孔子的儒家学派,在其到汉初的整个历史中,期间大部分(到战国之前)里并不爱好易,只是到了汉初才开始喜欢起来。"那么,为什么儒家要喜欢《周易》呢?有人解释道:"原来在秦代焚书令与挟书律令的限制下,《诗》《书》《礼》和《春秋》都成为禁书,《周易》及占筮学却未遭到禁止,儒者遂利用这一空隙,改而采用解《易》的方式来阐释儒学"。"西汉经学家将《周易》与《诗》《礼》并列,构成五经的系统,这种做法绝不合乎先秦儒学的精神。"③廖名春先生不同意这种不信《史记》、不信《论语》、不信《庄子》、不信《荀子》而误读帛书《要》篇的观点。他从新出土的郭店楚简入手,证明了先秦儒学与《周易》的关系,认为:"从郭店楚简、马王堆帛书、《庄子》、《礼记》、《史记》等一系列出土文献的记载看,早在先秦时代,《周易》就已经入经,而且儒家的学者已经展开了对它的研究,这应是不争的事实。"④

---

①廖名春. 周易经传与易学史新论. 济南:齐鲁书社,2001:148.
②廖名春. 周易经传与易学史新论. 济南:齐鲁书社,2001:150.
③廖名春. 周易经传与易学史新论. 济南:齐鲁书社,2001:226.
④廖名春. 周易经传与易学史新论. 济南:齐鲁书社,2001:235.

"先秦儒家易学兴于鲁而在楚地广为流传。孔子'老而好易'于鲁，从其学《易》的商瞿也为鲁人。"① 廖名春先生认为："传统文献和以马王堆帛书《要》为代表的出土文献关于孔子与《周易》关系的记载是不能被推翻的；至少在战国中期偏晚期时，先秦儒家就已经将《周易》与《诗》《书》《礼》《乐》《春秋》并列，归入群经之中，并对其义理做过深入的探讨；孔子弟子商瞿、子夏、子张等都曾从孔子治《易》；儒家易学不但在孔子晚年兴于鲁，而且孔子死后，还流行于楚地。"②

二、孔子与谶纬③

孔子本来是春秋末年的思想家、教育家、儒家学派的创始人，在他生前，就被世人尊敬，称为圣人，死后一直受到广大人民的推崇，但无论如何，孔子是杰出的历史人物，而不是神。但在谶纬中，把孔子美化成了神，纬书托名孔子，依附经义，其实质仍是以神的名义预占吉凶，这位神就是孔子，这也说明了谶纬的神学实质。

《说文解字》曰："谶，验也，从言，韱声。"这就是说，应验的预言就叫"谶"。"纬"是某些方士用当时流行的阴阳五行等神秘观点对经书进行的解释，两者合流通称"谶纬"。

"谶"与"纬"是有差别的，谶书作者托名于天帝、神仙。汉成帝时甘忠可制造谶书，托名于赤精字，当时有的谶书还托丹石、三能文字、铁契、石龟、文龟、玄印、石书、玄龙石、神井、大神石、铜符帛图等，谶书的作者为了增加神秘性，还在谶书中配有古怪的图画，因而谶书也叫图书、图谶。

汉章帝时，他命令班固将白虎会议结论加以编辑，统一整理为《白虎通义》。《白虎通义》是皇帝钦定的经学教科书，在汉代具有很高的权威性。《白虎通义》以今文经学为主，但亦兼采古文经说，其中大量征引谶纬，因为谶纬在当时被尊为"秘经""内学"，认为是孔子的心传，乃微言大义所在，是儒学的精髓。

《后汉书·光五帝纪》载："谶，符命之书也……而为王者受命之征验也。"故谶书又称"符命""符书"。谶纬实质上是借神来预言吉凶的，而谶纬中的孔子表现在以下几个方面。

（一）谶纬的"纬"托名孔子

据《尚书纬·帝命验》记载："帝王之兴，自有命运，五德始终，图录更承。……河不图，凤不至，孔子以不王而命验钟汉，此图纬之书所以著。"实际上，纬书托名孔子，依附经义，但实质仍是以神的名义预占吉凶，只不过这位神是孔子，而不是上帝。

纬书都托名孔子所作，和谶一样，都是变相的隐语，可以作出各种各样的解释。

---

① 廖名春.周易经传与易学史新论.济南：齐鲁书社，2001：239.
② 廖名春.周易经传与易学史新论.济南：齐鲁书社，2001：240.
③ 史少博.谶纬与孔子，《山东理工大学学报》（社科版），2003（4）：68-71.

谶纬的内容相当复杂，包括天官星历、灾异感应、谶语符命、天文地理、风土人情、自然知识、文字训诂，旁及驱鬼镇邪、神仙方术及神话幻想，可以说是光怪陆离，无奇不有。

按纬书的说法，纬书依托经书，汉代儒家有七经，所以纬书也有七种，称为"七纬"。孔子作了《易》《诗》《书》《礼》《春秋》《乐》以后，又作了一些补充的著作，这就是《易纬》《书纬》《诗纬》《礼纬》《乐纬》《孝经纬》和《春秋纬》。

（1）《易纬》是《易经》的纬书，相传有《稽览图》《乾凿度》《坤灵图》《通卦验》《辨终备》和《是类谋》六篇。

例如：《稽览图》篇是根据孟喜、京房之说，以卦气起于"中孚"卦，以六十四杂卦与一年三百六十天相配，以正四卦配一年二十四节气，结合一年四季、十二月、七十二候的风雨寒温变化，预言政治得失与灾异变化。《通卦验》是通过卦气来验证所占吉凶祸福。认为某一卦爻与节气相合，就会天下太平，风调雨顺，万民安详；反之，就会有灾祸。整篇都透着神启预言的浓厚味道。

《乾凿度》篇中多次借孔子之口，宣扬汉王朝刘氏受命于天，例如其中有："成姬仓，有命在河；圣，孔表雄德，庶人受命，握麟征。"（《乾凿度·卷下》）意思是说：刘邦由庶人成为天子，是孔圣的谶语早已注明了的。

（2）《书纬》是《尚书》的纬书，东汉有《璇玑钤》《考灵曜》《刑德放》《帝命验》《运期授》五篇。

例如其中的《运期授》认为：天命授受，各有期运；帝王相代，自有终始，并有相应符命。帝王受命代兴，以五德终始为转移。每一德的帝王，都有一定的运期，运期一过，就会被另一德的帝王所取代。

《书纬》中另有《尚书中候》，郑玄曰："孔子得黄帝元孙帝魁之书，至秦穆公凡三千三百三十篇，乃删以百篇为《尚书》，十八篇为《中候》。"

（3）《诗纬》是《诗经》的纬书，东汉有《推度灾》《氾历枢》《寒神雾》三篇。例如其中《氾历枢》以亥为水，五行之始，是历数计算的基点与关键所在，故而起名为《氾历枢》。

（4）《礼纬》是《礼》的纬书，东汉有《含文嘉》《稽命征》《斗威仪》三篇。例如《稽命征》认为，帝王命的兴衰、文质的因革，皆稽征于礼。篇中根据三统三正说言帝王命录的更替，更多的是根据五德终始来推验君主、人民的情形。《含文嘉》篇中言及伏羲、燧人、神农、禹、汤、周文王等对礼的贡献，又讲明堂、灵台等，所以全以神启预言为中心，其中的神就是指孔子。

（5）《乐纬》是《乐经》的纬书，有《动声仪》《稽耀嘉》《叶图征》三篇。例如《稽耀嘉》以夏、商、周三代三统为代表，认为：夏以十三月为正，息卦受泰，法物之始，其色墨，以平旦为朔；殷以十二月为正，息卦受临，法物之牙，其色尚白，以鸡鸣为朔；周以十一月为正，息卦受复，法物之萌，其色尚赤，以夜半为朔。并叙述了三统三正、五德终始相应的嘉美瑞祥。

（6）《孝经纬》是《孝经》的纬书，汉代就有《援神契》《钩命诀》两篇，也都渗透了神学的思想。

（7）《春秋纬》是《春秋》的纬书，包括《演孔图》《元命包》《文耀钩》《运斗枢》《感情符》《合诚图》《考异邮》《保乾图》《汉含孳》《佐助期》《握诚图》《潜潭巴》《说题辞》《命历序》十四篇。例如：《保乾图》就是以五德终始、配合阴阳，来讲帝王兴废的。

其中《演孔图》专门叙述孔子，写他受命获麟，制作《春秋》为万事法，并附有画图，故名《演孔图》。篇中集中地表现了孔子的形象，把孔子神化，认为孔子为黑帝之子，在孔子身上有"制作定世符运"的文字，宣传孔子是受天命，为后世定制的神人。

其中《汉含孳》篇中主要讲孔子著《春秋》，是为汉王朝制法，西狩获麟，是汉室孳生之兆，所以起名为《汉含孳》，篇中内容多讲孔子为汉制法，例如："丘览《史记》，援引古图，推集天变，为汉帝制法，陈叙图录。……刘季握，卯金刀，在轸北，字季，天下服。卯在东方，阳所立，仁且明。金在西方，阴所立，义成功。刀居右，字成章。刀击秦，枉矢东流，水神哭祖龙。"①

《文耀钩》篇主要以孔子经文，如日月星辰之耀而幽曲，钩深致远，例如在讲天上五星，与地上五帝的感应时说："太微宫有五帝座星：苍帝春起受制，其名灵威仰；赤帝夏起受制，其名赤熛怒；白帝秋起受制，其名白招拒；黑帝冬起受制，其名汁光纪；黄帝季夏六月火汁制，其名含枢纽。五帝各居一宫，苍帝居东宫，其精为青龙；赤帝居南宫，其精为朱鸟；白帝居西宫，其精为白虎，黑帝居北宫，其精为玄武；黄帝居中宫，其尊北极星，流精生一。"②

《元命包》篇主要讲孔子所制经典，大包罗天下万象的命录，故名《元命包》。

汉代统治阶级的御用学者，利用旧有的阴阳五行传说，依托儒家的经典，利用谶纬，借助于孔子，把孔子神化，编造出一些神话，这显然是欺骗人民的谬说。

（二）谶纬对孔子出生和形象的神化

1. 谶纬中关于孔子的出身

纬书对孔子的出生是这样描述的："孔子母征游于大冢之陂，睡梦黑帝，使请与己。己往，梦交。语曰：'女乳必于空桑之中。'觉则若感，生丘于空桑之中，故曰玄圣。"（《春秋纬·演孔图》）。这里的黑龙，是指的神。为什么是黑龙？这是因为从五德终始来讲的，殷于五行为水，水尚黑；从三统三正来讲，殷为黑统，因孔子的母亲和黑帝之神交感之后才生下他的。

---

① 董仲舒著，凌曙注. 春秋繁露·五行之义. 北京：中华书局，1957：67.
② 孔子. 春秋纬·文耀钩. 北京：中华书局，1957：181.

又《论语谶·撰考谶》中有:"叔梁纥与征在祷尼丘山,感黑龙之精,以生仲尼。"这就是说,孔子的母亲是和黑龙交感之后才生下他的。

无论是言及黑帝还是黑龙,都是讲孔子是神之子。

2. 谶纬中关于孔子的形象

纬书中描述的孔子头四面高,中间低,形状很像尼丘山:"孔子反宇,是谓尼丘,德泽所幸,藏元通流。"(见《礼纬·含》文嘉)

孔子在纬书中被描写成嘴唇如斗,口似海,舌头有七重纹理,牙齿像钩星,喉咙响车辅,手掌像虎掌。"仲尼斗唇,舌里七重,吐教陈机受度","夫子辅喉骈齿……仲尼虎掌。"(《孝经纬·钩命诀》)"孔子海口,言若含泽。"(《孝经纬·援神契》)

纬书中描述的孔子有十尺高,九围大的腰,站着像牵牛星的形状,坐着像一条团着的龙。胸口上,有代天制作的文字,说明他生下来就负有代天立法的使命。像《春秋纬·演孔图》中说:"孔子尝十尺,大九围,坐如蹲龙,立如牵羊,就之如昂,望之如斗。……孔子之胸有文,曰:'制作,定世符运。'"

《论语谶》把孔子的著名弟子也描写成奇特的异相:"颜回山庭日角。曾子珠衡犀角。子贡山庭,斗星绕口。子夏、子张日角大目。仲弓钩文在手,是谓知始。宰我手握户,是谓守道。自贡手握午,是谓受相。澹台灭明歧掌,是谓正直。"

在《孝经纬》中,专门对孔子著作完成后的形象作了描写:"孔子作《春秋》,制《孝经》,既成。使七十二弟子北辰磐折而立,使曾子抱《河》《洛》事北向。孔子斋戒,簪缥笔,衣缝单衣,向北辰而拜,告备于天。曰:'孝经四卷、《春秋》《河》《洛》凡八十一卷,谨已备。'天乃洪郁起,白雾摩地,赤虹自上而下,化为黄玉,长三尺,上有刻文。孔子跪而读之,曰:'宝文出,刘季握,卯金刀,在轸北,字禾子,天下服。'"

以上是说孔子制作符命,预言刘季兴起,所以,得到了天降彩虹、地出白雾的瑞祥符应。孔子与弟子们的这一套斋戒告天仪式,活脱脱地描绘出了谶纬中孔子的形象。

(三)谶纬中孔子的先知先觉

在谶纬中孔子被描述成了"前知千岁,后知万世"(《论衡·实知篇》)的神人。谶语有"孔子作《春秋》,为赤制而断十二公",这是《后汉书·公孙述传》的说法,孔子预先规定了大约三千年后西汉历史的发展,这也是按照五行的推演。汉是继尧之后,推五行终始正好属火德,色尚赤;赤制就是汉制,西汉正好传十二代皇帝。

纬书说:"夫子案图录,知庶刘季当代周,见薪采者获麟,知为其出。何者?麟者,木精,薪采者,庶人燃火之意,此赤帝将代周。"(《尚书·中候·敕省图》)也就是说,孔子甚至知道未来的赤帝之精将是一位名叫刘季的人,当他看见薪采者获薪时，就知道了这一切。

在纬书中，孔子不仅预言了刘邦，还预言了陈胜、项羽。例如：

"孔子夜梦三槐之间，丰、沛之邦，有赤氤气起，乃呼颜回、子夏同往观之。驱车到楚西北范氏街，见刍儿打麟，伤其左前足，束薪而覆之。

"孔子曰：'儿来，汝姓为谁？'

"儿曰：'吾姓为赤松，名时乔，字受纪。'

"孔子曰：'汝岂有所见乎？'

"儿曰：'吾所见一禽，如麇，羊头，头上有角，其末有肉。方以是西走。'

"孔子曰：'天下已有主也！为赤刘，陈、项为辅。五星入井，从岁星。'

"儿发薪下麟示孔子，孔子趋而往。麟向孔子，蒙其耳，吐三卷图。广三寸，长八寸，每卷二十四字。其言赤刘当起。曰：'周亡，赤气起，火耀兴，玄丘制命，帝卯金。'"①

在谶纬中，孔子还对秦始皇之死、胡亥亡秦、公羊高与董仲舒传《春秋》都有先知先觉：

"驱除名政，衣吾衣裳，坐吾曲床，滥长九州灭六王，至于沙丘亡。"(《春秋纬·演孔图》) 这就是关于秦始皇嬴政灭六国，最后死在沙丘的预言。

谶书云："董仲舒乱我书。"(《论衡·案书篇》) 又"传我书者，公羊高也。"(《易纬·乾凿度》) 这是孔子预言董仲舒研学《春秋》、公羊高传《春秋》的事件。

纬书中还把孔子著经说成不仅有获麟的启示，还有瑞门血书、赤雀黄玉等瑞祥与之相应，例如《春秋纬·演孔图》曰："孔子论经，有鸟化为书，孔子奉以告天，赤爵集书上、化为黄玉，刻曰：'孔提命，作应法，为赤制。'"

又如《春秋纬·说题辞》曰："孔子谓子夏：'得麟之月，天当有血雨鲁瑞门。'孔圣没，周室亡，子夏往观，逢一郎云：'门有血，飞为赤鸟，化而为书'云。"

《孝经·援神契》讲社稷，《礼纬·含文嘉》讲五祀，《孝经·钩命决》讲封禅；而其核心则在论证君权神授说。它认为受命的帝王君主都是"圣人"，圣人都是"天"生的，所以每一个帝王的出世都有一系列神灵显示的预兆。帝王从诞生到登上皇帝的宝座都有不同凡响的神的启示和安排，这就是谶纬神学中的感生、异貌、受命、符瑞、封禅等一整套的神学仪范，并且都渗透着孔子的先知先觉。

孔子的"仁""德"也都具有神秘色彩，如《钩命决》说："情生于阴，欲以时念也；性生于阳，以就理也。阳气者仁，阴气者贪，故情有利欲，性有仁也。"这说明人是由阴阳之气所构成的，因此人的性情也来源于阴阳二气。"性"本于阳气，阳气温热和煦，流转运行，所以"性"主于仁爱亲和。"情"本于阴气，阴气寒冷凝聚，故"情"表现为贪欲敛财。《钩命决》中，宋均注说："阳气主于流运，

---

①孔子. 孝经纬·右契. 北京：中华书局，1957：266.

故仁；阴气主于积聚，故贪也。"

如《孝经·援神契》云："情者魂之使，性者魄之使。情生于阴，以计念；性生于阳，以理契。"

又如《易纬·乾凿度》说："八卦之序成立，则五气变形。故人生而应八卦之体，得五气以为五常。"

《孝经·援神契》说："行有点缺，气逆于天，情感变出，以戒人也……"《乐纬·稽耀嘉》说："禹将受位，天意大变，迅风雷雨，以明将去虞而适夏也。"

谶纬中的"天"是至高无上的神，故引《孝经·援神契》为证。"天"是有意志的，称为"天意"，故引《乐纬·稽耀嘉》为证。如果君主顺承天意，使阴阳和谐，万物有序，那么"天"（上帝）也会降符瑞以示嘉奖。

根据谶纬，《孝经·援神契》说："王者德至天，则斗极明、日月光、甘露降。德至地，则嘉禾生、蓂荚起、巨出、太平感。德至文表，则景星见、五纬顺轨。德至草木，则朱草生、木连理。德至鸟兽，则凤凰翔、鸾鸟舞、麒麟臻、白虎到。"

由上可见，孔子本来是春秋末年的思想家、教育家、儒家学派的创始人，在他生前，就被世人尊敬，被称为圣人，他死后一直受到广大人民的推崇。但无论如何，孔子是杰出的历史人物，而不是神。在谶纬中，把孔子美化成了神，这也说明了谶纬的实质：谶纬是借神来预言吉凶的，是神学迷信、阴阳五行说与经义的结合。

三、蒙培元论孔子与《周易》

本节根据蒙培元研究成果和材料，谈谈孔子与《周易》的关系，包括两个问题：一是孔子对《易经》的解读；二是孔子思想对《易传》的影响。

（一）孔子对《易经》的解读

孔子学习过《易经》，并且曾用《易经》教育学生。这是有案可查的。

司马迁在《史记·孔子世家》中说，"孔子晚而喜易，……读易，韦编三绝"。这说明了两个问题：一是孔子到了晚年，特别喜欢《易经》；二是，不是一般的喜好，而是反复学习、把玩，以至简册的绳子断了三次。进一层的问题则是，孔子为什么如此喜欢《易经》？他对《易经》又是如何解释的？

关于这个问题，从《论语》中的两条资料可以找到一些信息。《论语·述而篇》第七章："子曰：'加我数年，五十以学《易》，可以无大过矣。'"孔子为什么要到五十岁才学易呢？联系到他在总结自己一生修养过程时所说的话，"五十而知天命"（《论语·为政篇》第二章），就会知道，五十岁是孔子一生中非常重要的时期，即"知天命"之年。这两句话是在不同时期说的。前一句话是五十岁以前说的，后一句话是五十岁以后说的，但两句话都以五十岁为一个重要时期。古人活到五十岁，就算是老年了，孔子说"加我数年，五十以学易"，这说明一个人活到五十岁很不容易。孔子说这句话的时候，显然将学习《周易》看成是一件很严肃的事情，认为只有人生阅历和知识积累达到一定程度之后，才能学习和解读《周易》。"五十"只取其整数，代表一个阶段，并不是只有等到五十岁这一年才开始"学易"。他在总结其一生修养过程时所说的话也应如此理解。

问题是，这两句话都提到"五十"，而前一句话是讲"学易"，后一句话是讲"知天命"，两者究竟有没有联系？如果有的话，是一种什么样的联系？这正是值得我们关注的。

事实上，两者有非常重要的联系，其关键便是"知天命"的问题。所谓"学易"而后"无大过"，其实际意义就是"知天命"之后可以"无大过"，因此，"知天命"才是关键。在孔子看来，《周易》正是讲"天命"与"知天命"之学，也就是"天人之际"的学问。

《周易》本是占筮之书，其中便有天人关系问题。原始易经中的天人关系，主要是人神关系，人类的吉凶祸福由天神决定，筮者起着沟通人神的作用。但是，经过孔子的解读，"天"的意义已经发生了根本性的变化。在他的言论中，虽然还保留着宗教神学的内容，但在更重要的问题上，已经将"天"解释成有生命的自然界，而不是至上神。这同当时天道观的演变有密切关系。孔子便是这一变革中的重要人物。

《论语·述而》记载："子疾病，子路请祷。子曰：'有诸？'子路对曰：'有之。诔曰："祷尔于上下神祇。"'子曰：'丘之祷久矣。'"古人遇到各种事情，都要祈祷，这是很寻常的事。孔子病重，学生子路请求祈祷，这也是很平常的。但是，孔子竟然问道："有这回事吗？"这就有些不寻常了。这是以一种怀疑的口气问话，实际上正是对传统宗教观的怀疑。当子路回答说，有这回事，并引用诔文"祷尔于上下神祇"来证明时，孔子又说："我祈祷已经很久了。"这究竟是相信有神还是不相信有神？从这句话很难找出直接的结论。如果说有神，为什么不通过正式的仪式去祈祷呢？如果说无神，为什么又说"我祈祷已经很久了"呢？但是在这两句话中，有一点是清楚的，即孔子并不主张举行祈祷仪式，而仪式是宗教神学中最根本的要素之一。如果说孔子真的祈祷过了，那也只是在心中祈祷罢了。心中祈祷和正式祈祷是大不相同的，不仅别人看不见，就是天神（如果相信有天神的话）能不能接受，也是有问题的，如果再联系到孔子开始的问话"有诸？"，问题就更大了。

总之，从这两句看起来似是而非、模棱两可的谈话中，能够看出孔子思想的一个根本性的转变，即对天神从怀疑到否定的转变。这个转变与他对《易经》的解读是分不开的。这也正是孔子何以将"五十读易"与"知天命"联系起来，并以"无大过"为其诉求的真正原因。《易经》的重要性是不言而喻的，因为它是讲"天人之际"的问题，而"天人之际"正是中国哲学与文化的原问题。只有在这个终极性的问题上得到根本解答，才能避免犯重大错误。孔子在五十岁之前，认识到问题的重要性，而在五十岁之后，特别是到了晚年，才体会到人生自由的乐趣。

这也不是说，孔子五十岁以前没有接触和学习过《易经》。像孔子这样年轻就博学多识的人，如果说《易经》不在其学习之列，是说不过去的。正因为如此，有些学者对"五十以学易"产生了怀疑。冯友兰先生将这句话改为"五十以学，亦可以无大过矣。"认为"易"字为"亦"字之音误。我认为，孔子的这句话似乎有更深的意义。对《易经》可以有不同层面的学习，有从占筮、数术层面的学习，有从人生意义和终极关怀层面的学习，孔子所说的很可能是后一个层面的学习。这实际上是人生学习过程中的一次超越，意义非常重大，因此不能等闲视之。

　　孔子的"知天命"，不是解决一般的吉凶祸福一类的问题，而是寻求人生的真谛、解决人生终极意义的问题。他要为人的德性建立超越性的形而上基础，但又要依靠人自身的修养去完成、去实现，这就关系到天人关系的问题。所谓超越性的形而上基础，已不是指主宰一切的天神，而是创造生命和价值的自然界。这就是孔子的天人之学，也是孔子的"知天命"的意义所在。孔子对于人的实际命运是关心的，但命运是不可改变的。面对不可改变的实际命运，人是不是无所作为呢？或者还有更重要、更伟大的使命呢？孔子认为，后者才是人生追求的最终目的，人生的意义和幸福在此而不在彼。这样，"命"在孔子的学说中便有两重含义。第一层含义是命定之命，如"富贵在天，生死有命"之类。还有君子所行之"道"能不能实现的问题，也归于这一类，因为这也是人力所无法改变的，如"道之将行也与？命也！道之将废也与？命也！"之类。第二层含义则是"天道性命"之命或与"性与天道"相关联的"命"，也就是"知天命"之"命"。这是与人的德性及其修养有关的，也是人能够自我把握的。君子所行之"道"即便在实际上不能实现，但仍要坚持，因为这是人的生命所负有的神圣使命，这个使命就是"天命"。当两种"命"发生冲突的时候，毫无疑问要选择后者，这就是"不知命，无以为君子"的真实含义，也是他提倡"义以为上"的意义所在。从命定、命运的层面上来说，"义"与"命"是分离的，不从"命"而从"义"；从"性与天道"的层面上来说，"义"与"命"是合一的，从"命"便是从"义"。

　　这是不是一种矛盾呢？人生本来就处在矛盾之中，关键是看人如何处理这些矛盾。孔子和儒家将物理层面的因果必然性一类的问题归于命定论，而将价值层面的自由问题归之于天命论，这是一次重大的哲学突破。但是，孔子不像西方哲学家那样，由此建立二元对立的两个世界，他始终承认只有一个世界，人的生命也在一个世界之中，只是分出不同的层面，在解决人生问题上有所侧重、有所选择。芬格莱特等学者认为，孔子和儒家学说中没有"选择"理论，笔者认为这是不够确切的。孔子将这种选择看作是生命的终极关怀，并且以求得两者的统一（德福一致）为最终理想，即最终解决人与自然的关系问题。

　　当历来被崇拜为神圣主宰的天发生了动摇，并且被还原为创造生命的自然界之后，《易经》中的占筮之学就被孔子理解为物理层面上的生活问题，虽然也很重要，但是比起更高层面的"性与天道"的问题，就降到次要位置了。"性与天道"和"知天命"的问题，是一个"形而上学"的问题（关于子贡所说"夫子之言性与天道，不可得而闻也"的问题，笔者另有讨论，并认为，孔子是有"性与天道"思想的）。但是在孔子看来，这个问题就在人们的精神生活和心灵超越之中，在人文教化与生活实践之中，因而又不是纯粹形而上的问题，不能用纯粹形而上的语言去说明。这样，如何理解"道"与"艺"的问题，就成为孔子一生为之努力解决的重大问题了。"五十以学易"与"五十知天命"的问题的提出，与此有直接关系。

关于占筮与德性的问题，《论语·子路》有如下记载："子曰：'南人有言曰："人而无恒，不可以作巫医。"善夫！''不恒其德，或承之羞。'子曰：'不占而已矣。'"这是现有文献中关于孔子直接谈到占筮问题的唯一一则材料，涉及《周易》中的恒卦。孔子先引用南方人的一句话，"如果人没有恒心，是不能作巫医的"，接着说道，"这话说得好啊！"最后，他又引用恒卦九三爻辞的话，"不恒其德，或承之羞"，即不能保持恒久的德性，则可能受到羞辱，接着断然作出结论说，这样的人，是用不着占筮就能知其结果的。虽然这是仅有的一则材料，但从中可以看出，孔子是很重视"德"的，他认为，有些事情不用去占筮，只要看看一个人的"德"如何，就能够知道结果了。

虽然这只是一个具体事例，但从孔子的论述中能够看出他对《易经》的态度和解读方式。孔子有一句很著名的话："志于道，据于德，依于仁，游于艺。"（《论语·述而》）实际上就是讲天人关系问题。有人将孔子所说的"道"仅仅理解成"人道"而与"天道"无关，认为孔子只重视"人道"，而不重视或关心"天道"，这是值得商榷的。问题不在于孔子是不是重视"天道"，而在于孔子怎样理解"天道"，在这个问题上今人有很多理解有偏差。

真正说来，孔子所说的"道"，既包括"天道"，又包括"人道"，是天人合一之"道"。但就其本源而言，首先是指"天道"。只有这样理解，"据于德"与"依于仁"才能有所依据，这是从"天道"到"人道"的贯通。至于"游于艺"，则主要是讲"人道"即人文修养与礼乐教化方面的事，是从"人道"到"天道"的贯通。其中，又有两个层面的内容：一是指礼、乐、射、御、书、数之教即"六艺"（何晏《论语集解》该章注）；一是指诗、书、礼、乐、易、春秋之教，亦称之为"六艺"，后来称为"六经"（《史记·孔子世家》）。"六艺"之说起于汉代，但是它所包含的内容，在孔子时代就已经有了。上述两个层面的内容，相当于后来所说的"大学"与"小学"（注意只是"相当"），有初级、高级之分。这也是孔子教育学生的主要教材。在"六艺"中，有"易"的内容。礼、乐、射、御、书、数中的"数"可能包括象数，象数就是指《周易》而言的。虽然孔子吸收了《周易》中的象数，并以此教育学生，却并不止于此。他将象数原理运用到生活的各个方面，并且从中发展出数学计算的方法，运用在"料量平""会计当"等实际工作中。更重要的是，"六艺"（即"六经"）中的《易》，是孔子最重视的。孔子通过对《周易》的解读，建立了最早的"天人合一"之学，这就是"道、德、仁、艺"之说，也就是子贡所说的"文章"与"性与天道"之学。其实现"天道"与"人道"合一的根本方法就是"下学而上达"。

（二）孔子对《易传》的影响

前文说过，孔子对"天"的解释，在中国文化史上意味着一次根本性的转向，孔子本人也因此成为中国哲学"天人合一论"的奠基人之一（另有道家的老子）。这个转向之所以通过他对《周易》的解读而实现，是因为在儒家经典中，只有《周易》是直接讨论"天人之际"的问题的。孔子自称"述而不作，好古敏以求之"，其实，他正是"以述为作"（冯友兰语），从而奠定了中国早期解释学的基本原则。孔子不是离开早期的经典文本无凭无据地自由创作，而是通过"述"的方式表达他的理解，"述"本身就是一种"解释"。所谓"敏以求之"的"求"，就是寻求意义的解答，它不能离开解释者的知识背景和"成见"。对于这一点，应当有清醒的认识。虽然《周易》是占筮之书，无论大事小事都要通过"筮占"求得解决，但是其中已经透露出西周以来"以德辅天"以及关于自然现象的描述。比如乾卦之爻辞，以龙为象，从"潜龙"到"亢龙"，实际上是用类比的方法叙述人与自然界的生命现象及其关系的。而九五爻的"飞龙在天"之"天"，无疑是指自然界的天空，与天神不是同一概念。孔子是带着自己的理解解读《易经》的，而他的解读反过来又成为新的理解。

那么，"天"的意义究竟是什么呢？实际上孔子已经提出了自己的解释。孔子说："天何言哉？四时行焉，百物生焉，天何言哉？"（《论语·阳货》第十九章）这是对天的意义的最明确也是最重要的表述。近现代学者对这句话提出了完全不同的解释，如冯友兰认为，这句话"含有能言而不言之意"（《三松堂全集》第二卷P149、第八卷P304），意思是天是最高主宰。郭沫若认为，"孔子心目中的天只是自然，或自然界中的理法"（《青铜时代·先秦天道观之发展》），意思是天不能言。按照笔者的理解，孔子所说的天，既不是能言而不言的最高神，也不是纯粹物理的自然界，而是以"行"与"生"为言说的有生命的自然界，创造生命就是天的最本质的意义所在。因此，虽然天是自然界，却以其生命创造向人们言说，因而具有神圣性。人类不仅应当倾听自然界的言说，而且应当按照天的言说去行动、去生活。乾卦《象传》所说"大哉乾元，万物资始，乃统天""乾道变化，各正性命"，以及《大象》所谓"天行健，君子以自强不息"，就是对天的意义以及天人关系的进一步解释。这是完全符合孔子思想的。

司马迁说，孔子"晚而喜易，序彖、系、象、说卦、文言"（《史记·孔子世家》），这是孔子"作《易》"的最早说法。说孔子"作《易》"，未必是事实；但是，孔子的学说对《易传》产生了重大影响，则是完全可以肯定的。《易传》作者非一人，他们在创作时有许多新的发挥，这都是符合事实的，但是，他们都受到孔子学说的影响，虽其立论方式有不同，但都是围绕一个中心问题，即"天人之际"的问题展开论述，这也是事实。

解"易"者提出"易"有三义之说，即"易"有变易、不易、简易三种含义。这种说法由来已久，是符合《易传》精神的。《系辞下》说："《易》之为书也不可远，为道也屡迁，变动不居，周流六虚，上下无常，刚柔相易，不可为典要，唯变所适。"意思是说，《周易》没有固定的法则，只是以变化为其道，这显然是讲"变易"。这样的论述，在《易传》的"十翼"中，处处皆是，在此不细述。《系辞上》又说："乾以易知，坤以简能……易简而天下之理得矣。"乾、坤二卦是《周易》的基础，代表天地、阴阳。世界上的一切现象皆由此而来，一切变化皆由此而起，这就是"简易"，也就是"一阴一阳之谓道"。虽然"易道"变化不居，且皆以天地、阴阳之相互作用为其基础，但其中又有恒久不变之道，即所谓"不易"。这所谓"不易"之道，贯穿于变化之中，那它又是指什么呢？有人说，在《周易》中，没有不变之道，只有"变化"是不变的。这看起来很有道理，但是，并未说明"易道"的内在精神。

"易道"的内在精神不是别的，就是"生道"或"生生之道"。"易"中所表现的阴阳变化，是什么性质的变化呢？这需要作出解释。其实，《易传》已经告诉了我们，其最根本的变化就是生命的创造，亦即生命的进化，这才是"易道"的核心所在。因此，《易传》讲了很多道理，但在回答"何者为易"这一问题时，它非常明确地说出了"生生之谓易"（《系辞上》）、"天地之大德曰生"（《系辞下》）这样的结论。这是不同寻常的。这一结论正是从孔子关于天以"生"为言说的学说中发展出来的。再回过头来看看孔子所说的"五十以学易"以及"五十而知天命"，其意义就更加明显了，其重要性也就更加清楚了。

这说明，孔子的学说不仅讲"人道"，而且还讲"天道"，更确切地说，是讲"天人合一"之道。天人之所以合一的关键，就在一个"生"字上。孔子哲学从根本上是生命哲学，《易传》哲学从根本上说也是生命哲学。它同西方的自然哲学、本体论哲学确实不同，它是从生命现象及其生命的意义和价值的基础上理解人与自然界的。这里所说的"生"，不仅仅是生物学上的"生"，它同时包含生命的意义和价值，即人的德性和道德价值的内容，这一点在《易传》中也得到了充分的体现。之所以提出"生命进化"的问题，其中便包含着道德进化的内容。《系辞下》说："天地氤氲，万物化醇；男女构精，万物化生。"这是讲生命进化。天地自然界是生命的根源，阴阳是生命的基本要素。自然界在创造生命的同时，还有价值的"生成"，这一点最为重要。天地以"生"为"大德"，这个"生"是有价值意义的，其实现则在人。这就是"继之者善也，成之者性也"（《系辞上》）。"善"说明自然界的生命创造的目的性，"继"此目的而生者为善，但真正实现出来，变成人的内在德性，则在于人。成就德性，在人自己，这正是人的主体性之所在。但这绝不是与自然界处于二元对立之中的独断的主体性，而是与天地自然界有内在统一性的主体性，它是以承认自然界的"内在价值"（"天德""善"）为前提的。这种主体性丝毫没有抹杀人的地位与作用，只是将人置于一个适当的地位。《易传》的"三才之道"，就是讲这种关系。人的最高使命或终极目的便是："和顺于道德而理于义，穷理尽性以至于命"（《说卦》）。"至于命"就是孔子所说的"知天命"，但它是从实践上说的。孔子的学说，都是要见之于"行"。这里所说的"命"就是从道德性理的价值意义上说的。"至"不是简单的返回到根源处，而是人真正的创造和实践，这需要付出努力。

从《易经》到《易传》，是中国文化的一次自觉。经过这次自觉，《易经》中的宗教神学的成分大大减少了，代之以浓厚的人文主义色彩的天人之学，但《易传》又承认自然界的"内在价值"，承认其创造生命及其价值的作用和地位，而没有走上人类中心主义的道路。这与孔子的学说分不开。孔子是从《易经》到《易传》演进过程中的关键人物，正是通过孔子对《易经》的"解读"，才有《易传》丰富多彩的各种学说的出现。无论从哪个方面说，《易传》都发展了孔子学说，甚至可以说"溢出"了孔子学说。孔子为《易传》指出了一个发展的方向和途径，这一点是非常重要。

第二节　董仲舒与易学

一、董仲舒五行说与天人感应论

董仲舒在其著作《春秋繁露》中论述了五行说，他说："天有五行：一曰木，二曰火，三曰土，四曰金，五曰水。木，五行之始也，水，五行之终也，土，五行之中也，此其天次之序也。木生火，火生土，土生金，金生水，水生木，此其父子也。木居左，金居右，火居前，水居后，土居中央。此其父子之序，相受而布。是故木受水而火受木，土受火，金受土，水受金也。诸授之者，皆其父也；受之者，皆其子也；常因其父，以使其子，天之道也。是故木已生而火养之，金已死而水藏之，火乐木而养以阳，水克金而丧以阴，土之事火竭其忠。故五行者，乃孝子忠臣之行也。五行之为言也，犹五行欤？是故以得辞也。圣人知之，故多其爱而少严，厚养生而谨送终，就天之制也。以子而迎成养，如火之乐木也；丧父，如水之克金也；事君，若土之敬天也；可谓有行人矣。五行之随，各如其序；五行之官，各致其能。是故木居东方而主春气。火居南方而主夏气，金居西方而主秋气，水居北方而主冬气；是故木主生而金主杀，火主暑而水主寒，使人必以其序，官人必以其能，天之数也。土居中央，为之天润。土者，天之股肱也，其德茂美，不可名以一时之事，故五行而四时者，土兼之也，金木水火虽各职，不因土，方不立，若酸咸辛苦之不因甘肥不能成味也。甘者，五味之本也，土者，五行之主也，五行之主土气也，犹五味之有甘肥也，不得不成。是故圣人之行，莫贵于忠，土德之谓也。人官之大者，不名所职，相其是矣；天官之大者，不名所生，土是矣"①又说："人生于天，而取化于天。喜气取诸春，乐气取诸夏，怒气取诸秋，哀气取诸冬。四气之心也。……故四时之比，父子之道也；天地之志，君臣之义也。"②董仲舒论述了人与四时之间的关系，并且认为人类的情感意志及封建社会中的君臣、父子、夫妇等人伦关系的建立，都取之于天，法之于阴阳，来自于五行。

董仲舒天人感应论、阴阳五行说已形成了完整的体系。董仲舒等人将儒学同阴阳五行合流，儒学流入谶纬。在董仲舒的思想中，天地万物与人都归于阴阳五行之中，天地之间的相互感应也是阴与阳应、阳与阴感。他在《春秋繁露》中关于五行的篇名就有："五行对""五行之义""五行相生""五行相胜""五行顺逆""治水五行""治乱五行""五行变救""五行五事"等。董仲舒把五行看成是阴阳运行的五种官能，他说："五行之随，各如其序；五行之官，各致其能。是故木居东方而主春气，火居南方而主夏气，金居西方而主秋气，水居北方而主冬气。是故木主生而金主杀，火主暑而水主寒，使人必以其序，官人必以其能，天之数也。土居中央，为之天润。"③董仲舒的天人感应论，不仅有"四时之副"，还有"人副天数"，他说："天德施，地德化，人德义。天气上，地气下，人气在其间。春生夏长，百物以兴，秋杀冬收，百物以藏。故莫精于气，莫富于地，莫神于天，天地之精所以生物者，莫贵于人。人受命乎天也，故超然有以倚。物疢疾莫能为仁义，唯人独能为仁义；物疢疾莫能偶天地，唯人独能偶天地。人有三百六十节，偶天之数也；形体骨肉，偶地之厚也；上有耳目聪明，日月之象也；体有空窍理脉，川谷之象也；心有哀乐喜怒，神气之类也；观人之体一，何高物之甚，而类于天也。物旁折取天之阴阳以生活耳，而人乃烂然有其文理。是故凡物之形，莫不伏从旁折天地而行，人独题直立端尚，正正当之。是故所取天地少者，旁折之；所取天地多者，正当之。此见人之绝于物而参天地。是故人之身，首妢员，象天容也；发象星辰也；耳目戾戾，象日月也；鼻口呼吸，象风气也；胸中达知，象神明也；腹胞实虚，象百物也；

---

① ② 董仲舒著，凌曙注．春秋繁露．北京：中华书局，1957：168．
③ 董仲舒著，凌曙注．春秋繁露．北京：中华书局，1957：167．

百物者最近地，故要以下，地也，天地之象，以要为带，颈以上者，精神尊严，明天类之状也；颈而下者，丰厚卑辱，土壤之比也；足布而方，地形之象也。是故礼，带置绅必直其颈，以别心也，带而上者，尽为阳，带而下者，尽为阴，各其分。阳，天气也，阴，地气也，故阴阳之动，使人足病，喉痹起。则地气上为云雨，而象亦应之也。天地之符，阴阳之副，常设于身，身犹天也，数与之相参，故命与之相连也。天以终岁之数，成人之身，故小节三百六十六，副日数也；大节十二分，副月数也；内有五脏，副五行数也；外有四肢，副四时数也；乍视乍瞑，副昼夜也；乍刚乍柔，副冬夏也；乍哀乍乐，副阴阳也；心有计虑，副度数也；行有伦理，副天地也；此皆暗肤著身，与人俱生，比而偶之弇合，于其可数也，副数；不可数者，副类。皆当同而副天，一也。是故陈其有形，以著无形者，拘其可数，以著其不可数者，以言道之亦宜以类相应，犹其形也，以数相中也。"①

二、董仲舒的谶纬与瑞祥灾异说

"谶"和"纬"从本意上讲是不同的。但是，在特定的条件下，大量的预言打着"圣人"的旗号出现，而用于解经的纬大量引用谶作为其立论的根据时，谶和纬实际上也就合二为一了。谶纬借神来预言吉凶，其实质是神学迷信、阴阳五行说与经义的结合。谶纬著作实际上也分两类：一类为谶书，一类为纬书。

战国邹衍观阴阳五行之消息，建立了五德终始说，五行与阴阳合而为一，《吕氏春秋·应同》曰："凡帝王之兴也，天必先见祥乎下民。黄帝之时，天先见大蚓大蝼，黄帝曰'土气胜。'土气胜，故其色尚黄，其事则土。及禹之时，天先见草木秋冬不杀，禹曰'木气胜。'木气胜，故其色尚青，其事则木。及汤之时，天先见金刃生于水，汤曰'金气胜。'金气胜，故其色尚白，其事则金。及文王之时，天先见火，赤乌衔丹书集于周社，文王曰'火气胜。'火气胜，故其色尚赤，其事则火。代火者必将水。天且先见水气胜，水气胜，故其色尚黑，其事则水。"邹衍的这套理论，正是以五行的相胜来解释朝代的更替。阴阳五行是谶纬神学的骨架。

（一）谶纬把万事万物都纳入五行

谶纬的阴阳五行说，主要从神的预言方面入手。谶纬神学是以阴阳五行说作骨架而建立的，所有的变异预兆大都是用五行说来解释，并且谶纬把宇宙的万事万物都纳入五行的网络之中，天、地、人无所不包。如下所示：

---

① 董仲舒著，凌曙注. 春秋繁露. 北京：中华书局，1957：169.

天的五行网络

五行	木	火	土	金	水
五星	岁星	荧惑	镇星	太白	辰星
五帝	苍帝	赤帝	黄帝	白帝	黑帝
五神	勾芒	祝融	后土	蓐收	玄冥
五化	生	长	化	收	藏
五季	春	夏	长夏	秋	冬
五气	风	暑	湿	燥	寒
五祀	户	灶	中霤	门	井

地的五行关系

五行	木	火	土	金	水
五方	东	南	中	西	北
五灵	龙	凤	麟	虎	龟
五岳	泰山	衡山	嵩山	华山	恒山
五色	苍	赤	黄	白	黑

人的五行网络

五行	木	火	土	金	水
五数	八	七	五	九	六
五音	角	徵	宫	商	羽
五脏	肝	心	脾	肺	肾
五味	酸	苦	甘	辛	咸
五臭	羶	焦	香	腥	朽
五志	怒	喜	思	忧	恐
五声	呼	笑	歌	哭	呻

谶纬不但将万事万物纳入五行中，还制定了五行的衰旺关系：

旺：指五行中当令的一行，例如春天是五行中的木当令，那么，春天木就旺。

相：指五行中当令一行所生的一行，如春天木为旺，木生火，火就是相。

死：指五行中当令一行对其有克制作用的一行，如春天木为旺，木克土，土就是死。

囚：指五行中克制当令一行的一行，如春天木为旺，金能克木，金就囚。

休：指五行中对当令一行有生成作用的一行，如春天木为旺，水生木，水就休。

谶纬对五行的旺、相、休、囚、死多有论及，像《春秋纬·运斗枢》中曰：

"假令春三月木旺,水生木,木胜土,土死木旺。火相,旺所生者。相所生者囚,火胜金,春三月,金囚。"

谶纬中的五行与阴阳是紧密联系的,因为谶纬预占常用的工具就是干支,而干支本身就是五行与阴阳的紧密结合,这就构成了谶纬离不开五行、五行离不开阴阳的格局。

干支是天干、地支的合称。

天干为:甲、乙、丙、丁、戊、己、庚、辛、壬、癸。

地支为:子、丑、寅、卯、辰、巳、午、未、申、酉、戌、亥。

而干支有五行之分:

天干甲乙五行属木、丙丁属火、戊己属土、庚辛属金、壬癸属水。

地支寅卯五行属木、巳午属火、辰戌丑未属土、申酉属金、亥子属水。

干支同时又有阴阳指分:

天干甲、丙、戊、庚、壬为阳干;

干支乙、丁、己、辛、癸为阴干。

地支子、寅、辰、午、申、戌为阳支;

地支丑、卯、巳、未、酉、亥为阴支。

从以上可见:谶纬将天干五行纳入阴阳五行之中,在谶纬中,干支有时分开来用,有时合起来用,以用于不同的预测。天干地支合起来相配,就构成了所谓的六十甲子:

甲子	丙子	戊子	庚子	壬子
乙丑	丁丑	己丑	辛丑	癸丑
丙寅	戊寅	庚寅	壬寅	甲寅
丁卯	己卯	辛卯	癸卯	乙卯
戊辰	庚辰	壬辰	甲辰	丙辰
己巳	辛巳	癸巳	乙巳	丁巳
庚午	壬午	甲午	丙午	戊午
辛未	癸未	乙未	丁未	己未
壬申	甲申	丙申	戊申	庚申
癸酉	乙酉	丁酉	己酉	辛酉
甲戌	丙戌	戊戌	庚戌	壬戌
乙亥	丁亥	己亥	辛亥	癸亥

(二) 谶纬的预言都离不开五行

谶纬中,六十甲子利用其中阴阳和五行及日、月对其预兆作了种种说明,例如《春秋纬·潜潭巴》中这样记载:

六十甲子日蚀所示灾异:

甲子日蚀，有兵，狄强起。
乙丑日蚀，大旱，大夫执纲。
丙寅日蚀，虫，久旱，多水征。
丁卯日蚀，旱，有兵。
戊辰日蚀，地动，阴强。
己巳日蚀，地动，火灾数降。
庚午日蚀，后火烧后宫，有兵行。
辛未日蚀，大水汤汤。
壬申日蚀，水盛，阳溃，阴欲朔。
癸酉日蚀，连阴不解，淫雨数出，有兵。
甲戌日蚀，草木不滋，王令不行。
乙亥日蚀，阳不明，冬无冰。
丙子日蚀，五月大霜。
丁丑日蚀，诛三公。
戊寅日蚀，天下大风，无园果。
己卯日蚀，地贼起，沙石踊，以有壅。
庚辰日蚀，彗星东出，有寇兵。
辛巳日蚀，妃谋王子，用兵。
壬午日蚀，久雨旬望。
癸未日蚀，仁义不明。
甲申日蚀，虫，四月大霜。
乙酉日蚀，仁义不明，贤人消。
丙戌日蚀，臣僧主，狱不理，多冤讼。
丁亥日蚀，匿谋满王室。
戊子日蚀，宫室内淫，必惑雄。
己丑日蚀，臣伐其主，天下皆亡。
庚寅日蚀，诛相，大水，多死伤。
辛卯日蚀，臣伐其主。
壬辰日蚀，河决海溢，久霜连阴。
癸巳日蚀，在阳位者，权不行。
甲午日蚀，大虫，螟蝗兴，主贪暴，民流亡。
乙未日蚀，天下多邪气，郁郁苍苍。
丙申日蚀，诸侯相攻。
丁酉日蚀，侯侵王。
戊戌日蚀，有殃，主后死，天下谅阴。

己亥日蚀，小人用事。
庚子日蚀，君疑其男。
辛丑日蚀，主疑三公。
壬寅日蚀，天下苦兵，大臣横。
癸卯日蚀，群鸟翔，禽入国，外伐内，主危亡。
甲辰日蚀，四骑胁。
乙巳日蚀，东国发兵。
丙午日蚀，民多流亡。
丁未日蚀，王者崩。
戊申日蚀，地动摇宫，外侵兵强。
己酉日蚀；妃死子不葬，以内乱相怨疑。
庚戌日是，臣相侵。
辛亥日蚀，子为雄。
壬子日蚀，女谋主。
癸丑日蚀，水汤汤。
甲寅日蚀，雷击杀人，骨肉争功。
乙卯日蚀，雷不行，霜不行，杀草、长人入宫。
丙辰日蚀，山水淫淫。
丁巳日蚀，下有聚兵。
戊午日蚀，久旱谷不伤。
己未日蚀，失名士。
庚申日蚀，夷狄内攘。
辛酉日蚀，女谒且兴。
壬戌日蚀，群山崩。
癸亥日蚀，大人崩。

（三）谶纬中的实异感应也与五行紧密联系

在谶纬中，五星与木、火、金、五星与五行关系对照水、土五行对应，形成了如下关系网：

五星与五行关系对照

五行	木	火	金	水	土
五星	岁星	荧惑	太白	辰星	填星
五常	仁	礼	义	智	信
五事	貌	视	言	听	心
五方	东	南	西	北	中

谶纬中,关于岁星变异与人事的预测有:"岁星曰东方,春,木;于人五常,仁也,五事,貌也。仁亏貌失,逆春令,伤木气,罚见岁星。岁星所在,国不可伐,可以伐人。超舍而前为赢,退舍为缩。赢,其国有兵不复;缩,其国有忧,其将死,国倾败。所去,失地;所之,得地。

董仲舒作为汉代著名的今文经学大师,不仅利用道家和阴阳家的思想资料通过阐发儒家经典中的微言大义来为汉武帝建立专制主义中央集权的大一统的汉帝国进行论证,而且还大谈符瑞与灾异。董仲舒认为:"天之所大奉使之王者,必有非人力所能致而自至者,此受命之符也。"也就是说,在董仲舒看来,王者将兴,必先有符谶出现。如:《书》中所说的白鱼入于王舟,有火复于王屋,流为乌,大概就是"受命之符也"。祥瑞是对统治者的奖励,而灾异是通过旱灾、水灾、地震等对统治者的警告。祥瑞谴告,在孔子思想中已有萌芽,发展到董仲舒这里上升到理论化的高度,在"天—地—人"相统一的宇宙结构体系中获得准逻辑化的论证。

董仲舒认为祥瑞、灾异与人事行为尤其是政治得失之间存在着因果关联,例如董仲舒说:"今平地注水,去燥就湿;均薪施火,去湿就燥;百物去其所与异,而从其所与同。故气同则会,声比则应,其验皦然也。试调琴瑟而错之,鼓其宫,则他宫应之,鼓其商,而他商应之,五音比而自鸣,非有神,其数然也。美事召美类,恶事召恶类,类之相应而起也,如马鸣则马应之,牛鸣则牛应之。帝王之将兴也,其美祥亦先见;其将亡也,妖孽亦先见,物故以类相召也,故以龙致雨,以扇逐暑,军之所处,以棘楚,美恶皆有从来以为命,莫知其处所。天将阴雨,人之病故为之先动,是阴相应而起也;天将欲阴雨,又使人欲睡卧者,阴气也;有忧,亦使人卧者,是阴相求也;有喜者,使人不欲卧者,是阳相索也;水得夜,益长数分,东风而酒湛溢;病者至夜,而疾益甚;鸡至几明,皆鸣而相薄,其气益精;故阳益阳,而阴益阴,阴阳之气因可以类相益损也。天有阴阳,人亦有阴阳,天地之阴气起,而人之阴气应之而起,人之阴气起,天地之阴气亦宜应之而起,其道一也。明于此者,欲致雨,则动阴以起阴;欲止雨,则动阳以起阳,故致雨。非神也,而疑于神者,其理微妙也。非独阴阳之气可以类进退也,虽不祥祸福所从生,亦由是也,无非已先起之,而物以类应之而动者也,故聪明圣神,内视反听,言为明圣,内视反听,故独明圣者知其本心皆在此耳。故琴瑟报弹其宫,他宫自鸣而应之,此物之以类动者也,其动以声而无形,人不见其动之形,则谓之自鸣也,又相动无形,则谓之自然,其实非自然也。有使之然者矣,物固有实使之,其使之无形,尚书传言:'周将兴之时,有大赤鸟衔谷之种,而集王屋之上者,武王喜,诸大夫皆喜。周公曰:茂哉!茂哉!天之见此以劝之也。'恐恃之。"①

---

①董仲舒著,凌曙注. 春秋繁露. 北京:中华书局,1957:170.

第三节　王充与易学

一、王充论"命"[①]

（一）继承前人的"命"说

王充是中国历史上的大思想家，也是中国古代为数不多的在今天具有国际影响的伟大人物。王充生活在中国的东汉时代，他研究了前人关于"命"的思想，认为"墨家之论，以为人死无命；儒家之议，以为人死有命。"（《论衡·命义篇》）他主要继承了孔孟儒学思想，"曰：'死生有命，富贵在天。'鲁平公欲见孟子，嬖人臧仓毁孟子而止。孟子曰：'天也！'孔子圣人，孟子贤者，诲人安道，不失是非，称言命者，有命审也。"（《论衡·命禄篇》）他又说："孔子称命，孟子言天，吉凶安危，不在于人，昔人见之，故归之于命，委之于时。"（《论衡·自纪篇》）王充认为：墨家不信命，而儒家则认为人生死有命，然儒家思想家也不完全一样，即"孔子称命，孟子言天。"并且在此基础上，肯定了"吉凶安危，不在人。"可见王充倾向于命定论。

王充还受到了其他思想家的影响，正像他说："《淮南书》曰：'仁鄙在时不在行，利害在命黠不在智。'贾生曰：'天不可与期，道不可与谋，迟速有命，焉识其时？'高祖为流矢所中，疾甚。吕后迎良医，医曰：'可治。'高祖骂之曰：'吾以布衣提三尺剑取天下，此非天命乎！命乃在天，虽扁鹊何益？'韩信与帝论兵，谓高祖曰：'陛下所谓天授，非智力所得。'扬子云曰：'遇不遇，命也。'太史公曰：'富贵不违贫贱，贫贱不违富贵。'是谓从富贵为贫贱，从贫贱为富贵也。"（《论衡·命禄篇》）由此看出，历史上的贾生、汉高祖、韩信、扬子云等人的论命都对王充论"命"产生了一定的影响。

（二）"禀气"决定"命"

王充认为"气"是构成世界的本源，"万物之生，皆禀元气"（《论衡·言毒篇》），万物差别的根源在于禀气的不同，"因气而生，种类相产"（《论衡·物势篇》）。王充说："俱禀元气，或独为人，或为禽兽；并为人，或贵或贱，或贫或富；富或累金，贫或乞食；贵至封侯，贱至奴仆。非天禀施有左右也，人物受性有厚薄也。"（《论衡·幸偶篇》）也就是说，人和动物之所以不同，是在于禀气的厚薄不同；人有贵贱之分，也是由于禀气的厚薄不同所致。正如他所说："以人之禀言，则先天强厚者多寿，先天薄弱者多夭。"（《类经·先天后天论》）王充认为人的"寿命"是由一个人所禀的元气决定的。虽然他是"气"一元论的唯物主义者，但

[①] 史少博. 王充论命. 《青岛大学师范学院学报》，2006（12）：88-90.

他的禀气说又形成了神秘宿命论的自然命定论。"命，谓初所禀得而生也。"（《论衡·初禀篇》）在他看来，决定一个人寿夭、贵贱、贫富、祸福的东西，是最初在母体之中禀受的"自然之气"，这在一个人获得生命之时便已形成了，人的命运所包含的一切都决定于最初禀受的"自然之气"。他认为人的寿命之长短，取决于胚胎在母体所禀受的气的厚薄，"夫禀气厚则体强，体强则其命长；气薄则体弱，体弱则命短，命短则多病短寿。"（《论衡·气寿篇》）认为每个人的寿命的长短与"禀气"有关。正如他所说："凡人受命，在父母施气之时，已得吉凶矣。"又说："人之禀气，或充实而坚强，或虚劣而软弱。充实坚强，其年寿；虚劣软弱，失弃其身。"（《论衡·气寿篇》）

王充认为人之"禄命"，是由人所"禀"众星之气决定的。"禀得坚强之性，则气渥厚而体坚强，坚强则寿命长，寿命长则不夭死。禀性软弱者，气少泊而性赢窊，赢窊则寿命短，短则蚤死。故言'有命'，命则性也。至于富贵所禀，犹性所禀之气，得众星之精。众星在天，天有其象。得富贵象则富贵，得贫贱象则贫贱，故曰'在天'。在天如何？天有百官，有众星。天施气而众星布精，天所施气，众星之气在其中矣。人禀气而生，舍气而长，得贵则贵，得贱则贱；贵或秩有高下，富或资有多少，皆星位尊卑小大之所授也。故天有百官，天有众星，地有万民、五帝、三王之精。天有王梁、造父，人亦有之，禀受其气，故巧于御。"（《论衡·命义篇》）他认为人所禀众星之气，人的"贵""富"都由尊卑小大之所授的缘故。

王充还认为人"命"蕴含的道德差异也和"禀气"有关。他说："问曰：人生于天地；天地无为。人禀天性者，亦当无为，而有为，何也？曰：至德纯渥之人，禀天气多，故能则天，自然无为。禀气薄少，不遵道德，不似天地，故曰不肖。不肖者，不似也，不似天地，不类圣贤，故有为也。天地为炉，造化为工，禀气不一，安能皆贤？贤之纯者，黄、老是也。黄者，黄帝也；老者，老子也。黄、老之操，身中恬澹，其治无为。正身共己，而阴阳自和，无心于为而物自化，无意于生而物自成。"（《论衡·自然篇》）王充进一步认为人的道德品质的差异，是由禀气所决定的。

（三）"偶遇"与"命"

王充认为"命"决定"偶遇"。他说："凡人遇偶及遭累害，皆由命也。有死生寿夭之命，亦有贵贱贫富之命。自王公逮庶人，圣贤及下愚，凡有首目之类，含血之属，莫不有命。命当贫贱，虽富贵之，犹涉祸患矣；命当富贵，虽贫贱之，犹逢福善矣。故命贵，从贱地自达；命贱，从富位自危。故夫富贵若有神助，贫贱若有鬼祸。命贵之人，俱学独达，并仕独迁；命富之人，俱求独得，并为独成。贫贱反此，难达、难迁、难得、难成；获过受罪，疾病亡遗，失其富贵，贫贱矣。是故才高行厚，未必保其必富贵；智寡德薄，未可信其必贫贱。或时才高行厚，命恶，废而不进；知寡德薄，命善，兴而超逾。故夫临事知愚，操行清浊，性与才也；仕宦贵贱，治产贫富，命与时也。命则不可勉，时则不可力，知者归之于天，故坦荡恬忽。虽其贫贱。"（《论衡·命禄篇》）这说明必然的"命"支配着一切偶然现象，"命"是人力所无法把握的。

王充认为"遇不遇"这种偶然性，不操之在我，不是自我所能把握的。正如他所说："贤不贤，才也；遇不遇，时也。才高行洁，不可保以必尊贵；能薄操浊，不可保以必卑贱。或高才洁行，不遇，退在下流；薄能浊操，遇，在众上。世各自有以取士，士亦各自得以进。进在遇，退在不遇。处尊居显，未必贤，遇也；位卑在下，未必愚，不遇也。故遇，或抱污行，尊于桀之朝；不遇，或持洁节，卑于尧之廷。"（《论衡·逢遇篇》）即人的贵贱、祸福、赏罚、都在遇不遇与贤不贤、才不才无关。而"偶""幸""遇"都属于偶然性，而这些偶然性的背后，王充认为有必然性在支配，这个必然性就是人的"命"。又说："凡人操行，有贤有愚，及遭祸福，有幸有不幸；举事有是有非，及触赏罚，有偶有不偶。并时遭兵，隐者不中。同日被霜，蔽者不伤。中伤未必恶，隐蔽未必善。隐蔽幸，中伤不幸。俱欲纳忠，或赏或罚；并欲有益，或信或疑。赏而信者未必真，罚而疑者未必伪。赏信者偶，罚疑不偶也。"（《论衡·幸偶篇》）这里看出人的幸与不幸都是因为"有偶"或"不偶"，即都出于偶然，而这种"偶然"又受必然的支配。

王充认为，"命"是"自然之道"，又是"适偶"之数，用适偶论说明当时流行的"遭命"之说，认为人偶然的祸害，也是命定的。他说："自然之道，适偶之数，非有他气旁物厌胜感动使之然也。世谓子胥伏剑，屈原自沉，子兰、宰嚭诬谗，吴、楚之君冤杀之也。偶二子命当绝，子兰、宰嚭适为谗，而怀王、夫差适信奸也。君适不明，臣适为谗，二子之命，偶自不长。二偶三合，似若有之，其实自然，非他为也。"（《论衡·偶会篇》）认为伍子胥、屈原被冤枉、受迫害而死，是他们命中注定的，也正是他们该死的时候，"君适不明，臣适为谗"，恰碰上有人要加害他，也就是命该如此，这是自己先天的"命"决定的，与别人无关。这样，王充进一步把必然性和偶然性联系起来，用"命"的必然性，对偶然性加以说明。

由此，"王充将适偶论跟命定论……融汇到一起，使适偶论成为他的哲学体系中不可缺少的一个组成部分。天在运行中施放出天气来，星的气也夹在其中，一起落到地上，与地气相结合，产生了人。哪一颗星的气偶然落到哪一家，哪一家正好禀受了这星气，所生的婴儿将来的命运就由这个星气决定的。……这样一来，偶然禀气就决定了一生命运，也就是偶然性决定了宿命论，决定了必然性。这种必然性又通过一系列表面上的偶然现象来实现。当一个人命该倒霉的时候，国君正好要听信谗言，当一个人命该走运的时候，正好有贤人出来推荐。表面上看都是偶然巧合，而实质上都是命定的。从这一角度看，又是必然性决定偶然性。"[1]

---

[1] 钟肇鹏，周桂钿. 桓谭王充评传. 南京：南京大学出版社，1993：361.

（四）"骨相"与"命"

王充认为人的"命"不是上帝掌握，不是神灵掌握，"命"存在于自身的形体之中。正如他所说："故知命之工，察骨体之证，睹富贵贫贱，犹人见盘盂之器，知所设用也。善器必用贵人，恶器必施贱者，尊鼎不在陪厕之侧，匏瓜不在殿堂之上，明矣。富贵之骨，不遇贫贱之苦；贫贱之相，不遭富贵之乐，亦犹此也。器之盛物，有斗石之量，犹人爵有高下之差也。器过其量，物溢弃遗；爵过其差，死亡不存。论命者如比之于器，以察骨体之法，则命在于身形，定矣。"（《论衡·骨相篇》）他认为"命"决定人的内在聪明才智，又决定人的外形美丑。而人的富贵贫贱，通过察骨体而知，如果具有富贵之骨，就不会遇到贫贱之苦；如果长得具有贫贱之相，也不会遭遇富贵之乐，通过观察骨体，就可以知道其人的"命"如何，这就是说"命"由"身形"决定了。

王充又说明了"命"在形体之中，就像鸟卵中包含着雌雄不同性别一样。他说："富家之翁，赀累千金。生有富骨，治生积货，至于年老，成为富翁矣。夫王者，天下之翁也，禀命定于身中，犹鸟之别雄雌于卵壳之中也。卵壳孕而雌雄生，日月至而骨节强，强则雄，自率将雌。雄非生长之后，或教使为雄，然后乃敢将雌，此气性刚强自为之矣。夫王者，天下之雄也，其命当王。王命定于怀妊，犹富贵骨生，鸟雄卵成也。非唯人，鸟也，万物皆然。草木生于实核，出土为栽蘖，稍生茎叶，成为长短巨细，皆有实核。王者，长巨之最也。朱草之茎如针，紫芝之栽如豆，成为瑞矣。王者禀气而生，亦犹此也。"（《论衡·初禀篇》）也就是说"富翁""王者"，之所以成为"富翁""王者"，是因为生有"富骨""贵骨"的缘故。

王充又进一步论证察骨体知命的准确性，他说："人曰命难知。命甚易知。知之何用？用之骨体。人命禀于天，则有表候以知体。察表候以知命，犹察斗斛以知容矣。表候者，骨法之谓也。……案骨节之法，察皮肤之理，以审人之性命，无不应者。……禀气于天，立形于地，察在地之形，以知在天之命，莫不得其实也。……相或在内，或在外，或在形体，或在声气，察外者遗其内，在形体者亡其声气。"（《论衡·骨相篇》）也就是说，人的命运可以从体表上表现出来，只要观察一个人的体表特征，即察骨、观肤色、观外形、听其声，就能知道他的命运，这种观相知命之法，王充认为是很准确的。

（五）国命胜人命

王充认为国家的兴亡也有国命，并且提出"国命胜人命"。他说："宋、卫、陈、郑同日并灾，四国之民，必有禄盛未当衰之人，然而俱灾，国祸陵之也。故国命胜人命，寿命胜禄命。"（《论衡·命义篇》）认为国家的命运要大于个人的命运，也就是说当国家受到巨大灾难、战争时，人的生命就显得微不足道了，即人的命运再好，碰到国命不好也会遭殃。

王充认为"国命"是由星气决定的，他说："国命系于众星，列宿吉凶，国有祸福；众星推移，人有盛衰。"（《论衡·命义篇》）也就是说，"国命"是由"星气"具有的"时数"决定的。他又说："人皆知富饶居安乐者命禄厚，而不知国安治化行者历数吉也。故世治非贤圣之功，衰乱非无道之致。国当衰乱，贤圣不能盛；时当治，恶人不能乱。世之治乱，在时不在政；国之安危，在数不在教。贤不贤之君，明不明之政，无能损益。"（《论衡·治期篇》）他认为社会的治乱皆因"国命"，而"国命"都有定"数"，与统治者的才能无关。在这里王充没有对"数"怎样决定"国命"作具体说明，只说出决定"国命"的"数"是不以人的意志为转移的。

（六）总结

"传曰：'说命有三，一曰正命，二曰随命，三曰遭命。'正命，谓本禀之自得吉也。性然骨善，故不假操行以求福而吉自至，故曰正命。随命者，戮力操行而吉福至，纵情施欲而凶祸到，故曰随命。遭命者，行善得恶，非所冀望，逢遭于外而得凶祸，故曰遭命。"（《论衡·命义篇》）这是当时儒家关于"命"的一般说法，即所谓"正命"就是不凭借操行求福而吉自来；"随命"就是一个人所受的祸福，是他的行为善恶的报应；"遭命"是说一个行善的人，可能遭遇意外的祸害。

当时那个时代，一般认为"正命"和"遭命"都是由上天或"神"决定的，而王充认为，"正命"是由人所禀之气决定的，"遭命"是由于偶然的遭遇所形成的。并且也反驳了"随命"的说法，他说："世论行善者福至，为恶者祸来。福祸之应，皆天也，人为之，天应之。阳恩，人君赏其行；阴惠，天地报其德。无贵贱贤愚，莫谓不然。"（《论衡·福虚篇》）又说："世谓受福佑者，既以为行善所致；又谓被祸害者，为恶所得。以为有沉恶伏过，天地罚之，鬼神报之。天地所罚，小大犹发；鬼神所报，远近犹至。"（《论衡·祸虚篇》）在这里，王充否定了上天、鬼神的存在，证明了没有所谓的"随命"。

王充认为人的祸福、贵贱、寿夭都是"命"决定的，而"命"是由他所禀受的元气、所应的星象以及所具有的骨相决定的；又认为国命胜人命，而国命是由"数"决定的，但"数"怎样具体地决定人命，没有具体说明。人所禀受的元气和"命"之间、人所应的星象和"命"之间、人的骨相和"命"之间有没有必然联系，以及为什么有这种必然性并没有具体论证清楚。这样，偶然性并没有从必然性中得以说明，按照宿命论的观点了解必然性，其结果往往又倒向偶然性。

王充用"气"说明自然界，在他那个时代达到了极高水平，但他试图把自己自然观方面的观点运用到解释社会现象的说明中，用元气、星象、骨相这些物质的东西来解释社会中为什么无才能的恶人能得富贵，有才能的善人反而遭贫贱。这与王充当时在社会中自身的经历有关，一些问题想不通，解释不了，就归之于"命"。从表面上看，元气、星象、骨相这些都是物质的东西，可是用这些直接来说明社会现象，就陷入了机械的宿命论。正如冯友兰先生所说："机械论并不能彻底驳倒目的论和唯心论。王充终于承认了'天数',承认了'星气''骨相'等说法,也正如恩格斯所说的,他'还是不能从神学的自然观中解脱出来。'这是马克思主义以前的唯物主义无法克服的历史局限性。"①

二、王充《论衡》对《周易》术数的贡献②

《论衡》一书,虽然是东汉时期著名的无神论作品,但对《周易》的术数做出了很大贡献,在易学上有不可估量的价值。《论衡》中,有"气寿篇""命义篇""无形篇""初禀篇"等都论述了"命",并且论述了人的命和"禀气"有关,为古代的人们探讨自身规律的"推命术"奠定了基础。王充的《论衡》在前人的基础上也丰富了当时的"相术"说;而"诘术篇"又丰富了当时的"风水说"。

《四库提要》曰:"术数之兴,多在秦汉以后,《易》为其总纲,其要旨,不出乎阴阳五行、生克制化。实皆《易》之支派,傅以杂说耳。"由此可见,术数乃易学的一个分支。《辞海》中解释"术数"为:"数术指方术,数是气数。即以种种方术,观察自然界可注意的现象,来推测人和国家的气数和命运,《汉书·艺文志》列天文、历谱、五行、蓍龟、杂占、形法等六种,并云:'术数者,皆明堂、羲和、史、卜之职也。'但史官久废,除天文、历谱外,后世称术数者,一般专指各种迷信,如星占、卜筮、六壬、奇门遁甲、命相、拆字、起源、堪舆、占候等。"一般认为,对"术""数"的研究也可以称为术数学,术数学在一定意义上说,是一种杂有迷信成分在内的人生预测学,以追求预知社会、人生、事物的未知状态,企图揭示自然宇宙的秘密,寻找事物发展变化的规律,告知人们趋吉避凶的方法。《论衡》大约成书于汉章帝元和三年(公元86年),全书共计十三卷,现存八十五篇,佚亡一篇,共二十多万字,主要解释万物的异同,解答了当时人们的疑惑,是东汉时期著名的无神论作品。尽管王充的理论杂有迷信的成分,但不可否认《论衡》对《周易》的术数做出了很大贡献,在易学上有着不可估量的价值。分析如下:

(一)王充《论衡》为古代探讨自身规律的"推命术"奠定了基础

王充《论衡》中,在"气寿篇""命义篇""无形篇""初禀篇"中都论述了"命",并且论述了人的"命"和出生时的"禀气"有关。

虽然王充反对有神论,但认为人生是有命运的。王充在"命义篇"中首先论述了前人的命说,他指出:"在墨家之论,以为人死无命;儒家之议,以为人死有命。言有命者,见子夏言'死生有命,富贵在天。'……传曰:'说命有三,一曰正命,二曰随命,三曰遭命。'正命,谓本禀之自得吉也。性然骨善,故不假操行以求福而吉自至,故曰正命。随命者,戮力操行而吉福至,纵情施欲而凶祸到,故曰随命。

---

①冯友兰. 中国哲学史新编. 北京:人民出版社,1997:321.
②史少博. 王充《论衡》对《周易》术数的贡献.《青岛科技大学学报》(社会科学版),2011(2):71-73.

遭命者，行善得恶，非所冀望，逢遭于外而得凶祸，故曰遭命。"① 王充在"气寿篇"中肯定了命定说，并进一步论述了命和禀气的关系，他说："凡人禀命有二品，一曰所当触值之命，二曰强弱寿夭之命。所当触值，谓兵、烧、压、溺也。强寿弱夭，谓禀气渥薄也。兵、烧、压、溺，遭以所禀为命，未必有审期也。若夫强弱夭寿以百为数，不至百者，气自不足也。夫禀气渥则其体强，体强则其命长；气薄则其体弱，体弱则命短，命短则多病，寿短。始生而死，未产而伤，禀之薄弱也。渥强之人，不卒其寿。若夫无所遭遇，虚居困劣，短气而死，此禀之薄，用之竭也。此与始生而死，未产而伤，一命也，皆由禀气不足，不自致于百也。"② 王充认为人的"命"和"禀气"有关，分析了如果胎儿禀气不足，生下来就会死掉。如前所论述，王充《论衡》中"初禀篇""气寿篇""命义篇"已经为古代"推命术"奠定了基础。他认为每个人的寿命长短与"禀气"有关。

王充"禀气"说不仅为宋代理学家朱熹的某些理论奠定了基础，也为后来的《周易》之分支术数中"八字推命术"中根据出生时所禀"五行"之气推断人的命运曲线提供了理论依据。

（二）王充《论衡》丰富了当时的"相术"说

"相术"在中国具有悠久的历史。早在春秋战国时期，相术和相士就已经出现，《左传·周书》中就有关于相术、相士的记载，并且建立了初步的理论基础。王充的《论衡》在前人基础上丰富了当时的"相术"说，而西方学者对"相术"也早有揭示。"亚里士多德在《芬克与瓦格诺尔斯新标准百科》一书中提到，'这门技术是以信念为基础的，人们认为在面部特征和表情与思想的品行品质和习惯之间有着密切的联系。这种观相术由来已久，流传极广。'"③ "瑞士神学家约翰·卡斯帕·拉瓦特于1789年发表了《观相术文选》，进一步促进了观相术的发展。在《观相术文选》中，他试图说明，外部信号是怎样反映人的内心世界的。他认为，人特有的习性对其相貌起到一种模制的作用，特定的相貌构造与组合反映出不同的性格。所以，拉瓦特就是依据面部特征来进行性格分析的。在研究观相术的人中，沃尔夫博士是比较突出的一位。20世纪30年代，他先是在柏林开始这一研究，到了西班牙继续进行研究。在三十年代和四十年代期间，当他在巴德学院和哥伦比亚大学任教时，他也没有中断这方面的研究工作。美国哈佛大学著名的心理学家戈登·W. 奥尔波特和P. E. 弗农一道在三十年代最先把沃尔夫的研究介绍到美国的心理学界。从那时起，由于其他一些人也加入了沃尔夫所从事的这一主题的研究行列，从而加速并进一步深化了观相术的研究，其中以哈佛大学的亨特利的研究最为突出。奈特、邓

---

① 田昌五. 论衡导读. 北京：中国国际广播出版社，2008：67.
② 田昌五. 论衡导读. 北京：中国国际广播出版社，2008：65 – 66.
③ [美] 利奥波德·贝拉克，萨姆·辛克莱尔·贝克，著. 蔡署光，等，译. 解读面孔. 北京：社会科学文献出版社，2008：235.

拉普以及其他一些学者也对面部表情，尤其是对嘴部的形状及特征进行了研究。"①可见，尽管中国古代的"相术"具有迷信成分，但是我们不可否认它反映了古人对于复杂事物的一种朴素的认识，也反映出了我们民族注重直觉体验的传统思维方式，是当时条件下的人们从人的五官、骨相等表象认知人的本质的经验总结。

笔者前面已经论述了王充的"骨相"与"命"，王充《论衡》中的"骨相篇"，足以证明他丰富了当时的"相术"说。

（三）王充的《论衡》"诘术篇"对《图宅术》进行了有力的批驳

中国古代"风水"理论多以"阴阳五行""四时五方"等为其理论支撑。《辞海》中说："风水，也叫堪舆。旧中国的一种迷信。认为住宅基地或坟墓周围的风向水流等形势，能招致住者或葬者一家的祸福。也指相宅相墓之法。"《辞源》又说："风水，指宅地或坟地的地势、方向等。旧时迷信据以附会人事吉凶祸福。"早在先秦就有相宅活动，一方面是相活人居所，另一方面是相死人墓地。《尚书·召诏序》云："成王在丰，欲宅邑，使召公先相宅。"这是相阳宅。《孝经·丧亲》云："卜其宅兆而厝之。"这是相阴宅，也就是用占卜的方式择定地点。

"相宅"一语典出《尚书·召诰》："成王在丰，欲宅洛邑，使召公先相宅"，又云"惟太保（按，即召公）先周公相宅"。《尚书·洛诰》载述同一事件，云"召公既相宅，周公往营"。由相宅衍义，亦有相地、相土、相墓之说。《吴越春秋》记载，周敬王六年，伍子胥为吴王阖闾谋建国都，"相土尝水，象天法地"，以筑大城，是为阖闾城，即今之苏州。图宅，是在汉代以后，随着"图谶""图纬"的盛行而在风水中渐为引用。所谓"图"，指河图；"谶"即预言，纬与谶一样，为预言解经隐语。由于谶、纬之术有图、有书，故其名为图谶。

中国古代"风水"理论多以"阴阳五行""四时五方"等为其理论支撑。吕才所谓出自《堪舆经》的五姓之说，即五音姓利之说，王充的《论衡·诘术篇》就对出自其时的《图宅术》进行了猛烈批判。王充针对社会上流行的"图宅术""吹律定姓"与将"姓氏"归为"五音"的做法，进行理论批判。王充不仅指出"图宅术"理论上自相矛盾之处，同时通过将"姓氏"的来源追溯到上古，来反驳"以口张歙调姓"，认为"五音之家，用口调姓名及字，用姓定其名，用名正其字。口有张歙，声有外内，以定五音宫商之实。夫人之有姓者，用禀于天。天得五行之气为姓邪？以口张歙、声外内为姓也？如以本所禀于天者为姓，若五谷万物禀气矣，何故用口张歙、声内外定正之乎？古者因生以赐姓，因其所生赐之姓也。若夏吞薏苡而生，则姓苡氏；商吞燕子而生，则姓为子氏；周履大人迹，则姬氏。其立名也，以信、以像、以假、以类。以生名为信，若鲁公子友生，文在其手曰'友'也。以德名为义，若文王为昌、武王为发也。以类名为像，若孔子名丘。取于物为假，

---

① [美] 利奥波德·贝拉克. 萨姆·辛克莱尔·贝克, 著. 蔡署光, 等, 译. 解读面孔. 北京：社会科学文献出版社，2008：236.

若宋公名杵曰也。取于父为类,有似类于父也。其立字也,展名取同义,名赐字子贡,名予字子我。其立姓则以本所生,置名则以信、义、像、假、类,字则展名取同义,不用口张歙、〔声〕外内。调宫商之义为五音术,何据见而用? 古有本姓,有氏姓,陶氏、田氏,事之氏姓也;上官氏、司马氏,吏之氏姓也;孟氏、仲氏,王父字之氏姓也。氏姓有三:事乎!吏乎!王父字乎!以本姓则用所生,以氏姓则用事、吏、王父字,用口张歙调姓之义何居? 匈奴之俗,有名无姓字,无与相调谐,自以寿命终,祸福何在?"① 并举夏、商与周得姓为证。之后又进一步揭露了"五姓之宅,门因宜向"说的具体谬误,批判了用五音定姓名之说,并且指出姓名与祸福无关。王充又说:"《移徙法》曰:'徙抵太岁凶,负太岁亦凶。'抵太岁名曰岁下,负太岁名曰岁破,故皆凶也。假令太岁在甲子,天下之人皆不得南北徙,起宅嫁娶亦皆避之;其移东西,若徙四维,相之如者皆吉,何者? 不与太岁相触,亦不抵太岁之冲也。"② 这里岁下即太岁所处的方位,岁破即太岁相对相冲的方位。王充以雷电击人为例,批太岁禁忌,正如他说:"夫雷,天气也,盛夏击折,折木破山,时暴杀人。使太岁所破,若迅雷也,则声音宜疾,死者宜暴;如不若雷,亦无能破。如谓冲抵为破,冲抵安能相破? 东西相与为冲,而南北相与为抵。如必以冲抵为凶,则东西常凶而南北常恶也。如以太岁神,其冲独凶,神莫过于天地,天地相与为冲,则天地之间无生人也。或上十二神,登明、从魁之辈,工伎家谓之皆天神也。常立子、丑之位,俱有冲抵之气,神虽不若太岁,宜有微败。移徙者虽避太岁之凶,犹触十二神之害,为移徙时者,何以不禁?"③

在20世纪70年代,当"风水"被国人不齿与淡忘时,欧美等国学者却对它表现出了浓厚的兴趣。美国、加拿大、英国、澳大利亚、韩国、日本、新加坡等国学者都相继对此作了专题研究,风水术在西方越来越走俏,国际性的风水学术会议频繁召开,一些风水方面的专刊也在国外大行其道。近年来,随着建筑行业与生态环境学的发展,国际上又从新的角度审视风水与家居环境所具有的科学性,风水学这门古老学科又焕发出新的活力。美国等国家以及中国的香港地区还成立了专门研究"风水"的机构,不仅风水师成为有前途的职业,而且风水学课程也进入了欧美、日本等发达国家和地区的大学校园,成立了如中华风水研究院(香港)、美国风水研究院(纽约)、欧洲风水研究院(德国)等机构。近代以来,在中国台湾的影响下,日本还提出了相阳宅的八门套九星诀。虽然"风水术"在其发展过程中掺杂了较多神秘而迷信的成分,但是不可否认"风水"问题是古人在寻求人和自然和谐共处过程中而萌发的。风水建筑是中国传统建筑的重要组织部分,它把生态学、美

---

① 田昌五. 论衡导读. 北京:中国国际广播出版社,2008:322-323.
② 田昌五. 论衡导读. 北京:中国国际广播出版社,2008:315-316.
③ 田昌五. 论衡导读. 北京:中国国际广播出版社,2008:314-315.

学、心理学、哲学、地理学等学科融入建筑中，在某种程度上实现了人与环境的和谐发展，突出了人类应该尊重环境的思想。风水建筑中的科学理论和超前的环保意识，对建筑行业的发展具有深远的意义。正是由于王充批判了《图宅术》，才促使中国风水术不断反思、不断发展，王充在"风水"方面的探索也为中国古代《周易》分支的术数提供了借鉴。

第四节　论苏轼易学与王弼易学之同异

纪昀《四库全书总目提要》认为《苏氏易传》乃"三苏"合力为之。据王水照考察，《苏氏易传》中苏轼贡献最大，故又称为《东坡易传》。"《易传》可视为苏轼的个人著作，是他的哲学思想体系的集中表述。"① 笔者也比较赞成王水照的观点，故主要从《东坡易传》中挖掘苏轼的易学思想。王弼（226—249），字辅嗣，三国时代曹魏山阳郡人，经学家，魏晋玄学的主要代表人物之一。王弼一生著有多部易学著作，他的易学思想集中在他的《周易注》《周易略例》中。纵观苏轼和王弼的易学思想，他们既有共同点，又有相异之处。

一、苏轼和王弼解《易》都注重义理

苏轼的易学独树一帜。陆游称："自汉以来，未见此奇特。"代表了一种与周敦颐、程颢的性命之学以及李觏、欧阳修的经世之学迥然不同的学风，他把重点放在"推阐理势""发明爱恶相攻，情伪旭感之义"上面。这是一种自然主义的易学倾向……这和王弼的致力于自然与名教相结合的易学，确实是大体相近的。② 正如《四库全书总目》提要所云："《苏氏易传》推阐理势，言简易明……"可见，《苏氏易传》偏重义理分析，在易学流派上接近王弼。苏轼解《易》善于阐释义理，不拘泥文句，而注重挖掘文句深含的意义。正如他所说："夫论经者，当以意得之，非于句之间也。"③ 苏轼解《易》注重义理，例如《东坡易传》云："'潜龙勿用'，阳气潜藏；'见龙在田'，天下文明；以言行化物，故曰'文明'；'终日乾乾'，与时偕行；'或跃在渊'，乾道乃革；'飞龙在天'，乃位乎天德；'亢龙有悔'，与时偕极；乾元'用九'，乃见天则。天以无首为则。'乾、元'者，始而亨者也；'利、贞'者，性情也。乾始能以美利利天下，不言所利，大矣哉。大哉乾乎！刚健中正，纯粹精也。六爻发挥，旁通情也。'时乘六龙'，以御天也；'云行雨施'，天下平也。君子以成德为行，日可见之行也。君子度可成则行，未尝尤德也。故其行也，

---

① 王水照，朱刚. 苏轼评传. 南京：南京大学出版社，2004：166.
② 余敦康. 汉宋易学解读. 北京：华夏出版社，2007：178.
③ [宋] 苏轼. 东坡易传. 长春：吉林文史出版社，2002：286.

日有所见：日可见之行也。'潜'之为言也，隐而未见，行而未成；是以君子弗用也。君子学以聚之，问以辩之，宽以居之，仁以行之。《易》曰：'见龙在田，利见大人，'君德也。九三重刚而不中，上不在天，下不在田，故'乾乾'，因其时而'惕'，虽危无咎矣。九四重刚而不中，上不在天，下不在田，中不在人，故'或'之。'或'之者，疑之也，故无咎。'或'者，未必然之辞也。其'跃'也未可必，故以'或'言之，非以为惑也。夫大人者，与天地合其德，与日月合其明，与四时合其序，与鬼神合其吉凶。先天而天弗违，后天而奉天时。天且弗违，而况人乎？况于鬼神乎？'亢'之为言也，知进而不知退，知存而不知亡，知得而不知丧，其唯圣人乎？知进退存亡而不失其正者，其唯圣人乎？"①从中足以看出苏轼解《易》把重点放在"推阐理势"，阐述义理方面。王弼解《易》非常注重义理。《四库全书总目·周易正义》提要指出："《易》本卜筮之书，故末派浸流于谶纬。王弼乘其极敝而攻之，遂能排击汉儒，自标新学。"王弼提出"得象而忘言""得意而忘象"等著名论断，并且丰富、完善了义理派《易》学的理论体系。而苏轼解《易》时在对义理的阐述方面对王弼既有继承又有发展。例如《东坡易传》曰："《象》曰：天行健，君子以自强不息……强则日长，偷则日消。'潜龙勿用'，阳在下也。'见龙在田'，德施普也。'终日乾乾'，反复道也。王弼曰：'居上不骄，在下不忧，反复皆道也。''或跃在渊'，进无咎也。'飞龙在天'，大人造也。'亢龙有悔'，盈不可久也。'用九'，天德不可为首也。《文言》曰：元者，善之长也；亨者，嘉之会也。阴阳合而物生，曰嘉。利者，义之和也；贞者，事之干也。君子体仁足以长人，嘉会足以合礼，利物足以合义，贞固足以干事。君子行此四德者，故曰：'乾，元亨利贞。'礼非亨，则偏滞而不合；利非义，则惨冽而不和。初九曰：'潜龙勿用。'何谓也？子曰：'龙德隐者也。不易乎世。'王弼曰：'不为世所易。'"②苏轼解《易》阐述义理，以王弼之语进行总结，可见苏轼对王弼解《易》的推崇和继承。又如："'不成乎名。遁世无闷，不见是而无闷；乐则行之，忧则违之：确乎其不可拔，潜龙也。'九二曰：'见龙在田，利见大人。'何谓也？子曰：'龙德而正中者也。庸言之信，庸行之谨，闲邪存其诚，善世而不伐，博德而化。'《易》曰：'见龙在曰，利见大人，'君德也……九三曰：'君子终日乾乾，夕惕若，厉，无咎。'何谓也？子曰：'君子进德修业。忠信，所以进德也；修辞立其诚，所以居业也。'修辞者，行之必可言也。修辞而不立诚，虽有业不居矣。'知至至之，可与几也；知终终之，可与存义也。''至之'，为言往也；'终之'，为言止也。'乾'之进退之决在三，故可往而往其几，可止而止其义。'是故居上位而不骄，在下位而不忧。

---

① [宋] 苏轼. 东坡易传. 长春：吉林文史出版社，2002：9-10.
② [宋] 苏轼. 东坡易传. 长春：吉林文史出版社，2002：7-8.

故乾乾因其时而惕，虽危无咎矣。'九四曰：'或跃在渊，无咎。'何谓也？子曰：上下无常，非为邪也；进退无恒，非离群也。君子进德修业，欲及时也，故'无咎'。九五曰：'飞龙在天，利见大人。'何谓也？子曰：'同声相应，同气相求，水流湿，火就燥，云从龙，风从虎，圣人作而万物睹。'燥、湿不与水、火期，而水、火即之；龙、虎非有求于风、云，而风、云应之。圣人非有意于物，而物莫不欲见之。'本乎天者亲上，本乎地者亲下，则各从其类也。'明龙之在天也。上九曰：'亢龙，有悔。'何谓也？子曰：'贵而无位，高而无民。'王弼曰：'下无阴也。'"①再如："'贤人在下位而无辅。'夫贤人者，下之而后为用。'是以动而有悔也'。'潜龙勿用'，下也。'见龙在田'，时舍也。时之所舍，故得安于田。'终日乾乾'，行事也。'或跃在渊'，自试也。'飞龙在天'，上治也。'亢龙有悔'，穷之灾也。乾元'用九'，天下治也。王弼曰：'夫能全用刚直，放远善柔。非天下至治，未之能也'。"② 由此可见苏轼与王弼解读《易》时都重视义理。

二、苏轼与王弼解《易》观点相近之中的相异之处

苏轼与王弼解《易》的共同之处是二者都注重义理，虽然观点相近但不完全相同，还有相异之点。苏轼认为："圣人之道，存乎其爻之辞，而不在其数。数非圣人之所尽心也。"③ 苏轼又说："《易》者，卜筮之书也。挟策布卦，以分阴阳而明吉凶，此日者之事，而非圣人之道也。"④ 苏轼反对将《周易》作卜筮之用。他说："《易》者圣人所以尽人情之变，而非所以求神于卜筮也。"⑤ 晁公武的《郡斋读书志》认为苏轼："其学出于父洵，且谓卦不可爻别而观之。其论卦，必先求其所齐之端，则六爻之义，未有不贯者，未尝凿而通也。"⑥ 可见苏轼注重卦体，同样也重爻之意。苏轼在"爻别而观之"中，解读爻之意运用了乘承、比应、刚柔、阴阳、进退等爻位说，分析其中所蕴含的深意，由此形成爻和卦之间的呼应，这也是苏轼以"义"理解《易》而不废"象"的重要体现。苏轼解《易》吸取了王弼、孔颖达注重义理的思想，又扬弃了王弼、孔颖达忽视象数的思想，可以说是对王弼、孔颖达解《易》思想的继承和发展。例如苏轼在论《周易》卦爻形成的时候说："圣人之所取以为卦，亦多术矣，或取其象，或取其爻，或取其变，或取其刚柔之相易。取其象，'天水违行，讼'之类是也；取其爻，'六三：履虎尾'之类是也；取其变，'颐中有物，曰噬嗑'之类是也；取其刚柔之相易，'贲'之类是也。夫刚柔之

---

①［宋］苏轼. 东坡易传. 长春：吉林文史出版社，2002：6-7.
②楼宇烈. 王弼集校释. 北京：中华书局，1999：8.
③［宋］苏轼. 苏轼. 文渊阁《四库全书》影印本：13.
④［宋］苏轼. 苏轼文集：2册. 北京：中华书局，2008：186.
⑤［宋］苏轼. 苏轼文集：6册. 北京：中华书局，2006：211.
⑥孙猛. 郡斋读书志校证. 上海：上海古籍出版社，2006：89.

相易，其所取以为卦之一端也，遇其取者则言，不取者则不言也，又可以尽怪之欤？"① 可以说苏轼扬弃了王弼之说，认为圣人通过卦爻的组合来表达易理，主要有四种方法：取象、取爻、取变、取刚柔相易。这"不仅是对王弼思想的继承发展，也是对孔颖达分析《象传》三种体例的一种继承和发展。"② 苏轼阐释义理又不废弃象数，反映了当时义理易学和象数易学之间的融合。苏轼通过简明的语言来表达自己独到的观点，融合象数而阐明义理，在宋易中有着重要的贡献。王弼偏重以老子解《易》，而苏轼多以庄子解《易》。王弼以老子思想解《易》，在学术上兴起了"正始玄风"。王弼通过《道德经注》，深受老子影响，接受了老子的诸多认识世界的方法。"王弼的《周易略例》是他《周易注》的基本理论，它是王弼从《道德经注》和《论语释疑》中所创获而形成的本体论哲学认识论与方法论基本原理运用于《周易注》。"③ 王弼的《周易略例》中，《明象》论卦，《明爻通变》论爻，《明卦适变通爻》论卦与爻的关系，《明象》论形式与内容的关系，《辨位》阐述他对"同功异位"的独到见解，《略例下》杂论各种体例，而《卦略》列举了十二卦的卦义，是全文的总序。《周易略例》体现了王弼侧重以老子思想解《易》，例如王弼在《周易略例·明象》中云："夫《彖》者，何也？统论一卦之体，明其所由之主者也。夫众不能治众，治众者，至寡者也。夫动不能制动，制天下之动者，贞夫一者也。故众之所以得咸存者，主必致一也。动之所以得咸运者，原必无二也。将释其义，故假设问端，而曰'何'。统论一卦功用之体。辩卦体功用'所由之主'，立主之义，义在一爻，明，辩也。万物是'众'，一是'寡'。'众不能治众'，治众者，至少以治之也。'天下之动'，动则不能自制，制其动者，贞之'一者'也。老子曰：'王侯得一以为天下贞'。然则一为君体。君体合道动，是众由一制也。制众归一，故静为躁君，安为动主。致犹归也。众皆得存其存者，有必归于一。故无心于存，皆得其存也。动所以运，运不已者，谓无二动。故无心于动，而动不息也。"④ 从中可以看出，王弼阐述了卦爻主一以明象的道理，以一统众，并用"老子曰：'王侯得一以为天下贞'。然则一为君体。君体合道动，是众由一制也。制众归一，故静为躁君，安为动主"阐释其中的道理，可见《周易略例·明象》以老子释易，体现了"以物为本""举本统末""以一统众"的思想。又例如《周易略例·明象》云："义苟在健，何必马乎？类苟在顺，何必牛乎？爻苟合顺，何必坤乃为牛？义苟应健，何必乾乃为马？"⑤ 由此他批判了象数之学的机械性。他又指出：

---

① [宋] 苏轼. 东坡易传. 长春：吉林文史出版社，2002：92.
② 金生杨. 苏氏易传研究. 成都：巴蜀书社，2002：110.
③ 苏东天. 易老子与王弼注辩义. 北京：文化艺术出版社，1997：141.
④ 王弼. 周易略例. 上海：广文书局，1994：67.
⑤ 朱伯良. 易学哲学史（1卷）. 北京：华夏出版社，1994：68.

"夫象者，出意者也；言者，名象者也。尽意莫若象，尽象莫若言。"王弼"惟畅玄风"，从玄学家的"以无为本"出发，把《易》学玄学化。王弼以老子思想解《易》，在《周易注》中展开他的玄学体系。王弼在《周易注》《周易略例》中阐发的言意之辨、初上无定位说、一爻为主说及大衍义的思想，无不体现了其玄学思想的内涵。王弼还用道家的"以无为本"的本体论来解释《易》，如他注释《彖辞》"大哉乾元，万象资始，乃统天"时说："天也者，形之名也；健也者，用形者也。夫形也者，物之累也。有天之形，而能永保无亏，为物之首，统之者岂非至健哉！"他认为，"乾"之义是"健"，有形之"天"无非是"健"的表象。万物始于天，归根到底，"统之"于"至健"。"健"是无形的，是形而上的"玄"。再如王弼说："演天地之数，所赖者五十也，其用四十有九。则其一不用也。不用而用之以通，非数而数之以成，斯易之太极也。四十有九，数之极也。夫无不可以无明，必因于有，故常于有物之极而必明其所由之宗也。"① 这里的"其一不用"就是寂然至无之道体。这个"一"，是"演成天地之数、生发万物之有"的本体，即王弼所说的"不用而用以之通，非数而数以之成"的"易之太极"。在这里王弼以《老子》的本体论来解释大衍论中的"其一不用"，"扭转此质实之心灵而为虚灵之玄思，扭转图书式的气化宇宙论而为纯玄理之形上学。"② 而苏轼非常喜欢庄子，正如他说："吾昔有见于中，口未能言，今见《庄子》，得吾心矣。"③ 认为庄子哲学是一种上升的虚无主义，因"道"无为无形、唯道集虚，体"道"就须"形如槁木，心如死灰"，使心境达到虚无的状态。故而苏轼偏重以庄子解《易》。在本体论方面，苏轼没有像老子那样把"道"看成是世界的本源，也没有像老子那样认为"有"从"无"中生，认为"道"的本质是"运动"，这种"运动"就是变动不居的"易"，"易"即不停地变动。苏轼又将"运动"看作是"有"和"无"之间的联系方式。苏轼认为，圣人作《易》是为了知晓吉凶之变化，故而"道"不是僵化的，而是与人共存的不断变动。苏轼偏重以庄子解《易》，而且特别善于以郭象之庄解《易》。例如《东坡易传》中云："天地之间，或贵或贱，未有位之者也，卑高陈而贵贱自位矣；或刚或柔，未有断之者也，动静常而刚柔自断矣；或吉或凶，未有生之者也，类聚群分而吉凶自生矣。或变或化，未有生之者也，形象成而变化自见矣。是故刚柔相摩，八卦相荡，雷霆风雨，日月寒暑，更用迭作于其间，杂然施之而未尝有择也，忽然成之而未尝有意也。及其用息而功显，体分而名立，则得乾道者自成男，得坤道者自成女。夫男者岂乾以其刚强之德为之，女者岂坤以其柔顺之道造之哉？我有是道，物各得之，如是而已矣。圣人者亦然，有恻隐之心，而未尝以为仁也；有分别之心，而未尝以为义也。所遇而为之，是心著于物也。人则从后而观之，其

---

① [宋] 苏轼. 苏轼文集: 2册. 北京: 中华书局, 2008: 547-548.
② [宋] 苏轼. 东坡全集·东坡先生墓志铭. 北京: 商务印书馆, 1998: 114.
③ [宋] 苏轼. 东坡易传. 长春: 吉林文史出版社, 2002: 187.

恻隐之心成仁，分别之心成义。"① 其中，苏轼强调的"贵贱自位""刚柔自断""吉凶自生""变化自见""我有是道，物各得之"等显然融入发挥了郭象"独化"的思想。而郭象在注《庄》时，一向注重强调万物独化，突然自生，如郭象注《庄子·齐物论》时指出："故造物者无主而物各自造。"又郭象在《庄子注》中多次强调"无心"，他所说的"无心"就是顺应自然之理，任其自为，率性而动。苏轼《东坡易传》发挥了郭象的这一思想，如他在解《系辞》"乾以易知，坤以简能"时指出："上而为阳，其渐必虚；下而为阴，其渐必实。至虚极于无，至实极于有：无为大始，有为成物。夫大始岂复有作哉？故于特知之而已，作者坤也。于无心于知之故易，坤无心而作之故简：易故无所不知，简故无所不能。"② 其中的思想与道家思想相通，苏轼以庄子解《易》，体现了他顺从自然之理的思想。苏轼解《易》不仅承袭了郭象以庄子注《易》的传统，还融入了佛教的空无思想，并且把世界万物变动不居的思想用于解《易》之中。如《东坡易传》说："天地一物也，阴阳一气也。或为象，或为形，所在之不同，故在云者明其一也……在天成象，在地成形，变化之始也。"② 他指出世界万物"变"是永恒的。又认为："物未有穷而不变者，故'恒'非能执一而不变，能及其未穷而变尔。穷而后变，则有变之形，及其未穷而变，则无变之名，此所以为恒也。"③《东坡易传》中还用水之变化以形象说明阴阳始交的宇宙生成规律："阴阳一交而生物，其始为水……又曰'水几于道'……几于道矣，而非道也。若夫水之未生，阴阳之未交，廓然无一物而不可谓之无有，此真道之似也。阴阳交而生物，道与物接而生善，物生而阴阳隐，善立而道不见矣。"③ 由此看出苏轼认识了水的灵活性与玄妙性，水"不囿于一物"，水无常形，也体现了顺应自然规律的自然之道。又如："圣人之道之难言也，故借阴阳以言之，曰一阴一阳之谓道。一阴一阳者，阴阳未交而物未生之谓也，喻道之似，莫密于此矣……阴阳之未交，廓然无一物，而不可谓之无有，此真道之似也。阴阳交而生物，道与物接而生善。"④ 可见，在《东坡易传》中，苏轼始终把"道"看成是阴阳未交的状态，而这种状态不是虚无的，而是包含一切的"有"。这里的"道"，不同于王弼所言的"无"，是一种抽象的"有"，这是由于苏轼受到庄子无为思想的影响。就认识论而言，苏轼接受庄子的相对主义理论，安时处顺，一切顺从自然，而把易道本质看成无思无为、寂然不动的状态，并且，苏轼在以庄子解《易》的过程中，对无思无为的自然之理又作了进一步阐发和说明。总之，在解《易》过程中，王弼偏重以老子解《易》，而苏轼偏重以庄子解《易》。

---

① [宋] 苏轼. 东坡易传. 长春：吉林文史出版社，2002：289.
②④ [宋] 苏轼. 东坡易传. 长春：吉林文史出版社，2002：289.
② [宋] 苏轼. 东坡易传. 长春：吉林文史出版社，2002：287.
③ [宋] 苏轼. 东坡易传. 长春：吉林文史出版社，2002：211.

第五节 朱熹与易学

一、"太极,理也" 沟通朱熹易学和理学[①]

"太极"是易学上的一个重要概念,朱熹把"太极"看作象数变化的根源和最高原则。他为了说明"太极"为易的根源,创造性地以"太极"之理来说明八卦和六十四卦形成的过程。在朱熹的理学体系中,"理"是最高范畴;虽然其理学体系庞大,但是始终离不开核心概念"理",也始终凸显以"理"为本体,故而可以说朱熹的理学是以"理"为本体的理学。朱熹的"太极,理也"恰好沟通了其易学与理学,证明了易学和理学有密切的关系。

(一)朱熹以"太极"为根源的易学

"太极"有易学中的"太极",指卦爻画的根源;"太极"又有哲学中的"太极",指世界的本源。在易学上,许多哲学家都认为,六十四卦是对宇宙的模拟,探讨六十四卦的变化,其目的就是为了寻求宇宙变化的规律。由此朱熹认为的"太极"是六十四卦爻画的根源,同时也认为"太极"是世界运动发展的根据。

朱熹不仅是大理学家,而且也是易学家。他一方面以程颐义理为宗,另一方面又努力吸取邵雍象数学思想,致力于程邵归一、数理结合,并写出影响深远的《易学启蒙》和《周易本义》,另外还著有《蓍卦考误》《易传》《古易音训》《损益象说》《易答问》《朱文公易说》等。朱熹的易学思想主要体现在他所作的《周易本义》和《易学启蒙》中。

朱熹说:"其所谓无极而太极云者,又一图之纲领,所以明夫道之未始有物,而实为万物之根柢也。"(《邵州州学濂溪先生祠记》,《朱熹集》卷八十),并且他在与陆九渊的"无极而太极"之辩中,又作了进一步的论述:"然殊不知不言太极,则太极同于一物,而不足为万化之根;不言太极,则无极沦于空寂,而不能为万化之根。"(《答陆子美》,《朱熹集》卷三十六)。然而"无极而太极"既避免了"将太极做一个有形象底物看,故又说无极,言只是此理也。"(《朱子语类》卷九十四),同时又避免了"恐学者错认太极别为一物,故著'无极'二字明之"。(《答陆子美》,《朱熹集》卷三十六)这说明,"太极"是无形超越的"形而上"者,是宇宙的本源或根本。

朱熹把"太极"看作象数变化的根源和最高原则,他说:"太极、两仪、四象、八卦者,伏羲画卦之法也。"(《文集·答王伯丰》)又说:"易有太极,是生两仪者,一理之判,始生一奇一偶而一画者二也。两仪生四象者,两仪之上各生一奇一

[①] 史少博."太极理也"沟通朱熹的易学与理学,《嘉应学院学报》,2007(1):27-28.

偶而为二画者四也。……此乃易学纲领，开卷第一义。然古今未见有识之者。至康节先生始传先天之学而得其说，且以此为伏羲之易也。"（《文集·答虞士朋》）这就是说，"一理"未分为"太极"，以分为奇偶两画为两仪，两仪之上各生奇偶两画为四象。

朱熹为了说明"太极"为易的根源，创造性地以"太极"之理自身的展开说明八卦和六十四卦形成的过程。在注"易有太极，是生两仪"时，他说："一每生二，自然之理也。《易》者，阴阳之变。太极者，其理也。两仪者，始为一画以分阴阳。四象者，次为二画以分太少。八卦者，次为三画而三才之象始备。此数言者，实圣人作《易》自然之次第，有不假丝毫智力而成者。画卦、揲蓍其序皆然。"（《朱熹本义》第九章）这就是说，当未画之前，"太极"只是一个理。一理之判，始分出或散开为一阴一阳，则为两仪。此一阴一阳又分出一阴一阳，则为四象。其上又各分出一阴一阳，则为八卦。每一层次，都是原有"太极"之理自身的展开，即"一每生二，自然之理也"。而"自然次第"，实际上是指逻辑推演的程序，有其自身的必然性，所以说"不假丝毫智力而成者"。如此，"太极"之理自身蕴含两仪、四象、八卦，其展开的层次则是由两仪而四象，由四象而八卦，以至于六十四卦，三百八十四爻。以"太极"之理自身的逻辑程序说明画卦或揲蓍的程序，是朱熹对易学的贡献。

朱熹在论述太极、两仪、四象、八卦的关系时说："易有太极，便是下面两仪、四象、八卦。自三百八十四爻总为六十四，自六十四总为八卦，自八卦总为四象，自四象总为两仪，自两仪总为太极。以物论之，易之有太极，如木之有根，浮屠之有顶。但木之根，浮屠之顶，是有形之极。太极却不是一物，无方所顿放，是无形之极。"（《朱子语类》卷七十五）这就是说，"太极"是象数变化的最高原则，三百八十四爻可以归结为六十四卦，六十四卦可以归结为八卦，八卦可以归结为四象，四象可以归结为两仪，两仪又可以归结为太极，太极好像是树根，卦爻象如同树干，树干长在树根上，树根和树枝不脱离。并且他认为："太极之所以为太极，却不离乎两仪、四象、八卦。如一阴一阳之谓道，指一阴一阳为道则不可，而道则不离乎阴阳也。"（《朱子语类》卷七十五）这就是说，"太极"生出两仪、四象、八卦，并不脱离卦爻象，又寓于卦爻象之中，也就是"太极"总括两仪、四象、八卦之理，由此太极之理，才有两仪、四象、八卦之画。即太极包涵卦爻象之理，而卦爻象又具"太极"之理，有此导出了每一卦和每一爻都具有"太极"之理。

关于"太极"和卦爻象的关系，朱熹论述道："易有太极，是生两仪，则先从实理处说，若论其生则俱生，太极依旧在阴阳里。但言其次序，须有这实理，方始有阴阳也。其理则一。虽然自见在事物而观之，则阴阳函太极，推其本，则太极生阴阳。"（《朱子语类》卷七十五）这就是说，"太极"之理含两仪之理，从这一方面说，"生则俱生"，即"太极"不在阴阳之外，"依旧在阴阳里"。从画卦的程序来说，先有"太极"之理，方有阴阳卦画，也就是"推其本则太极生阴阳。""本"即阴阳卦画之所以然，就是阴阳之理。

朱熹的"太极"之理从自身逻辑展开来说明伏羲画卦说，与他对大衍之数的解释有密切联系。在《易学启蒙》中，他认为大衍之数同河洛之数是一致的，河洛中五之数为"太极"。大衍之数五十，置其一不用，为四十有九，以象"太极"。就揲蓍成卦说，两仪、四象、八卦乃河图中五之数或四十九之数自身的展开。而朱熹以"太极"蕴含两仪、四象、八卦之理，以"太极"为象数未形之全体，就出于此。

由此，可以看出，朱熹认为"太极"为卦爻的"根"，为易学的根源。

（二）朱熹以"理"为本体的理学

一般认为，程颐是理学派的创始人，为宋明理学奠定了理论基础，并提出了"体用一源，显微无间"的命题，认为"理"是体，"象"是用，有体便有用，体用不容分离，理象融合在一起，并且以此为易学的基本原则。从这一原则出发，程颐讨论了理事、理气、道器之间的关系，从而在哲学上开创了本体论的体系。

"二程"（程颢、程颐）和朱熹的哲学都以"理"或"天理"作为本体。程颢说："吾学虽有所受，'天理'二字却是自家体贴出来"。（见《二程集》）"理"一字，早在《易传》中就有之，宋代周濂溪的《通书·理性命》、邵雍的《观物篇》、张横渠的《正蒙·太和篇》等书中也都有言及，但把它作为哲学的本体概念，则是"二程"在哲学上的创新。

朱熹则对"二程"学说进行继承和发展，他认为："宇宙之间，一理而已。天得之而为天，地得之而为地，而凡生于天地之间者，又各得之以为性。……自未始有物之前，以至人消物尽之后，终则复始，始复有终，又未尝有顷刻之或停也。"（《朱文公文集》卷七十，《读大纪》）他把"理"作为最高原则，把"理"作为宇宙本体。又说："未有天地之先，毕竟也只是理。有此理，便有此天地；若无此理，便亦无天地，无人无物，都无该载了。"（《朱子语类》卷一）也就是说，"理"是永恒的宇宙本体，它先于天地而存在，无所不在，无时不有。在万物产生之前，"理"就作为天地存在的根据而存在，"理"涵盖并主宰天、地、人、物，是永恒存在的、超时空的形而上的本体。"理"是宇宙唯一的最高的永恒存在。这个本体的"理"，自身处在特殊的地位，"只是个净洁空阔的世界，无形迹"，"无情意，无计度，无造作"（《朱子语类》卷一）。但它却保持"所以然"（《朱子语类》卷四九）的权威，成为自然和人类社会一切现象的终极原因。除此之外，"理"在朱熹的体系里还包含另外两层意义：一是"其张之为三纲""其纪之为五常。"（《朱子语类》卷四九），即"理便是仁、义、礼、智、信"（《朱子语类》卷三）；二是"如阴阳五行，错综不失条绪，便是理"（《朱子语类》卷一）。这是说"理"是"气"的条绪，不离阴阳两气而存在。虽然阴阳两气在变化过程中错综复杂，但有条理性。这个"理"显然是指事物运动所遵循的秩序，即规律性。由此可见，朱熹将分属不同范畴的规律和伦理糅合成为一个范畴。

朱熹理学上的"理"和易学上的"义理"也有相通的地方。朱熹从阐发《周易》的"义理"过程中，引发了"理"学的许多概念，并由此而建立了理本论。一方面，朱熹提出"易只是个空底物事"，对易的卜筮作用给予较合理的解释，认为《周易》具有预知与决疑的作用，并不在于蓍卦有灵，而在于其卦爻象和卦爻辞中贮藏着具有普遍适用于一类事物的抽象道理，阐发其"义理"；另一方面，朱熹将易视为"空底物事"，主张稽实待虚、以静制动、执古御今，以卦爻象和卦爻辞为表现一类事物之"理"的形式，从而上升到理本论。

蔡方鹿先生说："可见，以理为本，则是先有理，后有象数，理决定象数，这是朱熹理本论哲学的逻辑所在；以探求本义为宗旨，则是先有象数，后有推说之理，理产生于卜筮之后，这是朱熹易学的本旨和特点所在。前者与程颐略通，而后者则与程颐有别。这个区别既反映了程朱易学的不同特点，也反映了朱熹本人理学与经学的矛盾。"[①] 笔者不赞成蔡方鹿先生的观点，因为朱熹的理学与经学并不矛盾，"理"与"义理"并非同一个概念，所以我们不要混淆。朱熹的"理"，是指的阴阳之"理"，自然法象的根据，是本体意义上的"理"。从这个意义上讲，"理"是本，象是末，先有阴阳之理，后有万事万物之象；然"义理"是易学上的概念，是和"象数"对应的，在这里"义理"是卦爻象所蕴含的道理，故从这个意义上讲，先有象数，后有"义理"。又他在解释《易》的起源，他说："圣人作易之初，盖是仰观俯察、见得盈乎天地之间，无非一阴一阳之理；有是理，则有是象；有是象，则其数便自在这里，非特河图洛书为然。……于是圣人因而画卦。……卦画既立，便有吉凶在里。……盖是卦之未画也，因观天地自然之法象而画。"（《朱子语类》卷六十七）也就是说，朱熹认为伏羲作《易》，不仅依据《河图》《洛书》，而且依据阴阳之理所表现出来的阴阳之"象"及"数"而画卦，在"象数"之中就有"理"的存在，这就是以"理"为本。故有"理"，则有"象数"，自然法则是以阴阳之"理"为存在的根据。也就是说，先有阴阳之"理"，然后有"象数"，"理"决定"象数"。这是朱熹以"理"为本逻辑的前提，然后又从"象数"，推说"义理"，阐发其中的道理和寓意。从这个意义上可以说，"义理"产生于"象数"之后，在这里"理"和"义理"并不是同一概念。从朱熹的本意看，他并没有否认其本体"理"的先在性，和其所讲本体的"理"在先的观点并不矛盾。

虽然朱熹强调《易》不是为"义理"而作，但在占筮过程中，自然体现了易理。他说："圣人作易，本为欲定天下之志，断天下之疑而已，不是要因此说道理也。如人占得这爻，便要人知得这爻之象是吉是凶，吉便为之，凶便不为。然如此，理却在其中矣。"（《朱子语类》卷六十六）又说："然伏羲作易，只画八卦如此也，

[①] 蔡方鹿. 朱熹对宋代易学的发展，《周易研究》，2001（4）：46.

何尝明说阴阳刚柔吉凶之理？然其中则具此道理。"(《朱子语类》卷六十六）这也表明了虽然《易》本是占卜，但在这个过程之中，已经自然体现了《易》的道理。一方面，从本体论的角度，主张故有"理"，才有"象数"；另一方面，在易学的角度，主张先有"象数"后有"义理"，看似矛盾，但值得我们思考分辨的是"理"和"义理"不是同一个概念。其不同表现如下：

其一，"理"和"义理"对应的概念不同。

朱熹理学上的"理"一般对应的是"气""事"等概念，并深入论述了"理气""理事"等的关系，他明确提出"理"是生物之"本"，"气"是生物之"具"的命题来构建其宇宙本体论。把"理"作为生命存在的本源、根源，正是他的哲学被称为理本论的原因。朱熹对"理"作了多方面、多层次的阐述。"理"首先是"所以然"者，就是万物之所以为万物的存在根据，"理"是存在之源；同时，"理"又是"所当然"者，就是万物存在的价值标准，"理"是价值之源。前者是"事实如此"，后者是"应当如此"。

尽管有人认为朱熹的理学是义理之学，但是在朱熹的整个理论体系中，其"义理"一般对应的是"象数"，因为就易学的研究方法而言，学界一般划分为"象数"与"义理"两派。这种分类法特别是在四库馆成立"两派六宗"之说后似成定论。将易学研究分别为"象数"与"义理"，主要是针对《周易》而言。象理之分确能反映易学研究的一些特点，前者如两汉时期的飞伏、互体、承乘比应之学等，后者如魏王弼老庄玄论、宋儒心学与理学等。朱熹深入研究前人的易学，故而他谈"义理"，一般是和"象数"对应而论的。

其二，使用的范围的不同。

朱熹认为"理"是他们理学体系中的最高概念，"理"是根据或本源，是"生物之本"。"理"就全体来看，是"一"、是"太极"、是本体。朱熹认为，"太极"作为理之"一"、理之"全"的最高本体存在，本身就具有价值标准的意义。"极"即"至极"，是最高标准，所以说"太极"是"天地人物万善至好底表德"。(《朱子语类》卷九十四）这是朱熹从"理"即形而上的层面对宇宙万物所提出的看法，而形而上之"理"是无形影、无情意、无计度的，是"净洁空阔"的，所以说"无极而太极"，即"无形而有理"（《朱子语类》卷九十四）。虽然它是天地万物的"使之然者"，但却不会"造作"。它要在实际上发生作用必须与"气"，即形而下的"生物之具"发生联系。这就涉及"理"与"气"、形上与形下的关系。至此，问题复杂化。朱熹理学中的"理"，是宇宙的本原，又是万物发展变化的总规律，是最高范畴，把古代哲学最普遍的一些范畴如气、物、天、心、道、性等都用"理"贯穿起来，宇宙间万事万物都成了"理"的体现。

历代哲学家对"义理"的界定可能不尽相同，各有千秋，然而朱熹易学上的"义理"，只是和"象数"相对的范畴，是指《易经》中所阐发的道理。所谓的

"义理"一般是指研究《周易》经义名理、哲学思想的学说。其最初起源,同样可以追溯到《易传》及《左传》《国语》所载筮例,尤其是《易传》之论被历代学者奉为阐发《周易》思想最权威的经典。三国魏王弼之学起于对汉《易》象数学弊端的攻击,以"扫象阐理"为宗旨,后经唐初孔颖达的梳理阐发,以义理解《易》的风气遂取代了象数学而畅行于世。两宋时期,随着道学思想的兴盛,以儒理阐《易》,以史事证《易》,以心学解《易》的思潮层出迭起,使得《周易》哲学研究的领域得到极大程度的开拓,这些拓展在清代有所延续并且得到系统的总结。在易学思想史上之所以形成象数和义理两大流派,有一个根本的原因,即《周易》哲学自身的内在蕴涵是由象数和义理这两大部分组成的。

可见,朱熹的"理"一般是指万物的根据,适用的范围是探讨整个宇宙的根源,万事万物变化的总根据;而朱熹所讲的"义理",一般是从易学的角度来讲的,主要是阐发《周易》所蕴含的道理。

在朱熹哲学中,其理学的最高范畴就是"理"。然而在朱熹的哲学结构中,正如张立文先生所说:"朱熹思想作为两宋道学的集大成者,是道学系统化、理论化的完成。其哲学逻辑结构的最高范畴是理,在不同的情况下称谓为道、太极、天理、性等。"① 也就是说,在朱熹哲学中,理、性、太极、道是同一层次的本体范畴,它们的涵义相似,相通为一,同为其哲学的最高范畴。

总之,虽然朱熹的理学体系庞大,但是其体系中始终离不开核心概念"理",也始终凸显以"理"为本体,故而可以说朱熹的理学是以"理"为本体的理学。

(三)朱熹"太极,理也"沟通易学与理学

理学家"皆以《易》立论",使得理学与易学更是难舍难分,朱熹也是如此。朱熹易学是他整个学术思想的重要组成部分,对中国传统文化有着十分深刻的影响。并且他通过注经的形式,使易学与理学相结合,创造性地提出并论证了一系列哲学范畴、概念、命题和重要理论,推进了中国哲学与经学的持续发展,从而亦奠定了朱熹易学在中国文化史上的重要地位。

在朱熹的理学体系中,"理"是最高范畴,但在他的理论中,"理"和"太极"紧密相连,又同样重要,而"太极"又是易学上的一个重要概念。朱熹的"太极,理也"沟通了其理学与易学。

张立文先生说:"理范畴要求多种范畴并存和互相联结,在与其他范畴的并存和联结中确定自身的地位和作用。先秦时,理与义、礼、道、性命等范畴相联系,而形成先秦哲学范畴之网;秦汉时理与阴阳、养生、名理、势、德、中和、五常等范畴相联系,而构成秦汉哲学范畴之网;魏晋南北朝隋唐时,理与无、名言、形神、真空、佛性、理事、大中等范畴相联系,而构成这个时期的哲学范畴之网;宋元明

---

① 张立文. 朱熹评传. 南京:南京大学出版社,1998:44.

清时，理与天理、太极、气、心、人欲、天命之性、气质之性相联系，而构成这个时期的哲学范畴之网。"①

朱熹承接了"二程"的合理思想，又兼容了周敦颐《太极图说》中合理的部分，发展到本体论，因为《太极图说》中同样也存在着本体论的萌芽。"无极"便是宇宙的本体。"太极"本身是运动的，它动而生阳，静而生阴，动静之间，互为其根，没有先后。正像朱熹所解释的："动静无端，阴阳无始"。运动的"太极"，不是自身不动而使它物运动的最终推动者，所以它不是宇宙的本体。使"太极"运动的，正是自身不动，却使"太极"运动的"无极"，所以"太极本无极也"。这也说明了"太极"同"理"等同，是宇宙的本体。

他说："无极而太极，只是说无形而有理。所谓太极者，只二气五行之理，非别有物为太极也。"又云："以理言之，则不可谓之有，以物言之，则不可谓之无。"（《朱子语类》卷九四）这也说明了"太极"和"理"的同属性。

在朱熹那里，"太极"和"理"也有细微的差别："太极"是总体之理，"理"则包括一理和万理。正如他所说："总天地万物之理，便是太极。"（《朱子语类》卷九十四）也就是说，"太极"专指宇宙本体，不再具有事物规律之义。"太极"是宇宙本体，是事物存在的根据，又是"理"的极至，"太极"在"理"的基础上具有主宰性。"太极者，如屋之有极，天之有极，到这里更没去处，理之极至者也。"（《朱子语类》卷九十四）。"理"与"太极"的另一个细微差别是：对应的范畴不同。正如张立文先生所说："太极与阴阳对称，理与气对称。"②

然而何为"太极"？朱熹认为："所谓太极乃天地万物本然之理，亘古亘今，颠扑不破也。"（《朱文公文集》卷三十六，《答陆子静》六）朱熹又指出了"太极"与"理"的相同点和细微差别，他说："所谓太极是有形之物耶？无形之物耶？若果无形但有理，则无极即是无形，太极即是有理明矣。"（《朱文公文集》卷三十六，《答陆子美》二）也就是说，"太极"是无形状态，这种无形状态与"理"的无形是相同的，即"太极"与"理"同为本体，都是无形的。

朱熹不以四十九蓍握而未分为"太极"，因为在他那里，"太极"就是"理"，是形而上者，四十九蓍握而未分为，乃形而下者，但他认为，合而未分之象，却基于"太极"未分之理。他这种太极观，不以"太极"为单一之数，也不以此为单一之理，而是视其为众理未分之整体。

朱熹在解释《太极图说》中的"太极"时说："圣人谓之太极者，所以指夫天地万物之根也。"（《朱子语类》卷九十四）在这里，太极为万物之根，就是因为太极乃是天地万物之理。他说："极是道理之极至，总天地万物之理，便是太极。太极只是一个实理，一以贯之。"（朱子《太极图说解》）这就是说，天地万物都遵循

---

① 张立文. 理. 北京：中国人民大学出版社，1991：17.
② 张立文. 朱熹评传. 南京：南京大学出版社，1998：61.

一个"理",天地万物依此而形成自己的本性,故而"太极"是天地万物的最高原则。在中国哲学史上,这也导致了哲学上以"理"为最高范畴说明天地万物的来源和存在根据,形成了理学本体论。即"朱熹依据其筮法中的'易有太极'说,通过对周敦颐《太极图说》的解释,以太极为理,以两仪为气,进一步探讨了理气关系,并将理气范畴全面地发展为哲学范畴,用来解释天地万物的由来及其存在的根据。从而完成了理学派的本体论的体系。"①

朱熹说:"伊川之说,正谓物各有理;事至物来,随其理而应之,则事事物物无不各得其理之所当然者。"(《朱文公文集》卷七二)"太极"和"理"等同,具有本体论的性质。又说:"盖天地之间,只有动静两端,循环不已,更无余事,此之谓易。而其动其静,则必有所以动静之理焉,是则所谓太极者也……"(《朱文公文集》卷四十五,答杨子直书)也就说明了"太极"为天地万物所有生的根据,天地万物是由于动静的变化而循环不息,而且"太极"是动静"所以动静之理","太极"与"理"具有同等的意义,都为本体。故而朱熹说:"太极,理也。"(《朱子语类》卷九十四)他认为"太极即理",也由此沟通了易学与理学,使得易学和理学难解难分,形成了易学和理学互释互融的关系。

二、朱熹论"命"②

(一)对前人"命"说的继承

朱熹是宋代的大理学家,也是大易学家,其理学和易学相融相释。他著有《易学启蒙》和《周易本义》《蓍卦考误》《易传》《古易音训》《损益象说》《易答问》《朱文公易说》等易学著作。朱熹在易学方面不但对《易经》《易传》进行了精湛的研究,还研究了《周易参同契》、《麻衣易》、火珠林法、灵棋课法等术数,也对前人的"命"说有所继承,并且有所发展。

关于"命"的问题,早在《为政》篇里,孔子自述"五十而知天命"。在《季氏》篇里,孔子说"君子有三畏:畏天命、畏大人、畏圣人之言。小人不知天命而不畏也,狎大人,侮圣人之言。"其中第一畏便是"畏天命"。(《论语·季氏》)孔子又说:"不知命,无以为君子也。"在孔子的思想中,"知命"是人生修养中的重要环节,是成为君子的必要条件。在《论语》中,虽然"命"这一概念多次出现,但是其内涵比较模糊笼统,对孔子关于"命"的诠释有很多种,不同学者、专家的理解也各有异同。孟子说过"知命者不立乎岩墙之下"。(《孟子·尽心上》)

《淮南子·缪称训》中说:"人无能作也,有能为也;有能为也,而无能成也。为之为,天成之。终身为善,非天不行;终身为不善,非天不亡……故君子顺其在已者而已矣……求之有道,得之在命。"其意思是说,谋事在人,成事在天。

---

①朱伯崑. 易学哲学史. 北京:华夏出版社,2000:469.
②史少博. 朱熹论命. 管子学刊,2007(3):107–110.

《春秋左传》记载:"邾文公卜迁于绎。史曰:'利于民而不利于君。'邾子曰:'苟利于民,孤之利也。天生民而树之君,以利之也。民既利矣,孤必与焉。'左右曰:'命可长也,君何弗为?'邾子曰:'命在养民。死之短长,时也。民苟利矣,迁也,吉莫如之!'遂迁于绎。五月,邾文公卒。君子曰:'知命。'"(《左传·文公十三年》)在这里,"命"的意思一个是"寿命",另一个是指"天命"。

"汉代关于命的概念最为复杂,有天命、国命、人命、寿命、禄命、正命、随命、触值之命、强弱之命等说法。"①

两汉时期最大的无神论者和唯物主义哲学家王充在《论衡·命禄篇》中早就有论述:"凡人遇偶及遭累害,皆由命也。有死生寿夭之命,亦有贵贱贫富之命。自王公逮庶人,圣贤及下愚,凡有首目之类、含血之属,莫不有命。命当贫贱,虽富贵之,犹涉祸患矣。命当富贵,虽贫贱之,犹逢福善矣。故命贵,从贱地自达;命贱,从富位自危。故夫富贵若有神助,贫贱若有鬼祸。命贵之人,俱学独达,并仕独迁;命富之人,俱求独得,并为独成。贫贱反此,难达,难迁,难得,难成,获过受罪,疾病亡遗,失其富贵,贫贱矣。是故才高行厚,未必保其必富贵;知寡德薄,未可信其必贫贱。或时才高行厚,命恶,废而不进;知寡德薄,命善,兴而超逾。故夫临事知愚,操行清浊,性与才也;仕宦贵贱,治产贫富,命与时也。命则不可勉,时则不可力,知者归之于天,故坦荡恬忽。虽其贫贱,使富贵若凿沟伐薪,加勉力之趋,致强健之势,凿不休则沟深,斧不止则薪多。无命之人,皆得所愿,安得贫贱凶危之患哉?然则或时沟未通而遇湛,薪未多而遇虎。仕宦不贵,治产之富,凿沟遇湛、伐薪逢虎之类也。"这显然是唯心主义的观点。

但王充认为"气"是构成世界的本源,"万物之生,皆禀元气"(《论衡·言毒篇》),万物差别的根源在于禀气的不同,"因气而生,种类相产"(《论衡·物势篇》)。虽然王充是"气"一元论的唯物主义者,但他的禀气说又形成了神秘的宿命论的自然命定论。在他看来,决定一个人寿夭、贵贱、贫富、祸福的东西,是最初在母体之中禀受的"自然之气",这在一个人获得生命之时便已形成了,人的命运所包含的一切都取决于最初禀受的"自然之气"。他认为人的寿命的长短,取决于胚胎在母体所禀受的气的厚薄,"夫禀气厚则体强,体强则其命长;气薄则体弱,体弱则命短,命短则多病短寿。"(《论衡·气寿篇》)认为每个人的命运与"禀气"有关。王充还说:"人,物也,万物之中有智慧者也;其受命于天,禀气于元,与物无异。"(《论衡·辨祟篇》)又说:"上世之民,下世之民也,俱禀元气;元气纯和,古今不异,则禀以为形体者,何故不同?"(《论衡·齐世篇》)他又在《论衡·自纪篇》中说:"孔子称命,孟子言天,吉凶安危,不在于人。昔人见之,故归之命,委之于时",即认为人的吉凶安危不在于人自己,而在于命,在于当时的禀

---

①王玉德. 神秘的术数. 南宁:广西人民出版社,2004:52.

气。王充还说：" 俱禀元气，或独为人，或为禽兽；并为人，或贵或贱，或贫或富；富或累金，贫或乞食；贵至封侯，贱至奴仆。非天禀施有左右也，人物受性有厚薄也。"（《论衡·幸偶篇》）也就是说，他认为任何动物之所以不同，是在于受气的厚薄不同；人有贵贱之分，也是由于禀气的厚薄不同所致，正如他说："以人之禀言，则先天强厚者多寿，先天薄弱者多夭。"（《类经·先天后天论》）由此可看出王充的命定论倾向。

朱熹继承了王充的观点，他认为人的富贵寿夭主要是因为个人禀气差异所致。《朱子语类》载："因问：'得清明之气为圣贤，昏浊之气为愚不肖；气之厚者为富贵，薄者为贫贱，此固然也。然圣人得天地清明中和之气，宜无所亏欠，而夫子反贫贱，何也？岂时运使然邪？抑其所禀亦有不足邪？'曰：'便是禀得来有不足。他那清明，也只管得做圣贤，却管不得那富贵。禀得那高底则贵，禀得厚底则富，禀得长底则寿，贫贱夭者反是。夫子虽得清明者以为圣人，然禀得那低底、薄底，所以贫贱。颜子又不如孔子，又禀得那短底，所以又夭。'"（《朱子语类》卷五十九）也就是说，圣人所禀之气清明，不肖之人所禀之气昏浊，富贵的人所禀之气厚，贫贱者所禀之气薄。然而如果圣人禀得清明之气，应该禀气无所亏欠，即使圣人也贫贱，什么原因呢？就是因为时运所致，禀气不足。如果禀气不足，也只能做圣贤，却富贵不了。虽然圣人禀气清明，但如果所禀之气又薄又低，就会贫贱。所以，贵者所禀之气高，富者所禀之气厚，寿者所禀之气长，夭者所禀之气短，例如颜子不如孔子的寿命长，就是因为所禀之气太短的缘故。

（二）"理之命"和"气之命"

朱熹在继承前人思想的基础上，明确地提出了自己的观点，他认为"命"有"理之命"和"气之命"之分。"理之命"是仁义礼智之性，是操之在我者，用人的主观能动性可以掌握；"气之命"是人出生时所禀之气决定的，因此是人的主观能动性所不能为的，也就是说，贫贱富贵很难操之在我。朱熹重视的是"理之命"，但对"气之命"也不否认，不反对术数学家算命。

《朱子语类》记载："或问命字之义。曰：命，谓天之付与，所谓天令之谓命也。然命有两般，有以气言者，厚薄或清浊之禀不同也。如所谓'道之将行、将废，命也''得之不得曰有命'是也。有以理言者，天道流行，付而在人，则为仁义礼智之性，如所谓'五十而知天命''天命之谓性'是也。二者皆天所付与，故皆曰命。"（《朱子语类》卷六十一）也就是说，命有两种：一种是"气之命"，一种是"理之命"，二者都来自"天之付与"。朱熹把理气二分而又统而为一，故其命论虽然分为二，但又统而为一。就统一而言，两种命除了都来自于天之外，也都互相联系。他说："问：'天命谓性之命与死生之命不同，何也？'曰：'死生有命之命，是带气言之。气便有禀得多少厚薄之不同。天命谓性之命，是纯乎理言之。然天之所命，毕竟皆不离乎气。'"（《朱子语类》卷四）又说："问命有专以理言者，有专以气言者。曰：'也都相离不得。盖天非气无以命于人，人非气无以受天命。'"（《朱子语类》卷四）他认为，理之命与气之命，是有联系的，正如理学家程颐所说："论性不论气不备，论气不论性不明"。而朱熹又继承程颐之说，他提出"性即理"之说，这说明人既有"理之命"，又有"气之命"，二者不相离。

朱熹在论述"理之命"时说："盖习与性成而至于相远，则固有不移之理。然人性本善，虽至恶之人，一日而能从善，则为一日之善人，夫岂有终不可移之理！当从伊川之说，所谓'虽强戾如商辛之人，亦有可移之理'是也。"（《朱子语类》卷四十七）又说："气之不可变者，惟死生修夭而已。盖死生修夭，富贵贫贱，这却还他气。至'义之于君臣，仁之于父子'，所谓'命也，有性焉，君子不谓命也'。这个却须由我，不由他了"。（《朱子语类》卷九十八）这就是说"理之命"是由自己所把握的，他认为若至恶之人一旦幡然悔改，就可由不善而成善，这就看他是否自己愿意舍弃不善的念头而成为善人。这与"气之命"的不可把握性是显然不同的。

朱熹在论述"气之命"时认为，人的命运是由气禀所决定的，他说："人之气禀，有多少般样，或清或浊，或昏或明，或贤或鄙，或寿或夭。"（《朱子语类》卷六十四）又说："气禀之殊，其类不一……今人有聪明，事事晓者，其气清矣。"（《季氏章句第十》，《论语集注》卷八）也是说，人的聪明、愚笨之别也是因为气禀的缘故。他认为："死生有命，当被禀得气时便定了。"（《朱子语类》卷六）并认为人的生死都是在人出生时由禀气所决定的，他说："死生有命，是合下禀得已定，而今者著力不得。"（《朱子语类》卷四十二）禀气是有定数的，人的富贵、贫贱也都是由禀气的定数所决定的。

朱熹认为"气之命"的禀气有二：

其一是所禀阴阳二气。《朱子语类》记载："又问：'如此，则天地生圣贤，又只是偶然，不是有意矣！'曰：'天地那里说我特地要生个圣贤出来，也只是气数到那里，恰相凑着，所以生出圣贤。及至生出，则若天之有意焉耳。'"（《朱子语类》卷四）也就是说，天地生圣贤，只是偶然，不是有意，不是天的旨意，只是气数到了那里，是出生时所禀自然之气而形成的。是"命之不齐，恐不是真有为之赋予如此。只是二气错综参差，随其所值，因各不齐。"（《朱子语类》卷四）他认为人命运的不同，不是上天的有意安排，是由阴阳二气错综参差的结果。

其二是所禀自然时空之气。朱熹认为时代不同，气运也就不同，他说："问：'富贵有命，如后世鄙夫小人，当尧、舜、禹三代之世，如何得富贵？'曰：'当尧、舜、禹三代之世不得富贵，在后世则得富贵，便是命。'曰：'如此，则禀气不一定。'曰：'以此气遇此时，是他命好；不遇此时，便是有所谓资适逢世是也。如长平死者四十万，但遇白起，便如此，只他相撞着，便是命。'"（《朱子语类》卷四）他认为时代不同，气运也就不同，这也都是天命。人的命不仅受出生时所禀之气决定，而且还受所遭遇的时间、空间所决定。

(三)"罕言命"

朱熹认为人的"气之命"不能操之在我，主观无法把握，他面对"气之命"的无可奈何，提出了"罕言命"。他说："《论语》终云：'不知命无以为君子也'此深有意。盖学者所以为君子者，不知命则君子不成。死生自有定命，若合死于水火，须在水火里死。合死于刀兵，须在刀兵里死。看如何，逃不得，此说虽甚粗，然所谓知命者不过如此。若这里信不及，才见利便趋，见害便避，如何得成君子！"（《朱子语类》卷五十）他认为，君子应该知命，命里注定是怎么个死法，谁也逃不脱，所以用不着趋利避害。

《朱子语类》记载："先生曰：'如某辈皆不能保，只是做将去，事到则尽付之。人欲避祸，终不能避。……或劝先生散了学徒，闭户省事，以避祸者。先生曰：'祸福之来，命也。'"（《朱子语类》卷一百零七）更是看出朱熹认为祸福命定的倾向。也就是说人生之时初禀之生死等气命已定，所以"死生有命"，但是人的行为在从中也会发生一定的作用，这个作用并不是指人对天生之禀赋能有所增加，而是人使天生之气禀消耗得不那么快，从这层的意思来看，人对富贵生死这部分之"气之命"仅能做一消极的延续保存工作，而并不能主动地创造或正面增加这"气之命"。

虽然他的命定论倾向很强，但是朱熹并不否认人力的作用。《朱子语类》记载："问：'人死时，是当初禀的许多气，气尽则无否？'曰：'是'。曰：'如此，则与天地造化不相干。'曰：'死生有命，当初禀得气时便定了，便是天地造化。只有许多气，能保之亦可延。且如我与人俱十分，俱已用出二分。我才用出二分便收回，及收回二分时，那人已用四分了，所以我便能少延。此即老氏作福意。老氏惟见此理，一向自私其身。"（《朱子语类》卷三）也就是说，虽然人出生时禀了气，但如果加强自身修养，也就会略改变自己的命运。

他认为人的命运可以略加改变，但基本上仍是定数，有些事是人力是无法改变的，正如他说："如常人，'用之则行'，乃所愿；'舍之则藏'，非所欲。'舍之则藏'，是自家命恁地，不得已，不奈何。圣人无不得已底意思。圣人用我便行，舍我便藏，无不奈何底意思，何消更言命。"又曰："'命不足道也'，命不消得更说。"（《朱子语类》卷三十四））也就是说，人的"气之命"不操之在我，所以他便主张"罕言命"。他说："罕言命者，凡吉凶祸福皆是命。若尽言命，恐人皆委之于命，而人事废矣。所以罕言。（《朱子语类》卷三十六）他认为一般来说圣人"罕言命"是因为人不能言命定，否则人力便无所用了，恐怕人们都委之于命，就会无所事事了，即人事因此而废，这也是历史上圣人"罕言命"的原因。

实质上，朱熹的"罕言命"是"罕言"他认为人不可把握的"气之命"，而对人的"理之命"并不"罕言"，从他提出"存天理，灭人欲"等重视人的道德修养方面的主张便可体现。

三、朱熹"五行"配"五常"①

（一）朱熹前"五行"配"五常"的演化

中国古代，有"五行"配"五常"之说，而"五行"配"五常"的提法也有一个演化过程。

《礼记·礼运》提到："故人者，天地之心也，五行之端也，食味、别声、被色而生者也。"孙希旦《礼记集解》以为此五行即"仁义礼智信"。因此"五行"之说并不只有"水火木金土"之"五行"，还有德之"五行"。

有台湾学者考证，《庄子·天运》引殷相巫咸之语"天有六极五常"，成玄英《疏》曰："五常谓五行，金木水火土，人伦之常性也。""五常"指的是水火木金土"五行"，但又说这是人伦之常性，这一种说法也见于《列子·杨朱》："人肖天地之类，怀五常之性。"又班固《艺文志》也提到："五行者，五常之形气也。"

《吕氏春秋·孝行览》中有："曾子曰：'身者，父母之遗体也。行父母之遗体，敢不敬乎？居处不庄，非孝也；事君不忠，非孝也；莅官不敬，非孝也；朋友不笃，非孝也；战陈无勇，非孝也。五行不遂，灾及乎亲，敢不敬乎？'"

战国晚期，与荀子约略同时代而同在齐国活跃的是邹衍的"五德终始说"，将五行说结合历史朝代更迭，把这种宇宙观附会到社会历史领域。邹衍的五德终始说，认为五德按其势力强弱之次序终而复始，是一种决定论的历史循环论。

董仲舒又用神秘的语言来把自己的政治思想具体化。他说道："天者群物之祖也，故遍覆包函而无所殊，建日月风雨以和之，经阴阳寒暑以成之。故圣人法天而立道，亦溥爱而亡私，布德施仁以厚之，设谊立礼以导之。春秋天之所以生也，仁者君之所以爱也；夏者天之所以长也，德者君之所以养也；霜者天之所以杀也，刑者君之所以罚也。繇此言之，天人之征，古今之道也。孔子作春秋，上揆之天道，下质诸人情，参之于古，考之于今。"（《汉书·董仲舒传》）

按《春秋繁露·五行五事》以"貌、言、视、听、思"五事配五行"木、金、火、水、土"。"思"的地位即《乐书》中"圣"的地位。董氏《春秋繁露》发挥的是《尚书·洪范》的"五行""五事"，只是五行的排列次序略为不同。《春秋繁露》把"思"释为"容"，即包容、宽容之意，以"容作圣"释《洪范》的"睿作圣"。董仲舒认为："王者承天意以从事。"（《天人三策》）因此，仁义礼乐之道，五常之道，就是天意。是天要求世人行仁义礼乐，守三纲五常。因为"王道之三纲，可求于天"。（《春秋繁露·基义》）

荀子的批评正好是处于曾子与邹衍之间这段时期的思孟一流，若从思想的发展

---

① 史少博. 论朱熹的"五行"配"五常". 青岛大学师范学院学报，2008（3）：89-91.

而言，则这一时期的"五行"说正是处于与水、火、木、金、土之"五行"相结合的转折期，或者说尝试以德之"五行"的作用提出人道与天道之间联系的可能。这种"五行"的转折与结合在战国晚期出现了以"五常"取代"五行"之说，有时"五常"指的是"德之五行"，有时指的却是水、火、木、金、土这"五行"。

《乾凿度》中说"变易也者，其气也。天地不变，不能通气。五行迭终，四时更废"。在《乾凿度》看来，"五行"四时的变化最终都根源于气的变化，或者说五行、四时本身就是一种气，即"五行"之气、四时之气。而四时之气与"五行"之气又不是一种纯粹自然意义上的气，它实际上成了天人感应的枢纽。《乾凿度》借托孔子之口，将"五气"和"五常"连结在一起，其目的在于为理想的社会寻求一种"天道"的或者说是哲学上的根据。《乾凿度》说："孔子曰：八卦之序成，立则五气变形。故人生而应八卦之体，得五气以为五常，仁义礼智信是也。夫万物始出于震。震，东方之卦也，阳气始生，受形之道也，故东方为仁。成于离，离，南方之卦也，阳得正于上，阴得正于下，尊卑之象定，礼之序也，故南方为礼。入于兑，兑，西方之卦也。阴用事而万物得其宜，义之理也，故西方为义。渐于坎，坎，北方之卦也，阴气形盛，阴阳气含闭，信之类也，故北方为信。夫四方之义皆统于中央，故乾坤艮巽位在四维。中央所以绳四方行也，智之决也，故中央为智。故道兴于仁，立于礼，理于义，定于信，成于智。五者，道德之分、天人之际也。圣人所以通天意，理人伦，而明至道也。"

在汉代，对"五行"的解释则要更为简单而且直接得多。例如东汉郑玄注《乐记》"道五常之行"句便干脆说："五常，五行也"。郑玄注解《中庸》"天命之谓性，率性之谓道"时即说到："木神则仁，金神则义，火神则礼，水神则知，土神则信。"

有学者研究，秦汉人讲"五行"，一般有两种排列，一以《吕氏春秋》为代表，此系承邹衍之说；一以刘歆《世经》为代表。前者排为土、木、金、火、水，是下克上，后者排为木、火、土、金、水，是以上生下。（参见饶宗颐《中国史学上之正统论》）扬雄《太玄·玄数》以"仁、义、礼、智、信"配五行"木、金、火、水、土"。"信"的地位为中央，属土。"五五为土，为中央，为四维，日戊己，辰辰戌丑未，声宫，色黄，味甘，臭芳，形殖，生金，胜水，时该，藏心，存神，性信，情恐惧，事思，用睿，执圣，征风，帝黄帝，神后土，星从其位……"扬雄讲五行则为《尚书·洪范》的顺序，排为水、火、木、金、土，似与生克无关。但《太玄数》又说："五行用事者王，王所生相，故王废，胜王囚，王所胜死。"《淮南子·坠形》所言之壮、老、生、囚、死与之相似，如春季用事者为木，所生为火，所废为水，囚为金，死为土。如此，则《太玄》五行中，相生、相克都已用到。一般五行配五方，或以土居中央，或以土居四维，《太玄》则既以土居中央，又居四维，《太玄数》"五五为土，为中央，为四维，日戊己，辰辰戌丑未。"既如此，扬雄为什么不以相生或相克的顺序来讲五行呢？扬雄如此配五行，实际上用心良苦，就是为了用五行架构其宇宙结构。《太玄数》："三八为木，为东方，为春，日甲乙，辰寅卯……性仁，情喜，事貌，用恭，扐肃……四九为金，为西方，为秋……色白，味辛，臭腥，形革，生水，胜木，时杀……性谊，情怒，事言，用从……二七为火，为南方，为夏……形上，生土……性礼，情乐，事视，用明，扐哲……一六为水，为北方，为冬……性智，情悲，事听，用聪，扐谋……五五为土，为中央，为四维……性信，情恐惧，事思，用睿，扐圣……"《太玄图》："一与六共宗，二与七为朋，三与八为友，四与九同道，五与五相守。"我们将五行所代表的方向展开，水火为南北，木金为东西，中央土为交点。"东西为纬，南北为经。"（《太玄莹》）扬子这样配五行，实际上是以五行画出了两个面，一个无疑是平面，表示地，水火配南北为经线，木金配东西为纬线，交错成地，配五德为礼乐、仁义。经纬交错点为土，配五德为信。"扐"为"裂开、张大"，有发扬、扩充、表现之意，仁、义、礼、智、信为质，"质干在乎自然，华藻在乎人事。"也由此看出他对"五行"与"五常"的论述。

唐朝孔颖达注《尚书·甘誓》"有扈氏威侮五行"句亦曰："五行在人，为仁义礼智信；威侮五行，亦为侮慢此五常而不行也。"

又唐杨倞注《荀子》"谓之五行"句说，"五行，五常仁义礼智信是也"。他是根据什么来断定"五行"就是仁义礼智信"五常"的，并没有交代；大概这在当时本是常识。

宋代周敦颐又把"诚"作为"五常之本"，"诚"对于人的德行有何意义呢？周敦颐说："诚，五常之本，百行之源也。"（《通书·诚上》）意思是说，"诚"是仁、义、礼、智、信五常的根本，人的一切德行都源自于"诚"。这便是《孟子》所说的"是故诚者，天之道也；思诚者人之道也。""二程"在解释何以孟子只言仁义礼智四端而不言仁义礼智信五端时说："四端不言信者，既有诚心为四端，则信在其中矣。"

（二）朱熹用"五行"配"五常"

宋代大理学家朱熹把"五常"即"仁、义、礼、智、信"等德目，作为人与人之间关系的伦理道德准则，以"五行"配"五常"。他说："五常，仁义礼智信，五行之性也。"（《通书·诚下解》，《周子全书》卷七）

朱熹说："人禀五行之秀以生，故其为心也，未发则具仁义礼智信之性以为之体，已发则有恻隐、羞恶、恭敬、是非、诚实之情以为之用。盖木神曰仁，则爱之理也，而其发为恻隐。……是皆天理之固然，人心之所以为妙也。仁之所以为爱之理，于此其可推矣。"（《朱子四书或问》，《论语或问》卷一）朱熹认为，"仁""义""礼""智""信"等是以"木""火""金""水""土"的"五行"作比附的，他说："盖木神曰仁，则爱之理也，而其发为恻隐；火神曰礼，则敬之理也，而其发为恭敬；金神曰义，则宜之理也，而其发为羞恶；水神曰智，则别之理也，而其发为是非；土神曰信，则实有之理也，而其发为忠信。"（《朱子四书或问》，《论语或问》卷一）这就是说，"五行"配"五常"，而认为"五常"即"仁""义""礼""智""信"的"性"，是人与生俱来的，其发为"恻隐""羞恶""恭敬""是非""忠信"的"情"。

朱熹以"五行"配"五常"，他认为，"仁""义""礼""智""信"的性，是人生来就具有的。

朱熹认为，"五行"之气含"五常"之理，禀得什么气就会获得此气中的所含之理，未曾禀得此气就会缺乏此气所含之理，禀得哪种气多就得此气所含之力多，反之也是这样。正如他说："所论理气之偏，若论本源，即有理而后有气，故理不可以偏全论。若论禀赋，则有是气而后理随已具，故有是气则有是理，无是气则无是理，是气多则是理多，是气少则是理少，又岂不可以偏全论耶？"（《朱文公文集》卷五十九，《答赵致道》一）这就是他的禀气说：所禀"五行"之气若有偏重，所禀"五常"之理便不能无偏全。如"理"所禀木气多则偏仁、金气多则偏义等。

朱熹认为"先天禀气"是造成人的"善""恶"品质的根据，正像张立文先生所说："善恶是一个具体的概念，它不是一个普遍的、抽象的观念。朱熹企图把人性的'善恶'与产生的具体时代条件割裂开来，而使善恶概念抽象化、绝对化，成为先验的道德伦理观念。"[1] 朱熹认为气禀之所以有偏有全，与人生之时的自然条件有关。常人只能禀得金、木、水、火、土五行之一偏，而圣人"阴阳合德，五行全备"。他认为人禀"五行"之秀而生，仁、义、礼、智、信之"五常"，皆是"天理"流行之本然，皆是天理之显现。既然是"天理"，则它"自然""合当如此"，"所以然"决定了"所当然"，客观事物的必然性决定了行为准则的必然性。朱熹以"理"为其哲学本体，其主要目的在于说明儒家伦理纲常的合理性、必然性、至上性、绝对性和永恒性。他说："宇宙之间一理而已，天得之而为天，地得之而为地……其张之为'三纲'，其纪之为'五常'，皆此理之流行，无所适而不在。"（《朱文公文集》卷七《读大纪》）可见无论是天地等自然现象，还是"三纲""五常"等社会现象，都是"理"所化生。于是，"三纲""五常"等社会现象就成为自有人类社会以来就有的"理"或"天理"，即永远不变的真理。

（三）朱熹用"五行"配"五常"的实质

中国古代的"五行"配"五常"，经历代的演化，到朱熹达到了极致。虽然朱熹也强调后天的修养对良好道德形成的重要性，但他用"五行"论证"五常"实际上折射出他的命定论的倾向。他认为无论是天地等自然现象，还是"三纲""五常"等社会现象，都是"理"所化生。于是，"三纲""五常"等社会现象就成为自人

---

[1] 张立文. 朱熹思想研究. 北京：中国社会科学出版社，1981：487.

类社会以来就有的"理",且具有了先验性。

四、朱熹心性论和易学的关系①

"阴阳""五行"贯穿于易学始终,而朱熹论"心""性"都离不开"禀气",而"禀气"即指"阴阳""五行"之气。他在论述"气质之性"时,也用"阴阳""五行"来论之,故而朱熹的"心性"论和易学有着密切的联系,具体分析如下。

(一)"心""性"和"太极"

朱熹把"理""道""太极""天""心""性"都看成是"一以贯之"的密切联系的东西。在强调"理"的绝对本体地位的同时,又强调"理""具于心"。认"心"蕴藏天地万物之"理"。朱熹认为,"性"是"理",不是"心","性"是形而上者,"心"是"气"之"精爽"。即按照一般的解释,朱熹在心性论上,以"理"为"性",以"气"为"心","性"和"心"便是形上与形下、体与用的关系。而"理"与"太极"相连,"气"与"阴阳"有关,由此看出朱熹的心性论和易学有密切关系。

蒙培元先生认为:"朱熹心性论的基本观点是:'心有体用''心统性情',并且只有把二者结合起来,才能说明朱熹心性论的基本特征。"②

牟宗三先生则认为,"朱熹的心性论是实在论的,而不是本体论的,心性关系是静涵静摄系统,而不是既存在又活动的纵贯系统。"③各家对朱熹心性论的看法不同,但都认为朱熹以"性"为形而上者之"理","心"为形而下者之"气"。

朱熹认为"理"是人之性的根源,"气"是人之"形"的构成原因,"性"安顿在"气"上。他说:"人之所以生,理与气合而已。天理固浩浩不穷,然非是气,则虽有是理,而后凑泊,故二气交感,凝结生聚,然后是理有所附着。凡人之能言语、动作、思虑、营为,皆气也,而理存焉。"(《朱子语类》卷四)因而朱熹认为,不但人体的形成依赖于"理"和"气",而且人"性"的形成同样依赖于"理"和"气"。按照他的"性主于理"的观念,人最根本的性——"天命之性"本质上便是"理",而人的"气质之性"则是由"理""气"相杂而成。由于"理"为主,"理"在先、"气"在后,因而人的气质之性本质上也是由"理"决定的。所以朱熹说:"论天地之性,则专指理言;论气质之'性',则以理与气杂而言之。未有此气,已有此性;气有不存,而性却常在。虽其方在气中,然气自是气,性自是性,亦不相夹杂。至论其遍体于物,无处不在,则又不论气之精粗,莫不有是理。"(《朱子语类》卷四)这就是说,天命之性即是"理","理"表现在具体的个人身上,则与"气"不能相离;及"理"与"气"相杂,就成为气质之"性"了。因

---

①史少博. 朱熹心性论和易学的关系. 德州学院学报,2005 (5): 88-91.
②蒙培元. 孟子以及儒家的事天说. 孔子研究,济南:2000 (5): 328.
③牟宗三. 心体与性体. 上海:上海古籍出版社,1999: 159.

为"性"即是"理"，而"理"先于"气"，这表明，人性归根到底来源于"理"，以"理"为最终的根据。所以朱熹认为，人性即是所谓的"理"。"理"又名之曰"太极"，故而他又认为"人性为太极"，他说："因问《太极图》所谓太极，莫便是性否？曰：'然，此是理也。'"（《朱子语类》卷九十四）这就是说"理"即"性"，这便和易学上的"太极"紧密相连。

他又说："性是太极混然之体，本不可以名字言。但其中含具万理，而纲理之大者有四，故命之曰仁、义、礼、智。"（《朱子语类》卷七十四）这是说，人性本体与"太极"之本体本是浑沌不分的，"太极"不可名言，人性本体亦不可名言，但二者中都包含着天下万理，"而纲领之大者有四"，即是所谓的仁义礼智。这一观点，是朱熹以天道说明人性，以人道说明天道，以宇宙本体阐释人性，以人性之本体阐释宇宙本体。在这里，朱熹以"太极"解释"性"，可以看出"性"的概念和易学上的"太极"有密切联系。朱熹说："气质是阴阳五行所为，性则太极之全体。但论气质之性，则此全体坠载气质之中耳，非别有一性也。"（《朱文公文集》卷六十一）也就是说，他认为"性"是太极之全体。

朱熹认为，周敦颐的《太极图》，由上圈无极太极至下圈万物化生，具有"天道""人道"的双重意义：一种是天道的自然规律；一种是人道的规律。也就是说，按照朱熹的理解，《太极图》以一种图式揭示了两种理论，既阐发了"天地之化"，又揭示了"性情之妙"，这"性情之妙"就是从人性方面的阐释。

正像朱熹所说："某许多话，是太极众说已尽。太极便是性，动静阴阳是心，金木水火土是仁义礼智信，化生万物是万事。"（《朱子语类》卷九十四），这就是从人性方面来解释太极图的，可见朱熹的人性论也是从对易学《太极图》的理解而生发的。

朱熹在《太极图说解》中即先把整个图从头至尾由天地之化的宇宙论角度进行阐释，而后又自上至下把整个图从人生论的角度进行阐释，例如他在《太极图说解》中论述道："惟人也得其秀而最灵，则所谓人极者，于是乎在矣。然形，阴之为也；神，阳之发也。五性，水火土木金之德也。善恶，男女之分也；万事，万物之象也。"也就是说，人的仁义礼智信都与"阴阳""五行"有关。在这里，我们不探求他的这种理论是否正确合理，但可以看出朱熹试图从易学的角度引出人性论问题的探讨。

"太极"是易学中的范畴，用"太极即理"的阐释，理学家又把"太极"融进了理学的范畴系列，在朱熹这里，"太极"又常常用来指人物之"性"。朱熹认为，以人身而言，"性"就是"太极"，是心之动的本体。如朱熹说："夫易，变易也。兼指一动一静，已发未发而言之也。太极者，性情之妙也。乃一动一静。未发已发之理也。"（《朱文公文集》卷四十二，《答吴晦叔》四）他又说："未发之前，太极之静而阴也；已发之后，太极之动而阳也。其未发也，敬为之主而义已具；其已发也，必主于义而敬行焉，则何间断之有哉！"（《朱文公文集》卷四十，《答何叔京》二十九）也就是说，"太极"是性情的主宰，"太极"的动静不能从字面上理解朱熹的意思，因为他认为"太极"是不动的，所以我们理解朱熹所说"太极"的动静，要明白他是说阴阳的动静。在这里"太极"是指"性"，他认为，"性"为未发，"情"为已发，"性"发为"情"，"情"根于"性"。

（二）"性"与"阴阳"

1．"性"的内涵

"性"是为探讨人性理论问题而提出的一个概念，在中国历史上很早就受到思想家们的关注，他们各自提出自己的观点和主张。朱熹也是在继承前人成果的基础上探讨"性"的，在他的心性论中，"心"不是本体范畴，"性"才是本体范畴。他说："宇宙之间，一理而已。天得之而为天，地得之而为地，而凡生于天地之间者，又各得之以为性。"（《朱文公文集》卷七十，《读大记》）从这里看出，朱熹的"性"和"理"具有同等的意义。正如他说："性者，人物所得以生之理也。"（《离娄章句夏》《孟子集注》卷八）他又说："问：'性之所以无不善，以其出于天也；才之所以有善不善，以其出于气也。要之，性出于天，气亦出于天，何故便至于此？'曰：'性是形而上者，气是形而下者。形而上者全是天理，形而下者只是那查滓'"。（《朱子语类》卷五）这是说，形而上者是"天理"，形而下者的"气"是"查滓"，显然，"性"与"理"具有同等的形而上学性，在一定意义上说"性"即"理"。

朱熹所言"性"即"理"，承自程颐，继承了程颐"性即理也"的思想。他对"二程""性即理"一句评价甚高。"二程"讲"性即理，理则自尧舜至于途人，一也。"（《二程全书·遗书》卷十八）朱熹对此评价说："伊川性即理也，自孔子孟子后无人见得到此。"（《朱子语类》卷五十九）"伊川'性即理也'四字，颠扑不破。"（《朱子语类》卷四）

何谓"性即是理"？朱熹说："人物之生，同得天地之理以为性，同得天地之气以为形。"（《孟子集注·离娄下》）朱熹又说："性即理也，在心唤作性，在事唤作理"。（《朱子语类》卷五）可见，"理"是人性的本质，并且"性"是"理"这种本质在人心中的显现。朱熹弟子陈淳曾释之曰："盖理是泛言天地间人物公共之理；性是在我之理。只这道理受于天而为我所有，故谓之性，性字从生从心。是人生来具是理于心，方名之曰性。"（《性》，《北溪先生字义》卷上）这就说明了"理"是天地万物公有之理，而"性"是在我之"理"，受于在天之"理"为我所有，才叫做"性"。

朱熹又把"理"加以实体化，用本体论进一步论证了"性即理"。朱熹认为天地之间有理气，人物的产生都是禀受天地之气形成的，禀受天地之理为本性，这样，朱熹的"性即理"较"二程"有了很大的发展。他说："性只是理，万理之总名，此理亦只是天地之间公共之理，禀得来便为我所有。"（《朱子语类》卷一百一十七）在朱熹哲学中除指人所禀的天地之理，指"性"之内容及道德原则外，也指"性"是心理活动的本质、规律。他说："正淳问：'其体则谓之易，只屈伸往来之义是否？'曰：'义则不是，只阴阳屈伸，便是形体。'……谓如以镜子为心，其光之照见物处便是情，其所以能光者是性，因甚把木板子来却照不见，为它原没这光底道理。"（《朱子语类》九十五）。从他这番论述中可以看出"性"本体论的意义。

但朱熹认为，不能简单地把"性"等同于"理"，他说："'人生而静'是未发时，'以上'即人物未生时，不可谓'性'。才谓之性便是人生以后，此理堕在形气之中，不全是性之本体矣。然其本体又未尝外此，要人即此而见得其不杂于此者耳。"（《朱文公文集》卷六十一），《答严时亨》一）这就是说，人未出生时天地之"理"不能叫做"性"，当"理"顿放于一定的形气之后才能叫做"性"，但是"理"一旦进入形气体质会不可避免地受到气质的"污染"，从而使现实的人性不是本来的面目了。他认为，对于现实的人来说，不能简单地说"性"就是"理"，只能说"性之本体"是"理"，正如他说："性之本体，理而已矣。"（《孟子或问》卷十一）也就是说"性"的本体是"理"。

朱熹不仅从本体论的角度论述"性"，而且也论述具体事物的内在本质属性，他说："物物皆有性，便皆有其理。"并且指出了人与万物之性的差异，正如他说："人之所以为人，以其有是性耳。"（《朱文公文集》卷五十九，《答赵恭父六》）为了阐释人"性"，朱熹又探讨了人的形成问题。他说："人之所以生，理与气合而已。天理固浩浩不穷，然非是气，则虽有是理而无所凑泊。故必二气交感，凝结生聚，然后是理有附着。凡人之能言语、动作、思虑、营为，皆气也，而理存焉。"（《朱子语类》卷四）也就是说，人之所以能生成，是"理"与"气"相结合的产物。天理固然"浩浩不穷"，十分的广大，"然非是气"。仅有理而无"气"，"理"便无处附着，不能生物，也不能生人。只有阴阳二气相互交感，"凝结生聚"，"理"才有所附着，物才能产生，人才能生成。人之所以具有人的一切特性，能够言语、动作、思考，都是因为有了气；有了"气"，"理"便有所依附，人才成为真正的人，有了人也才有了探讨"人性"问题的可能。"性"在朱熹哲学中，是把"理"转化为人与物的属性的关键性范畴。

朱熹以人伦道德作为"性"的内涵，他说："继之者善，成之者性，这个理在天地间时只是善，无有不善者。生物得来，方始名曰性。只是这理，在天则曰命，在人则曰性。"（《朱子语类》卷五）他认为，继之者善即天地流行的"天理"，成之者性即流行的"天理"被禀受到个体人物身上所成之性。他又说："仁义礼智，性之四德也。"（《四书章句集注》）关于"性"的内涵，朱熹这样描述："然尝闻之，人之有是生也，天固与之以仁、义、礼、智之性。"（《朱文公文集》卷十五》，《经筵讲义》）正像张立文先生所说："既然他以'性'的内涵为'仁''义''礼'

'智',那么,从本质上讲,他以'性'为'善'。但如果朱熹的人性论仅至于此,则与孟子的'性善论'又有何别?朱熹岂不与孟子一样,面临着'恶'从哪里来的难题吗?于是朱熹总结了先秦以来关于人性论的论争,展开了关于'天地之性'与'气质之性'的论证。"①

2. "气质之性"与禀气

朱熹在解释"气质"时说:"阴阳是气,五行是质。有这质,所以做得物事出来。"(《朱子语类》卷一)可见,朱熹是通过易学上的"阴阳""五行"对"气质"进行阐释的。他又吸收了张载"天地之性"与"气质之性"相分的思想。张载认为,"'天地之性'是永恒的,道德性命是长在不死之物矣,己身则死,此则常在。"(《经学理窟·义理》,《张载集》)这种永恒存在的"天地之性"就是"诚",不因具体人物而消亡。张载《正蒙·诚明篇》:"形而后有气质之性,善反之,则天地之性存焉,故气质之性,君子有弗性者焉。"也就是说,"天地之性"是本源,是人和物未存在之前就有的本性。"气质之性"是人与生俱来的与每个人的生理、身心相结合的具体本性。"气质之性"与"禀气"有关,"禀气"不同,则气质有种种区别,所以自然界形形色色,所形成的人也有禀气厚薄之分、智愚之异。朱熹说:"论天地之性,则专指理言。(《正蒙·诚明篇第六》,《张载集》)"气质之性"既有善的一面,也是恶的来源;而"天地之性"是纯一无缺的,是善的。它们之间的关系,既相互区别,又相互统一。

朱熹认为"天地之性"与"气质之性"是有区别的,区分"天命之性"和"气质之性"的两个层面具体如下。

所谓"论天地之性,则专指理。"(《朱子语类》卷四》) 就是说"天地之性"指人禀理而生、专以理而言、纯粹至善的性;朱熹认为,"性"表现在物上则是"物性",即物中的"理";"性"表现在人身上则为"人性",其"天命之性"则为"天理"。这样,朱熹通过对"性"的论述,把"天理"化为人与物的本质属性,使"天理"所包含的"三纲五常"通过人表现出来,把"天理"复归为现实社会的封建纲常名教,因而,朱熹哲学中的"性",是先验的"天理"外化为封建纲常名教的枢纽。于是他认为"天命之性",是从世界本源"理"中来的,所以,是指"理"而言,即人生就有仁义礼智信的本性。

所谓"气质之性",是指"以理与气杂而言之"。(《朱子语类》卷四》) 就是指人禀气而有形的、有清浊偏正善恶的性。为了解释"气质之性"如何是"理与气杂",于是朱熹有时也以水为比喻。《朱子语类》载:"先生言气质之性。曰:'性譬之水,本皆清也。以净器盛之,则清;以不净器盛之,则臭;以污泥之器盛之,则浊。本然之清,未尝不在。但既臭浊,猝难得便清。故是愚必明,虽柔必强,也煞

---

① 张立文. 朱熹思想研究. 北京:中国社会科学出版社,1981:474.

用气力，然后能至。'"（《朱子语类》卷四）这说明，理本是清明纯粹，无有不善的。"气质之性"，是从构成身体的"气"中来的，所以是"理"与"气"掺杂而言。他认为血气有偏有驳，而且还受物欲所蔽，所以，"气质之性"亦有善有不善。

朱熹又论述了"天地之性"与"气质之性"的联系。

其一，两者是不相离的。朱熹认为，人性是二元的，有"天命之性"，有"气质之性"；他认为"天命之性"与"气质之性"不能分离，正如"理""气"是不能分离的一样。若是只有天命之性而无气质之性，或是只有气质之性而无天命之性，人便不成其为人。朱熹又说："有气质之性，无天命之性，亦做人不得；有天命之性，无气质之性，亦做人不得。"（《朱子语类》卷九十四）而对"性"的概念，朱熹解释说："人之有生，性与气合而已。即其已合而析言之，则性主于理而无形，气主于形而有质。"（《朱文公文集·答蔡季通》）这便是说，人之所以有生，乃是"性"与"气"相合而成。这里的"性"，即所谓"天命之性"；这里的"气"，即所谓"气质之性"。意思是说，"天命之性"加上"气质之性"，才构成具体的人性。这同样是说，人性包括"天命之性"与"气质之性"两个方面，缺一不可。

其二，"天命之性"和"气质之性"相杂相依。他认为"天命之性"寓于"气质之性"之中，但"天命之性"离开了"气质之性"则无安顿处；反之，"气质之性"出自"天命之性"，离开"天命之性"，"气质之性"也便无归处。可见"天地之性"与"气质之性"的关系是相互依存、缺一不可的关系。正如他所说："性非气质，则无所寄；气非天性，则无所成。"（《朱子语类》卷四）"天地之性"与"气质之性"的关系，就如同"理"与"气"的关系一般。他说："天命之性，若无气质，却无安顿处。"（《朱子语类》卷四）所以，"性"不能离开血气而存在。反之，"气质之性"也赖于"天命之性"。他说："如有天地之性，便有气质，若以天命之性为根于心，则气质之性，又安顿在何处？"（《朱子语类》卷四）这说明了"天命之性"和"气质之性"相互依存、不可分割的关系。

其三，朱熹又从发生学的角度说明了"天地之性"与"气质之性"的关系，朱熹在解释程颢的"人生而静以上不容说"一段话时说："'人生而静以上'，即是人物未生时，只可谓之理，说性未得，此所谓在天曰命也。'方说性时，便已不是性'者，言才谓之性，便是人生以后，此理已堕在形气之中，不全是性之本体矣。故曰，'便已不是性也'，此所谓在人曰性也。""人具此形体，便是气质之性，'才说性'，此性于是杂气质与本来性说，'便已不是性'这'性'字却是本然性。"（《朱子语类》卷九十五）朱熹认为"天命之性"派生"气质之性"，他说："性只是理，气质之性，亦只是这里出。若不从这里出，有甚归着。"（《延平答问》《朱子遗书》）这就从发生论的角度论证了"天地之性"与"气质之性"不相分离的关系。

由上分析"天命之性"是观念性的抽象存在，而"气质之性"是现实存在的，因为离开气禀就没有"性"，而与"气质"结合的"性"朱熹称之为"气质之性"，也就是理气结合的"性"。

3."性"与"阴阳"

朱熹以其渊博的知识,对前代哲学家都有所研究。他在继承前人思想的基础上,提出:"性气二字,兼言方备。孟子言性不及气,韩子言气不及性。"(《朱子语类》卷五十九)这是对"二程"性气关系说的继承和发展。

在《答蔡季通》一文中,朱熹又写道:"人之有生,性与气合而已。即其已合而析言之,则性主于理而无形,气主于形而有质。"(《朱文公文集·答蔡季通》)这便是说,人之所以有生,乃是"性"与"气"相合而成。

他又说:"'论性不论气,不备;论气不论性,不明,二之则不是。'所以发明千古圣贤未尽之意,甚为有功。大抵此理有未分晓处,秦汉以来传记所载,只是说梦。韩退之略近似。千有余年,得程先生兄弟出来,此理益明。"(《朱子语类》卷四)指出了如果只是论性善而不言"气",或只是讲"气"而未论及"性",都不正确,他们都没有把性气二者结合起来,就不知道性善之本而不明。

他认为,性气对人来说都是不可缺少的,他说:"人之有生,性与气合而已。"(《朱文公文集》卷四十四,《答蔡季通》二)所以性必须兼气。他又认为,"性"是本源,"气"是派生,正如他说:"须知未有此气,已有此性,气有不存,性却常在,虽其方在气中,然气自气,性自性,亦自不相夹杂。"(《朱子语类》卷四十六,《答刘叔文》二)也就是说,"性"是本源性的存在,而"气"的存在是暂时的,但"性"却是永存的,所以"性"和"气"不相离。

"气"是指"阴阳"二气,朱熹论"性"和易学上的"五行""阴阳"是密切联系的。他说:"天道流行,发育万物。其所以为造化者,阴阳五行而已。而所谓阴阳五行者,又必有是理而后有是气。及其生物,则又必因是气之聚而后有是形。故人物之生,必得是理,然后有以为健顺仁义礼智之性;必得是气,然后有以为魂魄五脏百骸之身。"(《大学或问》卷一)可见,朱熹认为,"阴阳""五行"之气聚集起来,就形成了人类和动植物的形体,形成了动物的"魂魄五脏百骸之身",而朱熹又认为"性"主于"理"而无形,"气"主于形而有"质"。"性"是本源,"气"是派生,虽然"性"和"阴阳"二气不相杂,但"性"和"阴阳"二气不相离。

(三)"心"与"阴阳"

1."心"的内涵

古代学者对"心"的界定各有其说,说法不一。朱熹在继承前人思想的基础上,提出了自己的观点。他说:"心,主宰之谓也。"(《朱子语类》卷五)在这里,也就是说,"心"主宰万事,但"心"为主宰主要强调的是"心"在认识过程中的主导作用,并不是认为"心"是物质世界的本体。也就是说,他认为"心"为主宰是限于认识论方面,而"理"为主宰则是指整个宇宙的主宰。正如他说:"心固是

主宰底意，然所谓主宰者，即是理也。"(《朱子语类》卷九十八)

在朱熹看来，所谓"心"，是指人的主观观念之"心"，是人的知觉认识能力，作为认知主体，是人的行为主宰。他说："人心万事之主，走东走西，如何了得！"(《朱子语类》卷十二)认为"心"具有主观作用，万事万物统摄于心，能够自主地应事接物，使事物的发展变化按照人的主观愿望发展。但朱熹"心"为主宰的思想把"心"的主宰限定在认识论和"心"对"性""情"的关系范围内，是有条件的、相对的。朱熹并未把"心"直接作为宇宙本体，他所论及的"心"是知觉思虑之"心"、虚灵无限之"心"、"道心"与"人心"合一的"心"。

他认为，"心有体用。"(《朱子语类》卷五)"心"之体是指"天地之性"，即"天理"；"心"之用是指"心"发动而产生出来的情绪，即情欲。前者称"性"，后者叫"情"，两者均统一于"心"。

所谓心体，既有主体之义，又有本体之义，既不离个体的知觉之"心"，又是超越的普遍的绝对。一句话，心体就是"性"，就是"理"。由于它是超越本体存在的，因而是一身之主宰，也是万事万物的主宰。"妙性情之德者心也，所以致中和立大本而行达道也，天理之主宰也。"(《朱文公文集》卷六十七)，《太极说》"心"之所以成为主宰，不仅仅是从认知功能而言的，主要是从本体论、存在论的意义上说的，不是"心"主宰"天理"，而是"心"以其"天理"为主宰。"心固是主宰底意，然所谓主宰者即是理也，不是心外别有个理，理外别有个心。"(《朱子语类》卷一)这显然是心性合一论的说法。

有时朱熹又有"天地之心"的提法，所谓"天地之心"，是指天地生物之"心"，它是宇宙万物和包括"人心"在内的天下之心存在的总根源。朱熹发挥了程颐的观点，把天地之"心"作为万物产生的总根源。他说："伊川言：'一阳复于下，乃天地生物之心'一段，盖谓天地以生为德，自'元亨利贞'，乃生物之心也。"(《朱子语类》卷七十一)又说："元亨利贞便是天地之心，而元为之长。"(《朱文公文集》卷四十，《答何叔京》十七)这是朱熹从宇宙本体论的角度论述的，认为元、亨、利、贞表现为天地生物的过程，其中"元"是万物孳生、造化发育的开端，有了天地之心才有了天地万物及整个物质世界。"人心"与"天地之心"的区别是："人心"具有知觉意识，"天地之心"无知觉意识。而心性论中，和"性"相对的"心"一般指"人心"。朱熹说："夫心者，人之所以主乎身者也，一而不二者也。为主而不为客者也，命物而不命于物者也。"(《朱文公文集》卷六十七《观心说》)在这里还是凸现了朱熹以"心"为主宰的思想。

但是，任何一物，都有"理"有"气"，更何况"心"。"心"是"理气之合"(陈淳语)，认为"心"不同于一般的物，它是"虚灵明觉"之体、"神明不测"之物。从一定意义上说，"心"与"性"是认知关系。"心"是能觉，"性"是所觉。"所觉者，心之理也；能觉者，气之灵也。"(《朱子语类》卷五)但知觉之"心"

并不仅仅是指气而言。"问知觉，是心之灵固如此，抑气之为邪？曰：不专是气，是先有知觉之理，理未知觉，气聚成形，理与气合，便能知觉。"(《朱子语类》卷五)就知觉而言，"心"是理气之合，故而就不能单单用形而下之"气"来解释，而是"理"与"阴阳"二气相结合的产物。

2. "道心""人心"与禀气

朱熹认为，人的知觉按其来源和内容可分为"道心"和"人心"两种。人本来只有一心，但在所主上不同，则有"道心"与"人心"之别。由天理所主，则为"道心"；由人欲所主，则为"人心"。他又说："人只有一个心，但知觉得道理底是道心；知觉得声色臭味是人心，不争得多。'人心人欲也'，此语有病，虽上智不能无此。""只是一个心，知觉从耳目之欲上去便是人心，知觉从义理上去便是道心，人心则危而易陷，道心则微而难著。"(《朱子语类》卷七十八)"知觉"是从心的认知层面上说，包括知觉和思虑直觉等方面，但因"知觉"内容不同而有"道心""人心"之分，"道心"是知觉得义理者即道德意识，"人心"是知觉得耳目之欲者即生存意识。前者表现为自觉的道德理性，后者只是生理心理之需要。

"道心""人心"从来源上讲，是由于禀气所至，"道心"来源于"性命之正"，完全出于义理，"人心"则来源于"形气之私"，杂有人欲。他说："人自有人心道心，一个生于血气，一个生于义理。"(《朱子语类》卷六十二)这是说"人心"是"血气"所生，"血气"是指生理需要，"道心"是由于"义理"所至，而"义理"是指道德伦理等精神需要，由于朱熹坚持先验道德论，故所谓"义理"被认为是源于心性本体，血气则是生命的基本物质条件。因此，他所谓知觉，主要是指人的内部知觉或自我知觉。这就是所谓主体意识，"人心"包括个体意识的内容，"道心"则是群体意识。在这里，"人心"必须接受"道心"的指导，合于"道心"者为之，不合于"道心"者不能为。"必使道心常为一身之主，而人心每听命焉，乃善也。"(《朱子语类》卷六十二)朱熹又从禀气说来说明人有"道心"和"人心"的不同，他在《中庸章句序》中说："心之虚灵知觉，一而已矣。而以为有人心道心之异者，则以其或生于形气之私，或原于性命之正，而所以为知觉者不同，是以或危殆而不安，或微妙而难见耳。然人莫不有是形，故虽上智不能无人心；亦莫不有是性，故虽下愚不能无道心。"也就是说，人具有"道心"和"人心"之分，就是因为人具有形体和性理。大凡人生，禀气为形，禀理为"性"。各种情欲根源于血肉之躯得性体，然道德是根源于性命之正，故而构成两种不同的知觉。又情欲不加控制就会"危"；良心则潜在内心深处，微妙难见。但无论如何，人不外乎形体和性理两种存在形态，所以也就会具有"道心"和"人心"。

3. "心"与"阴阳"

在"心"与"气"的关系问题上，朱熹认为"心"属于"气"之虚灵，即"气"中的虚灵部分是构成直觉之心的要素，但"心"又不完全等同于"气"。正如他所说:"不专是气,是先有知觉之理。理未知觉,气聚成形,理与气合,便能知觉。譬如这烛火,是因得这脂膏,便有许多光焰。"(《朱子语类》卷五)这就是说,心之知觉不专是气,它既是"气"之虚灵,又以"理"为根据,"气"聚成形,理气结合,才有知觉。他认为"心"与"气"关系的实质,就是"心"之知觉来自于"气"之虚灵,但以"理"为存在的根据,"理"是"心"产生的最终根源。

朱熹又说:"心之知觉,又是那气之虚灵底。聪明视听,作为运用,皆是有这知觉。"(《朱子语类》卷六十)也就是说,"气"之虚灵表现在"心"之知觉,主体的认识功能和属性来源于虚灵之"气",虚灵属于"气",虚灵的属性就是知觉,然后通过虚灵与知觉,把"气"与"心"联系起来,显现了"心"与"气"的密切关系,也就是"心"之知觉离不开"气"。

朱熹有时明确地把"心"比喻为"阴阳",他说:"性犹太极也,心犹阴阳也。"(《朱子语类》卷五)他又说:"心之理是太极,心之动静是阴阳。"(《朱子语类》卷五)也就是说,"心之理"是"太极",是"心"存在的根据,"阴阳"是"心"之动静的表现。可见,朱熹阐释"心"也是和易学紧密相连的。

五、朱熹用"禀气"说明人的道德先在性[①]

朱熹强调后天的努力对个人道德修养提高的重要性,故而他提出"存天理,灭人欲"的主张,但是不可否认朱熹在探讨个人的道德水平高低时,认为"其气质有清浊偏正之殊,物欲有浅深厚薄之异。"认为人的道德和出生时的"禀气"有关,具有先在性,具有先天的因素。他从"禀五行之气"与"五常"、"禀气"与人的善恶先在性、"禀气"与人道德根性上的差异先在性三个方面,用"禀气"说明了人的道德先在性。

关于道德的内涵,自古以来,人们对其界定不同,但从一般意义上说,道德是指调整人与人之间以及个人和社会之间行为关系的总和。朱熹在谈到"道德"内涵时说:"至德至道。道者,人之所共有;德者,己之所独得。"(《朱子语类》卷三十四)而慈、孝、仁、忠是古今公共的道理,做到这些就可以称为道德。朱熹的道德论涉及"天理"与"人欲"的关系、"义"与"利"的关系等,并且把"三纲五常"作为当时封建社会的道德原则。而"禀气"朱熹认为有三:

其一,禀"五行"之气。人的命运是由气禀决定的,他说:"人之气禀,有多少般样,或清或浊,或昏或明,或贤或鄙,或寿或夭。"[②] 又说:"气禀之殊,其类不一……今人有聪明,事事晓者,其气清矣。"[③] 也是说,人的聪明、愚笨之别也是

[①] 史少博.朱熹"禀气"说与人的道德先在性,《管子学刊》,2006(1):112-115.
[②] [宋]黎靖德.朱子语类.北京:中华书局,1986:1356.
[③] [宋]朱熹注.论语集注·季氏.上海:上海古籍出版社,1987:78.

因为气禀的缘故。他说："死生有命，当被禀得气时便定了。"① 并认为人的生死都是在人出生时由禀气决定了的，他说："死生有命，是合下禀得已定，而今者着力不得。"② 禀气是有定数的，人的富贵、贫贱也都是由于禀气的定数决定的。朱熹认为气禀之所以有偏有全，与人生之时的自然条件有关。常人只能禀得金、木、水、火、土五行之一偏，而圣人"阴阳合德，五行全备"。

其二，禀"阴阳"二气。《朱子语类》记载："又问：'如此，则天地生圣贤，又只是偶然，不是有意矣！'曰：'天地那里说我特地要生个圣贤出来，也只是气数到那里，恰相凑着，所以生出圣贤。及至生出，则若天之有意焉耳。'"③ 也就是说，天地生圣贤，只是偶然，不是有意，即不是天的旨意，只是气数到了那里，是出生时所禀自然之气而形成的。是"命之不齐，恐不是真有为之赋予如此。只是二气错综参差，随其所值，因各不齐。"④ 也说明了人命运的不同，不是上天的有意安排，而是由于阴阳二气错综参差的结果。

其三，是所禀自然时空之气。朱熹认为时代不同，气运也就不同，他说："问：'富贵有命，如后世鄙夫小人，当尧舜禹三代之世，如何得富贵？'曰：'当尧舜禹三代之世不得富贵，在后世则得富贵，便是命。'曰：'如此，禀气不一定。'曰：'以此气遇此时，是他命好；不遇此时，便是有所谓赍咨逢世是也。如长平死者四十万，但遇白起，便如此，只他相撞着，便是命。'"⑤ 他认为时代不同，气运也就不同，这也都是天命。人的命不仅受出生时所禀之气决定，而且还受所遭遇的时间、空间所决定。

朱熹强调后天的努力对个人道德修养提高的重要性，故而他提出"存天理，灭人欲"的主张，要通过后天学习、道德修养来克制人的欲望，对人欲加以限制，善于反思，体现天地之性，就符合了道德标准，而"去其气质之偏，物欲之蔽，以复其性，以尽其伦。"（《朱子语类》卷七）不可否认，朱熹在探讨个人的道德水平高低时，认定个人的道德具有先验性，即具有先在性，认为"其气质有清浊偏正之殊，物欲有浅深厚薄之异。"他认为人的"敦厚""不肖"等因出生时的"禀气"不同而异，故个人在出生时受"禀气"的决定而使其道德具有先天的因素，试分析如下。

（一）"禀五行之气"与"五常"

朱熹把"五常"即"仁""义""礼""智""信"等德目，作为人与人之间关系的伦理道德准则，然而"五常"与人所禀"五行之气"有关，朱熹说："人禀五

---

① [宋] 黎靖德. 朱子语类. 北京：中华书局，1986：1423.
② [宋] 黎靖德. 朱子语类. 北京：中华书局，1986：1351.
③ [宋] 黎靖德. 朱子语类. 北京：中华书局，1986：1231.
④ [宋] 黎靖德. 朱子语类. 北京：中华书局，1986：1363.
⑤ [宋] 黎靖德. 朱子语类. 北京：中华书局，1986：1258.

行之秀以生,故其为心也,未发则具仁义礼智信之性以为之体,已发则有恻隐、羞恶、恭敬、是非、诚实之情以为之用……是皆天理之固然,人心之所以为妙也。仁之所以为爱之理,于此其可推矣。"(《朱子四书或问》,《论语或问》卷一)朱熹认为,"仁""义""礼""智""信"等是以"木""火""金""水""土"的"五行"作比附的,他说:"盖木神曰仁,则爱之理也,而其发为恻隐;火神曰礼,则敬之理也,而其发为恭敬;金神曰义,则宜之理也,而其发为羞恶;水神曰智,则别之理也,而其发为是非;土神曰信,则实有之理也,而其发为忠信。"(《朱子四书或问》,《论语或问》卷一)这就是说,"五行"配"五常",而认为"五常"即"仁""义""礼""智""信"的"性",是人与生俱来的,其发为"恻隐""羞恶""恭敬""是非""忠信"的"情"。

朱熹认为人禀"五行"之秀而生,"仁""义""礼""智""信"之"五常",皆是"天理"流行之本然,皆是天理之显现。既然是"天理",则它"自然""合当如此","所以然"决定了"所当然",客观事物的必然性决定了行为准则的必然性。朱熹以"理"为其哲学本体,其主要目的与功能在于说明儒家伦理纲常的合理性、必然性、至上性、绝对性和永恒性。他说:"宇宙之间一理而已,天得之而为天,地得之而为地……其张之为'三纲',其纪之为'五常',皆此理之流行,无所适而不在。"(《朱文公文集·读大纪》)可见无论是天地等自然现象,还是"三纲""五常"等社会现象,都是"理"所化生。于是,"三纲""五常"等社会现象就成为自人类社会以来就有的"理",且具有先验性。

早在中国古代,就有"五行"配"五常"之说。并且"五行"配"五常"的提法也有一个演化过程。

《礼记·礼运》也提到:"故人者,天地之心也,五行之端也,食味、别声、被色而生者也。"孙希旦《礼记集解》以为此五行即"仁""义""礼""智""信"。因此"五行"之说并不只有"水""火""木""金""土"之"五行",还有德之"五行",荀子的批评正好是处于曾子与邹衍之间这段时期的思孟一流,若从思想的发展而言,这一时期的"五行"说正是处于与"水""火""木""金""土"之"五行"相结合的转折期,或者说尝试以德之"五行"的作用提出人道与天道之间联系的可能。这种"五行"的转折与结合在战国晚期出现了以"五常"取代"五行"之说,有时"五常"指的是"德之五行",有时指的却是"水""火""木""金""土"这"五行"。

在汉朝,则要更为简单而且直接得多,例如东汉郑玄注《乐记》"道五常之行"句便干脆说:"五常,五行也"。郑玄注解《中庸》"天命之谓性,率性之谓道"时即说到:"木神则仁,金神则义,火神则礼,水神则知,土神则信。"

扬雄《太玄·玄数》以"仁""义""礼""智""信"配五行"木""金""火""水""土"。唐朝孔颖达注《尚书·甘誓》中"有扈氏威侮五行"中亦曰:

"五行在人，为仁义礼智信；威侮五行，亦为侮慢此五常而不行也。"

又唐杨倞注《荀子》"谓之五行"句说，"五行，五常——仁义礼智信是也"。他是根据什么来断定"五行"就是"五常"就是"仁""义""礼""智""信"的，并没有交代；大概这在当时已是常识。

朱熹正是在研究前人理论的基础上，继承发展了"五行"配"五常"学说，又把阴阳五行同"太极"相联系，论证了"三纲五常"的不变性。但朱熹的"太极"不动观，导致了他哲学上强调的作为人之理的"三纲五常"是永恒不变的错误结论。

朱熹认为，"五行"之气含"五常"之理，禀得什么气就会获得此气中的所含之理，未曾禀得此气就会缺乏此气所含之理，禀得哪种气多就得此气所含之力多，反之也是这样。正如他所说："所论理气之偏，若论本源，既有理而后有气，故理不可以偏全论。若论禀赋，则有是气而后理随已具，故有是气则有是理，无是气则无是理，是气多则是理多，是气少则是理少，又岂不可以偏全论耶？"(《朱文公文集》卷五十九，《答赵致道》一) 这就是说，所禀"五行"之气若有偏重，所禀"五常"之理便不能无偏全。如"理"所禀木气多则偏仁，金气多则偏义等。

（二）用"禀气"论述人的善恶的先在性

朱熹不赞成孟子所认为的"恶"是"后天"形成、与"先天"无关的观点，他说："孟子已见得性善，只就大本处理会，更不思量这下面善恶所由起处有所谓气禀各不同。后人看不出，所以惹得许多善恶混底说来相咬，程颐说得较密。因举'论性不论气不备，论气不论性不明，二之则不是'，虽如此，兼性与气说方尽，此论盖自濂太极言阴阳五行又不齐处，'二程'因其说推出气质之性来。"①，他认为，孟子所说的善恶，正像"二程"评论他的只是论"性"不论"气"，没有看到善恶所由起处有所谓气禀各不相同。孟子论"性"不论"气"，何以"不备"？朱熹认为，孟子性善论的不足在于没有说明"恶"是如何产生出来的。正如他所说："此理却只是善。既是此理，如何得恶？所谓恶者，却是气也。孟子之论，尽是说善，至有不善，说是陷溺。是说其初无不善，后来方有不善耳。若如此，却似'论性不论气'，有些不备。"② 在朱熹看来，孟子道性善，又以不善在性善之后，这都是对的，只是没有从"气"来说明不善的根源，而用"陷溺"来讲不善，在理论上有些不完备。他对于孟子的性善论是持肯定态度的，只认为略有不足，因而说："论性不论气，孟子也，不备，但少欠耳。"③

朱熹又吸收并发展了程颐的思想，用禀气来说明人"善""恶"的来源。他说：

---

① [宋] 黎靖德. 朱子语类. 北京：中华书局，1986：1278.
② [宋] 黎靖德. 朱子语类. 北京：中华书局，1986：1235.
③ [宋] 黎靖德. 朱子语类. 北京：中华书局，1986：1156.

"人之所以有善有不善，只缘气质之禀各有清浊"。① 他在解释程颢善恶皆水时说："水之清者，性之善也。流至海而不污者，气禀清明自幼而善；圣人性之而全其天者也；流未远而已浊者，气禀偏驳之甚，自幼而恶者也；流既远而方浊者，长而见异物而迁焉，失其赤子之心者也。"② 也就是说，水本来是清的，即本来性是善的，但人有善有恶，是与其禀气有关的，正像他又论述的："人之性皆善，然而有生下来善底，有生下来便恶的，此是禀气不同。"③ 意思是说，人之性都善，但有人生下来就"善"，有人生下来就"恶"，就是由于"先天禀气"的清浊而造成的。

他论述了"先天禀气"是造成人的"善""恶"品质的根据，朱熹说："人性虽同，而气禀或异。目其性而言之，则人自孩提，圣人之质悉已完具……善端所发，随其所禀之厚薄，或仁或义或孝或悌，而不能同矣。"④ 意思是说，人们的仁、义、孝、悌等伦理道德，都是由于出生时气禀的厚薄所决定的。从这里显示了朱熹的"先天"命定论，人之气质的先验论。他又指出："且如此灯，乃本性也，未有不光明者。气质不同，便如灯笼用厚纸糊，灯便不甚明；用薄纸糊，灯便明似纸厚者；用纱糊，其灯又明矣；撤去灯笼则灯之全体著见。其理正如此也。"⑤ 他用灯笼做比喻，说明禀气造成人的恶的主要原因是由于浑浊造成的对人的本性的蒙蔽，从而影响了人的善的本质在某些方面的表现。我们可以看出，朱熹认为禀气决定个人的智慧和品质，而否认后天影响的观点，显然是错误的。正像张立文先生所说："善恶是一个具体的概念，它不是一个普遍的、抽象的观念。朱熹企图把人性的'善恶'与产生的具体时代条件割离开来，而使善恶概念抽象化、绝对化，成为先验的道德伦理观念。"⑥ 他认为由于不同时间、地点的气候条件不同，人所遇的天地之气也千差万别，从而造成了人的禀气不同，形成人各自的善恶品质的差别。正如朱熹所说："且如天地之运，万端而无穷。其可见者，日月清明、气候和正之时，人生而禀此气，则为清明浑厚之气，须做个好人。若是日月昏暗，寒暑反常，皆是天地之戾气，人若禀此气，则为不好底人何疑？人之为学却是要变化气禀，然极难变化。"⑦ 他认为，当日月清明、气候正和的好天气时，正值清明浑厚之气，如果人禀此气，则是个纯正的好人；但当日月昏暗、寒暑反常时，正值天地之戾气，如果人禀此气，则就会是个不好的人。

朱熹指出了"恶"产生的根源，他认为那些作恶多端的人，虽然其气禀得偏了，但也须有"天理"在其"性"之中。因为人的"气质之性"是"理与气杂"，

---

①[宋] 黎靖德. 朱子语类. 北京：中华书局，1986：1235.
②[宋] 朱熹注. 论语集注·季氏. 上海：上海古籍出版社，1987：211.
③[宋] 朱熹注. 孟子集注·告子上. 上海：上海古籍出版社，1987：233.
④[宋] 黎靖德. 朱子语类. 北京：中华书局，1986：1231.
⑤[宋] 黎靖德. 朱子语类. 北京：中华书局，1986：1236.
⑥张立文. 朱熹思想研究. 北京：中国社会科学出版社，1981：487.
⑦[宋] 黎靖德. 朱子语类. 北京：中华书局，1986：1156.

既有"理",又有"气"。资质不好的人只是"气"多而"理"少而已。"气质之性"有"善""恶"二重性。正像朱熹所说:"天地间只是一个道理,性便是理,人之所以有善有不善,只缘气质之禀,各有清浊。"① 他认为"善"与"不善"与"禀气"的清浊有关。

《朱子语类》记载:"问:'横渠言气质之性,去伪终未晓。'曰:'性是天赋与人,只一同,气质所禀,却有厚薄。人只是一般人,厚于仁而薄于义,有余于礼而不足于智,便自气质上来。'"② 指出了厚仁薄义的"善恶"都是由"气质"上来。而"气质是阴阳五行所为。"③ 又"盖人禀阴阳五行之秀气以生。"④ 即人由于禀"阴阳五行"之气不同,就出现了昏明、厚薄、清浊、善恶的区别。

他又说:"继周子出,始复推太极阴阳五行之说,以明人物之生其性则同,而气质之所从来,其变化错综有如此不齐者。至于程子则又始明性之理,而与张子皆有气质之性之说,然后性之善者无害气质之有不善,气质之不善者终亦不能乱性之必善也。"⑤ 也就是说,从周敦颐以来,开始恢复用太极阴阳五行之说,来说明人的品质为什么有差别,从而说明人的恶的根源是气质的不善,是禀气的原因。

(三) 用"禀气"论证人道德根性上的差异的先在性

朱熹认为人的道德伦理,也是由于禀气决定的。孟子认为:"君子所性,仁、义、礼、智根于心。"⑥ 而且孟子根据自己的心学主张提出了有名的"四端说"进一步明言此根源。孟子曰:"人皆有不忍人之心。先王有不忍人之心,斯有不忍人之政矣。以不忍人之心,行不忍人之政,治天下可运之掌上。所以谓人皆有不忍人之心者。今人乍见孺子入于井,皆有怵惕恻隐之心,非所以内交于孺子之父母也,非所以要誉于乡党朋友也,非恶其声而然也。由是观之,无恻隐之心,非人也;无羞恶之心,非人也;无辞让之心,非人也;无是非之心,非人也。恻隐之心,仁之端也;羞恶之心,义之端也;辞让之心,礼之端也;是非之心,智之端也。"⑦ 而朱熹认为:"只说个仁义礼智是性,世间却有生出来便无状底,是如何?只是气禀如此,若不论那气,这道理遍布周匝,所以'不备';若只论气禀,这个善这个恶,却不论那一源处只是这个道理,又都'不明'。"⑧ 也就是说,仁义礼智之性和"禀气"有关。他又说:"人性虽同,禀气不能无偏重……水火亦然,唯阴阳合德,五性全

---

① [宋] 黎靖德. 朱子语类. 北京:中华书局,1986:1355.
② [宋] 黎靖德. 朱子语类. 北京:中华书局,1986:1322.
③ [宋] 黎靖德. 朱子语类. 北京:中华书局,1986:1221.
④ [宋] 黎靖德. 朱子语类. 北京:中华书局,1986:533.
⑤ [宋] 黎靖德. 朱子语类. 北京:中华书局,1986:841.
⑥ [宋] 黎靖德. 朱子语类. 北京:中华书局,1986:251.
⑦ 王天恨编. 孟子·公孙丑上. 台南:文国书局,1984:353.
⑧ [宋] 朱熹注. 论语集注·季氏. 上海:上海古籍出版社,1987:1326.

备,然后中正而为圣人也。"① 意思是说,人禀气是有偏重的,人的恻隐、羞恶、辞逊、是非四端之心,都是禀气所决定的。得木气多的人,恻隐之心则多;得金气多的人,则羞恶之心则多。阴阳合德,金、木、水、火、土配合得当者就是圣人。禀气之所以有偏有全,则与人生之时的自然条件有关。常人只能禀得金、木、水、火、土五行之一偏,而圣人则"阴阳合德,五行全备"。看来,朱熹禀气的思想与其以气来说明天地万物之生成的生成论思想是一致的。

朱熹不仅说明了"恶"的根源,而且用"禀气"说明了人在道德根性上的差别。他说:"气禀之殊,其类不一……今人有聪明,事事晓者,其气清矣。"② 他又根据《论语》所云"生而知之""学而知之""困而知之""困而不学"把人分作四等:"人之气质不同,大约有此四等。"③"其所以有四等者何也?曰:人之生也,气质之禀清明纯粹,绝无查滓,则于天地之性无所间隔,而凡义理之当然,有不待学而了然于胸中者,所谓生而知之,圣人也;其不及此者,则以昏明、清浊、正偏、纯驳之多少胜负为差,其可得于清明纯粹,而不能无少查滓者,则虽未免乎小有间隔,而其间易达其碍易通,故于其所未通者必知学以通之,而其学也则亦无不达矣,所谓学而知之,大贤矣;或得于昏浊偏驳之多,而不能无少清明纯粹者,则必其窒塞不通,然后知学其学,又未必不通也。所谓困而学之,众人也;至于昏浊偏驳又甚,而无复少有清明纯粹之气,则虽有不通而憒然莫觉,以为当然,终不知学以求其通也,此则下民而已矣。"④ 也就是说,第一等是生而知之的"圣人",禀气清明,赋质纯粹,没有一点杂质,他们生而知之,不待学而能;第二等是学而知之的"大贤人",或禀气则以昏明、清浊、正偏、纯驳之稍微有差别;第三等是困而学之的"众人",禀昏浊偏驳之气为多;第四等是禀偏驳之气又甚,而憒然莫觉的"下民";这是将人以"禀气"的多少而分成四等。朱熹有时也把此四等分为两类:"生而知者,气极清而理无蔽也;学知以下,则气之清浊有多寡,而理全缺系焉耳。"⑤ 前一类为圣人,禀气之清,全系天理;而后者,则是气之清浊不同。

在朱熹看来,由"气禀"之论,论证了人们道德根性上的差别,然而朱熹本人在论述"气禀"之时,也不能不暴露出"气禀"之说所无法解释和克服的矛盾。朱熹接着张、程讲"天地之性"皆善,而"气禀之性"中有善有不善,为"理与气杂"。而"理与气杂",不等于说"理"为善,"气"为不善,而是"气"有清浊,把"气"之清浊作为个人根性善恶之根源。然而,如果进一步对此进行追问,则须说明何以"气"有"清"与"浊"之分。"理"为全善,"理"又无所不在,何以

---

①[宋] 朱熹注. 论语集注·季氏. 上海:上海古籍出版社,1987:1331.
②[宋] 朱熹注. 论语集注·季氏. 上海:上海古籍出版社,1987:1320.
③[宋] 朱熹注. 孟子集注·告子上. 上海:上海古籍出版社,1987:311.
④[宋] 朱熹注. 论语集注·季氏. 上海:上海古籍出版社,1987:1239.
⑤[宋] 朱熹注. 论语集注·季氏. 上海:上海古籍出版社,1987:1398.

"气"会有如此差别？对于此，朱熹的回答是矛盾的。他一方面讲："气有清浊，故禀有偏正。"另一方面，他又说："二气五行始何尝不正，只衮来衮去，便有不正。"①"人所禀之气，虽皆是天地之正气，但衮来衮去，便有昏明厚薄之异。"② 如果"气"开始都是"正气"，如何"衮来衮去"便"不正"而"有异"了？对此，朱熹并没有回答，恐也难以回答。就此而言，"气禀"之说，只是给"恶"的产生在性善论的基础上找到了一个与人之共同本性不同的来源，以此既说明"恶"，又不妨害性善。而这个作为"恶"的来源的"气"，却并不足以从根本上回答和解决"恶"来源的问题。

总之，朱熹通过论述"五行之气"与"五常"的关系，也说明了个人所禀"五行"之气若有偏重，而仁义礼智信在具体人身上就有所偏重，也注定了人的道德具有先验的成分。通过论述"禀气"与"善""恶""道德根性差异"的关系，说明了人的道德具有先验性的成分，因而具有一定的先在性。

六、朱熹"存天理、灭人欲"与易③

在当今市场经济条件下，社会经济取得了显著的进步，但某些人的贪欲也不同程度地被激发了，为了使社会更加和谐文明地发展，我们有必要来重新分析朱熹的"存天理、灭人欲"。朱熹要存的"天理"就是仁义礼智这些伦理道德，朱熹所讲的"灭人欲"，并非是要灭掉人所有的欲望，这对于我们在市场经济条件下有效地遏制贪欲有很重要的现实意义。

在宋代，朱熹在深入研究前人"理""欲"关系的基础上，明确地提出了"存天理、灭人欲"的主张。尔后各个朝代，对朱熹的"存天理、灭人欲"褒贬不一。

存什么"天理"？朱熹要存的"天理"就是仁义礼智这些伦理道德。朱熹把"五常"即"仁""义""礼""智""信"等德目，作为人与人之间关系的伦理道德准则。朱熹说："天理只是仁义礼智之总名，仁义礼智便是天理之件数。"（《朱子语类》卷十三）仁义礼智被称为"四德"后加上"信"，被称为"五常"。仁义理智信在先秦孔子、墨子、老子、管子、韩非等人著作中都有分析论述，并各有自己的选择。而作为儒家理论思想家的孟子说："仁之实，事亲是也；义之实，从兄是也；智之实，如斯二者弗去是也；礼之实，节文斯二者也。"（《孟子·离娄上》）朱熹所讲的仁义礼智信，无疑是封建道德，是为地主阶级统治服务的，也为此而受到了评判和清算。

灭什么"人欲"？对于人欲，朱熹继承了自孔子以来儒家的基本观点。孔子并不否定人之欲求，只是反对贪欲，主张不过分、有节制的欲。"欲"在朱熹体系里

---

① [宋] 朱熹注. 论语集注·季氏. 上海：上海古籍出版社，1987：1266.
② [宋] 黎靖德. 朱子语类. 北京：中华书局，1986：1363.
③ 史少博. 朱熹《存天理、灭人欲》的当代解读与启示，《中国石油大学学报》，2006（1）：68-71.

也包括人维持生存所必需的物质需求，"饥而欲食，渴而欲饮……合当如此者"便是欲。(《后录》，《朱子语类》卷九四) 这种"欲"，是发自于"情"，他说："欲是从情发出来底。"(《朱子语类》卷五) 因之，人的物质欲求来源于人的生理本能，与生俱有，"天理"所容。正如朱熹所说："饮食，男女，固出于性。"(《孟子或问》) "二程"曾继承汉初《礼记·乐记》作者所说"灭天理而穷人欲"的理欲对立观，提出"人之为不善，欲为之也。"① 主张"灭私欲则天理明。"② 此所谓人欲指的是私欲。朱熹在继承张载、"二程"关于天地之性和气质之性和他们的理欲观基础上，对理与欲作了较详之辩。首先，他指出"欲"是"七情"之一。朱熹接受《礼记·礼运》关于人情包括喜怒哀惧爱恶欲的观点，他说："情是性之发，欲是情发出来底。"(《朱子语类》卷五) 他又说"人欲也未便是不好。"(《朱子语类》卷七十八) "性犹水之静，情则水之流，欲则水之波澜。但波澜有好底，有不好底。欲之好底如我欲仁之类，不好底则一向奔驰出去，若波澜翻浪。大段不好底欲，则灭却天理。"(《朱子语类》卷五) 其次，指出人欲所出。"人欲者，梏于形，杂于气，狃于习，乱于情而后有也。"③ 根据张载、"二程"关于气质之性提出来的观点，回答了为什么欲还有不好的。从这一观点出发，他并不否定人的物质生活需求的合理性。"问饮食之间，孰为天理孰为人欲？说：饮食者，天理也；要求美味，人欲也。"(《朱子语类》卷十三)

朱熹所讲的"灭人欲"，并非是要灭掉人所有的欲，因为朱熹所讲的"欲"有两层意思。其一，是人们普遍的、共有的物质生活的需求，他认为这是合理的，和天理一致。其二是乱于情而有，要求美味美色、穷口腹之欲，没有节度之欲，是穷奢极欲、贪欲、一己之私，这种私欲伤天害理，应予灭绝。也就是说，朱熹所讲的"灭人欲"是要灭掉人的贪欲。他所反对的"人欲""私欲"，不是一般人的正常欲望。朱熹承认饮食男女等合理欲望，"若是饥而欲食，渴而欲饮，则此欲亦岂能无？"(《朱子语类》卷九十四) 如果违背了"天理"，那么人的合理欲望就变成了"私欲"，"人欲"即是"恶"的内容。所谓"恶"，就是指有"人欲"存在。而这个"人欲"，朱熹把它叫作"物欲""嗜欲"或"私欲"。他在回答弟子提出的"饮食之间孰为天理，孰为人欲"时指出："饮食者，天理也；要求美味，人欲也。"(《朱子语类》卷十三) 朱熹说："天理有未纯，是以为善常不能充其量；人欲有未尽，是以除恶常不能去其根。"(《戊申延和奏札五》，《朱文公文集》卷十四) 这里，"善"与"恶"对举，"天理"与"人欲"对举。"人欲"即是"恶"的内容。对于一般人来说："或好饮酒，或好财货，或好声色，或好便安"都是"人欲"，必须革除，至于皇帝，"钟鼓苑囿游乐之乐，与乎好勇、好货、好色之心，皆天理之

---

① [明] 陈邦瞻. 宋史纪事本末. 北京：中华书局，1977：919.
② [宋] 程颐，程颢. 二程集. 北京：中华书局，1918：312.
③ [宋] 胡宏，吴仁华点校. 胡宏集. 北京：中华书局，1987：123.

所有，人情之所不能无者。"（见朱熹注《孟子集注·梁惠王下》）而这就叫"同行异情"，同样的行为，由于地位的不同而有所不同。从这里我们可以看出，朱熹把皇帝的"欲"和老百姓的"欲"区别对待，也透视出它维护封建统治、讨好统治者的消极一面。朱熹还认为"人欲"或称为"私欲"，是因人的身体而有。人必须有肉体，有了肉体，就有需要，为了满足他的身体需要，他就有了欲望。正当的欲望与"天理"相连，不正当的欲望与"天理"不相连。与天理相违的欲望，就是"私欲"，或称"人欲"。可见，不正当地重视身体，是一个人成为不道德的人、做出不正当的事的最后根源。

怎样做到"存天理，灭人欲"？朱熹这样说道："去其气质之偏，物欲之蔽，以复其性，以尽其伦。"（《朱子语类》卷七）简单地说，朱熹主张的是明理见性，人为自己的私欲所蒙蔽，所以看不到自己的真实面貌，所以不能体悟到天地之理，要想体验到、找到万事万物的共同之理，就要除去人的私欲。朱熹认为"恶"的来源有二：一曰"气禀"，前面已经分析了朱熹用禀气来说明个人善恶之差异；一曰"物欲"。如朱熹所说："善恶二字，便是天理人欲之实体。"（《朱文公文集》卷五十三）他又说："众人利欲昏蔽，便是恶底心；及其复也，后本然之善心可见。"（《朱子语类》卷七十一）在朱熹心目中，人欲，则与恶、私、利划一。他认为，要"存天理，灭人欲"就要去所禀物欲之偏，除去物欲之弊，以"复性"。

为达到"复性"的要求，朱熹还告诉人们，"天理"与"人欲"有着公与私的差别："盖天理者，此心之本然，循之则其心公且正。"（《朱文公文集》卷十三，《辛丑延和奏折之二》）明德者，人之所得乎天，而虚灵不昧，以具条理而应万事者也，但为气禀所拘，人欲所蔽，则有时而昏，然其本体之明，则有未尝息者，故学者当其所发而遂明之，以复其初也……盖必其有以尽夫天理之极，而无一毫人欲之私也。（《大学章句》）也就是说，灵明的心本然地具有至善的"天理"，依"天理"去支配自己的一切，就会形成"公且正"的人格境界，有着应付万事而无得不当的功效。但就每一个具体的人而言，天赋的"明德"又为"气禀所拘，人欲所蔽"，如同明镜蒙上尘垢而变昏暗一样，因而需要通过内心修养功夫，即"存天理之公"与"去人欲之私"，使"本体之明"得到扩展，这样就可由一般人达到"圣贤"的境界，也就是"向内便是圣贤之域，向外便是趋愚不肖之途。"（《朱子语类》卷一百一十九）

"复性"就是复尽"天理"，而如何复尽"天理"？朱熹比喻道："如剥百合，须去了一重，方始去那第二重……如做屋柱一般，且去了一重粗皮，又慢慢出细。今人不曾做得第一重，便要做第二重工夫去。"（《朱子语类》卷四十一）他又说："克得那一分人欲去，便复得这一分天理来；克得那二分已去，便复得这二份礼来。"（《朱子语类》卷四十一）也就是说，克去"人欲"如同剥百合，一层一层往里剥，剥尽了就"天理"自明。

"革尽人欲，复尽天理"（《朱子语类》卷十三），是朱熹的宗旨所在。他说："盖有以见天人欲尽处，天理流行，随处充满，无少欠阙。故其动静之隙，而其言志，则又不过即其所居之位，乐其日用之常，初无舍己为人之意。而其胸悠然，直与天地万物上下同流，各得其所之妙，隐然自见于言外。"（《论语·先进》）"人欲尽处，天理流行"这八个字充分说明只有自私完全被克服，即"人欲尽处"，"天理"才会得到显现。"人只有个天理人欲，此胜则彼退，彼胜则此退，无中立不进退之理"。（《朱子语类》卷十三）"人之一心，天理存则人欲亡；人欲胜则天理灭，未有天理人欲夹杂者。"（《朱子语类》卷十三）"学者，须是革尽人欲，复尽天理，方始是学。"（《朱子语类》卷四）在朱熹看来，理与欲关系的关键是一个"尽"字，只有"革尽人欲"，才能"复尽天理"。（《朱子语类》卷十三）朱熹说："天理有未纯，是以为善常不能充其量；人欲有未尽，是以除恶常不能去其根。"（《朱文公文集》卷十四，《戊申延和奏札五》）只有革尽"人欲"，才能复尽"天理"。

　　朱熹说："若说道心天理，人心私欲，却是有两个心。人只有一个心，但知觉得道理底是道心，知觉得声色臭味底是人心，不争得多。……陆子静亦以此语人非有两个心。道心人心本只是一个事物，但所知觉不同。"（《朱子语类》卷七十八），心谓人得知觉能力，其形式有两种"此心之灵，其觉于理，道心也；其觉于欲者，人心也。"（《朱文公文集》卷五十六，《答郑子上》十），这就表明，合于道德原则的知觉就是"道心"，专指个人情欲为内容的知觉就是"人心"，"道心"指人的道德意识，"人心"指人的感性意念，但"道心"和"人心"都是人的知觉之心。朱熹认为"天理"就是"道心"，而"人心"则不尽同于"人欲"，"人心"有善恶之分，而"人欲"则一定是恶的。"革尽人欲，复尽天理"是修养的目的。求仁得仁的过程有赖于战胜"人欲"，恢复"天理"，使"人心"服从于"道心"，"道心"才能得到完整的表现。

　　怎样才算"复天理"？"复天理"又是一个怎样的标准？朱熹说："克与复工夫，皆以礼为准也。"（《朱子语类》卷四十一）就是说要以"礼"或"天理"为标准，这个"礼"或"天理"指的就是封建伦理道德、三纲五常等。其实质就是，"存天理，灭人欲"的道德修养目的，在当时就是遵守封建的等级制度和伦理道德。他认为如果按照父子、君臣之礼的要求去"克己"就能做到"复天理"。他认为，有了明确的"克己"标准，就能"步步皆合规矩准绳"，"一一入他规矩准绳之中"，（《朱子语类》卷四）便能做到己"私"既"克"，"天理"自明。它好比灰尘既去，则镜就自明一样，就像朱熹所说："己私既克，天理自复，譬如尘垢既去，则镜自明，瓦砾既扫，则室自清。"（《朱子语类》卷四）这样，"克己"与"复礼"就达到了一致。

　　在朱熹看来，只要在"日用之常"中积累道德行为，彻底消除自私，就可以达到"直与天地万物上下同流，各得其所之妙，隐然自见于言外"的精神境界，即寻找到理学家们所谓的"孔颜乐处"。

在市场经济的今天,如果我们头脑中的弦稍一放松,就会贪欲膨胀,不可遏制;随着社会转型的推进,市场经济的观念被不断强化,导致一些人把功利看得高于一切,由此滋生了一些违背公德、违法犯罪的行为。不必讳言,人都有欲望,即有食欲、物欲、财欲、美欲等,但是,人的欲望应该有个限度,一旦超过了限度,欲望蜕变为贪欲,就会滋长贪婪。教育家马卡连柯有过这样的论述:"人类欲望本身并没有贪欲,……贪欲是从一个人的需要和另一个人的需要发生冲突才开始的,是由于必须用武力、狡诈、盗窃,从邻人手中把快乐和满足夺过来而产生的。"贪欲可滋生愚昧、凶残、顽固、专横、腐败。其实,有些贪官,为官之初并不一定有贪欲,因为做官的人掌握的资源多,比一般的人做事方便得多;做大官的人,往往他自己都没想到的事,就有人帮他把事办好了。在这样的情况下,有些干部,经不起金钱或美女的诱惑,一旦下水,便难以自拔,贪欲膨胀,越陷越深。

"存天理、灭人欲"给我们的启迪,就是时刻提醒我们要遵守道德法律,要摈弃不合理的欲望,要崇尚道德,"崇德"就要"廉","廉"就是不贪,一不贪财,二不贪色。"贪"是万祸之源。朱熹"存天理、灭人欲"的本意就是要人们遵守道德准则,灭掉人的贪欲,摈弃不合理的人欲,这在当今仍然有现实意义。"存天理、灭人欲"在市场经济的今天,就是要求人们遵守社会主义的首先准则,维护广大人民的根本利益,遵守社会主义的道德规范,就是要"存天理";摈弃无休止的贪欲,把自己欲望的满足限定在合理的范围内,不损害别人的利益,不把自己的欲望满足建立在别人的痛苦之上,以德为先,不为暴利所诱,消灭人的不合理欲望,让我们的社会更加和谐、更加美好。

七、朱熹的义利观与易①

宋代理学家朱熹认为:"学无浅深,并要辨义利。"(《朱子语类》卷二十三)他又说:"人贵剖判,心下令其分明,善理明之,恶念去之,若义利、若善恶、若是非,毋使混淆不别于其心。"(《朱子语类》卷二十三)关于"义利"之别,《朱子语类》这样记载:"或问:'义利之别?'曰:'只是为己为人之分。'"(《朱子语类》卷十三)也就是说,"利"有一个"利己"和"利他"的问题。朱熹在总结各家的基础上对"义"和"利"进行了阐释,继承了儒家"重义轻利"的思想,并且进一步把"重义轻利"思想与"理"联系起来,对其作了本体论的论证,其理论在现代仍有启迪意义,分析如下。

(一)"义"是"天理之所宜",是"心之制"

张立文教授在总结朱熹对"义"的界定时说:"'义'是'天理之所宜',是

---

① 史少博. 朱熹论"义、利"及现代意义,《长安大学学报》,2009(4):58-61.

'心之制'。它是'根于人心之固有'。是先验的'仁''义'之'心';它是'君子'所具有的,而'小人'往往所不具备。"①

朱熹说:"义者,宜也,君子见得这事合当如此,却那事合当如彼,但裁处其宜而为之,则无不利之有,君子只理会义,下一截利处更不理会。"(《朱子语类》卷二十七)"合当如此"是个应然的问题,就是"应当如此"的是"天理所宜"。"天理"所当作的,就合乎"义"。朱熹又说:"义者,心之制,事之宜也。"(《梁惠王章句上》《孟子集注》卷一)因为"事之宜"是个实然的问题,而"心之制"则含有人的主观愿望,是与人的道德思想有关的问题,是个应然的问题。他在解释"心之制"时这样说道:"心之制,却是说义之体。程子所谓处物为义是也;扬雄言义以宜之;韩愈言行而宜之谓义。若只以义为宜,则义有在外意,须如程子言处物为义,则是处物者在心而非外也。"(《朱子语类》卷五十一)

在朱熹看来,只要在"日用之常"中积累道德行为,彻底消除自私,就可以达到"直与天地万物上下同流,各得其所之妙,隐然自见于言外"的精神境界,即寻找到理学家们所谓的"孔颜乐处"。所以,理学家和心学家都叫人不要"在躯壳上起念"。从躯壳上起念就是为私,就是为利;不从躯壳上起念就是为公,就是为"义"。朱熹重义轻利,却并非不讲"利",只是主张以心控制"利",使之合"义"。

朱熹认为,"五行"之气含"五常"之理,禀得什么气就会获得此气中的所含之理,未曾禀得此气就会缺乏此气所含之理,禀得哪种气多就得此气所含之力多,反之也是这样。正如他说:"所论理气之偏,若论本源,即有理而后有气,故理不可易偏全论。若论禀赋,则有是气而后理随已具,故有是气则有是理,无是气则无是理,是气多则是理多,是气少则是理少,又岂不可以偏全论耶?"(《朱文公文集》卷五十九,《答赵致道》一)

(二)"利者,人情之所欲"

朱熹认为作为"人欲之私"的"利"是由"气禀"所决定的,他说:"盖小人于利,他见这一物便思量做一物事,用他计较精密,更有非君子所能知者,缘是他气禀中自元有许多鏖糟恶浊底物,所以才见那物事,便出来应他这一个穿孔,便对那个穿孔。君子之于义,亦如此。"(《朱子语类》卷二十七)认为"气禀"中原来就有恶浊的,就有了"人欲之私"的"利"。

朱熹的"利"为"人情私欲",即"才有欲顺适底意思即是利。"(《朱子语类》卷十三)虽它"生于物我之相形",是物我计较以后产生的,但亦由"气禀定了",是"学力不可变化"(《朱子语类》卷二十七)的。可见,朱熹在论"利"时运用了易学上的禀气说。朱熹又说:"有心要人知,要人道好,要以此求利禄,皆为利

---

① 张立文. 朱熹思想研究. 北京: 中国社会科学出版社, 1981: 541.

也。"(《朱子语类》卷六十)为"利"就是遇事"先有个私心",计较利害,以一己之功名利禄作为行为的动机和目的。

关于"利",朱熹这样说道:"利者,人情之所欲。"(《里仁》第四,《论语集注》卷二)对此他解释说:"小人则只计较利害,如此则利,如此则害。小人只理会下一截利,更不理会上一截义,盖是君子之心,虚明洞彻,见得义分明。小人只管计较利,虽然毫底利也自理会得。"(《朱子语类》卷二十七)也就是说,只计较自己的厉害,而不顾"义",这就是"小人"。这里所说的"利",是指不考虑是否应当做,而是只考虑对自己是否有利。

朱熹认为人被趋利欲望所蒙蔽或迷惑,而产生恶念,人性受后天污染而有的恶性,便是"人欲"。他认为人的最低的物质需要并不是"人欲",超出最低需要的部分则是人欲,比如说饮食并不是"人欲",而是天理,而想要享受美味则是"人欲",而非天理。张立文先生总结朱熹对"人欲"的理解说:"'人欲'是'心'的毛病,是'恶底心',是为'嗜欲所迷'的心。"① 因为朱熹说:"人欲者,此心之疾疢,循之则其心私而且邪……私而邪者,劳而日拙,其效至于治乱安危,有大相绝者,而某端特在夫一念之间。"(《辛丑延和奏札二》,《朱文公文集》卷十三)这就是说,"人欲"是"心"的毛病。

(三) 朱熹"重义轻利"及其现代意义

"义"和"利"都是人类生活所必须的,缺一不可,二者本来不是个对立的命题。二者的关系是:义者,宜也,就是合理性,就是道义,永远是善的。但"义"不能抽去"利"而存在,去掉"利"的"义"是抽象的"义",是没有实际内容的"义",是口惠而实不至,是虚情假意。这种不真实的"义"从本质上说已不是"义"。

在《周易》中就有关于"义"与"利"的论述。例如《周易·文言》曰:"'元'者善之长也,'亨'者嘉之会也,'利'者义之和也,'贞'者事之干也。君子体仁足以长人,嘉会足以合礼,利物足以和义,贞固足以干事。君子行此四德者,故曰:'乾,元、亨、利、贞。'""义""利"之辨,发端于春秋,至战国时代成为诸子思想中的一个重要课题,以后一直贯穿到中国文化史的全部进程。"义"与"利"的界说以及"义""利"之辨的实质,归根到底,是如何处理个人利益与整体利益的关系,亦即私与公的关系。"义""利"之辨作为道德价值观,规定了人们的价值取向或行为准则,指导着人们选择何种行为和追求什么样的理想人格。

有学者认为,是孔子开启了中国长达两千多年的"义""利"之辨。辩论的主要内容就是:对"义"和"利"的不同阐释。孔子最初是怎样阐释"义"和"利"的呢?孔子在论"义"时是与"利"相对的,把"义"和"利"作为两种不同道

---

①张立文. 朱熹思想研究. 北京:中国社会科学出版社,1981:528.

德人格的追求的目的："君子喻于义，小人喻于利。"（《论语·里仁》）认为人们应该"见得思义"（《论语·季氏》）这些论述表明了孔子认为的义就是宜，利就是个人的私利。因此他还说："不义而富且贵，于我如浮云。"（《论语·述而》）而如果合宜地谋取个人利益则是没有问题："义然后取，人不厌其取。"（《论语·宪问》）当时孔子目睹许多人追逐私利，表现出种种罪恶，"为富不仁"成了一种普遍的社会现实，因而在建立自己学说时，便提出了对盲目追求私利的排斥。他说："放于利而行，多怨"，指出社会不能都建立在简单的利益交换的基础之上。孟子在见梁惠王时，也首先大谈"义""利"之辨。其实儒家并不是完全把"义""利"对立起来，他们在讲"义""利"之辨的时候，有着一定的语言环境。他们的基本观点是以"义"节"利"，反对不合理的"利"。他说："杨子取为我，拔一毛而利天下不为也；墨子兼爱，摩顶放踵利天下为之；子莫执中，执中为近之。"同时主张"交相利"，"义""利"是统一的。法家更是主张充分利用"利"的杠杆，以赏罚来驱使人们的行动。儒家是明确强调义利之辨的。

朱熹主张"重义轻利"，一般学者认为，他是继承了孔子的"君子喻于义，小人喻于利"或孟子的"义，人之正路"和"舍生取义"等学说。儒家历来有重"义"轻"利"的传统，不过在董仲舒以前，儒家只是重"义"轻"利"，并没有不要"利"的说法。"正其谊不谋其利，明其道不计其功。"（《汉书·董仲舒传》）这种"不谋利，不计功"的态度，得到了宋明理学家的继承。

朱熹继承了儒家"重义轻利"的思想，并且进一步把"重义轻利"思想与"理"联系起来，对其作了本体论的论证。他说："尝闻之天下之事不可胜穷，其理则一而已矣。君子之学，所以穷是理而守之也，欲其通于一；其守之也，欲其安以固，以其一而固也，是以近于拙。盖无所用其巧智之私，而唯理之从。极其言，则正其谊不谋其利，明其道不计其功，是亦拙而已矣。"（《朱文公文集》卷七十八，《拙斋记》）也就是说，作为君子，应该不能只计较利害，应该"穷理而守之""唯理是从"，归根到底，就是"正义""明理"之论，于是，他把哲学与道德伦理统一起来，使"重义"有了至高的地位。朱熹说："自到浙中，觉得朋友间却别是一种议论……直说义理与利害只是一事，不可分别，此大可骇。……熹窃认为今日之病，唯此为大。"（《朱文公文集》卷五十三，《答石天民》）他又说："江西之学只是禅，浙学却专是功利。禅学，后来学者摸索，一上（旦）无可摸索，自会转去。若功利，则学者习之，便可见效，此意甚可忧。"（《朱子语类》卷一百二十三）怎么办呢？朱熹根据董仲舒的"正其义不谋其利，明其道不计其功"认为："《春秋》大法正是如此。"（《朱子语类》卷一百二十三）

朱熹还把"重义轻利"同"理"联系起来，作了本体论的论证，他说："尝闻之天下之事不可胜穷，其理则一而已矣。君子之学，所以穷是理而守之也，欲其通于一；其守之也，欲其安以固，以其一而固也，是以近于拙。盖无所用其巧智之私，而唯理之从。极其言，则正其谊不谋其利，明其道不计其功，是亦拙而已矣。"（《朱文公文集》卷七十八，《拙斋记》）也就是说，君子之学，不能专从利害上去计较，而应该"穷理而守之"，要"唯理是从"。

"义"与"利"都属于价值范畴，是相对于人而言的，具有很强的主体性，离开人便无所谓"义"与"不义"、"利"与"不利"。从一定意义上说，"义"与"利"都是利益，不过"义"是社会整体利益，"利"是个体物质利益，每个人的物质利益不过是社会整体利益的一部分。只不过有些人只顾自己的利益，不顾别人的利益，没有丝毫的"义"。现阶段，中国的市场经济进一步发展，原来计划经济时的集体主义道德原则在实际生活层面魅力大减，而走私贩毒、坑蒙拐骗、敲诈勒索、权钱交易、贪污盗窃、行贿受贿、腐化堕落、穷奢极欲等现象层出不穷，"利己主义"思想在各个领域大有蔓延之势，出现了毒奶粉、黑心棉、瘦肉精、吊白块米粉、福尔马林咸鱼、潲水油、酒精勾兑白酒、假药等现象，这些现象的背后，就是因为某些人重利思想的膨胀，一心向钱看的结果。邓小平针对那些否认集体利益即"义"的片面性做法进行了批评："我们提倡按劳分配，承认物质利益，是要为全体人民的物质利益而奋斗。每个人都应该有一定的物质利益，但是这决不是提倡个人抛开国家、集体和别人，专门为自己的物质利益奋斗，决不是提倡个人都向'钱'看，要是那样，社会主义和资本主义还有什么区别？"① 不管是拜金主义、享乐主义还是个人主义，都是追求个人欲望的无限膨胀，否认社会利益和他人利益，进而在其现实行为上严重地损害社会利益和他人利益，是极端不义的行为，因而必须坚决反对拜金主义、享乐主义和个人主义。如果一个人"重利"，没有了"义"是非常可怕的，就会像弗洛姆所描述："人变成了苦与乐的计较者，像一个匀速运动的小球，由他们冲动的趋势把自己挂在他所渴望的快乐之上方，但却无法转到快乐的地方。他既无前因，又无后果，除了外界的巨大力量把他推动外，他在稳定的平衡中是一个孤立的、被限定的人类材料。他在自然空间中的自我加强，绕着自己的精神之轴旋转着，直到诸种力向他袭来，因而便遵循诸力所形成的均衡力的路线前进。当冲击力量过去之后他又恢复平静，像以前一样，成为一个自满的欲望小球。从精神上说，享乐主义者并不是一个创造者。他不是处在生活进程中，而只是由外界的、异己的环境所决定，而被动性地活动。"②

在建设中国特色社会主义的今天，我们要吸取朱熹"义利"关系理论的合理思想，既要重视"利"，也要重视"义"，当"利"和"义"冲突时，就要首先取"义"，维护社会利益，尊重别人利益；决不可见利忘义，唯利是图。社会鼓励人们通过合法经营和诚实劳动获取正当的个人利益，但绝不允许损公肥私，损人利己。

---

① 邓小平. 邓小平文选（第 2 卷），北京：人民出版社，2002：337.
② 埃里希·弗洛姆. 人的希望. 沈阳：辽宁大学出版社，1994：38.

第四章
儒学视野下的《周易》义理

第一节 易与天地准,弥纶天地之道

一、儒学视野下《周易》的"天人合一"思想

(一)《周易》"天人合一"思想

"天人合一"是易学中的一个重要概念,也是传统文化中的一个重要概念,学界谈论甚多。在一定范围内,它已经被作为易学甚至整个中国传统文化的核心概念。蒙培元先生认为:从一定意义上说,《周易》是总结我国古人经验和智慧的百科全书,它对中国哲学与文化的影响至深至远,在很大程度上奠定了中国哲学发展的方向。它是中国哲学与文化的母胎,其后两千多年的中国哲学,特别是作为中国哲学根本问题的"天人合一论",就是从这一母胎中孕育成长起来的。这就是《周易》所以能够成为"群经之首"而在中国文化中享有至高地位的原因所在。

《周易》蕴含了"天人合一"的思想,蒙培元先生认为:《周易》的意义世界主要是由卦、爻辞表现出来的,除了它的预卜吉凶的原始意义之外,其中更深刻的意义则是生命意义,《周易》最关心的是人类与自然界的生命现象,而不是其他。它把人与自然界统一起来,并在统一中寻求生命的意义和规律。《周易》卦、爻辞所提出的最根本的问题就是人类生命为何产生、发展和实现的问题。在它看来,生命来源于自然界,并且一刻也没有脱离自然界,二者处在相互感应、相互作用的统一过程之中,是一个双向交流的有机整体。六十四卦中的每一卦,都与自然界和人类的生命有关,每一卦中的"—""--"二爻,便是构成生命的基本要素。就"卦位"而言,每一卦都有六爻,上两爻象天,下两爻象地,中间两爻象人,构成天、地、人三才。就卦义而言,则不能用机械的方法说明天人关系。实际上,无论是作为整体的六十四卦,还是作为子系统的个体卦,都是从不同方面说明"天人合一"之道。

《易传》中也蕴含了"天人合一"思想,例如《系辞下》曰:"古者包牺氏之王天下也,仰则观象于天,俯则观法于地,观鸟兽之文与地之宜,近取诸身,远取

诸物，于是始作八卦，以通神明之德，以类万物之情。"可见，这种观物取象的思维模式是八卦之所以成立的根本依据。"昔者圣人之作易也，将以顺性命之理，是以立天之道曰阴与阳，立地之道曰柔与刚，立人之道曰仁与义，兼三材而两之，故易六画而成卦。"（《说卦》）。又《周易·系辞下》曰："易之为书也，广大悉备，有天道焉，有人道焉，有地道焉，兼三材而两之。故六六者非它也，三材之道也。"

《周易》里，天、地、人是它所要阐发的主要内容，天、地、人都遵循同一法则，而人道是取法于天道和地道的，换言之，法天象地、天人合一是易学的基本思维模式。《易传》从哲学高度、从宏观上说明了宇宙整体的和顺与秩序性。例如《象传》说："大哉乾元，万物资始，乃统天"，"至哉坤元，万物资生，乃顺承天"。这就把乾坤看作象征天地的符号，天地承顺关系体现了宇宙整体的和谐，而这种承顺性的和谐乃是万物生存不可缺少的前提。《序卦传》所编排的六十四卦顺序图式，实际上是一个表征宇宙秩序性的"代数式"，整体的有序性意味着宇宙的和谐与平衡。天人关系是古今中外哲人们思考的先决条件和终极归依，它主要指宇宙自然与主体"人"之间的关系。

在传统上，天人合一思想，在中国古代文化之中，久而闪光。虽"汉字'天'有多种意义，但就天人关系而论，最主要的意义有如下三种：一、有意志的至高神，或主宰之天；二、自然之天；三、义理之天"。① 天道不再是与人对立的外在必然，圣人的"乐天知命"意味着已不再有对天命的畏惧和忧愁，因为天命已融于主体的自觉活动之中，成为人的自由的外化和表现。按《易传》的思路，人能够认识天命、化必然为自由，是因为人道本身就是天道的延续，是天地之性的完成和实现。从先秦到两汉，易学发展的一个重要内容就是卦气的思想。"卦气说"是贯穿先秦、两汉易学的一种最基本的学说。它作为一种独特的象数学说，仍有其独到的义理意蕴在，这一学说所昭示的是"推天道以明人事，本天道以开人文"的基本学术理念。在此理念下，古人以其八卦及六十四卦之象数，建构出一个"与天地合其德，与日月合其明，与四时合其序，与鬼神合其吉凶"的"天人合一"模式。

刘大钧教授在《中国社会科学》上发表的《卦气溯源》，指出了汉代易学家正是在卦气的思想框架之下阐发了天人、宇宙之哲学，这种天人宇宙之学就是本天道以立人道。虽然是卦气的学理，但是透过卦气的学理表达了汉代思想家独特的人文关怀。天人关系之理念，是易学的最终归结之处。按易学传统，天人问题就是人与自然的问题。

（二）现代"人与自然"和谐问题

罗素在他的《西方哲学史》中说："笛卡尔的哲学……已完成了或者说极近完成了由柏拉图开端而主要因这宗教上的理由经基督教哲学发展起来的精神、物质二

---

① 任继愈. 中国哲学发展史. 北京：人民出版社，1983：113.

元论……笛卡尔体系提出来精神界和物质界两个平行而彼此独立的世界，研究其中之一能够不牵涉另一个。"① 由此可以看出西方提倡"天人二分"的观点，在思维方式上强调主体与客体的对立，即"主客二分"。然而中国传统哲学与此不同，哲学家们认为"本天道而立人道"，这就是儒家的"天人合一"思想。从儒家哲学来看，不能把"天""人"分成两截，更不能把"天""人"看成是一种外在的对立关系，不能研究其中之一而不牵涉另外一个。

然而在现代，人与自然的和谐出现了严重的问题：当人们高唱赞歌阔步前进的时候，当人们为自己取得的伟大成就而自豪的时候，一些令人担忧的现象相继发生，新的矛盾和问题日益尖锐地呈现在人类面前。在近一百年的时间里，人们毫无顾忌地向自然索取满足自己急剧膨胀的欲望所需的一切，仿佛它是取之不尽、用之不竭的宝库，结果导致严重的生态危机。全世界每年约有 20 万平方公里的森林被毁，造成近几十年来地球的温度一直在升高。向大气层释放的有害气体年均 6.14 亿吨，使大气中各种氧化物、粉尘、微粒尤其是金属微粒的含量不断提高，人类活动造成的土壤流失已相当于全部海蚀总量，世界铁路和公路路基已经具有第四纪以来河流堆积物的规模，而世界谷类的生产面积从 1950 年每人 0.241 公顷下降为 1975 年的 0.184 公顷，到 20 世纪末减少为约 0.125 公顷。化肥、农药和其他化学物质的使用，大大提高了谷物产量，同时也使地下水、河流、湖泊乃至海洋的水质和化学成分发生变化，正在改变的化学过程，影响着水环境和水平衡。

产生上述问题的根源就是把人与自然对立，视人为自然的征服者、统治者，视自然是人类的外部条件，好像自然是取之不尽、用之不竭的仓库，也可以成为人们随意抛掷废物的垃圾箱。要改变这样的现状，《周易》无疑给我们提供了一把解决环境问题的钥匙。实践证明，一方牺牲、屈服，另一方为所欲为，这种关系，一定会引起反抗，也绝无和谐可能。《周易》"天人合一"的人与自然和谐思想，恰恰告诉了我们人类要与自然和平相处，才能维持人类的可持续发展。

（三）《周易》"天人合一"的启示

温家宝同志 2005 年在法国巴黎综合理工大学发表了题为"尊重不同文明，共建和谐世界"的演讲，在演讲的开始部分温总理就提到："人与自然的和谐相处是人类文明发展的前提。中国文化提倡'天人合一'的思想。所谓'天人合一'，包含着人与自然界相统一的意思。"2014 年 5 月 4 日习近平主席考察北京大学，在师生座谈会上列举中华文化中的优秀思想和理念时，就提到了"天人合一"；更重要的是，2014 年 5 月 15 日，习近平主席在中国人民对外友好协会成立 60 周年纪念活动上的讲话中，首次提出阐释中国和平发展基因的"四观"，包括：天人合一的宇宙观、协和万邦的国际观、和而不同的社会观、人心和善的道德观。②

---

①罗素. 马元德译. 西方哲学史. 北京：商务印书馆，1988：91.
②习近平"天人合一"，2014 年 4 月 7 日，光明网.

《周易·系辞上》认为"易与天地准，故能弥纶天地之道"。又认为易"与天地相似故不违"，"范围天地之化而不过，曲成万物而不遗"。认为易的体系代表了天地，因此易与天地相似，规律一致，在措施上要做到最优化，即不使太过，合乎中庸。在政策上要做到顺应人类之自然。"故圣王所以顺，山者不使居川，不使渚者居中原，而弗教也。"《礼记·礼运篇》这段话具体体现了古代帝王根据《周易》朴素的原始环境科学思想，制定一种政策，不打破人与生活环境的平衡。又如《周易·井卦》，体现了保护水源、使水源不受污染的思想。例如：《井卦·卦辞》提出"改邑不改井"。《周易·程传》注解说"井之为物常而不可改也，邑可改而之他，井不可迁也"。井卦六四爻辞："井甃，无咎。"认为应当用砖砌起来，保持井水卫生。井卦九五爻辞："井洌寒泉食。"意思是希望井水温度低，水质才好。

《周易乾卦·彖传》："大哉乾元，万物资始，乃统天。云行雨施，品物流行……乾道变化，各正性命，保合太和，乃利贞。首出庶物，万国咸宁。"只有人和自然保持"太和"，国家才能太平。《坤卦·彖传》："至哉坤元，万物资生，乃顺承天。坤厚载物，德合无疆。含弘光大，品物咸亨。"意思为：若能顺承天可得到丰收、繁荣。即考虑了既能使社会经济得到发展，使人民安居乐业，又要顺乎自然，不打破天地之间的平衡，保持自然的生态平衡，达到"致中和，天地为焉，万物育焉"的境地。

《周易》的前两卦为乾卦和坤卦，又称"乾坤并建"，代表生生之德，最后一卦则是"未济"，这代表了易经从开始到最后，都有创造不已的特性。乾卦和坤卦各爻，以一阴一阳相互迭生，充分代表了"以一阴一阳之谓道"的精神，也象征永无止境的开创精神和生生不息的开放体系。乾代表大生之德，坤代表广生之德，合起来就叫做"生生之谓易"。从某种意义上也可以说，易经哲学就是"生生不息"创造不已的哲学，它把整个自然界看做是一个生生不息的大生命个体。"生生"代表整个宇宙的本质，从而强调整个自然充满生命力，易经中注重天人合德、物我互融，从而体现了人们要尊重自然，维护自然的生态平衡。

《周易·系辞上》有这样一段话："易与天地准，故能弥纶天地之道。仰以观于天文，俯以察于地理，是故知幽明之故。原始反终，故知死生之说。精气为物，游魂为变，是故知鬼神之情状。与天地相似，故不违。知周乎万物而道济天下，故不过。旁行而不流，乐天知命，故不忧。安土敦乎仁，故能爱。范围天地之化而不过，曲成万物而不遗，通乎昼夜之道而知，故神无方易无体。"也就是说《周易》有通天究地、知明晓幽、察始觉终、知神知鬼的伟大，然后提出人生的根本道理：这就是与天地同道，乐天知命，安土敦仁。其中乐天知命是中心，乐天知命的前提是"顺天"，"顺天"就是顺应自然规律，如果人能够以顺天的态度去生活，那就能和大自然合为一体，自然也就其乐融融了，其表现出和大自然的一种和谐关系。倘徉山水，寄情自然，忘形骸于天地之外，实是人生一种难得的境界。大自然就像人类的母亲，在我们失意的时候、劳累不堪的时候，不妨去大自然中走一走，也许她会使你受伤的心灵得到慰贴，疲乏的躯体得到松弛，僵化的头脑顿时洞烛天开、妙思如泉。《周易》启示我们，不要把人和自然放在对立的位置，人在自然面前不要以征服者的身份自居，而是要对自然充满友善，形成和谐的关系。

值得注意的是，《周易》主张的天人合一，决不意味着主体（人）作为消极的东西沉陷在客体（天）里，而是相反，天人合一的命题本身，就是建立在主体的精神自由、主体的地位和作用的基础上的。"《易传》一方面强调尊重客观规律，'顺天休命'；另一方面又强调要发挥人的主观能动性。"① 《周易》环境观恰恰蕴含了客观规律和人的主观能动性以及能动性正确发挥的意义，例如《周易》用"正"这个概念来代表规律，认为守"正"就吉，不守"正"就凶。《周易》在强调规律、尊重规律即"顺天"的前提下，强调人在一定程度上可以把握住自己的命运，如《周易》中有"履虎尾，不咥人，亨""六三，眇能视，跛能履，履能尾，咥人，凶""九四，履虎尾，朔朔终吉"（《履卦》），这里指在人履虎尾的情况下，出现吉还是凶的结果，与人的态度和行为有很大关系。如果敢于克服困难，老虎咬不死人；但如果掉以轻心，就会被老虎吃掉。这里说明吉与凶的结果，与人的态度和行动有很大关系。这里也说明吉与凶转化的条件，在很大程度上取决于人的努力，而这种人的努力程度也总是受一些客观因素的影响，而现代人们往往忽视这一点，极力扩大人的主观能动性，无尽地向自然索取。"五斧砍树，十膊争林"，滥垦土地，掠夺资源，臭氧破坏，大气污染，有害金属、有害纤维和有机化合物充斥空间，水中的化学成分改变，绿色农业丧失殆尽，使人类的自主活动已达到近乎完全打乱地球节律的程度，不仅有限的自然资源显露出枯竭的端倪，支持着人类生活的四大主要生物系统即耕地、牧场、森林、渔业，在过度开发的压力下，也变得越来越脆弱。我们只有牢记《周易》"天人合一"的自然观给我们的启示：寻求人与自然的和谐。要树立正确的自然观，人与自然才有和谐。

二、儒学视野下《周易》的环境观②

《周易》中所论述的环境观，尤其是对小范围环境的认识，如对人类住宅的方位和结构、布局以及对墓地的选址等论述带有不少迷信色彩，其糟粕是应当抛弃的。但《周易》"天人合一"的环境观，其精华是主要的，堪舆学中存在众多合乎地质学的部分，像地质构造、地貌、水文的某些研究仍有现实意义。而且《周易》的环境观对现代社会的发展具有解毒作用，对改变现代环境恶化现象有重要意义，因此，某些人在批判《周易》环境观中的封建迷信时，切不可"把孩子和洗澡水一同倒掉"。

---

① 朱伯崑. 易学. 北京：九州出版社，2000：343.
② 史少博.《周易》环境观对现代的启示，齐鲁学刊，2003（3）：67-70.

（一）《周易》关于环境及其和人关系的论述

1. 关于环境的论述

八卦中的天、地、山、泽、风、雷、水、火，构成人类生存的外环境，构成宇宙空间的格架。而八卦的八种物象在彼此协调的情况下，可出现像《周易·大有卦》所描述的农牧生产丰收、人民安居乐业的局面。如果八种物象反常，则出现日蚀、旱涝、山崩、地震等自然灾害。如《周易·蒙卦象》曰："山下有险"，《蹇卦象》曰："蹇，难也，险在前也。"《讼卦象》曰："不利涉大川"，《复卦上六爻》曰："有灾眚"等，都是说的恶劣环境和自然灾害。

2. 关于保持自然界生态平衡的论述

《周易》的前两卦为乾（☰）卦和坤（☷）卦，又称"乾坤并建"，代表生生之德，最后一卦则是"未济"（䷿），这代表了易经从开始到最后，都有创造不已的特性，此卦各爻，以一阴一阳相互迭生，充分代表了"以一阴一阳之谓道"的精神，也象征永无止境的开创精神和生生不息的开放体系。乾代表大生之德，坤代表广生之德，合起来就叫做"生生之谓易"。从某种意义上也可以说，易经哲学就是"生生不息"、创造不已的哲学，它把整个自然界，看做是一个生生不息的大生命个体。"生生"代表整个宇宙的本质，从而强调整个自然充满生命力，易经中注重了天人合德，物我互融，从而引导人们要尊重自然、维护自然的生态平衡。

3. 关于人与自然和谐相处的论述

《易经》中有巽（☴）、坎（☵）之卦，巽为风，坎为水，若将二卦组合为（䷺），巽上坎下：即风行水上，涣。先王以享于帝，立庙。"即风行水上"谓之气散，而享于帝立庙是讲聚气，故涣卦卦意为涣散而能凝聚也，风行水上则有趋吉避凶，消灾解难之说。从涣卦的卦象来看，实象四合院民居，初六中空喻户，九二喻二门墙桓，六三与六四喻四合院东西厢房，中空喻庭院，九五和上九喻封闭的正堂屋，故其藏风聚气，由此可以看出上古人类选择的生活地址都要考虑地貌、水源、阳光等条件，既要透风，又要避风，既要有水源从上游流来，又要有泄水的去路。这朴素的环境观念体现了只有人与自然的和谐，才能有利于人们的生存和健康。

4. 关于自然规律与社会人事关系的论述

《革卦·彖传》在谈到商汤王、周武王的革命时说："天地革，而四时成。汤武革命，顺乎天而应乎人。革之时，大矣哉！"商汤周武王的革命为什么成功？就是因为他们"顺乎天而应乎人。""顺乎天"者，遵循天意之谓也，可理解为遵循自然规律；"应乎人"者，合乎民心之位也。《周易》中有顺动的概念，"顺动"就是循规律而动。《贲卦·彖传》说："天地以顺动，故日月不过，而四时不忒，圣人以顺动，则刑罚清而民服。"就是说天地按规律而运动，所以日月运行都不争先恐后，这样春、夏、秋、冬四季才分明，圣人按照规律办事，则奖罚分明，老百姓都心服。如此，天下何愁不太平！在"顺动"的基础上，《周易》认为"时"是至关重要的。"日中则仄,日满则食,天地盈虚,与时消息,而况于人乎?况于鬼乎?"(《丰卦·彖传》)"损刚益柔有时,损益盈虚,与时偕成。"(《损卦·彖传》)"时止则止,时行则行,动静不失其时,其道光明。"(《艮卦·彖传》)这些都是强调"时"的重要性。"消息"来自"时",成功赖于"时",而关键在于"不失其时",审时度势,抓住时机,机不可失,时不再来。这也体现了人在大自然面前既要遵循规律,又要发挥主观能动性,审时度势。

(二)《周易》环境观的哲学蕴义

1. 非环境决定论

18世纪法国哲学家孟德斯鸠是资产阶级地理学派的创始人。在《论法的精神》中,他曾用五章的篇幅论述政治、法律与地理的关系。他主张地理环境规定着民族性和制度;气候、土壤和地域影响着民族的性格、感情、道德、宗教、风俗和法律,甚至决定国家的政体。由此可以看出他是典型的地理环境决定论者。地理环境固然是人类社会生存和发展的必要条件,但它只是外部因素,它有可能加速或延缓社会的发展,但社会变革毕竟是由物质资料的生产方式决定的,因而这种片面夸大地理环境对社会发展及人的发展的观点是错误的。《周易》中的环境观注重人类与环境的协调,认识到这对于人类的生活、习惯、健康、生产活动都是有利的。例如:《周易》中的"当位"思想就是强调宇宙和谐、人和自然的和谐。正象《周易》六十四卦,总起来说是宇宙模式,而就一卦来说,又是相当完整的小天地,俨然是宇宙的缩影。因每一卦都有六爻,这六爻均由阴阳二爻组成,下三爻是个经卦,称为下卦;上三爻又是一个经卦,称为上卦,二者又称为二体。二体象征事物发展的两个阶段:下卦为"小成"阶段,上卦为"大成"阶段,象征事业成就的大小,事物所处地位的高低,或所居地域的远近、内外。而且,六爻位次有奇偶之分,初、三、五为奇数,属阳位,二、四、上为偶数,属阴位。阳爻阳位,阴爻阴位,这叫"当位",如果阳爻居阴位、阴爻居阳位就叫作"失位"。"当位"象征事物遵循正道,符合规律。"失位"意味着事物违背规律。又六爻位次,第二爻居于下卦中位,第五爻居于上卦中位,这两爻的位置十分重要。阳爻居中位,象征刚中之德;阴爻居中位,象征柔中之德。如果阴爻居第二位,阳爻居第五位,则又中又正,称之为中正。中正是美德的象征,处此位,万事吉祥。《周易》重视爻位,强调阴阳爻居其位,这体现了其天地万物莫不应该各居其位的观念。自然界如此,人类社会也是如此,如果某物、某人脱离了自己应该所处的位置,则整个系统就会紊乱,这个系统原有的秩序、稳定也就被破坏了,对于脱离应居位置的某人、某物来说,就会遇到麻烦,甚至危险。可见《周易》强调环境和人的和谐,不是只强调环境而忽视人,即使勘舆学中的建筑选址、选向、分布和结构也讲环境与人的协调。环境优美,至少让人心旷神怡,精神焕发,但环境的作用再大也会有一定的界限,毕竟人类活动的终极目的、人们所做的一切都是为了人类自身,正像马克思所说:"抽象的、孤立的、与人分离的自然界，对人来说也是无。"① 其实《周易》人与自然和谐的环境观正体现了这一思想，很明显《周易》的环境观是非环境决定论。

2. 非主体决定论

人是主体，作为主体的人是自觉的、有意识的行为发出者、主动者。非主动、消极地接受他物作用者不是主体，没有自觉意识和预期目的的行为者，也不是主体。如果离开自然界这个客体也就无所谓主体，因而强调环境忽视人是错误的，但一味强调人忽视环境、忽视自然的规律也是错误的，就会走向主体决定论。《周易》没有犯这样的错误。《周易》教育人们避凶趋吉或逢凶化吉的法宝主要有二：一是"守正"，即按规律办事；一是"有孚"，即以诚待人。强调"有孚"是《周易》主体论哲学的重要组成部分。其实《周易》在弘扬人的主观能动性诸如"自强不息""厚德载物"时，也强调群体的主观能动性，如要"和同"于人，"富以其邻"等。虽然《周易》强调人的主观能动性，但是也不把人的主观能动性推到极端的程度。人的活动既有自律，又有他律。自律是人的主观能动性，他律则是客观规律性，而人的主观能动性只有在尊重客观规律的前提下，才能得到充分、有效地发挥。《周易》的"三材"说，尽管突出人为中心，但人也不能超出"天"与"地"所限定的范围，人只能在天地之间，遵循天地共有的客观规律生存、发展。人的活动与天地万物的活动是同一节奏的，它们的关系是和谐的，由此可见，《周易》的环境观是非主体决定论。

3. "天人合一"环境观体现人与自然的和谐关系

"天人合一"论主要依据自然与人的和谐与否来解释人的吉凶祸福。

(三)《周易》环境观对现代的启示

1. 人和自然要和谐相处

在现代，当人们高唱赞歌阔步前进的时候，当人们为自己取得的伟大成就而自豪的时候，一些令人担忧的现象相继产生，新的矛盾和问题日益尖锐地呈现在人类面前：在近一百年的时间里，人们毫无顾忌地向自然索取满足自己急剧膨胀的欲望所需的一切，结果导致严重的生态危机。要改变这样的现状，《周易》的环境观无疑给我们提供了一把解决环境问题的钥匙。《周易》"天人合一"的自然观给我们以启示：寻求人与自然的和谐，要树立正确的自然观，从自然的征服者变为自然的伙伴。《周易》环境观正是告诉了我们要与自然和平相处，才能维持人类的可持续发展。

2. 正确把握人的主观能动性与自然的客观规律性

如果把自然看成神之造物、神之化身，对自然顶礼膜拜，把人看成对自然缩手缩脚，没有主动性、创造性、主观能动性的被动者，就会走向宿命论；如果把人的

---

① 马克思. 1844年经济—哲学手稿. 北京：中华书局，1982：365.

主观能动性扩张、膨胀，把自然看作发财致富的机器，对自然巧取豪夺，人类就会变成海盗式的掠夺者，不尊重自然，违背客观规律，到头来必然遭到自然的报复和惩罚。其实，早在一百多年前，恩格斯就曾告诫过人类："我们不要过分陶醉于我们对自然界的胜利。对于每一次这样的胜利，自然界都报复了我们。每一次胜利，在第一步都确实取得了我们预期的效果，但是在二步和第三步却有了完全不同、出乎预料的影响，常常把第一个结果又取消了……因此我们必须时时记住：我们统治自然界，决不像征服者统治异民族一样，决不像站在自然界以外的人一样，相反地，我们连同我们的肉、血和头脑都是属于自然界，存在于自然界的；我们对自然界的整个统治，是在于我们比其他一切动物强，能够认识和正确运用自然规律。"[①] 恩格斯这一正确的论断，正和早在二千年前中国《周易》中关于人和环境、人和自然、人的主观能动性和客观规律性关系的哲学意蕴相默契。

3. 树立人与自然整体思维

以往社会具有局部性或单一性的特点，国家民族彼此隔绝，注重外在的攻伐转换，缺乏内在的公约制衡；阶级、团体、个人各自为政，管好自己，即可确保无虞；主体活动的空间小，力度也有限，影响短暂，注重某一局部、某一方面，或某一事物，某一过程。而现代社会的特点是整体相关性，超音速客机缩短了人们的距离，通信革命增强了人们的联系，经济发展相互依赖、相互促进，共同解决面临的问题；偌大的地球在不断缩小，主体活动却不断扩大。科学技术触及事物深层，将活动对象立体地呈现在人们面前，对某一事物、某一过程、某一点上的变革，影响涉及面很大，即所谓"牵一发而动全身"。所以现代技术发展所带来的环境恶化问题，将会导致连锁反应，会成为全球性的问题，甚至影响到人类的可持续发展。因此，用《周易》"天人合一"整体思维为指导，是解决环境问题的一个基本思路。

因《周易》思维方式是象数思维，即取象比类是象数思维的基本特征，阴阳对称、刚柔调和是象数思维的致思准则；强调序列、注重节律是象数的突出优点，而整体思维恰恰是象数思维的合理内核。因为易学将人体小宇宙与自然大宇宙都看作是有机统一的整体，象数思维的合理内核就是引导人们用整体思维去观察分析宇宙的运动、变化和发展。六十四卦，每一卦都是一个整体，六爻之间存在着相互制约的关系。主要有：内卦与外卦的关系，六爻之间的天、地、人才统一关系，六爻之中初、三、五爻同二、四、上爻的比应关系，别卦与别卦之间的错综关系等。六爻之中，任意变动一爻，则会引起一系列相关性的变化。这就是《周易》象数中的整体关系。象数思维的合理内核正在于通过象数推衍程序，强化整体观念，而"合二为一"正体现了这种思维方式。"天人合一"既是环境观亦是宇宙观，正好与西方"天人相分"的宇宙观相对立。西方思维模式体现了"二元对立"，从这种思维方式

---

①恩格斯. 自然辩证法. 北京，商务印书馆，1989：158.

出发，西方习惯上把人与自然、自然与社会、此岸与彼岸、主体与客体、知识与价值、感情与理智、身与心、灵与肉等一系列本是统一的双方统统作了割裂性的处理，从而使现代人统治自然出现人与自然离异的结果——这正是当前严重的生态文化危机的总根源。用整体思维作指导，就要求人类不能把眼光仅仅盯在某一个国家、一个民族、一个阶级、一个团体、一个单位、一个个体身上；不能只顾眼前利益，不顾长远利益；不能只讲速度，不讲效益，或只顾利润不顾环境污染；不能满足于一得之功、一孔之见，更不能出于私心或狭隘利益的偏见，人为夸大某个方面、某项成绩，不能顾此失彼、手忙脚乱、首尾难全。虽然《周易》以整体性思维为统率的"天人合一"环境观使"天"带有神圣化、神明化的色彩，有负效应，但它的正面作用是巨大的，它和当代生态科学的总体意向是相通的：强调人和自然的和谐发展与共同进化，这种人与自然和谐的观念恰恰是现代文明的最佳解毒剂。

第二节 为天地立心、为生民立命

一、儒学视野下《周易》的君子之道①

对《周易》的研究，学术界早已认可其博大精深的内涵。现行的《周易》包括两个部分：即《易经》和《易传》。《易经》主要是六十四卦和三百八十四爻，并各有卦辞、爻辞加以说明；《易传》是解释卦辞、爻辞的文字，共十篇，称为"十翼"。"十翼"有《彖传》上下、《象传》上下、《系辞》上下、《文言传》、《说卦传》、《序卦传》、《杂卦传》共十篇。《周易》既是一部哲学书，又是一部卜筮书，是中国最早的学术专著之一。

《周易》博大精深，寓意深远，历经沧桑，被历代官员、政治家、思想家、哲学家所重视，正是它为人们提供了安身立命的道理。《周易·系辞上》说："子曰：'夫易何为者也？夫易，开物成务，冒天下之道，如斯而已者也。'是故，圣人以通天下之志，以定天下之业，以断天下之疑。是故，蓍之德圆而神，卦以德方以知，六爻之义易以贡。圣人以此洗心，退藏于密，吉凶与民同患。神以知来，知以藏往，其孰能与于此哉。"意思是：《周易》的目的就是揭示事物的本质，概括天下事物的规律而成就事业。所以圣人可以通达天下人的心志，完成天下大业，决断天下的疑惑。因此蓍占的所得在于效法天圆故能神妙，易卦的所得在于效法地方能隐藏智慧。六爻之义在于其变化而告诉人们吉凶，故圣人以此自娱其心，退藏隐秘之处，吉凶与庶民共济，其神妙可以预知未来，其智慧可以隐藏过去。又《周易·系辞上》曰："是以君子将有为也，将有行也，问焉而以言，其受命也如响，无有远近幽深，

---

① 史少博.《周易》中蕴含做人之道，《社会科学论坛》，2007（2）：12-15.

遂知来物。"而对于《周易》，"仁者见仁谓之仁，知者见知谓之知，故君子之道显矣。"

古人认为，《周易》是为圣人而做，是君子之学，是宫庭之学，是官学，而我们今天细细揣摩《周易》之精微，发现里面不仅存有治国之道，而且蕴含领导干部立命之本。《周易》又是为君子谋，不为小人谋，正像《横渠易说》（卷三）中所说："《易》为君子谋，不为小人谋，故撰德于卦，虽爻有小大，及系辞其爻，必喻于君子之义。"在《周易》的经文中，"君子"的概念就出现过21次，在《周易》的传文中，"君子"一词出现104次，由此可见："一部大易，只为君子谋。"因而其可以为那些有德性的人，立志为人民大众做贡献的人，提供一些取得成功的秘诀。

（一）自强不息

"自强不息，厚德载物"，这是我国著名高等学府——清华大学的校训。这八个字来自《易传》中《象·上》，其中一句是"天行健，君子以自强不息"；另一句是"地势坤，君子以厚德载物"。其解释为：乾象言君子自励犹天之运行不息，不得有一曝十寒之弊。且学者立志，尤须坚忍强毅，虽遇颠沛流离，也不屈不挠。坤象言君子接物，度量宽厚犹大地之博，无所不载。两句和用，表示"奋斗"与"道德"的结合。

《象传·乾》曰："天行健，君子以自强不息。"就是说，天道本刚健，日月交替运行，日升月落，星辰变化，四季交替，永不停息。天有不测风云，并且四季交替，那么一个人的事业发展也不会处于常胜状态，由于它偶然的、必然的、内在的或外在的原因，有时会遭遇失误或失败，有时举步艰难，无法自拔，这就要求人在困难时期，要保持清醒的头脑，切勿萎靡不振。要善于转败为胜，即使一时陷入低谷，也要鼓足勇气，认真分析失败的原因，跌倒了爬起来，自强不息，迎接高峰的来临。

《周易》认为在事物转化中起决定作用的是"刚健"，反复赞扬"刚健"的品德，在全书中多次强调刚健是阳，阳是天道、天之体；柔顺是阴，阴是地道、地之体。《易传》提倡刚柔相济，就是刚居于支配地位，柔居于被支配地位，天道要求人们自强不息，要求人们坚强刚毅、奋发进取，这就为人们战胜困难、树立信心提供了一种可能或者说提供了一种动力。要干一番事业，首先必须自强不息，没有自强不息的精神，就会怨天尤人、自暴自弃；没有自强不息的精神，就找不到前进的动力源泉。作为一个高尚的人，在气节、操守、品德、治学等方面都应不屈不挠，战胜自我，永远向上，力争在事业与品行两个方面都达到最高境界。在做人做事方面应该顺应自然，胸怀博大，宽以待人，承担起宏伟的历史任务。

（二）"崇德广业"

《周易·乾文言》曰："'元'者善之长也，'亨'者，嘉之会也，'利'者，义之和也，'贞'者，事之干也。君子体仁足以长人，嘉会足以合礼，利物足以和义，贞固足以干事。君子行四德者，故曰'乾，元、亨、利、贞'。"

《周易·系辞下》曰："易之兴也，其于中古乎？作易者，其有忧患乎？是故，履，德之基也；谦，德之柄也；复，德之本也；恒，德之固也；损，德之修也；益，德之裕也；困，德之辨也；井，德之地也；巽，德之制也。"可见，《周易》的八宫卦，卦卦都是讲"德"。又《周易·系辞上》曰："夫易，圣人所以崇德而广业也。""崇德"和"广业"二者相辅相成、相互配合：一方面，"崇德"是为了"广业"，因为有才德的人品德高尚，通情达理，中正端庄，美德超逸，就会得道多助，利于建立丰功伟绩；另一方面，"广业"又是为了"崇德"，正如《周易·系辞下》所说："精义入神，以致用也。利用安身，以崇德也。"也就是说，研究事物之理，是为了经世致用，而便利起用，改善生活，使身有所安，最终提高人们的道德水平，而心情舒畅、宁静幸福。当前，随着社会转型的深化，市场经济的观念被不断强化，使得一些人把功利看得高于一切，由此滋生了一些违背公德、违法犯罪的行为。不必讳言，人都有欲望，即有食欲、物欲、财欲、美欲等，但是，人的欲望应该有个限度，一旦超过了限度，欲望蜕变为贪欲，就会滋长贪婪。苏联教育家马卡连柯有过这样的论述："人类欲望本身并没有贪欲，……贪欲是从一个人的需要和另一个人的需要发生冲突才开始的，是由于必须用武力、狡诈、盗窃，从邻人手中把快乐和满足夺过来而产生的。"贪欲可滋生愚昧、凶残、顽固、专横、腐败。所以，要想立于不败之地，就必须以德为先，不为暴利所诱，不违法违纪。否则，就会像《明夷》卦上六爻辞所说："不明，晦。初登于天，后入于地也。"

《周易·系辞下》曰："天地之大德曰生，圣人之大宝曰位，何以守位曰仁。"自古以来，行"仁政"者必是英明之主，"仁"对个人而言，可以内化为圣贤，外施则为豪杰。"仁"不但是政治道德的理想，也可以作为经世致用的谋略，"仁"和"义"是"立人之道"。成大事者，往往并非为个人名利欲所牵使，而是一种神圣的使命感使他不得不如此。要推己及人，多替别人着想，这就是仁。作为上级，有义务帮助下属去实现他们的理想，真心诚意地期望他们成长进步，只有你对别人好，别人才会被你的精神所感动，这样在一起工作，才会有共同前进的动力，实现自己的理想才会有坚强的群众基础。"仁"者，就要爱民，收敛自己的贪欲，加强自己的修养。

《周易·系辞上》曰："乾道成男，坤道成女。乾知大始，坤作成物。乾以易知，坤以简能。易则易知，简则易从。易知则有亲，易从则有功。有亲则可久，有功则可大。可久则贤人之德，可大则贤人之业。"其蕴含的夫妻之道是：男女成婚，资主有亲附，那么这种亲附必须长久；只有夫妻长久，不朝三暮四、见异思迁，才具备贤人应有的德行，而人有了德行，才有可能建立丰功伟业，成就大事。

《易》曰："困于石，据于蒺藜，入于其宫，不见其妻，凶。"子曰："非所困而困焉，名必辱。非所据而据焉，身必危。既辱且危，死期将至，妻其可得见耶？"

也就是说，不是自己应该拥有的，非法去拥有，到头会落得既辱且危的结局，家人也会受到连累。

《周易·系辞下》曰："善不积不足以成名，恶不积不足以灭身。小人以小善为无益，而弗为也；以小恶无伤，而弗去也。故恶积而不可掩，罪大而不可解。易曰：'何校灭耳，凶。'"《周易》向我们透露出这样的道理：一个人应该自觉遵循应遵守的法规和道德，不是自己应该占据的，就不要越规去得到，否则，贪心是填不满的鸿沟，小恶演变成大恶，最终恶积不可解，最后结果是害了自己，不利妻、不利家人，事业也可能因此而毁掉。

《离》卦九四爻辞曰："突如，其来如，焚如，死如，弃如。"就是说，不正当的突然暴发，一定不要去享受，更不能安于享受，一定要注意在"突如"后紧跟着一个"死如"，否则，想了几天"突如"，就将会以"死如"为代价。这就谆谆告诫某些官员们，不要贪不义之财，否则会没有好结果。

"崇德"才能"广业"，正像《周易·系辞》所说："立人之道，曰仁曰义。"如果没有"仁"和"义"，就无法做人，得人心者得天下，失人心者失天下。"仁义"之理告诫人们要有"良知、良能"，要施仁于民，才有做人的资格；人讲"义"，才能德明。要有爱人之心、宽人之德、容人之志。仁是心之德，爱之理；义是心之制，事之适，只有实行仁爱，崇尚道德，才能营造和谐环境，推动社会进步。

易理皆德，八卦，皆主德：乾德健、坤德顺、震德动、巽德齐、坎德润、离德丽、艮德止、兑德悦。其德为正，即正直、端正、公正。正人先正己，己欲立而立人，己欲达而达人。应正德善俗，进以正，行之端，方能通达成功。

（三）人有"诚"才立

《周易》卦爻辞中没有出现"诚""信"二字，但根据《易传》的解释，我们可以看出，《周易》中处处都蕴含了诚信之道，例如《中孚》卦就是讲诚信的，我们看它的卦爻辞：初九，虞吉，有它不燕。九二，鸣鹤在阴，其子和之；我有好爵，吾与尔靡之。……六四，月几望，马匹亡，无咎。九五，有孚挛如，无咎。"我们可以看出，"虞"就是"安"。"有它"就是"有应"，也就是初九和六四正应。但爻辞认为，处于中孚初爻的位置上，守诚信则吉；别有他求则不得安宁。它提醒人们，要想被人信任，自己首先要耐得住寂寞，踏踏实实地在诚信上下一番功夫，因为诚信不是靠取巧所能得到的。要想取得别人的信任，不能靠算计，不能靠投机，不能靠讨好，不能靠嘴上吹得好听，也不能靠强迫的手段；只能靠自己的严于律己，靠自己的苦心修炼，靠自己的高尚品德，靠发自内心的"诚""信"，才会最终赢得人们的赞誉和信任。

如果一个人或一个企业不讲诚信，即使得一时之利，也会最终失去民心、失掉市场，断送前途和命运。就像《中孚》卦的"六三，得敌，或鼓或罢，或泣或歌。上九，翰音登于天，贞凶。"根据王弼《周易注》说："以阴居阳，欲进者也。欲进而阋敌，故或鼓也；四履正而承五，非己所克，故或罢也；不胜而退，惧见侵陵，故或泣也；四履乎顺，不与物校，退而不见害，故或歌也。不量起立，进退无恒，悫可知也。"按爻位说，三为阳位，六三以阴居阳，位不当。且前遇六四，由于六四同性相嫉之象。位不当，则根基不稳，意志不坚。而又性好嫉妒，所以表现出言行无常，诚信不足。这说明了，一个人如果诚信不足，就会被环境或私念所左右，其结果就是机关算尽，终不能赢得人们的信任，到头来反而使自己狼狈不堪。

修辞立其诚，《易传》也阐述了语言与德性的关系。如《周易·系辞上》曰："默而成之，不言而信，存乎于德行。"又《周易·文言》曰："庸焉之信，庸行之谨，闲存其诚，善事而不伐，德博而化。"又说："忠信，所以进德也；修辞立其诚，所以居业也。"这就看出"德"和"言"对"居业"的关系，显示出"诚"的重要性。诚实是做人之本，守信是立事之根。诚实守信，对自己，是一种心灵的开放，是对自己人格的尊重；对他人，是一种交往的道德，是一种气魄和自信。

王弼《周易注》中说："居卦之上，处信之终，信终则衰，终笃内丧，华美外扬，故曰翰音登于天也。""翰"，就是高飞的意思。如果信衰则诈起，其结果凶，这说明了沽名钓誉是诚信的大敌，最终会毁掉自己的前程。诚信是一种美德，只要你加强自己的修养，拥有了诚信，就会拥有美好的前程。

（四）谨慎

谨慎体现在人的社会生活中的各个方面，如交友慎重、用人慎重、慎言慎行等。自古以来，就有"祸从口出"的说法，当人做了官以后，往往做得越大时，越是一言九鼎，越是要加强自己的修养，三思而后言。历史上，曾国藩年轻时也是个多嘴多舌之人，也曾言语刻薄，因此得罪了不少人。有一次上朝，他不经意说了几句话，顿时引起了同僚的猜忌，虽然他并非有意，但听者有心，搞得他很孤立，也很狼狈，遇到几次这样的情况后，他就发誓从戒多言开始，重塑自己的形象。他曾在日记中写道："凡往日游戏随和之处，不能遽立崖岸，惟当往还渐稀，相见必敬，渐改征逐之习；平日辩论夸诞之人，不能遽变聋哑，为当谈话渐低卑，开口必诚，力去狂妄之习痼弊于吾心已深（要紧！要紧！）。前日韵，除谨言静坐，无下手处，今忘之耶？以后戒多言如戒吃烟。如再妄语，明神殛之！并求不弃我者，时时以此相责。"① 曾国藩从此立下毒誓后，便时时注意，改变了多言的毛病，对慎言的重视，影响了他的一生。权力，是分配资源、生杀予夺的令符，为世人所必争，而它也是一把双刃剑，既可以强制别人服从，也可能伤及自身。握有大权的人，稍有不慎，会造成极大危害，所以权力越大，越要处处谨慎。

《易传》作者认为，语言是圣人管理天下的"四道"之一道："易有圣人之道四焉，以言者尚其辞，以动者尚其变，以制器者尚其象，以卜筮者尚其占。"并且，

---

① 吴江. 曾国藩成功学精华. 北京：中国华侨出版社，2000：267.

"圣人之情见乎于辞。"因此，语言是圣人管理天下的有效工具之一，也是圣人表达自己情意、让天下人了解其思想的媒介之一，正如《周易·系辞上》所说："问焉而以言，其受命也如响。"

语言的重要性在《易传》中也有说明："极天下之赜者存乎卦，鼓天下之动者存乎于辞。"可见语言是一种权力，它能诱发天下之人行动起来。

《周易·系辞下》曰："将叛者，其辞惭。中心疑者，其辞枝。吉人之辞寡，躁人之辞多，诬善之人其辞游，失其守者其辞屈。"这就告诉我们：吉利之君子，要树立自己的威望，慎言才吉利，吉人必慎言。

善言有善言的结果，恶言有恶言的后果，正如《周易·系辞上》曰："君子居其室，出其言善，则千里之外应之，况其迩者乎？居其室，出其言不善，则千里之外违之，况其迩者乎？言出乎身，加乎民；行发乎迩，见乎远。言行，君子之枢机。枢机之发，荣辱之主也。言行，君子之所以动天地也，可不慎乎！"从中我们可以很明确地看出，作为君子，作为从政的领导干部，言行影响的面会很广，所以要谨言慎行，以"慎"字撑人生之舟。

谨慎并非美德，却是成大事者必备的素质。何谓"慎"？"慎"就是"行不放逸，语不宣泄。"就是说，一言一行，均要慎重，方可成就大事，不慎有时会招来祸害和失败。正像《周易·系辞上》所说："乱之所生也，则言语以为阶。君不密则失臣，臣不密则失身，几事不密则害成。"

唐代武则天也深受《周易》的影响，她亲著《臣轨》作为官员行事的准则，专列一章谈"慎"，其中说道："夫修身正行，不可以不慎；谋虑机权，不可以不密。忧患生于所忽，祸害兴于细微。人不慎密者，多有终身之悔。故言易泄者，召祸之媒也。事不慎者，取败之道也。"谨慎成大事，这是古代贤哲经过无数的磨难总结出来的硬道理。为人如此，做官更需如此。《管子》中说："其所谨者小，其所立者也小；其所谨者大，则其所立也大。"这就是说，一个人成就事业的大小与其谨慎的程度成正比。古代大哲学家朱熹在给陈亮的书信中说："真正大英雄人物，却从战战兢兢、临深履薄处，做将出来。若是血气粗豪，却一点使不着也。"这就告诉人们，古今大英雄豪杰，想做一番惊天动地的事业，做事必有如临深渊、如走薄冰一样谨慎。

谨慎要时时牢记，做事做人不仅要开始谨慎，而且要贯彻始终。正如元代名臣张养浩所说："为政者不难于始而难于克终也。初焉则锐，中焉则缓，末焉则废者，人之情也。慎始如终，故君子称焉。"也就是说，谨慎始终，则无败事。清朝高廷遥曾说："夫居官之要，莫要于谨言慎行。举止戒浮动，说话戒夸张。上官及朋友有事相商，不可漏泄，所谓几事不密则害成也。"可见历代官员都自觉不自觉地把《周易》精神贯彻到实践生活中了。

《乾》卦九三爻曰："君子终日乾乾，夕惕若厉，无咎。"就是说人的事业开始发展之时，实为人事业进退的机枢之所在，因初受重用，必招致各种嫉恨流言，稍有软弱、不慎，就容易被暗箭射伤落马，但只要坚强不息，加上小心谨慎，就可创造出美好的前程。

谨慎不是优柔寡断，不是拖泥带水，不是迂腐，也不是胆小怕事，要做到心中有数。例如《周易》讲慎言，但不是不言，关键时刻，语言的作用是伟大的。《周易·系辞上》说："君子之道，或出或处，或默或语。二人同心，其利断金。同心之言，其臭如兰。"这里的"同心之言"也突出了人与人心的沟通，这是以彼此的"诚"为条件的，有了"诚"，便会取信他人。便会取得他人的帮助，正如《周易·系辞上》所说："佑者，助也。天之所助者，顺也；人之所助者，信也。履信思乎顺，又以尚贤也。是以自天佑之，吉无不利也。"这就是说，人无信不立，和人交往要以诚相待才能以诚换诚，获得别人的帮助，才能事事顺利、通达。

（五）见机而作

人不要漫无目的地瞎忙一气，要与时偕行，见"几"而作，最重要的是把握"时"，"天地以顺动，故日月不过，而四时不忒。"（《豫·彖》）所以"生以顺动"，遵循天地运行"时"表现出的法则，圣人能够"与天地合其德，与日月合其明，与四时合其序，与鬼神合其吉凶"，这就是因为掌握了"时"的规律。值得注意的是，《周易》的应时，并没有抛弃人的主观能动性，这种能动性表现在"顺天"和"知几"。人与天之间的关系，不是神秘的，而是通过专心诚意的"中孚"探求规律最终达到的"知几"。虽然天时与人时的运行不可逆转，但运行中存在的规律却给个人提供了改善自身"时"的机会。能不能善于利用"时"之运行中所造成的时机，是事业成败的关键。圣人之所以能够"神教设道"，就在于通过"易"了解把握了"几"，从而"先天而天弗违，后天而奉天时"（《周易·乾·文言》）。

见机而作，一是要"顺时"，二是要"与时偕行"。因为"时"有不可逆转性，所以人们要"顺时"，但人们可以掌握"时"的规律，并且抓住机遇"奉天时"。那么，人们怎样才能抓住机遇，主动把握时机呢？按照事物在时间中的发展阶段可以简单地分为四个需要把握的时刻：第一个阶段是事物出生之时，力量比较薄弱，尚处在"困"，此时需要"待时"；第二个阶段是事物有所发展，有利的时机已经到来，此时需要"解时"，主动出击，抓住一闪即逝的有利时机；第三个阶段是事物已经发展成熟，达到全盛时期，此时需要"适中"；最后一个阶段是事物发展到顶点，已经不能维持平衡，此时需要"革时"。必须认识到：得时则吉，不得时则凶，"见几而作"就是要把握时机。"几"就是事物变化的兆头和苗头，如果能知晓这种精微的先兆，果断采取措施和行动，就能与时偕行。《周易》主张"时止则止，时行则行，动静不失其时，其道光明。"也就是说，要使事业兴旺发达需静候时机，待条件成熟时采取行动，条件不成熟时就要积蓄力量。就像《周易·系辞下》曰："知几，其神乎！……几者，动之微，吉之先见者也。君子见几而作。"

成大事者，要应时求变，《周易》在阐述了"时"的重要性与"奉时"的可能性前提下，又详细地讨论了如何对待利用"时"。《周易·系辞下》曰："易之为书也不可远，为道也屡迁，变动不居，周流六虚，上下无常，刚柔相易，不可为典要，难变所适。"《周易·文言》曰："六爻发挥，旁通情也。时乘六龙，以御天也。"

《周易·系辞上》说："阖户谓之坤，辟户谓之乾。一阖一辟谓之变，往来不穷谓之通。见乃谓之象，形乃谓之器，制而用之，谓之法，利用出入，民咸用之，谓之神。"这一段讲的正是控制论，它指出：《易经》用阴爻代表关闭，用阳爻代表开通，世界上的事物都处于不断的关闭和开通之中，这就形成了变化，变化而没有终止，所以才发展和通达。表现在外部可见的叫做"象"，固定的一定形态叫做"器"，运用一开一合的道理来控制和利用这些"象"和"器"，这就叫"法"。阴阳运动之理，也就是世间万物的开合之理，人心的开合之理，是世界运动贯穿终始之理，也就是变化的预兆之理。圣人掌握此理，掌握开合的关键，就能策应万物，把握世界。

每个人都要精于明变，洞察天下变化的规律，有远见卓识，善于求变，能与时推移，顺应潮流，敢于应变，慎于用变，彰显其事业成功之大道。

二、儒学视野下《周易》的忠君及民族精神之思想①

一般认为，民族精神是一个民族在长期共同生活和社会实践中形成的文化精华，集中反映了这个民族的特有性格、价值取向和共同信念，而中华民族精神是中国各族人民共同培养孕育的文化结晶。"在五千多年的发展中，中华民族形成了以爱国主义为核心的团结统一、爱好和平、勤劳勇敢、自强不息的伟大民族精神。"党的十六大报告的这一论断，精辟地阐明了中华民族精神的丰富内涵与源远流长。自古以来，《周易》被视为中国哲学和文化的源头活水，《周易》是中国文化宝库中最为古老的典籍。《周易》中所蕴含的中华民族精神，在历史上，对于知识分子和广大人民来说，确实起了激励鼓舞的积极作用。"天行健，君子以自强不息"，"地势坤，君子以厚德载物"——这源于《周易》的最早、最能充分体现中华民族精神的名句，激励着一代又一代中国人。由此冯友兰先生曾认为一部《周易》，就是中华民族的精神现象学，下面进行具体分析。

（一）《周易》蕴含团结统一的精神

团结统一的基点是"诚""信""守德"。只有在"诚""信""守德"的基础上，才能实现团结，达到统一。一个民族，一个国家，如果失掉了"诚""信"就无法实现团结统一。

《周易》告诫人们"守德"是形成人与人"和谐团结"的条件，在中华大家庭

---

① 史少博. 蕴含的中华民族精神. 湖北社会科学，2007（11）：14-16.

内部，以"诚""信""守德"为基点，各民族团结统一、和睦相处，创造了灿烂的中华文明，为世界文明做出了独特的贡献。

（二）《周易》蕴含爱好和平的精神

"保合太和"是《周易》的核心，也是其核心价值，《乾卦·彖传》指出："乾道变化，各正性命，保合太和，乃利贞。首出庶物，万国咸宁。""太和"是指最高的和谐，包括人与自然之间的和谐，也包括人与人之间的和谐，这也表现了推天道以立人道的精神。

《坤卦·彖辞》："至哉坤元，万物资生，乃顺承天。坤厚载物，德合无疆。含弘光大，品物咸亨。"按《周易》的内涵看，整个世界是由阴阳所组成，处于普遍的联系中，是个一体化的大系统，表现为大化流行的动态过程，生生不已，变化日新，其内在的动力机制、阴与阳的协调，相反相成。阳之性为刚健，阴之性为柔顺，阳之功能为创生，阴之功能为成全，阳居于领导地位，阴居于服从地位，这两者的关系，既对立又统一，相互依存，彼此感应，由此形成天地交泰，这就是宇宙的和谐、自然的和谐。宋代理学家朱熹在《周易本义》中强调了"保合太和"的重要性，他说"万国各得其所而咸宁，犹万物各正性命而保合太和也。"也就是说，任何事物内部或事物之间的矛盾总有双方的相互对立、相互统一的一个方面，但"保合太和"则是其"各正性命"的结果，一个国家中的各个民族，只有大家亲和保合，团结一致，同心同德，保持大局无隙，才能兴旺发达。

（三）《周易》蕴含勤劳勇敢的精神

英国著名的中国科技史专家李约瑟院士引用了《周易·系辞下》："古者包牺氏之王天下也，仰则观象于天，俯则观法于地，观鸟兽之文，与地之宜，近取诸身，远取诸物，于是始作八卦，以通神明之德，以类万物之情。作结绳而为网罟，以佃以渔，盖取诸离。"包牺氏没，神农氏作，斫木为耜，揉木为耒，耒耨之利，以教天下，盖取诸益。日中为市，致天下之民，聚天下之货，交易而退，各得其所，盖取诸噬嗑。神农氏没，黄帝、尧、舜氏作，通其变，使民不倦，神而化之，使民宜之。易，穷则变，变则通，通则久。是以自天佑之，吉无不利。黄帝、尧、舜，垂衣裳而天下治，盖取诸乾、坤。刳木为舟，剡木为楫，舟楫之利，以济不通，致远以利天下，盖取诸涣。服牛乘马，引重致远，以利天下，盖取诸随。重门击柝，以待暴客，盖取诸豫。断木为杵，掘地为臼，杵臼之利，万民以济，盖取诸小过。弦木为弧，剡木为矢，弧矢之利，以威天下，盖取诸睽。上古穴居而野处，后世圣人易之以宫室，上栋下宇，以待风雨，盖取诸大壮。古之葬者，厚衣之以薪，葬之中野，不封不树，丧期无数，后世圣人易之以棺椁，盖取诸大过。上古结绳而治，后世圣人易之以书契，百官以治，万民以察，盖取诸夬。"这段话，他这样解释道："我想，这篇作品主要表达的是对各技术先驱者的崇敬之意。作者把他们的事迹收入《易经》这样一部无与伦比的世界理论体系著作,为世人所敬仰。"[1] 这也充分说明了中华民族自古就是勤劳勇敢的民族,李约瑟在《中国古代科学》中指出:"古人是如此眷爱发明创造者,以致有许多人的名字都收录到了中国伟大的自然哲学秘籍《易经》之中。它是一部上古奇书。此书原本收集的尽是农家判断自然界征兆的资料,其间汇总了大量古代占卜方面的资料,最后成书时已成为一部详尽而系统地阐述各种符号及其解释的著作了。众所周知,卦分八八六十四卦,各以长短线条的不同排列组合为标志。因为每种卦象都有其特定的抽象含义,故而全套卦象就扮演着中国科学发展的思想宝库的角色,而那些符号估计代表的正是外部世界展示威力的各种力量。"

"时"在《周易》中含义非常丰富,大概可以粗略地分为下面两个方面:第一个含义是指时间本身,也就是时间前后相继,绵绵不断、没有停止;第二个含义是将"天时"引入人类社会中,有形成时机、时势的意思。

(四)《周易》蕴含自强不息的精神

《周易》认为,宇宙万物永远处于变动不居的运动过程之中,而人生也同样处于日新月异的永恒变化中,所以《周易》提倡人要顺应自然,刚健自强,革故鼎新,全力开创。《易传·杂卦》曰:"革,去故也。鼎,取新也。"革故鼎新的启发意义在于,一个民族要具备非凡的改革气魄,要密切注意社会的变化,主动顺应社会的潮流,大胆进行改革、不断创新,才能真正做到自强不息。又《象传·革》曰:"泽中有火,革:君子以治历明时。"这说明了:天道需要变革,由变而畅;地道需要变革,由变而耕;人道需要变革,由变而盛;制道需要变革,由变而通。那么,一个民族,只有不断变革,才能蒸蒸日上。还有《革》卦六二爻辞曰:"已日乃革之。征吉,勿咎。"这告诉人们:改革也不要盲目蛮干,要权衡利弊,要等时机成熟时果断地采取行动,否则,会造成人力和物力的浪费,使国家遭受损失。顺应时势的变革才能成功。

《象传·大有》曰:"大有,柔得尊位,大中,而上下应之,曰大有。其德刚健而文明,应乎天而时行,是以元亨。"《文言传》云:"大哉乾乎!刚健中正,纯粹精也。"《乾》之卦象:乾上乾下。乾,日也,刚也,健也。两乾相重,是日复一日,刚健不已也,故《周易·象上》曰:"天行健,君子以自强不息。"

"乾"指天而言,天行即日月星辰的运行。日月星辰运行不已,从不间断,称之曰"健",亦曰"刚健"。人应效法天运行不已,而自强不息。自强即是努力向上、积极进取。《周易·系辞下》又论健曰:"夫乾,天下之至健也,德行恒易以知险。"这是说,天下之至健在于能知险而克服之以达到恒易(险指艰险,易指平易)。所谓自强含有克服艰险而不断前进之意。也就是说,天道本是刚健,日月交

---

[1] 李约瑟,李彦译. 中国古代科学. 上海:上海书店出版社,2001:138.

替运行,日升月落,星辰变化,四季交替,永不停息。《周易》认为在事物转化中起决定作用的是"刚健",在全书中反复赞扬"刚健"的品德,多次强调"刚健"是阳,阳是天道、天之体;柔顺是阴,阴是地道、地之体。《易传》提倡刚柔相推,就是刚居于支配地位,柔居于被支配地位,天道要求人们自强不息,要求人们坚强刚毅、奋发进取,这就为人们战胜困难、树立信心提供了一种可能或者说提供了一种动力。要干一番事业,首先必须自强不息,没有自强不息的精神,就会怨天尤人、自暴自弃;没有自强不息的精神,就找不到前进的动力源泉。作为一个高尚的人,在气节、操守、品德、治学等方面都应不屈不挠,战胜自我,永远向上,力争在事业与德行两个方面都达到最高境界。就个人的人生价值而言,"自强不息"表现为仁人志士在强暴面前坚持正义,宁死不屈;在人生遭遇挫折时则奋发图强,为理想不懈奋斗。

就整个民族而言,近代以来,正是自强不息的民族精神激励着中华民族摆脱半殖民地半封建社会的落后状况,经过艰苦卓绝的斗争,奋发图强,实现了民族独立和人民解放,建立了社会主义新中国。"自强不息"揭示了中华民族生存发展的动力来源,在外敌入侵、民族危亡的关头,自强不息的精神激励着人们顽强地反对侵略;在中华民族的发展时期,激励着我们民族不断创新,不断走向繁荣昌盛。

三、儒学视野下《周易》的夫妇之道①

《周易》以阴阳变化来说明宇宙万物的一切现象,通过占筮来启示天道、人道、地道的变化规律,其目的是把握人生立身处世之本,以趋吉避凶;并且其中阐释了仁、义、礼、智、信、敬、诚等各种德性,引人向善。

《周易·系辞上》说:"子曰:'夫易,何为者也?夫易,开物成务,冒天下之道,如斯而已者也。是故,圣人以通天下之志,以定天下之业,以断天下之疑'。是故,蓍之德,圆而神,卦之德,方以知,六爻之义易以贡。圣人以此洗心,退藏于密,吉凶与民同患。神以知来,知以藏往,其孰能与于此哉。"六爻之义在于通过其变化而告诉人们吉凶,故圣人以此自娱其心,退藏隐秘之处,吉凶与庶民共济,其神妙可以预知未来,其智慧可以隐藏过去。又《周易·系辞上》曰:"以君子将有为也,将有行也,问焉而以言,其受命也如响,无有远近幽深,遂知来物。"而对于《周易》"仁者见之谓之仁,知者见之谓之知,百姓日用而不知,故君子之道鲜矣。"

天地有阴阳,人有男女,有男女就会有阴阳和合,就会有男女婚配问题。婚姻是家庭的起点,而家庭是社会的细胞,所以婚姻问题是一个带有社会性的问题,处理得好,有利于社会;处理得不好,就会给社会带来许多麻烦。《周易》中关于男

---

① 史少博.《周易》论男女关系,《中国素质教育研究》,2008(1):61-63.

女关系的处理，多有涉及，本文就其主要意旨总结如下：

（一）夫妇之道，不可不久也

《序卦》曰："有天地，然后有万物。有万物，然后有男女。有男女，然后有夫妇。有夫妇，然后有父子。有父子，然后有君臣。有君臣，然后有上下。有上下，然后礼仪有所错。夫妇之道，不可以不久也，故受之以恒。恒者，久也。"指出了夫妇之道，必须长久，贵恒。

《周易·系辞上》曰："乾道成男，坤道成女。乾知大始，坤作成物。乾以易知，坤以简能。易则易知，简则易从。易知则有亲，易从则有功。有亲则可久，有功则可大。可久则贤人之德，可大则贤人之业。"其蕴含的夫妻之道是：男女成婚，资主有亲附，那么这种亲附必须长久；只有夫妻长久，不朝三暮四、不见异思迁，才具备贤人应有的德行，人有了德行，才有可能建立丰功伟业，成就大事。

爱情具有持久性，爱情不能朝三暮四，而是一种高尚的情感。高谈感情变动性的人，其实是不懂爱情的，他只不过是在给自己的感情游戏寻找借口。现在社会上流行一句话：有的人离婚上瘾，也就是他离一次婚，再结婚后感到不合适，就会离第二次、第三次。虽然有的人不离婚，但他是"家里红旗不倒，外面红旗飘飘"。如果不保持爱情的持久性，是对爱情的亵渎，严重者就是对自己感情的放纵，恣意放纵的人不承认爱情是强烈而稳固的情操。机械而重复的快乐一时能帮助他忘掉绝望，有如鸦片，幻想正常婚姻以外的性接触，其结局也是一样的悲惨：只有屈辱下贱的悲感。

婚姻决不是像罗曼蒂克的人们所想象的那样，是感情在人身上不停地流动，而是建筑于一种本能之上的制度。其成功的条件不仅仅独有肉体的吸引力，而且必须有意志力、有耐心、有相互的接受和容忍。只有这样，才能形成美妙的、坚固的情感，才能真正有爱情、友谊、性感、尊敬等的融洽，也只有这样才算真正的爱情，才是真正的婚姻。

没有冲突的婚姻是不可能的，爱情是美好的，但婚姻又是实际的。恋爱的双方，往往看到的是对方的优点，而忽视对方的缺点；并且，恋爱中的自己也总想把自己的优点展现给对方，而力图把自己的缺点掩饰起来，然而再相爱的两个人，也不会有着同样的思想、同样的判断、同样的欲愿，要求两个人完全一致是不可能的。结婚后的恋人，由于双方的朝夕相处，双方的缺点和不一致的地方就逐渐显现出来，这就需要在真正幸福的婚姻中，必须把友谊和爱情结合在一起，真诚有礼。夫妻间也需要沟通，需要谅解，需要宽容，有时候，在某些情形中，一瞥、一笑，比冗长的说明更加有力。不论用什么方法，爱情需要不断地交流，人间没有一样东西能在遗忘弃置中久存的，房屋被弃置时就会塌毁，布帛被弃置时就会被腐蚀，友谊被弃置时就会淡薄，快乐被弃置时就会消散，爱情被弃置时就会溶解。因而，相互关心、相互敞开心扉，就会产生一种宽恕和温柔的情感，爱情双方得承认他们在精神上、习惯上是不完全一致的,要勇敢地接受这一点,并且要意识到这是双方心灵上互相结合的良机。在结合中,低级的需要升华,对于情投意合的恩爱夫妇,青春的消逝不再是一种不幸,白头偕老的甜蜜会令人忘记年华老去的痛苦。

(二) 男女正,天地之大义也

《周易·象传下》曰:"家人,女正位乎内,男正位乎外。男女正,天地之大义也。家人有严君焉,父母之谓也。父父、子子、兄兄、弟弟、夫夫、妇妇,而家道正。正家,而天下定矣。"做人最根本的就是要做"正",这是天地之大义,只有夫妇正、家道正,才能经得住风雨,才能家和万事兴。

例如《周易·咸》中卦爻辞的初六爻为"咸其拇",意思是男女相交合的表现为脚步的一致。其双方相投相合,就会想在一起,坐在一处,也就是志趣相投、情投意合。《咸》卦的六二爻辞为:"咸其腓,凶,居吉。"意思是说:男女相交合,所想所做的并不一致,而是一个人勉强跟着另一个人,就会发生不幸,在这种情况下,还是不出家门为好。九三爻辞为:"咸其股,执其随,往吝。"这就是说,男女相互交合,其中一个人如同大腿一样伴随着脚走动,这就是一个人控制着另一个人,另一个人不得不顺从,在这种状态下,还是少合作做事情为好,即使是夫妻,心志不一致,也不可共事。如果双方对一件事情的意见很不一致,那么就先别去做,放一放再说。九四爻辞为:"贞吉,悔亡,憧憧往来,朋从尔思。"意思为,男女相互交合,只有坚持纯正才会吉利,才会最终不失去对方,从而才没有悔恨。如果自身心神不定,三心二意,也会使对方的情绪受到影响,也会使对方的心情产生阴影,要站在对方的立场上考虑,将心比心,以心换心。只有这样才会吉利。

关于男女之间的友情,《周易》中也有论述。例如《比》卦卦辞为:"比:吉。原筮元,永贞,无咎。不宁方来,后夫凶。"其意思为:人与人相辅相亲是好事,是吉祥的。在占卜中得知,人与人交往第一位的是相辅相亲,永远坚守这一条,就不会有灾祸。如果是感到不安宁、不安全时,才去和别人表示友好,像这种后来人是靠不住的,而且还会有凶险。仅仅因为是"后来",就疑惑、不信任,有点过分;关键是"不宁方来",感到不安全才去求友,是有求而来,有利用的意味。不因利害而交友,才会建立起牢固的友谊,才是珍贵的;建立在"利用"基础上的"交情"是靠不住的。初六爻辞为:"有孚比之,无咎。优孚盈缶,终来由他吉。"就是说,用讲信用来交朋友,没有害处,讲信用就像装满酒缸的酒,酒满清浓,最后会招徕他人的结交,这是很吉祥的。六二爻辞为:"比之自内,贞吉。"意思是说,交友要发自内心,而且要动机纯正,才能交到真正的朋友,并且真诚是相互的,是吉祥的,情谊无价,金钱买不到真正的朋友,也买不到真正的友谊。六三爻辞为:"比之匪人。"这就是说,所结交的人不正派,就不该交,因为"近朱者赤,近墨者黑"。所以交友要慎重,要有所选择,才会吉利。又如上六爻辞为:"比之无首,凶。"这就是说,结交朋友,如果不能象交友初始那样真诚、讲信用,就会带来凶险，因为最了解朋友的致命缺点，如果朋友失和，是最危险的，所以朋友要始终如一，要交真正的朋友。交友的时间长了，相互更加了解了，相互的缺点也看得更加清楚了，这就需要相互尊重，相互理解，相互宽容，朋友之间不要斤斤计较。

（三）非所困而困焉，名必辱；非所据而据焉，身必危

《易》曰："困于石，据于蒺藜，入于其宫，不见其妻，凶。"子曰："非所困而困焉，名必辱，非所据而据焉，身必危。既辱且危，死期将至，其妻可得见耶！"也就是说，不是自己应该拥有的，非份去拥有，到头会落得既辱且危的结局，家人也会受到连累。

爱情具有专一性。爱情是男女双方相互倾慕而形成的一种专一的情感，是一种以心相托、心心相印、忠诚专一的强烈情感。爱情的双方在一起时，坦诚相待；不在一起时，自己为对方守护着自己，珍惜着自己。只有保持好爱情的纯洁性，才能谈得上爱情的高尚性和专一性，反过来，也只有坚持爱情的专一性，才能谈得上爱情的纯洁性，这是双方甜蜜相处的条件，否则，爱情将成为一杯苦酒。

社会就是由一个个家庭组成的集团，没有和睦的家庭就没有安定的社会，而任何一个家庭都是以婚姻关系为基础的，婚姻只有以爱情为基础才是高尚的和幸福的。所谓爱情就是指男女双方之间的最真挚的相互仰慕，并渴望对方成为自己终身伴侣的特殊关系和最强烈的感情。人不同于动物，人有思想、理智、情操和感情，有着独特的精神生活，而爱情是一种高级的精神生活，是男女之间人生观上的合拍，性格的相容，志趣的相近，气质上的相互仰慕，以及理想、志气、抱负的一致与默契。爱情具有排他性：友谊可以是多方位的，而爱情却是专一的，正因为爱情具有专一性，所以爱情也就具有了排他性。爱情不是花荫下的甜言，不是桃花源中的蜜语，不是缠绵的眼泪，也不是死硬的强迫，更不是无尽的贪欲，而是一种高尚的情操，是一种忠贞不渝的感情。爱情是对对方的付出，也需要对方同样感情的回应，因而爱情具有排他性，即使在我国的古代，皇室里的嫔妃们，纵然在入宫前就做好了一切思想准备，并且要求自己尽可能地做到忍让、宽容，但她们被那变了形的爱情扭曲着，有几个嫔妃感到真正的幸福呢？更何况在当今一夫一妻制的年代，如果不坚持爱情的专一性，没有了爱情的排他性，那更是十分可怕的。

假如一名官员，去养所谓的情人，不但会使自己的家庭出现问题、影响后代，会遭遇舆论的压力，还会发生一连串的社会问题，比如官员为此而引发贪污受贿等事件。在古代，一夫多妻制，其是"名正"，一个男人即使妻妾成群，也都是一个大集体，有着某些共同利益，并且大都生活在一起，这个男人和他的妻妾们都好像在一条船上，能经得住一定的风和雨，不会有太大的风险和灾祸。在当代，我国实行的是一夫一妻制，如果一个男人再有几个情人，即"名不正"，那么，这个男人所拥有的几个女人，就好像在几条船上，即使没有风浪，此男人也很难驾驭几条船。要么会把自己搞得四分五裂，毁掉自己；要么，脚踏几条船，一条也保不住，最后

自己掉入水中溺死。"名正才能言顺,言顺才能事成。""名不正,言不顺,事不成。"所以在现实中,一个事业有成就的人,在百忙之余,应关心一下配偶和家人,就像《家人》卦初九爻辞所说:"闲有家,悔亡。"

综上所述,《周易》告诫人们男女要"正",要坚持爱情的专一性、纯洁性、持久性,那么婚姻才能美满,社会才会安定,子孙才能幸福。

第三节 通天下之志、定天下之业、断天下之疑①

《周易》是一部哲学书,又是一部卜筮书,是中国最早的学术专著。《周易·系辞上》曰:"是以君子将有为也,将有行也,问焉而以言,其受命也如响,无有远近幽深,遂知来物。"《周易》告诉人们要趋吉避凶,分析如下。

一、"几者,动之微,吉凶之先见者也"

《周易·系辞下》曰:"子曰:'知几,其神乎?君子上交不谄,下交不渎,其知几乎。几者,动之微,吉之先见者也。'"人不要漫无目的地瞎忙一气,要与时偕行,见"几"而作,最重要的是把握"时","成大事者,要应时求变,《周易》在阐述了'时'的重要性与'奉时'的可能性前提下,又详细地讨论了如何对待利用'时',《周易·系辞下》曰:'易之为书也不可远,为道也屡迁。变动不居,周流六虚,上下无常,刚柔相易,不可为典要,唯变所适。'《周易·文言》曰:'六爻发挥,旁通情也,时乘六龙,以御天也。'"②

二、"正,终吉"

《说文解字》对"正"是这样解释的:"是也。从止,一以止。凡正之属皆从正。古文正从二。二,古上字。贏,古文正从一足。足者亦止也。之盛切〔注〕。徐锴曰:'守一以止也。'""正"与"歪"相对,中国传统文化中有"正道""正确""正义""正气""正当""正派""正心""正己""身正""名正""忠正""廉正""正人君子""正明公道"等之说。《周易·乾·文言》:"养正则吉也。"《周易·乾·文言》:"各正性命。"《易·坤·文言》:"直其正也。"《周易·系辞下》曰:"《易》之兴也,其于中古乎?作易者,其有忧患乎?是故,履,德之基也;谦,德之柄也;复,德之本也;恒,德之固也;损,德之修也;益,德之裕也;困,德之辨也;井,德之地也;巽,德之制也。"可见,《周易》的八宫卦,卦卦都是讲的"德"。只有具备崇高的道德,才会成就伟大的事业,正如《周易·系辞上》曰:"夫易,圣人所以崇德而广业也。""崇德"和"广业"二者相辅相成,相互配

---

① 史少博.《周易》吉凶论的辩证关系与现实价值. 河北学刊, 2011 (2): 45 – 48.
② 史少博.《周易》中蕴含做人之道.《社会科学论坛》, 2007 (2): 12.

合，一方面，"崇德"是为了"广业"，因为有才德的人品德高尚，通情达理，中正端庄，美德超逸，就会得道多助，利于建立丰功伟业；另一方面，"广业"又是为了"崇德"，像《周易·系辞下》所说："精义入神，以致用也。利用安身，以崇德也。"也就是说，研究事物之理，是为了经世致用，而便利起用，改善生活，使身有所安，最终提高人们的道德水平，从而心情舒畅，宁静幸福。

《周易·文言》曰："'元'者，善之长也。'亨'者，嘉之会也。'利'者，义之和也。'贞'者，事之干也。君子体仁足以长人，嘉会足以合礼，利物足以和义，贞固足以干事。君子行此四德者，故曰'乾，元、亨、利、贞。'"可以看出，利益的获得、事业的亨通都离不开"正"。只有做到"正"，才能对别人讲"诚信"；只有对人"诚信"，才能赢得别人的帮助，才能"吉"。

按照《周易·系辞》中的说法，《周易》的成书经历了三位圣人，历时千百年，即所谓：伏羲画卦、文王演易、孔子作传。圣人之道，一言以蔽之，即"仁"。对于政者，其德为正，即正直、端正、公正。正人先正己，己欲立而立人，己欲达而达人。如果是领导，自己身不正，就无法去要求属下："其身正，不令而行；其身不正，虽令不从"，应正德善俗，进以正，行之端，方能通达成功。

三、"不正，终凶"

《周易·系辞下》曰："易曰：'履校灭趾，无咎。此之谓也。'善不积，不足以成名；恶不积，不足以灭身。小人以小善为无益，而弗为也；以小恶为无伤，而弗去也。故恶积而不可掩，罪大不可解。""积恶"到一定程度会不可避免地陷入灾祸。在现实生活中，人们往往会被"利"所引诱，正像爱尔维修所说："利益在世界上是一个强有力的巫师，它在一切生灵的眼前改变了一切事物的形式。"① 在利益和矛盾面前，因为现代化带来了一个多元化的生活世界，每个自我必须不断地应对不同的参照系统，时刻感到心灵的动荡，按照伯格的说法是，现代化伴随着"心灵的流浪。"② 现代有些人不择手段地追逐金钱、利益，不仅无视社会公德、践踏市场准则，甚至不惜以戕害他人生命为代价，如金融、证券领域的欺骗诈取、黑箱操作，食品、医药、房地产、建材等领域的假冒伪劣等现象时有出现。

《周易·坤·文言》曰："积善之家，必有余庆。积不善之家，必有余殃。"修身养性要从日常生活中的一点一滴做起，事无巨细，都要认真对待，因为量变积累到一定限度会引起质变。例如"贪"是万祸之源，"大贪"就是从"小贪"开始的，要廉洁自律，不因恶小而为之，不因善小而不为。在现代，特别是改革开放以来，我们引进了先进的科学技术和管理经验，但西方的生活方式也影响了我们，如果忽视了自身的道德修养，就有可能陷入物欲之中不能自拔。在人性结构中，本能

---

① 北京大学哲学系外国哲学史教研室. 十八世纪法国哲学. 北京：商务印书馆，1963：460.
② Peter Berger, The Homeless Mind Harmondsworth：penguin, 1974：87.

欲望就有寻找发泄出路的趋势，如果失去了理性的约束，就存在野蛮化的可能。当前个别领导干部身居要职，面对各种各样的诱惑，再加上市场经济的适宜条件，欲望粗俗化就成了现实的威胁，只顾眼前的感性刺激，把生活的目标局限于吃、喝、性等动物性欲望上，把自己手中的权力变成了寻欢作乐的工具，从而沦为人民的罪人。个别人不顾道德廉耻，贪污受贿、诈骗钱财，正像江泽民同志所指出的："有些党员和干部把为人民服务挂在嘴上，却不好好工作，热衷于吃喝玩乐，请客送礼，肆意挥霍国家钱财，沉溺于歌厅舞场，甚至参与赌博嫖娼。"习近平总书记于2014年10月23日《在中共十八届四中全会第二次全体会议上的讲话》指出："党的十八大以后，我们面临的反腐败斗争形势复杂严峻，一些领域腐败现象易发多发，一些腐败分子一意孤行，仍然没有收手，甚至变本加厉。从已经查处的案件和掌握的问题线索来看，一些腐败分子贪腐胃口之大、数额之巨、时间之长、情节之恶劣，令人触目惊心！有点地方甚至现出了'塌方式腐败'！"① 我们党决不允许腐败现象蔓延。道德堕落的干部，终究会使自己的路越走越窄，断送自己的美好前程。正像《离》卦九四爻辞曰："突如，其来如，焚如，死如，弃如。"就是说，不正当的利益突然出现，一定不要去享受，更不能安于享受，贪欲必须滋生愚昧、凶残、顽固、专横、腐败。所以，要想立于不败之地，就必须以德为先，不为暴利所诱，不违法违纪。否则，就会像《明夷》卦"上六"爻辞所说："不明，晦。初登于天，后入于地。"如果没有高尚的道德情操，纵使一时事业辉煌，或一时得势，但终究会一败涂地。正如《周易》所说："不正，终凶。"

---

① 习近平关于党风廉政建设和反腐败斗争论述摘编，中央纪委监察部网站，2014.

第五章
儒学视野下的《周易》象数

第一节 《周易》象数思维

一、《周易》象数思维的内涵

《周易》象数思维①是从取象向逻辑思维的一种推移，是一种取象比类的结合和推理。象数思维是以符号和数为媒介，认识、推断或预测事物及其发展变化的一种思维形式，它在借助形象思维的时候总是伴随着数的变化，以象数合一的观念来考察事物变化的过程和规律。象数思维包括取象思维和运数思维两种思维模式，在《周易》的象数思维中，笔者发现存在着取象的有序性与无序性的矛盾，也存在着"运数"比类矛盾的现象。

人们通常把"象数""义理"对应来提，而实际上"象"和"数"是两个不同的概念，《左传·僖公十五年》中记载："龟，象也；筮，数也。物生而后有象，象而后有滋，滋而后有数。""象"在《易》中是最为关键的，"天垂象见吉凶，圣人象之。"（《易系上传·第十一章》）筮法中"数"的运用，如一、二、三、四……以及大衍之数等，也都蕴含着象的意义。构成古经最基本的卦爻画即一奇一偶的爻象符号是《易》的基本象画，正如朱熹所说："象卦画，系本卦自有之象。"（《朱子语类》卷六十六）而卦爻辞因卦爻画而发，是卦爻画所表征、蕴含吉凶情状的解释者，然卦爻辞中所说的吉凶、悔吝、变化、刚柔之预示，便可视作人事得失、忧虑、进退、昼夜之所象，并且卦爻辞中近取诸身、远取诸物，"拟诸其形容，象其物宜"之象处处可见。可见"象"是《周易》所特有的一种传达天道的方式。在易学上，"象"主要是指卦爻象和八卦所象征的物象、事象、人象等；"数"则主要指阴阳奇偶之数、蓍草数目、九六之数等。

《周易》以阴阳变化来说明宇宙万物的一切现象，通过占筮来启示天道、地道、人道的变化规律，其目的是把握人生立身处世之本，以趋吉避凶；并且其中阐释了

---

① 史少博.《周易》象数思维中的矛盾现象. 东方论坛，2003（3）：18-21.

仁、义、礼、智、信、敬、诚等各种德性,引人向善。《周易》作为中国传统文化的经典著作,其内涵博大精深、理论体系结构严谨,如朱伯崑所说:"有形式逻辑思维,如演绎思维、类推思维、形式化思维;有辩证思维,如整体思维、变易思维、阴阳互补思维、和谐与均衡思维;有直观思维,如模拟思维、功能思维;有形象思维,如意象合一,象数合一等。"① 可见,《周易》中运用了多种思维形式,但它并没有提出象数思维这个概念。象数思维具有形式化思维、直观思维、想象思维的特点,其实象数思维也是从取象向逻辑思维的一种推移,是一种取象比类的结合和推理。也就是说,《周易》的象数思维,以"观物取象"和"取象比类"为基本特征,阴阳对称、调和是象数思维的致思准则;强调序列、注重节律是象数的突出优点;具有重整体合和、轻个体分析,重感性、轻理性的特点。象数思维有两种思维模式:一是"观物取象",一是"运数"比类,属"极数通变"的思维。

"取象"比类,因象以明理,着眼点在"象";"运数比类",着眼点在"数"。

"观物取象"就是采用静观的方式去感受对象,并通过象征的方式来表达对象的一种思维方法。"观物"是主体对客体省察、体验的过程,但有别于平常的认识方法,它不是对事物采取逻辑分析的形式,而是对客体采取仰观俯察、远取近取的方式,对事物的总体及其联系进行多角度、多层次、多方位的观察与直观,通过对事物的直接观察和内心经验感受,领悟和把握对象之间的联系和宇宙的本质。也就是,象数思维是以符号和数为媒介,认识、推断或预测事物及其发展变化的一种思维形式,它在借助形象思维的时候总是伴随着数的变化,以象数合一的观念来考察事物变化的过程和规律。

《易经》中既有象又有数。例如"—""--"爻象,前者称"九",后者称"六";五十根蓍草及揲蓍中的九、六、八、七则是数,六个爻的位置由下至上分别是初、二、三、四、五、上,也是数。例如:《泰》卦由下而上,第一爻为初九,第二爻为九二,第三爻为九三,第四爻为六四,第五爻为六五,第六爻为上六。这种以数定象是由象和数合一的推断方法,就是最初的象数思维方式。

《周易》的象数思维首先是观物取象,然后引申其含义,阐发其义理。例如:

《乾》之卦象:乾下乾上。乾,日也,刚也,健也。两乾相重,是日复一日,刚健不已也,故《周易·象上》曰:"乾:天行健,君子以自强不息。"

《坤》之卦象:坤下坤上。坤,顺也,两坤相重,是顺之又顺也。故《周易·象》曰:"地势坤,君子以厚德载物。"

《泰》之卦象:乾下坤上。乾,天也;坤,地也,是天之乾阳之气下降,地之坤阴之气上升,乃两相交感,万物通泰,生生不息也,故君主以化裁促成天地之道,以佐佑人民也。故《周易·象上》曰:"泰:天地交,泰。后以财成天地之道,辅

---

① 朱伯崑. 易学哲学史(第一册). 北京:华夏出版社,1995:3-4.

相天地之宜，以佐佑民。"

《节》之卦象：兑下坎上。兑，泽也；坎，水也。人们的行为，如果不遵守一定的规范，没有人伦礼节，就如泽水无堤，泛滥成灾也。故《周易·象》曰："泽上有水，节。君子以制数度，议德行。"

《中孚》之卦象：兑下巽上。兑，泽也；巽，风也。泽上有风，水波相应，或洪波涌起，或微波荡漾，绝无虚妄，则恒信也。故《周易·象》曰："泽上有风，中孚。君子以狱缓死。"

《既济》之卦象：离下坎上。离，火也；坎，水也。水在火上，乃能灭火。然后行事既济，骄矜自满，物极必反，每有后患。故君子以思后患而预防也。"故《周易·象》曰："水在火上，既济。君子思患而预防之。"

……

由以上可见，卦以拟象，象以存意；意以象尽，也就是"寻象以观意"也。也可以看出，象数思维，是从取象向逻辑思维的一种推移，是一种取象比类的结合和推理。凭借卦象，引发感慨和联想，推理出理性认识的结论，证明了《周易》的思维具有一定的逻辑性。

《易》之为书，以象为本。《系辞传上》云："圣人有以见天下之赜，而拟诸其形容，象其物宜，是故谓之象。""取象"是"观物"的直接结果，是对观物过程中所获取的关于对象的感受和表象的进一步概括和凝炼，是使客观事物主观化的过程。

可见，象数思维又具有直觉思维的特点，而直觉思维的方式一般包括直觉的判别、想象和启发，是非逻辑的和超逻辑的，是感性和理性、具体和抽象的特定形式的辩证统一，是认识过程的飞跃和渐进性的中断。直觉是在实践基础上的由于思维的高度活动而形成的对客观事物的一种比较迅速的直接的综合判断。当这种判断由于在长期的沉思之后出现得特别迅速，因而成为一种直觉的闪现或顿悟时，我们通常把它叫做灵感。但从某种意义上说，直觉思维可以看作运用形象的思维，而又不同于通常所指的"形象思维"；直觉思维包括灵感思维，而又不能全归于灵感。与逻辑思维相比，一般直觉思维具有超越性、非逻辑性、直接性、跳跃性、突发性、整体性等特点，故而象数思维不可避免地具有思维局限。如果不适当地扩大它的作用，会走向神秘主义，因为象数思维不对事物作定性及定量分析，所以所获得的知识就缺乏精确性，故而会在思维过程中出现这样或那样的矛盾现象。

二、《周易》象数思维中取象的有序性与无序性的矛盾

《易经》的卦爻辞所透显出来的就是象数思维，它是先民长期占筮经验积累的结晶，是先民之抽象能力尚未得以开发情势下的产物。因此，经过加工而写定的古经之卦爻辞，仍然带有先民当时筮问各种具体事项的明显痕迹，某些卦爻辞甚至直接就是当时一些具体筮问事项的"实录"，而且，就总体而言，六十四卦的卦爻辞

就事论事的现象处处可见，突现出了一种象数思维的特征，在这种思维的理路下，卦爻辞每每透过一些具体事物的形象，诠说和彰显着卦爻画所表征、蕴示的吉凶休咎情状。例如：乾卦诸爻之辞，几乎都是透过"龙"这一象而阐发其意的；鼎卦各爻之辞，也都是透过"鼎"这一象而阐发寓意的，类似之例不胜枚举。这就从根本上决定了其思维，必然蕴含取象的有序性和无序性的矛盾，这是由当时人们的思维水平所决定的。

卦爻辞在取象时，我们发现其思维有一定的规则，取象表现出有序性。例如，某卦各爻之辞因一物象以陈词，则初爻之辞言该物之下部，其他各爻之辞顺次以推，至上爻之辞则言该物之上部；再如，某卦各爻之辞因一事项治之过程以陈词，则初爻之辞言该过程之初始，其他各爻之辞顺次以推，至上爻之辞则言该过程之终了。可见，一卦各爻之上下，与实物之本末、过程之始终，建立了一一对应之关系，而且卦爻画有其特定的象数内涵，这类象数蕴含着相应的义理，此类义理又透过卦爻辞得以初步表达。

例如，《易经》中《咸》卦卦爻辞是：

"咸：亨，利贞。取女，吉。

初六：咸其拇。

六二：咸其腓，凶。居吉。

九三：咸其股，执其随，往吝。

九四：贞吉，悔亡。憧憧往来，朋从尔思。

九五：咸其脢，无悔。

上六：咸其辅颊舌。"

可以看出，取象具有顺序性：拇、腓、股、脢、颊舌，这是从下而上依次取象，并且依此表达要说明的吉休咎情状。

又如，《解》卦：

"解：利西南。无所往，其来复，吉。有攸往，夙吉。

初六：无咎。

九二：田获三狐，得黄矢，贞吉。

六三：负且乘，致寇至，贞吝。

九四：解而拇，朋至斯孚。

六五：君子维有解，吉。有孚于小人。

上六：公用射隼于高墉之上，获之，无不利。"

此卦记载的是一个古代故事：有某公站立在高高的墙之上，射鹰而中，得之。此卦爻辞自下而上叙述了故事的过程，也具有一定的次序性。

但有的卦在取象时，一部分具有很强的顺序性，另一部分就显得没有次序了。例如《剥》卦：

"剥：不利有攸往。

初六：剥床以足，蔑贞凶。

六二：剥床以辨，蔑贞凶。

六三：剥之，无咎。

六四：剥床以肤，凶。

六五：贯鱼以宫人，宠，无不利。

上九：硕果不食，君子得舆，小人剥庐。"

此卦取象从初六爻到六四爻都具有很强的次序性：足、辨、肤，也就是从取象床足，到床板，再到床席，自下而上，具有一定的顺序性；而六五爻又取象：鱼、宫人；上九爻取象：硕果、舆、庐，这显示了作者取象的随机性。显而易见，这里没有了取象的顺序性，从而形成了取象思维的有序性和无序性的矛盾。

又如《坤》卦：

"坤：元亨，利牝马之贞。君子有攸往，先迷后得主，利西南，得朋。东北丧朋，安贞吉。

初六：履霜，坚冰至。

六二：直、方、大，不习，无不利。

六三：含章，可贞。或从王事，无成有终。

六四：括囊，无咎无誉。

六五：黄裳，元吉。

上六：龙战于野，其血玄黄。

用六：利永贞。"

《坤》卦教导人们，安于守正，安则戒躁，正则远邪，内直外方，胸怀宽大，谨慎恭敬，以无咎无誉为极致，寓意深刻，给人们的启示不言而喻。但在取象时并没有明显的顺序性：取象霜、坚冰、王事、囊、龙、野、血等，这说明取象时有随机性、杂乱性、无序性，也表明了《周易》的象数思维中取象的顺序性和无序性的矛盾。

有些卦爻辞会重复出现在不同的卦中，例如《小畜》卦为："小畜：亨。密云不雨，自我西郊。"然而，《小过》卦的六五爻又是："密云不雨，自我西郊。"《明夷》卦的初九爻辞中有："君子于行，三日不食。"《震》卦六二爻辞中有"勿逐，七日得。"《既济》卦六二爻辞中也有："勿逐，七日得"，等等。这也显出象数思维的杂乱。

三、《周易》象数思维中"运数"比类的矛盾现象

象、数不可分，正如《周易·系辞上》中所说："参伍以变，错综其书。通其变，遂成天下之文；极其数，遂定天下之象。"所谓的"极数知来"，就是靠运数比

类，使人们的认识活动更加宽阔。

易学上的数，有天地之数、大衍之数、爻数、卦数、河洛数等，一般情况下，是数不离象，象不离数，是"由象定数"还是"由数生象"，易学史早就有过争论，但实际上运数比类时，也往往表现为象数推演。

象数推演的基本程式有时很精密，例如"汉人在其注释《周易》经文的著作中，认为每个卦体的阴阳爻画之间，还有'承''乘''比''应''据''重'的关系。"① 就是根据九六之数和象进行的一种象数推演。

"承"是指一卦的卦体中，如果阳爻在上、阴爻在下，则此阴爻对于上面的阳爻称之为"承"。例如《井》卦中，初六为阴爻，九二为阳爻，九二位在初六爻之上，就是初六爻"承"九二爻，故而称作"初承二"。同样，九五爻在六四爻之上，称为"四承五"，古人因此就断定是运用这样的运数来推断卦爻辞的。例如《随》卦的六二爻辞是："系小子，失丈夫。"《周易集解·随卦》中虞翻注曰："承四隔三，故失丈夫。"也就是说，在《随》卦中，六二爻是阴爻，位置在下，九四爻是阳爻，象征"丈夫"，位置在上，六二爻"承"九四爻，又被六三爻在中间阻隔，因而"失丈夫"。在这里，虞翻认为卦爻辞是根据运数比类进行的推演。

"乘"是指六画之象中，如果阴爻在上，阳爻在下，则此阴爻对下面的阳爻称之谓"乘"，例如《屯》卦中，六二爻为阴爻，初九爻为阳爻，六二爻在初九爻之上，故称为"二乘初"。《周易集解·屯卦》中虞翻注此卦上六爻辞"乘马班如"时曰"乘五也"，意思是说，《屯》卦上六爻为阴爻，九五爻阳爻，上六爻在九五爻之上，故注"乘五也"。所以，从虞翻注可以看出，爻辞和卦象之间，又一定具有严密推理形式。

"比"是指在一卦的卦体中，其相邻两爻像是有一种亲密关系，故称之为"比"，也就是一卦中，初爻与二爻、二爻与三爻、三爻与四爻、四爻与五爻、五爻与上爻都可以称为"比"。例如《周易集解》中虞翻注《比》卦六四爻辞为："外比之，贞吉"。时曰："在外体故称外，得位必贤，故贞吉也。"也就是说，在《比》卦中，六四爻位置在外卦，所以说"在外体"，阴爻而居阴位，故曰"得位"，又引为六四爻与九五爻有相"比"的关系，故称"得位比贤"。这也是用了运数比类的象数思维。

"应"是指六画之象中，起初爻与四爻、二爻与五爻、三爻与上爻之间，有一种呼应的关系，故称为"应"。例如《周易集解》中虞翻在注《睽》卦辞"小事吉"时，引郑玄注曰："二无相应，君阴臣阳。"也就是说，在这一卦体中，九二爻与六五爻有着相"应"的关系，六五爻为"君"，然而却是阴爻，九二爻是阳爻，但却是臣爻，同时，又是阳爻居阴位，阴爻居阳位，互相"失位"，所以此卦只能

---

① 刘大钧. 周易概论. 济南：齐鲁出版社，2000：25.

说是"小事吉"了。

……

由上分析，象数推演严密，并有一定逻辑性，然而《易经》中有的运数又显得杂乱，没有规律可循。例如：

《易经》中的用数最多的是"三"和"十"，例如：《蒙》卦卦辞中的"再三渎"；《需》卦上六爻辞中有："有不速之客三人来"；《师》卦九二爻辞中有"王三锡命"；《比》卦九五爻辞中的"王用三驱"；《坎》卦上六爻辞中有"三岁不得"；《讼》卦上九爻辞中有："终朝三褫之"；《同人》卦九三爻辞中的"三岁不兴"；《困》卦初六爻辞中有"三岁不觌"；《蛊》卦爻辞中有："先甲三日，后甲三日"；《晋》卦卦次中有："昼日三接"；《明夷》初九和六二爻辞中都有："三日不食"；《解》卦九二爻辞中有："田获三狐"；《损》卦六三爻辞中有："三人行则损一人"；《革》卦九三爻辞中有："革言三就"；《渐》卦九五爻辞中有："妇三岁不孕"；《丰》卦上六爻辞中有："三岁不觌"；《巽》卦六四爻辞中有："田获三品"；《巽》卦九五爻辞中有："先庚三日，后庚三日"；《巽》卦上九爻辞中有：巽在床下，丧其资斧，贞凶；《既济》卦九三爻辞中有："三年克之"；《未济》卦九四爻辞中有："三年有赏于大国"；等等。

《屯》卦六二爻辞中的"十年乃字"；《复》卦上六爻辞中有"至于十年不克征"；《颐》卦六三爻辞中有"十年勿用"；《损》六五爻辞中有："或益之十朋之龟"；《益》卦六二爻辞中有："或益之十朋之龟"；等等。

《损》卦六三爻辞为："三人行则损一人，一人行则得其友"；《萃》卦初六爻辞中有："一握为笑"；《旅》卦六五爻辞中有："一矢亡"；《损》卦卦辞中有："二簋可用享"；《临》卦卦辞中有："至于八月，有凶"；《复》卦卦辞中有："七日来复"；《震》卦六二爻辞中有"勿逐，七日得"；《既济》卦六二爻辞中有："勿逐，七日得"；等等。

由上看出，《易经》中"三"数用得最多，大多只是个概数，表示数量之多，但并不表示同质等量的可量可比的单位数，用法也较繁杂。又"十""一""二""七"数的用法也和"三"同样，显得杂乱或重复。这大概就是因为《易经》的卦爻辞所透显出来的象数思维，是先民长期占筮经验积累的结晶，是先民之理性的抽象思维还不很发达的产物。因此，经过加工而写定的古经之卦爻辞，可能是先民当时筮问各种具体事项的感想，甚至某些卦的卦爻辞就是当时一些具体筮问事项的"实录"，因而在数的运用上也不可能都有规律可循，只是后来的许多易学家在竭力地寻找其内在规律释卦，或者牵强附会地将自己的一些想法也融入其中。这样就不可避免地和象数思维中的逻辑推演形成了一些矛盾的现象。

第二节 《周易》术数学的哲学价值①

术数学在一定意义上说，是一种掺杂有迷信成分在内的人生预测学，以追求预知社会、人生、事物的未知状态，企图揭示自然宇宙的秘密，寻找事物发展变化的规律，告知人们趋吉避凶的方法。术数的主要功能在于预测、推断人事吉凶和国运的兴衰，并解说各种奇异的自然现象与社会现象。《四库提要》曰："术数之兴，多在秦汉以后，要其旨，不出乎阴阳五行、生克制化。实皆易之支源，傅以杂说耳。"这明显表明了术数学乃《周易》的一个分支。

中国的术数包罗万象，并且杂有大量的迷信糟粕内容，不可能有一算就灵的准确性。但不能否认中国术数能流传数千年，必有其本身存在的价值和流传的社会原因。中国古代无论是著名的哲学家、思想家，还是达官贵族，尽管他们在口头上鄙薄术数学，但在实际中他们的思维都或多或少地受术数思想的影响。术数学被江湖术士用于谋生，就说明有很多非科学的迷信成分掺杂其中。我们绝不会因为其有封建迷信的成分而放弃对它的研究，因为我们知道科学是没有禁区的，学术研究不可能把祖先们留下来的术数学遗产抛弃掉而不敢去分析研究，笔者对于传统文化中《周易》的分支术数学，还没有真正弄懂之前既不能肯定，也不敢轻易地否定。因此，笔者对于《周易》的术数部分，静心地攻读，细心地揣摩，准备做深入地研究。即便是对其中的迷信内容，也只有做深入的研究后，才有发言权，才能从整个理论体系上戳穿其骗术，才能使人们心服口服，也才会真正起到弘扬科学、破除迷信、消除愚昧的作用。我们也只有深入挖掘其内在价值，才能清楚其之所以流传数千年，不是由于其迷信的诱惑，而是其内在的学术价值。由于篇幅所限，下面笔者仅就术数学的发展、内容和哲学价值几个方面进行探讨。

一、《周易》术数学的发展过程

术数学最早发源于《周易》，因《周礼·春官》曰："占人掌占龟，以八筮占八颂，以八卦占筮之。"在当时，易卜为裁决国家大事的手段，春秋时《易经》传入民间，而后的《易传》为它作了哲学的理论解释。汉代《周易》被列入儒家的《诗》《书》《礼》《乐》《春秋》之首，虽然对《周易》重视，但汉儒信谶纬、讲灾异，仍以《周易》作占卜之用。孟喜、京房在宣元之际把阴阳术数引入易学，建立了一种具有汉代历史特色的以卦气说为核心的象数之学，在易学史上引起了一场革命性的变革。景武之世，董仲舒治《公羊春秋》，始推阴阳，为儒者之宗。西汉中期以后，各派经学家以董仲舒为一代宗师，纷纷致力于阴阳术数与儒学的研究，

---

①史少博.《周易》术数学的哲学价值.青岛科技大学学报（社会科学版），2005（02）：2-7.

掀起了一股声势浩大的经学思潮，并且汉代大兴谶纬，更促进了术数学的发展，使其成为了一门独立的学科。在当时的术数界，有五行家、堪舆家、建除家、丛辰家、历家、天人家、太乙家和形法家，由此可以看出汉代术数学范围很大。自汉代以后，太乙、六壬、遁甲之学日趋完善，到唐代李虚中、宋代徐子平又推出四柱推命术，其他堪舆、相术、谶纬也在社会上流传，促成了术数学的繁荣局面。而到魏晋之后，终于被排斥出正统的学术殿堂，为道教占验派所吸收；自王弼"得意忘象"、儒学被封为正统后，就扼杀了象数学发展的生机。之后，历代儒生治易都"扫象不谈"，对其他术数更是避之不谈，术数之学只好流入江湖术士之手。

二、术数的分类

汉代刘歆将术数分为天文、历谱、五行、蓍龟、杂占、形法六类。《汉志》著录术数一百九十二家，二千五百二十八卷。而社会上流传较广的术数是很多的，主要的有下面几种。

1. 纳甲筮法

纳甲筮法是以钱代蓍的六爻卦法，以断卦时的六爻所配干支五行的生克制化论吉凶，结合占卦的时间（日、月）的干支和神煞，基本上脱离《周易》的爻辞。介绍这种筮法的书古代有《卜筮正宗》《增删卜易》《断易天机》《断易大全》《文王科秘传》，现代有刘大均教授著的《纳甲筮法》，这种纳甲筮法在民间流传比较广，一些民间术士也积累了许多占断经验。

2. 梅花易数

它包括以年月日时起卦的占法、物数占、声音占、字占、丈尺占、尺寸占、为人占、为己占等。以年月日时起卦的占法，是以年数、月数、日数去确定卦的上卦，用年数、月数、日数、时数去确定卦的下卦，以年数、月数、日数、时数等四个数的总和除以六的余数为依据确定动爻。物数占，是以可见且可数的物体，用物的数为上卦，并以当时的时数为下卦，即以卦数并时数，总和除六，取动爻。声音占，就是用所闻之声，数得几下，所得之卦作为上卦，加时数配作下卦。又以声音，如闻动物鸣叫之声，或闻人敲击之声，皆可作数起卦。字占，是以所看到的字数可以被二整除的话，就把平分的一半为上卦，一半为下卦；如果字数不能平分的话，就用少一个字的字数作为上卦，用多一个字的字数作为下卦。丈尺占，是以用丈尺之物的丈数为上卦，尺数为下卦，合尺丈之数取爻。尺寸占，是以尺数为上卦，寸数为下卦。合尺、寸之数加时数取爻。为人占，其例不一，或听人声起卦，或观其人品，或取诸身，或取诸物，或因服色触其外物，或以年月日时起卦。自己占，是以年月日时，或闻其声音，或观当时之物都可起卦；等等。

3. 太乙九宫术

太乙为天神的别称，又名太一，太一行九宫，也就是行于八卦之中，根据郑玄的看法，太一在九宫之中运行，始于坎宫一，其次入坤宫二，又入震宫三，再入巽宫四，然后又入乾宫六，以次又入兑宫七，艮宫八，到离宫九而结束，于是又入于太一之星，而返紫宫休息。太一每宫居三年，又分阳遁、阴遁而有顺行、逆行，配以八卦而占吉凶。

4. 奇门遁甲

该法是以选择天时、地利、人和为目的，利用时间和空间因素寻求趋吉避凶的策略，以便选择最佳时间和方向的一种术数。遁甲之学的关键在排局布盘，其天盘为九星，即天蓬、天芮、天冲、天辅、天禽、天心、天柱、天任、天英；人盘为八门，就是休门、死门、伤门、杜门、开门、惊门、生门、景门；地盘是九宫八卦，排局布盘时以戊、己、庚、辛、壬、癸六仪为顺仪，以乙、丙、丁三奇为逆奇，把顺仪逆奇为阳局，把逆仪顺奇为阴局，按年份、节令、时辰将八门、九星、九神（直符、藤蛇、太阴、六合、勾陈、朱省、九地、九天）在九宫八卦上布列成局。冬至到夏至之间阳气回升，用阳遁；夏至到冬至之间阴气渐长，用阴遁。为了将时间的干支和二十四个节气密切联系起来，布局时按正授、超神、接气、置闰的规律，将上元符头和节气调整好，这样就可以排出一种奇门遁甲的日历，用以选择时间、方位和占断吉凶。由此可以看出，它将阴阳、五行、天干、地支、河图、洛书、八卦等学说都包容进了去，形成了一个有机整体，受到古代如诸葛亮这样的大智谋家所推崇。

5. 占星术

占星术是一种以天象应人事进行的预测，用天象之变，或自然现象的异常，预兆人间的灾异和国家的治乱等，包括日占、月占、五星占、恒量占、星变遣告等，是以观天象以断吉凶的一种占星术。

6. 测字

测字是一种求占者随意用所得之字而求占断，占者根据自己的字形、字意、外应等联想以断吉凶的一种术数。据考证，邵雍精于测字，而后有谢石、朱安国、汪龙、胡宏、张九万、何中立、马守愚、范时行等也善于测字以断吉凶。关于测字的书有《字触》《测字秘牒》《一撮金》《诸葛神算》等流传于世。

7. 堪舆术

堪舆术即相地术，俗称风水术，是用五行生克制化之理选择健在之人和死后之人的所处吉地的一种术数。风水术有两大类：一种是阳宅风水术，一种是阴宅风水术；阳宅风水包括的范围很广，住宅所居基地的选择乃是相宅的一个重要方面，相宅在关注阳宅外形及室外环境的同时，也相当注重阳宅内形和布局。理气派讲九星八卦，对于阳宅内形的布局十分擅长，然而堪舆家认为："阳宅亦要查坐势、朝案、向道，若专居九星，不查形势方位，虽吉无益也。"这说明断定阳宅的吉凶，不仅只需理气派的学说，还要和峦头形势派相结合，在阳宅风水中，既有观察气色的方法，还讲究"续气"。风水学家对于阳宅的内外布置还有一套具体的要求，就是要注重"五实"，避免"五虚"等，近代中国台湾地区和日本还提出了相阳宅的八门套、九星诀。阴宅风水就是相墓，是指将死人择地下葬，一般他们经过觅龙、察砂、观水、点穴四个步骤，寻找所谓的阴宅风水吉地。总的来说，堪舆术方法种类繁多，有以人的出生日期定方位者，有以奇门遁甲选方位者，但都不违反八卦五行克制化之理。

8．相术

相术是用观看人的五官，闻人的声音，看人的气色、精神，察人的步态、风度、气质、身材等方法综合判断人的吉凶和人的前途的一种术数。相术的核心内容就是相五官、相身体、相骨、相气色、相声音、相手纹等。古代的一些术士在相术方面积累了相当丰富的经验，例如传说古代袁天罡精于相术，为唐代高道；曾国藩亦精于相术，他的相术在清朝为人们所称道。

9．八字推命术

此术是以人的出生年、月、日、时辰干支组成的八个字，形成四个柱，故而称四柱。一般以日柱天干为基点，根据其和年柱、月柱、时柱干支的五行生克制化关系及节气的盛衰状态，找出某个人的八字用神之所在，然后再根据大运、小运、流年的配合预测人的命运、运程的一种术数。

10．命学范围数

这是一种推命术，自古一直流传于少数命学家手中，懂得此数的人甚少，中国台湾地区的当代易学家曹展硕先生出版了《命学范围数》一书，以人的出生年、月、日、时数为依据，运用先天诀、后天诀、加年月、起会数法、起月例法、起变数诀、起卦诀、取卦法等，推算人生顺逆趋势，起伏详情，预测人一生的造化。

11．紫微斗数

紫微斗数也是一种推算术，其术数的层次不算很高，属于一种初级的算命术，但流传较广、断语明确。其法比较简单，就是先查出人的出生年、月、日、时的干支，然后画出人的十二宫图，即命宫、父母宫、兄弟宫、夫妻宫、男女宫、财帛宫、疾厄宫、迁移宫、奴仆宫、官禄宫、田宅宫、福德宫，以出生图的五行局查出相应的星名，然后分别填入十二宫内，便可推测人一生的命运。

术数的种类繁多，如还有望气、梦占、扶乩、杂占等，其中的封建迷信成分处处可见，但由于篇幅所限，笔者先不去剖析其中的糟粕，也暂不去分析其在天文、历法、医学等方面的价值，仅就其哲学价值进行探讨。

三、《周易》术数对中国哲学的影响

在中国哲学史上，不管是先秦、两汉、还是魏晋、宋、明，没有一个朝代的先哲不去研究《周易》的，或公开或私下对术数进行探讨，无论他们相信术数，还是

反对术数，都是在自己深入研究术数之后，通过思考对术数做出评判。像孔子、董仲舒、王充、京房、王弼、张载、邵雍、朱熹、王夫之等历史上著名的哲学家，都对中国古代的术数进行过精湛的研究。实际上，术数学或隐或显地影响着历代哲学家的思维，哲学史的演进始终和术数学的思想联系在一起，术数对中国哲学的影响是非常巨大的。就其哲学价值列举几例。

（一）蕴含天、地、人和谐的关系原理

天人关系，是中国哲学的一个古老命题，也是现代哲学的一个重要命题。因天人的和谐在现代已渐遭破坏，受西方科学主义的影响，对生态的各种破坏，对环境的各种污染，对地球的各种伤害等，目前已经到了令人触目惊心的地步。例如能源危机、生态平衡、环境恶化、粮食短缺、水资源匮乏、贫富悬殊、核威胁等，影响到人类的可持续发展。分析其原因，造成这严重后果的就是人类自己，把自然视为被征服、被掠夺、被践踏的对象，认为它就是它，我就是我，不用仁爱之心去维护自然，在物质文明的背后，是人们精神上的冷漠、紧张和思想上的空虚与茫然。丧失了对人生价值的理性追求。于是，哲人们清醒地看到："技术世界的理想是废除自然，即彻底控制自然又反馈到人身上；全面的剥削作为理想和价值实现的统一，在被规定为是必然永恒的自然剥削中只能坚持剥削的本性，即虚假的绝对，盲目的统治原则，并发展为一切社会形式的统治工艺学。"① 我们通过对《周易》的研究发现，在《周易》中就蕴含了人和自然和谐的思想，《乾·文言》中说的："与天地合其德，与日月合其明，与四时合其序，与鬼神合其吉凶" 就体现了天人和谐思想；《周易》的术数学也为人类与自然和谐相处做出了伟大贡献。

中国古代的术数家把整个宇宙看成一个大系统，认为自然现象、社会现象、人的生命现象都处在一个相互制约的网络之中，能相互感应。例如"风水术解答了中国古代建筑在空间环境的整体处理上，在人文景观和自然景观的有机结合以及大规模建筑群布局等方面的千古之谜。由此表明，风水术实际上是集地质地理学、生态学、景观学、建筑学、伦理学、美学等于一体的综合性、系统性很强的建筑理论。它与营造学、建园学构成了中国古代建筑理论的三大支柱。"② 堪舆学启示人们，必须把人类和自然视为一个整体，以实现生态与经济、人与自然的和谐统一；全面地认识自然资源和生态、经济、环境和价值功能，正确认识自然价值和人类自身的价值；合理地保护和正确地利用自然资源，处理好人与自然的关系，正确地驾驭自然力；避免为了满足自己不断增长的物欲，盲目地追求经济的增长而把自然视为被征服的对象，从而破坏生态环境。中国古代术数学中的人和自然协调的哲学蕴含，为人类的可持续发展指明了方向。

---

①［德］H. 贡尼，R. 林古特. 霍克海默. 北京：中国社会科学出版社，1992：89.
②王其亨. 风水理论研究. 天津：天津大学出版社，1992：56.

(二) 蕴含自然、社会、精神的规律性原理

自人类产生以来,人们就面临着由天、地、风、雷、日、月、山、河构成的茫然无知的自然界;经历江河泛滥、山崩地裂、冰雹蝗虫、饥荒瘟疫;面临由人类自身构成的社会:眼见弑君夺权、王朝变迁、烽火四起、兵荒马乱;面临着由人的喜怒哀乐构成的精神世界:感叹人有旦夕祸福、天有不测风云。在天灾人祸交相夹攻之下,往往会感到自身命运的飘浮不定,又无可把握,常常觉得个人无比脆弱。就像法国著名哲学家帕斯卡所说:"人只不过是一根苇草,是自然界最脆弱的东西;但它是一根能思想的苇草。用不着整个宇宙都拿起武器来才能毁灭他;一口气,一滴水就足以致他死命了。"① 人们并不能完全支配机遇,也不能消灭意外,常常叹息生命的脆弱,这种脆弱性表现在:不必说自然界的重大灾祸,也不必说社会领域的巨大动荡,就连日常生活中的某一件突发性的偶然事件都可影响到人的生存安危状况。然而进去的是"人是一根能思想的苇草",尤其是中国的古人,他们不甘心俯首帖耳地让命运牵着鼻子走,他们试图掌握自己的命运,寻求自己生命内在的规律,企图认识自身的运动趋势,预测吉凶,趋吉避祸,试图主宰自己的命运,享受一种康乐太平的生活。

于是,古人就设法寻找自然和社会发展的规律,想从事物发展的因果链条上确认规律性与目的性的存在,术数家用偶然性试图推断必然性。他们从云气和筮草现象推断人生和社会现象,又从梦境等心理活动推断、类比自然和社会的变异。例如纳甲筮法通过随意摇钱所呈现的卦象的偶然性,推断具体事物的发生所产生的结果是必然的;命理学家企图从人的出生时间,来推断人的运程状况,寻找自身运动的规律。可见,在术数家那里,已经蕴含了偶然性、必然性的哲学原理,他们已经感觉到自然和人类社会都是有规律可循的,并且想超前预测,从而指导人们的行为。

(三) 蕴含人具有直觉、灵感等意识的哲学意义

值得我们注意的是:直觉、灵感往往具有很重大的意义,因为一项伟大的发明,一个重要规律,也许就是从直觉的顿悟或灵感的一闪而被发现的,而恰恰术数也常常利用人的直觉和灵感思维。

人类是理性和非理性的组合体,人的意识也有理性和非理性之分,直觉和灵感属于非理性思维。术数活动是原始思维的产物。那时的人们理性思维还不够发达,而人的非理性思维却很发达,在人类的发展过程中,人的理性被开发,从而迎来了科技发展和人类的进步;但人的直觉和感觉却退化,非理性的潜意识心理功能受到压抑,这也说明人类取得的某一方面的进步,总是以另一方面的退步为代价的。古代人的非理性思维发达也是可以理解的,因那时人类才从自然中分化出来,人的直觉能力很强。就象大地震前,人们家里饲养的小猫,几次把睡觉的主人挠醒;饲养

---

① [法] 帕斯卡. 思想录. 北京:商务印书馆,1985:157.

的狗叫个不停，不让主人睡觉；还有飞禽走兽都变得异常，它们感觉到了什么？为什么在感觉地震的本领方面人就不如动物了呢？人类的感觉能力在古代也是很发达的，因为他们要生存，当时人们就会去掌握适应世界的本领，然而随着人类理性的发展和科学的进步，人的非理性思维有时被忽视了，但没有被否定，就连科学家也不否认发明创造的直觉和灵感。虽然术数家的一些占卜靠自己当时的直觉和灵感以断吉凶不可能预测准确，但是也告诉了我们人的非理性思维是和理性思维同样重要的，需要进一步的开发和利用。

第三节　中国内地对古代术数研究缺失问题①

中国古代的术数，是先人脑力劳动的结晶，也是我们祖先留下的文化遗产。我们学术界往往避开对它的研究，而正是由于对古代术数研究的缺失，造成了中国哲学史的缺失。实际上，这样不但没有禁止迷信，相反因为传统的原因和揭伪的不足，一定程度上更诱发了迷信的产生，我们急切需要寻找路径解决这一问题。

一、 中国内地对术数之源《周易》的研究现状

《四库提要》曰："术数之兴，多在秦汉以后，要其旨，不出乎阴阳五行、生克制化。实皆易之支派，传以杂说耳。"由此可见，术数乃易学的一个分支。《辞海》中解释术数曰："术指方书，数是气数。即以种种方术，观察自然界可注意的现象，来推测人和国家的气数和命运，《汉书·艺文志》列天文、历谱、五行、蓍龟、杂占、形法等六种，并云：'术数者，皆明堂羲和史卜之职也。'但史官久废，除天文、历谱外，后世称术数者，一般专指各种迷信，如星占、卜筮、六壬、奇门遁甲、命相、拆字、起源、堪舆、占侯等。"一般认为，对"术""数"的研究也可以称为术数学，术数学在一定意义上说，是一种夹有迷信成分在内的人生预测学，是以追求预知社会、人生、事物的未知状态，企图揭示自然宇宙的秘密，寻找事物发展变化的规律，告知人们趋吉避凶的方法。

近年来，中国内地对《周易》的研究，主要是对《周易》经传的解读、简帛易学研究、易学史问题研究、易学思维研究，易学与儒学研究、易学与道学研究、易学与自然科学研究、易学与文化研究及研究古代易学人物等，对《周易》的研究在理论界已经得到普遍的认可，但对其分支的术数理论研究基本还在禁区，这造成了中国内地对古代术数研究的缺失。而江湖术士的占卜、八字推命、风水等术数的开发沿用，已经风靡于网络，在现实生活中各种各样的预测招牌、预测公司也随处可见。

---

①史少博. 中国内地对古代术数研究缺失问题.《社会科学论坛》（学术研究卷），2008（11）：4 - 6.

但从现代研究《周易》的主流看，大多术数学者都是从象数和义理两个方面去研究，例如山东大学易学与中国古代研究中心以刘大钧教授为首的学者研究《周易》，既研究象数，又研究义理，但多数研究象数。刘大钧教授的主要著作有：《周易概论》、《周易古经白话解》、《周易传文白话解》、《周易讲座》、《纳甲筮法》、《今、帛、竹书〈周易〉综考》、《周易古经白话解》（英文版）、《易经全译》（法文版）等多部易学专著，校点整理了85万字的易学巨著《周易折中》，主编了《大易集成》、《大易集要》、《大易集述》、《大易集义》、《大易集说》、《元典哲蕴》、《象数易学研究》（一、二、三辑）等多部论文集。另外，林忠军教授著有《象数易学发展史》、刘玉建教授著有《两汉象数易学研究》、李尚信教授重新考究了"今本《周易》六十四卦卦序的基本骨架"。以刘大钧教授主持召开了"首届国际周易学术研讨会"和四届"海峡两岸周易学术研讨会"，以及"海峡两岸青年易学论文发表会""海峡两岸易学与中国哲学研讨会""易学与儒学国际学术研讨会"等影响巨大的学术活动，在推动易学的交流和发展方面，做出了重要贡献。而以北京大学朱伯崑教授为首的学者也研究《周易》的象数和义理，但是更精于研究《周易》的义理。朱伯崑教授著有《易学哲学史》，主编《易学智慧丛书》《易学知识通览》等著作，朱伯崑教授注重阐发《周易》的内涵和哲学意义。另外，陈奎元、任继愈、刘长林、张立文、董光璧、王国政、丘亮辉、韩增禄、蒋志、张其成等专家也一致认为，《周易》经传作为中华古典之一，所蕴含的哲理十分丰富，无论是对于当今的科技思维还是人文思维的建树与发展，都有重要的启迪意义。以朱伯崑教授为首席专家的国际易学联合会，着重阐述《周易》对哲学、宗教、政治、伦理、科技、艺术等的深远影响，并涉及欧洲近代文明；具体阐发了易学与人生、易学与生活、易学与医学、易学与建筑、易学与管理、易学与信息、易学与军事等关系。实际上，很多专家的论述也涉及《周易》的术数部分，但是还没有专家对术数进行系统全面深刻的研究。

二、中国内地对术数研究缺失而造成的问题

当今在中国的台湾、香港，乃至日本、韩国以及西方国家，对产生于中国的术数研究，显得更加重视和深入，相反，中国内地却缺失了对其应有的研究。中国内地对古代术数研究的缺失造成了下列问题。

（一）使人们对中国古代术数倍感神秘，从而诱发迷信

人类并不能完全支配机遇，不能消灭突发事件，不能使人摆脱生老病死和情感上的折磨，有时日常生活中的某一件突发性的事件都可能影响到人的生存安危状况。面临着由人的喜怒哀乐构成的精神世界，人类常常感叹人有旦夕祸福、天有不测风云。英国著名社会人类学家马林诺夫斯基说："不论已经昌明的或尚属原始的科学

家，他并不能完全支配机遇，消灭意外，及预测自然事变中偶然的遭遇。"① 有时在天灾人祸交相夹攻之下，人往往会感到自身命运的飘浮不定，又无可把握，常常感受到单个人的脆弱。在自己难以把握的时候，人们对纷繁复杂的社会前景和变幻莫测的人生命运，便本能地依靠他力趋吉避凶，寻求预知未来的方法。而中国古代的术数因为缺乏理论界研究，而某些"术士"的渲染增加了神秘感，人们越是觉得其神秘，就越是相信其神力，故而术数就成了人们在遇到无法用知识解释的现象或在实践活动中遇到坎坷所采取的一种替代性的活动。盘根错节的中国古代术数，由此乘虚而入，人们借此使情绪摆脱受挫折感，在心理上得到安慰，模糊地认为通过某些术数就可以趋吉避凶。

学术是不该有禁区的，中国古代的术数，也是先人脑力劳动的结晶，也是我们祖先留下的文化遗产。我们不要因为怕被认为是搞迷信，就放弃对它的研究，因为越避之就会越使人们觉得好奇，也就越觉得其神秘，就越容易诱发迷信。

（二）造成迷信泛滥，悲剧频繁出现

现代中国内地从社会成员的下层、中层到上层人士，相信某种术数的不乏其人。个别学者、官员尽管口头上不屑于谈术数，但还是有人还暗中相信，或者半信半疑，并且为此耗费了许多光阴，但因为缺乏术数学术性的交流，暗地研究往往被阻隔，造成了大众对术数认识的缺乏，以致走向愚昧、盲信。

中共中央党校社会学教研室吴忠民教授很早就开始关注一些官员落马前"一边贪污腐败，一边烧香拜佛"的现象。他认为，这些人之所以这么做是功利心理在作祟，因为担心腐败行径被发现、被曝光而寻求心理安慰。他所希望通过封建迷信来趋利避祸，因而在我国就出现了个别腐败分子"不信马列信迷信，不信科学信风水、信算命"的现象。

由于现代中国内地学术界对术数缺乏研究，即使偶有学者研究术数，也是多停留在空洞的批判层面，而对"风水"本身的各种复杂特性、内在体系没有实质性研究。例如看风水的、算命的屡见不鲜，打开电脑，上网随便搜索，就有上千个算命网站，八字算命、紫微算命等应接不暇，社会上竟出现了有人谈对象时因为属相不合，遭家长反对而自杀的现象。还有上千个"风水"网站、风水预测公司，什么阴宅风水、家居风水、楼房风水、住宅风水、公司风水、办公室风水、企业风水、楼盘风水等数不胜数，并且派别林立，各执一说，甚至相互诋毁。在一些农村地区江湖术士对中国古代"风水"理论大加渲染，试图把人们引向神秘，故而导致"风水"热此起彼伏，也造成了民间"祖坟"争端引地血案、官员为升官而劳民伤财改建办公楼等许多人间悲剧、闹剧。

（三）造成中国哲学史内容的缺失

有人认为：中国哲学和西方哲学比较起来，显得较为浅显化、缺乏思辨力，其

---

① [英] 马林诺夫斯基. 文化论. 北京：中国民间文艺出版社，1988：48.

实说这种话的人,他没有真正了解中国的术数有较强的逻辑性和思辨力。在中国哲学史中,不管是先秦、两汉,还是魏晋、宋、明,没有一个朝代的先哲不研究《周易》的,或公开或私下对术数进行探讨。无论他们是相信术数还是反对术数,都是在自己深入研究术数之后,通过思考对术数做出评判。孔子、董仲舒、王充、京房、王弼、张载、邵雍、朱熹、王夫之、颜元等中国历史上著名的哲学家,都对古代的术数进行过精湛的研究。

例如,董仲舒援引阴阳术数来阐发《春秋公羊传》的微言大义,把儒家的文化价值理想纳入阴阳家的世界图式中,于是各派经学家以董仲舒为一代宗师,纷纷致力于阴阳术数与儒家经义的结合,掀起了一股声势浩大的经学思潮。阴阳术数与《诗》相结合形成了"四始五际说";与《书》相结合形成了"洪范五行说";与《礼》相结合形成了"明堂阴阳说";也可以说孟喜、京房的"卦气说",就是阴阳术数学和《易》相结合的产物。汉代那种具有特殊形态的象数派的易学,是当时经学思潮的一个有机组成部分。

自从汉武帝提倡经学以来,儒家的经义不仅仅是一般的学术了,而是广泛地渗透到国家政治生活的各个领域,成为人们思想与行动的主要依据。汉代经学者普遍致力于与阴阳术数相结合,大讲阴阳灾异,掀起了一股天人感应的思潮。当时的孟喜、梁丘贺、焦赣、京房等都是大名鼎鼎的占卜家,有关占卜之类的书也相继推出,如《易林》《归藏》及扬雄的《太玄》等,都是当时有名的占卜用书。汉代大兴谶纬,促进了术数学的发展,汉武帝曾诏命光禄大夫刘向校经传诸子等书、步兵校尉任宏校兵书、太史令尹咸校术数、侍医李柱国校方技。后来,刘向之子刘歆汇总群书辑为《七略》,有辑略、诸子略、六艺略、诗赋略、兵书略、术数略、方技略。于是术数成为一门学问,成为汉代学术的一大门类。《汉书·艺文志》称"术数者,皆明堂、羲和、史、卜之职也",这说明术数学是古代巫史治学之沿袭。在其书中载汉代术数学之书有六类,包括:天文、历谱、五行、蓍龟、杂占、形法。《史记日者列传》记载,当时的术数学界有五行家、堪舆家、建除家、丛辰家、历家、天人家、太乙家,使得汉代的术数学的范围逐渐增大,并且汉人信谶纬,习太一九宫之术,卦气说、爻辰说、纳甲说、干支纪年将天文历法和周易象数融合为一体,从而完成了术数学的理论基础。于是,汉代以后,太乙、六壬、遁甲之学日趋完善,且汉代五行说大盛。

到魏晋以后,术数学经过汉代近四百年的繁荣之后,被排除出正统学术的殿堂。自王弼注《易》的"得意忘象"开始,义理派兴盛起来,一些儒生就"扫象不谈",对其他术数更是难言之,于是术数流入了江湖术士之手。

客观而言,每个朝代钻研术数者,并不完全是江湖骗子。自古以来,术士或为学识渊博的知识分子,或为普通的农夫商贾,或出入宫廷的政客,或为隐士高僧。例如宋代演术数者,就有文人雅士、社会名流,象陈抟、种放等著名隐士,钱若水、司马光等朝廷重臣，邵雍、蔡元定等著名理学家，都精通于术数。

不可否认，自从术数流入江湖术士之手，成为某些人谋生的手段、少数人骗人钱财的工具时，就不免有骗术掺杂其中，以至使当今人们对术数深恶痛绝，从而使清高的知识分子对术数的研究不再愿意涉入。现代中国内地虽然没有禁止研究术数的法规，但是学者们生怕研究术数被扣上封建迷信的大帽子，于是造成在理论界缺失对中国古代传统文化的一部分——术数学研究的现实。

然而，我们不容回避，实际上术数学或隐或显地影响着历代哲学家的思维，哲学史的演进始终和术数学的思想联系在一起。而在我们研究中国哲学史的著作或教科书中，都回避了贯穿于中国哲学史始终的一条线，那就是历代哲学家们对术数的研究。

三、解决中国内地对《周易》的术数研究问题的路径

（一）给中国古代术数研究合理定位

不了解中国古代术数的发展和来龙去脉，就很难真正理解中国哲学发展史，也不可能正确了解中国古代的思想文化和社会风俗的独特面貌和内在涵义。《中国方术大辞典·序》记载："有些学者，碰到方术语词，常会弄出错误。不妨举几例。中华书局校点本（南齐书·高帝纪论）：'主人与客俱得吉，计先举事者胜。'将'吉计'分逗，不知'吉计'即吉课，是太乙占中的术语。北京大学校注本《论衡》，把"飞尸流凶"解为'会飞的尸体，行走的凶怪'，而不知'飞尸'是丛辰之名。上海辞书出版社《汉语大词典》把'伏吟'解为'占卜吉凶时所得卦爻之象'，把'反吟'解为'以人的生辰八字，附会人事，推其吉凶祸福及婚姻成败'，而不知反吟和伏吟原指用'式'占卜时天盘和地盘显示出的某种关系。……可见在中国学术界中，'方术'的研究确实是个弱门，今天很有必要扭转这个局面。"①

我们也没有必要逃避实事，抹杀古代术数在中国哲学史上的地位。相反，正是由于中国古代术数在中国哲学史上的缺失，而显得中国哲学史好像缺乏思辨的东西，这也是引发外国人误解中国古代哲学没有逻辑的原因之一。中国古代某些术数有着严密的逻辑推理，不仅是古代，即使在现代也影响着中国许多人的思维及其思想，某些术数已经作为民俗融入了人们的生活。可见，我们应给予古代术数的研究以合理定位，既不能扩大术数的作用，也不能抹煞术数对中国思想文化发展、民俗演化的影响。"必须看到，肇端于先秦两汉的名目繁多的术数，对于古代社会的各个领域有着无孔不入的巨大影响。自古以来，人们对于施政方略、用兵打仗、擢拔人才、赴考求官、工商谋财，乃至婚姻娶嫁、造房筑坟，自帝王贵族至于黎民百姓，无不求助于术数而企图预测吉凶。或许可以说，不了解各类术数的具体内涵与来龙去脉，

---

① 刘逸生. 中国方术大辞典序. 广州：中山大学出版社，1991：3.

就不可能深刻理解古代中国思想文化及其社会风俗的独特面貌与内在涵义。"[1] 应明确研究古代术数的目的是寻求其合理内核,剔除其糟粕,恢复其在中国哲学史、民俗史、逻辑史上的地位和作用。

(二)理清中国古代术数发展的脉络

术数的类别,历朝历代的记载稍有不同,例如《汉书·艺文志》《后汉书·方术部》《艺文类聚·方术部》《太平御览·方术部》《四库全书·术数类》《丛书集成·术数》等对术数的分类有所差异。由此,在术数分类基础上的术数梳理和研究,首先需要学术界通过探讨、交流取得比较一致的意见。

"笔者认为不但中国人,即中国以外的其他民族,如果其文化与西方不同,自可另用一套思想程式。这种另外的一套依然不失为正确有效的。"[2] 中国有着古老的璀璨文化,有着中华民族独立的思维方式,有着自己的逻辑发展史,在其特有的文化背景下,创造了古老的领先于世界的文明。我们考究术数的发展体系,首先要整理出土、留存术数的古籍文献。古代术数有些文献不少失传于世,但还流传下来许多,例如《史记》之《天官书》《日者列传》,《汉书》之《天文志》《五行志》,《后汉书》之《方术传》,《隋书》之《经籍志》。而《明史》、《清史》也都列有《志》《传》论术数,我们应作梳理,挖掘其发展的内在根据,然后理清中国古代术数发展的脉络。

(三)有效地遏制迷信蔓延

虽然术数中包含了迷信,但绝不能把术数和迷信画等号。学术界应该对中国古代的术数进行深入地研究,正如《四库全书·术数》提要说:"术数之兴……然众志所趋,虽圣人弗能禁。其可通者存其理,其不可通者姑存其说可也。"由此可见,用行政手段是无法从根本上遏制迷信蔓延的,只有让人们充分认识"术数",了解其渊源,分析其体系,然后再判断其真伪。

然而,如何引导人们正确认识古代术数的任务,应该由理论研究者来承担。"不入虎穴,焉得虎子?"应该抱着实事求是的、中立的态度深入到"术数"理论内部,剖析其体系,继承合理的部分,找出滋生迷信的土壤,寻找产生问题的症结,才能有效遏制迷信的蔓延,让人们心服口服地摈弃迷信。

第四节 探折中国古代"相面术"的人脸认知[3]

"相面术"主要有相眉、相目、相额、相耳、相鼻、相嘴等。"相面术"在中国具有悠久的历史,早在春秋战国时期就已经出现。尽管中国古代的"相术"具有迷

---

[1] 顾颉. 术数集成. 重庆:重庆出版社,1994:3.
[2] 张东荪. 不同的逻辑与文化并论中国理学. 兰州:甘肃人民出版社,1991:358.
[3] 史少博. 探中国古代"相面术"的人脸认知. 社会科学论坛(学术研究卷),2009(08)19-21.

信成分，但是不可否认它反映了古人对于复杂事物的一种朴素的认识，也反映出我们民族注重直觉体验的传统思维方式，是当时条件下古人从人的五官、骨相、声音、体态等表象认知人本质的经验总结。中国古代的"人脸认知"对现代的"人脸认知"仍然有启迪意义。

一、中国古代"面相术"的产生发展

"相面术"在中国具有悠久的历史。早在春秋战国时期，相术和相士就已经出现，《左传·周书》中就有关于相术相士的记载，并且建立了初步的理论基础，当时的相术主要是相人的长相、声音、气色。到隋唐时期，我国的相术得到快速发展，这一时期的相书数量繁多，种类多样，流传广泛，由最初的观察长相、声音、气色发展成为相眉、相鼻、相耳、相口、相额、相身躯、相手掌脚掌等各个方面。据新旧《唐书》中的记载显示，当时最著名的相术士是袁天罡，其相面术之神奇准确，以致使人难以置信。我国相术发展的鼎盛时期为宋元时期，在北宋大画师张择端的《清明上河图》的风俗长卷中就有看相批命的职业形象，据此也反映了当时相术风气之盛，并且出现了总结性的著作。据《宋史·艺文志》记载，在众多的相书中，首推的应属《麻衣神相》。据考证，清朝中兴名臣曾国藩也撰有看相专著——《冰鉴》。古人看相，把人的面部分为三部分，上部为天，中部为人，下部为地。天、人、地各有象征，例如天部（上额）主要是表征早年的运气，以及天赐的丰厚。

二、"中国古代相面术"对人的认知

《神相全篇》对额相有这样的概论："头小而窄，到老孤厄。额大面方，到老吉昌。额角高耸，职位崇重。天中丰隆，傧宦有功。额阔面头，贵居人上。额方峻起，吉伙不欣。额莹无瑕，一世荣华。"如果上额宽阔、方峻，而且明净的话，那么这个人天赐丰盈，早年发达，功名早就。如果顶平头圆额又方，定主富贵早功名。如果额阔面广，贵居人上。如果额莹无瑕，则可享一世荣华。反之，如果上额尖狭、肩削，而且灰黯皱巴的话，相书说："天削者刑伤，头扁额削难言寿。"

中国古代面相术所指的五官是：眉、眼、鼻、口、耳。五官是面相的重要组成部分，在面相术中，五官又具有一些特殊的名称。以下是面相术中的常用术语：眉被称为保寿官，眼被称为监察官，耳被称为采听官，鼻被称为审辨官，口被称为出纳官。

眉相：总括《麻衣相法》的论法，就是一看浓淡，二看清杂，三看眉形。相理认为下列之眉相多为善：眉毛长垂高寿之相；眉长过目忠直福禄；眉如弯弓性善富足；眉清高长身名远扬；眉秀神和享清福；眉如新月善和贞洁；眉角入鬓才高聪俊。概括来说，眉毛宜长、宜秀、宜清、形宜弯；长则寿高，秀则福禄，清则聪颖，弯则善洁；相理认为下列眉相非善：眉短于目性情孤僻；眉骨棱高多有磨难；眉散浓低一生孤贫；眉毛中断兄弟离散；眉毛逆生兄弟不和；眉不善眼孤单财败；眉交不分年岁难久；短促不足漂流孤独。概括来说，眉忌短、忌散、忌杂，短则贫寒、散则孤苦、杂则粗俗。

《麻衣相法》认为，善与不善可观眼形，下列是善的眼：目秀而长贵比君王；目长如寸可辅佐圣主；目如凤鸾必做高官；龙睛凤目必享重禄；目光威烈众人归顺；目尾上翘福禄不断；目大而光收成丰登；目短眉长田粮厚丰；目光如电贵不可言；眼似虎盼神圣不可冒犯；黑白分明人必聪慧；眼睛黑而眼眶阔灵性活而知识博。概括地说：眼形宜长、宜秀，这种眼仕途坦荡，高官厚禄；眼光宜明、宜亮，这种眼禀性聪慧，正直善良，眼神严、威的人众人依附，威不可犯。不善的眼如下列：目头破缺家产枯竭；目露面白沙场不测，眼如鸡目其人性急狠毒；形如三角恶劣之辈；目如卧弓其人必是奸雄；眼窝深凹其人诡诈好妒；红眼金睛不认六亲；目细深长执拗不良。概括来讲：眼形怪黠，其人必奸；眼细深长，脾性执拗，禀性邪狭；双眼暴赤，性格焦躁，无情寡义。人的眼相是十分丰富的，千变万化，很难找到相同的眼，上面所说的善与不善不过是道其概要，难以道尽其精微。有人说眼睛是心灵的窗户，通过眼可以看到人的内心世界。

古人鼻相：相理中，将鼻脊至两眼中间处，叫山根；鼻的下端叫鼻准（或叫准头），鼻准与山根之间的中点叫年寿；准头的左右两翼，左为兰台，右为廷尉。《麻衣相法》的论鼻说法：鼻如悬胆身须贵，土曜当土得地来；鼻头尖小人贫贱，鼻孔仰家无隔宿钱；又怕苗如鹰嘴样，一生奸计不堪言。意思是说鼻若悬胆将财运亨通，山根饱满贯额，官至三品以上；而准头尖小，鼻孔朝天，是家无隔夜粮的穷相。年寿（鼻梁中间部）高曲准（鼻尖）勾如鹰嘴，则是奸险之人。相理认为以下几种是善的鼻：鼻如悬胆、鼻准圆红者家财丰厚；鼻耸天庭穴（两眉间印堂穴上面）者名声远播；鼻体丰隆，准头圆润，且略带前凸，叫鹿鼻者多情多义，贤人达贵；鼻高昂直者高官尊贵；鼻直而厚者位列诸侯；山根、年寿平直，兰廷丰盈者家财丰厚，中晚年得志显贵。概括地说，准头圆润则财多，鼻势高直则尊贵，鼻体匀厚则家兴。不善的鼻有以下几种：鼻梁不正者中年遇困；鼻梁无骨者恐遭夭折；鼻体露骨，兰廷小准头尖者多疑且心狠；露脊准头鹰嘴鼻者是十恶不赦之人；两孔外露叫露（孔鼻者）家坏祖业之人。意思是，山根塌陷，鼻体扁薄，鼻梁不正，准头尖勾，鼻孔外露，年寿粗凸，都是不好的鼻相。鼻平扁多贫寒。准头尖勾多阴险，鼻脊不正或粗凸多遭难。

相耳：一看轮廓，二看厚薄，三看高低，四看耳色。《麻衣相法》认为：轮廓分明有堕珠，一生仁义最相宜；木星得地招文学，自有声名达帝都；耳反无轮最不堪，又如箭羽少资粮；命门窄小人无寿，青黑皮粗走异乡。大意是轮廓分明，润软垂珠则善，耳轮翻卷粗黑，则非善。一般认为：两耳垂肩、耳带垂珠、耳门垂厚者皆命当富贵；耳白过面者声名远播；耳生毫毛者富贵寿长；耳大、贴脑、坚厚者豪门贵族之相。总括来说，耳宜高、宜大、宜坚、宜厚、宜亮，高则福寿，大则英豪，坚则有威，厚则富足，亮则智聪。相反则为不善之耳，包括：轮翻廓反、垂珠低反、上大下卷者为低贱劳碌之相。耳薄如纸者命易夭折。耳薄向前、两耳招风者败家之流；耳门窄小、耳巧细微者贫寒之人；耳轮拼裂、状若开花者败落漂泊之相；粗黑焦黄者愚莽颓之相。总括来说：耳是忌翻、忌卷、忌小、忌薄、忌裂、忌暗。翻多劳碌，卷多低贱，小多贫寒，薄多病弱，裂多败落，暗多愚鲁。

相口：《麻衣相法》认为好的口相如下。口大容拳、口形方阔者位列高官；口赤如丹者富享荣华；口不见唇者仪态威严；口角上弯者意志刚强；两唇上下平齐叫龙口，此人仪态威严之人，终将位列朝班；两唇厚丰舌长齿白叫牛口，此人衣食充隆；口大可容拳者尊贵之相；口小如抹胭脂，叫樱桃口，若女人则灵巧窈窕，在男人则不值称赏。不好的口相则是：口角不张、口撮紧缩者贫寒破败之相；口角下垂者财彩拮据；口如吹口形、口唇纹乱者皆孤苦之人；两唇不合皱纹侵乱，叫皱纹口，此人心狠运差。清代的《相理衡真》则说：口如砂，食如荣华；口如抹丹，不受饥寒；口如红朱，富贵相宜；口如中唇，必是贤人，非特口德，又且性纯；口如角弓，位至三公；口紫而方，广置田庄；口角不张，缺乏储粮；口不见唇，主有兵权；口大容拳，位至公侯；口垂两角，衣食消缩；口角高低，奸诈便宜；口尖如篓，与乞为邻；口如缩囊，饥饿无粮，纵然有子，必主别房；口如缩螺，常乐独歌；口边紫色，贪财妨害；口如撮紧，破产飘蓬；口不见齿，老亦成立；口唇乱纹，一世孤单；口如吹火，至老独坐；口上生纹，有约无成；轻薄口唇，惯说他人；口阔又丰，食禄万钟；口角向上弯，终身不怕难。

古人认为"鼻子塌不起财""女人高颧骨是'克夫'相""眉不盖眼，孤单财散"……"人的面相影响着财运"。现代，一些人为财运纷纷走进了美容院，对自己的面子"大动干戈"。显然，古代"相面术"具有一定的迷信成分，但也显示了透过"人脸"力求认知其本质的不懈努力。

三、中国古代"相面术"对现代"人脸认知"有启迪意义

尽管中国古代的"相术"具有迷信成分，但是我们不可否认它反映了古人对于复杂事物的一种朴素的认识，也反映出了我们民族注重直觉体验的传统思维方式，是当时条件下人们从人的五官、骨相、声音、体态等表象认知人本质的经验总结。对于"相术"西方学者也早有揭示。亚里士多德《芬克与瓦格诺尔斯新标准百科》一书中提到，这门技术是以信念为基础的，人们认为在面部特征和表情与思想的品行品质和习惯之间有着密切的联系。这种观相术由来已久，流传极广。[①] 瑞士神学家约翰·卡斯帕·拉瓦特于1789年发表了《观相术文选》，进一步促进了观相术的

---

① [美] 利奥波德·贝拉克，萨姆·辛克莱尔·贝克著，蔡署光等译. 解读面孔. 北京：社会科学文献出版社，2008：235.

发展。在《观相术文选》中，他试图说明，外部信号是怎样反映人的内心世界的。他认为，人特有的习性对其相貌起到一种模制的作用，特定的相貌构造与组合反映出不同的性格。所以，拉瓦特就是依据面部特征来进行性格分析的。在研究观相术的人中，沃尔夫博士是比较突出的一位。20世纪30年代，他先是在柏林开始这一研究，到了西班牙又继续进行研究，最后在30年代和40年代期间，当他在巴德学院和哥伦比亚大学任教期间，也没有中断这方面的研究工作。哈佛大学美国著名的心理学家戈登·W. 奥尔波特和 P. E. 弗农一道在30年代最先把沃尔夫的研究介绍到美国的心理学界。从那时起，由于其他一些人也加入了沃尔夫所从事的这一主题的研究行列，从而加速并进一步深化了观相术的研究，其中以哈佛大学的亨特利的研究最为突出。奈特·邓拉普以及其他一些学者也对面部表情，尤其是对嘴部的形状及特征进行了研究。[1]

有专家指出《解读面孔》是美国心理学家利奥波德·贝拉克博士和其助手萨姆·辛克莱尔·贝克在将近30年的理论研究和实践经验总结的基础上完成的。书中从解剖学、行为科学和心理学的角度阐述了人的行为、心理和社会经历等因素是如何对人的面部表情产生影响的，说明人的性格、人格因素对外貌形成发生作用，并从面部表情中反映出来的原理。书中介绍了一套解读面孔的方法———划区解读法，着重介绍了如何运用划区法来解读面孔上的迹象，达到洞察内心的目的。

人类学家维柯指出："在一切语言里，大部分涉及无生命事物的表现形式，都是从人体及其组成部分以及人的感觉和情欲那里借来的隐喻。"[2] 例如"人脸包含着大量的信息，情绪、愿望、气质等都可以通过面部表达出来。识别一个人员直接和方便的方法就是通过面部辨认，因此视觉认知的一个重要研究领域是人脸认知。为了更好地设计人脸的自动识别系统，有必要先了解人类是怎样识别人脸的。从20世纪60年代开始，人脸认知研究得到了越来越多的心理学家和神经生理学家的重视，尤其在人脸认知方面和面部表情识别方面取得了理论和实际应用的进展。"[3]

Valentine 提出了"人脸认知"的多维空间理论，他认为"人脸的纬度包括很多方面，既可以是人脸的特征信息，也可以是人脸的结构信息，还可以是人脸的颜色、质地、年龄等其他信息。"[4]

据资料显示，英国科学家最新研发出一种可诊断儿童是否患有遗传疾病的电脑软件。"辨脸识病"的三维图像技术有助于及早发现儿童遗传疾病，为治疗争取时间。英国伦敦大学学院儿童健康研究所教授彼得·哈蒙德是"辨脸识病"软件的研

---

[1][美] 利奥波德·贝拉克，萨姆·辛克莱尔·贝克著，蔡署光等译. 解读面孔. 北京：社会科学文献出版社，2008：236.

[2][意] 维柯著. 朱光潜译. 新科. 北京：人民文学出版社，1986：56.

[3]苏剑波. 应用模式识别技术导论. 上海：上海交通大学出版社，2001：15.

[4]Valentine T. A unified account of the effects of distinctiveness, inversion, and race in face recognition [J]. Quarterly Journal of Experimental Psychology, 1991, 43A.

发人。"辨脸识病"软件根据病患儿童资料库的脸部特征数据对儿童是否患有遗传病做出初步判断。英国媒体评论说,"辨脸识病"软件让之前单凭肉眼难以察觉的遗传病无所遁形。例如,患有脆性 X 染色体综合征的儿童外表与常人只是略有不同,他们双耳大、下颚凸出、脸颊细长,但软件可以及早分析儿童是否患有类似难以察觉的遗传病。测评报告中的数据显示,"辨脸识病"软件对 10 种遗传病的诊断准确率均在 90% 以上。其中,诊断脆性 X 染色体综合征准确率为 92%,威廉姆斯综合征为 98%,史密斯—马盖尼斯综合症为 91%。在实践应用中,人脸认知的研究可以有效促进机器人视觉研究的发展,其研究的成果还有助于对人脸有缺陷的病人进行外科整形手术,改善由于脑部受伤而引起的人脸认知失调病人的认知能力,以及在法律事件中对罪犯的指证等。因此,人脸认知有着重要、广泛的研究应用价值。人脸识别是人们社会生活中一项基本而重要的功能。

在对人脸识别研究领域中,人脸的信息如何被表征,特征和结构信息等如何在人脸识别中发挥的作用及其相应的脑电机制等问题倍受认知神经科学家的关注。人脸认知是一个跨越图像处理、模式识别、计算机视觉、神经网络等多学科研究领域的综合性研究课题,有着十分广阔的应用前景,近年来受到人们的普遍重视。开展人脸认知技术的研究对于开拓新兴技术领域、促进交叉学科的发展具有重要的科学意义。而早在两千多年前的中国"相面术"就是朴素的"人脸认知",试图由此达到对人的性格、自身发展趋势等方面的认知。中国古代的"人脸认知"对现代的"人脸认知"仍然有启迪意义。

第五节　儒学视野下的"卜筮"说

从时间上看,虽然"卜筮"的产生比儒学产生得早,但是从儒学诞生的那一天起,《周易》就一直位于儒家经典著作的群经之首。而"卜筮"是属于"术数",术数又是易学的一个分支。故而,儒学与"卜筮"有着不可分割的联系。本文阐释了儒学视野下的"卜筮"发展期、盛行期、衰落期以及回升兼容期。历史上,从汉代董仲舒开始把儒学神学化,主张"天人感应",于是,"卜筮"之风随之盛行,无论国家大事还是民间生活都有"卜筮"的诸多记录,并且汉代易学家发明了很多"卜筮"之法,"卜筮"发展在汉代达到了盛行期。"玄学"是魏晋时期的主要学术思潮,是儒学和道家学说融合在一起的学说,自从魏晋时期的王弼开始,尽管还有人热衷"卜筮",但由于易学义理派的兴盛,"卜筮"不可避免地进入了衰落期。儒学在宋代出现了繁荣,是继汉代儒学繁荣之后的又一次发展高峰期。宋代著名的儒学家朱熹强调"易本是卜筮之书",他既反对拘泥于占卜,也反对空谈义理。自朱熹后,"卜筮"逐渐进入了回升兼容期。

《礼记·曲礼上》曰:"龟为卜,策为筮。"《书传》中说:"龟之为言久也,千岁而灵，禽兽而知吉凶也；蓍之为言耆也，百年一木生百茎，此草木之寿，知吉凶者也。"卜筮是古人用龟甲、蓍草预测吉凶的一种方法，用龟甲预测称为"卜"，用蓍草预测称为"筮"，合称"卜筮"。"卜筮"属于"数术"。《汉书·艺文志》曰："数术者，皆明堂羲和史卜之职也。"

《史记·龟策传》记载了"卜筮"的二十余种用途。宁夏黑水城出土的西夏汉文写本《卜筮要诀》显示，从时间上看，"卜筮"的产生显然比儒学产生得早。从儒学诞生的那一天起，《周易》就一直位于儒家经典著作的群经之首。"卜筮"是属于"术数"，而"术数"是"以种种方术，观察自然界可注意的现象，来推测人和国家的气数和命运。除天文、历谱外，后世称术数者，一般专指各种迷信，如星占、卜筮、六壬、奇门遁甲、命相、拆字、起课、堪舆、占候等。"（《辞海》术数条）又《四库提要》曰："术数之兴，多在秦汉以后，要其旨，不出乎阴阳五行、生克制化。实皆易之支派，传以杂说耳。"可知，术数是易学的一个分支。故而，儒学与"卜筮"有着不可分割的联系。孔子晚年最喜《易经》，那时的《易经》不过是六十四条卦辞和三百八十四条爻辞。孔子把他的心得做成了六十四条卦象传，三百八十四条爻象传，六十四条彖辞。后人又把他的杂说篡辑成书，便是《系辞传》《文言传》。① 笔者不赞成《系辞传》《文言传》等是孔子所做，认为《易传》也许是后人或者是孔子弟子收录了孔子的言论编纂而成。《系辞传》《文言传》等《易传》的其他篇中有很多"子曰"，就足以证明《易经》和孔子的密切联系，以及《易经》对孔子思维方式、人生观、价值观的影响。下面具体分析儒学视野下的"卜筮"说。

一、儒学视野下的"卜筮"发展期、盛行期

从殷墟出土的甲骨文考证，殷朝已经使用甲骨占卜。《殷墟书契考释》记载："《史记·殷史本》载成汤以来至于帝辛传世三十。今见于卜辞者二十有三。"据《殷墟书契考释》所记：除残缺不可读的外，卜祭的三百六，卜告的十五，卜享的四，卜出入的一百二十八，卜田猎鱼的一百三十，卜征伐的三十五，卜年的二十二，卜风雨的七十七。可见，祭祀、田猎、出入、风雨、战争等大小事情，都要经过龟卜，以示神的意旨，一切听从神的命令。② 司马迁《史记·日者列传》："自古受命而王，王者之兴何尝不以卜筮决于天命哉！其于周尤甚，及秦可见。"周朝代替殷商之后，仍通行用龟占卜，……周人说的龟卜之法，是从殷代发展来的。但周人这时另有用蓍的一种筮法，和龟卜相辅。所以可以说，周代卜筮并用。……《周易》筮法，最初可能仅用六十四卦以筮，也就是说当时仅有六十四占。其后并用三百八十四爻以筮，表明有四百四十八占。后来又增加了《乾》之"用九"，《坤》之

---

① 胡适. 中国哲学史大纲. 北京：北京大学出版社，2013：61.
② 王友三. 中国宗教史（上册）. 济南：齐鲁书社，1991：103.

"用六"，这时总共有四百五十占。由此构成了一个系统，而这个系统乃是从作为占筮道具的蓍草的排列方式上推演出来的。① 《周易·系辞上》曰："大衍之数五十，其用四十有九。分而为二以象两，挂一以象三，揲之以四以象四时，归奇于扐以象闰；五岁再闰，故再扐而后挂。天一地二，天三地四，天五地六，天七地八，天九地十。天数五，地数五。五位相得而各有合，天数二十有五，地数三十，凡天地之数五十有五，此所以成变化而行鬼神也。《乾》之策二百一十有六，《坤》之策百四十有四，凡三百六十，当期之日。二篇之策，万有一千五百二十，当万物之数也。是故四营而成《易》，十有八变而成卦，八卦而小成。引而伸之，触类而长之，天下之能事毕矣。显道神德行，是故可与酬酢，可与佑神矣。子曰：'知变化之道者，其知神之所为乎。'"可见，《易传》中也有对"筮"的具体阐释。其中"子曰"是"孔子说"，可见，儒家思想的创始人孔子对前人卜筮的阐释，收录在《易传》中，也验证了《易传》非孔子所作。如果是孔子所作，从一般写作常识看，不会从文中出现这么多的"子曰"，故而，《易传》大概是后人或者孔子的弟子收集并编纂孔子阐释《易经》的心得。行至春秋，孔子欲用《周易》来行儒家教化，借巫史筮占之术装入儒家道义，于是《周易》的儒家义理之学兴起，后世以孔子为学术宗主的人们就以为《周易》中本含有"圣人之旨"。② 《周易·系辞上》还曰："圣人之道四焉：以言者尚其辞，以动者尚其变，以制器者尚其象，以卜筮者尚其占。是以君子将有为也，将有行也，问焉而以言，其受命也如响"。由此，把"以卜筮者尚其占"看成是"君子之道"的四道之一。自古圣王将建国受命，兴动事业，何尝不卜筮以助善！唐虞以上不可记已。自三代之兴，各据祯祥，涂山之兆从而夏启世，飞燕之卜顺故殷兴，百谷之筮吉故周王。王者决定诸疑，参以卜筮，断以蓍龟，不易之道也。"③ 先秦的卜筮逐渐得到新的发展，到汉代新的象数学迅速发展，占筮法也进行了改进、丰富、发展并盛行。

象数思维方法是汉代经学的突出特点。象数有狭义与广义之别；狭义的象数，是指易学的一个流派；广义的象数，是指把物象符号化、数量化归类，以此解释宇宙万物之间相互关系及发展规律的思维方式或学术研究方法。广义的象数思维源于狭义的象数易学，严格地说，源于《易传》中的象数思想，但又超越了易学范围，成为汉代学术思维的基本模式。④ 象数又离不开卜筮，《左传》中记载了大量灵验的卜筮。传说自鬼谷子曾以钱代蓍（此说法尚存争议）。鬼谷子，姓王名诩，是春秋战国时期的人。用蓍草占卜，运用起来比较烦琐和麻烦，于是从鬼谷子开始就用铜钱代替蓍草进行占卜，用铜钱的阴阳面来确定卦爻，用三个铜钱摇六次成卦。汉代

---

① 王友三. 中国宗教史（上册）. 济南：齐鲁书社，1991：104-105.
② 汪显超. 古易筮法研究. 合肥：黄山书社，2002：1.
③ [汉] 司马迁，易行，孙嘉镇校订. 史记（卷一百二十八）. 北京：中华书局，2006：530.
④ 王晓毅. 王弼评传. 南京：南京大学出版社，2002：194.

卜筮不仅仅是用钱币起卦，而且还保留著草起卦，另外还有按照声音起卦、方位起卦等。东汉后期的京房在卦爻中纳入了六十甲子，创立了纳甲筮法，为"卜筮"开创了新局面。《京氏易》是人们用来进行各种形式的占测的一种"术数"①。东汉时期时髦的《京氏易》主要表现的是占测。例如朗顗的父亲朗宗，是治《京氏易》的，他一次成功的占测之后，就被征为博士。这正反映了时髦的《京氏易》两大特征，即《京氏易》具有官方性质和其主要功能为占测，朗宗正是耻于以占测成名而逃避朝廷的征召。②无论其是古文经《易》学或是今文经《易》学，都深受《京氏易》的影响，而且大都表现了象数的倾向。因此易学的象数意识尤显强烈，因而从象数易这一方面说，从京房以来一直是发展着的。虞翻以后的干宝不仅是京房的传人，也是象数易的代表。③在汉代还有一独特现象，即把儒学神学化，汉代的儒学家极力地用谶纬解释六经。"谶"就是用神秘的隐喻、预言说成是神的启示，并向人们昭示吉凶祸福、国家兴衰的符箓。"纬"是用宗教迷信的观点对儒家经典进行阐释。例如《白虎通》就是把儒学神学融为一体的经典化著作。董仲舒创立了神学目的论，用"灾异"和"符命"解释"天人感应"，主张"天人相通"。

随着汉代儒学的神学化，"卜筮"之风盛行起来。京房有《京氏易传》三卷，其"卜筮"之法为后世许多占筮者所继承。《左传·僖公十五年》中记载："龟，象也；筮，数也。物生而后有象，象而后有滋。"汉代以孟喜、京房及《易纬》为代表的占验派象数易学与郑玄、荀爽、虞翻为代表的注经派象数易学合而谓之的汉代易学，成为汉代易学的主流。……京房对深化《易传》的儒家政治思想的理论贡献，是不可低估的。④京房时常为统治者参谋政事，甚至利用警告等形式参与政事的决策。汉代的"卜筮"已经与先秦的"卜筮"有所不同，而且较先秦的"卜筮"而言，有了超越的发展，出现了施仇、孟喜、梁丘贺、京房等被朝廷赏识重用的"卜筮"专家。京房是"卜筮"大师焦延寿的弟子，焦延寿著有《易林》《易林变占》，《汉书·京房传》中还记载了焦延寿"卜筮"的灵验。汉代易学家迷于"卜筮"，对"卜筮"的方法也进行了诸多的改进和补充，例如《焦氏易林》根据易年的二十四节气，用卦直日，把六十四卦分配到全年，创立了新的筮法。杨雄著《太玄经》，创造了四爻卦。京房发明了纳甲、飞伏、世应等"卜筮"的专业术语，创立八宫法。郑玄援用了五行说，荀爽创立了"乾升坤降"说，虞翻发明了别具特色的"卦气"说。可以说在汉代，无论是国家大事，还是民间生活，都有"卜筮"记录，例如《龟策列传》中曰："卜系者出不出。不出，横吉安；若出，足开首仰有外。卜求财物，其所当得。得，首仰足开，内外相应；即不得，呈兆首仰足脖。卜

---

① 卢央. 京房评传. 南京：南京大学出版社，2002：416.
② 卢央. 京房评传. 南京：南京大学出版社，2002：424.
③ 卢央. 京房评传. 南京：南京大学出版社，2002：442.
④ 刘玉建. 汉代象数易学的理论价值及理论地位.《周易研究》，2011（05）：310.

求当行不行。行，首足开；不行，足胻首仰，若横吉安，安不行。卜往击盗，当见不见。见，首仰足胻有外；不见，足开首仰；卜岁中禾稼敦不敦。敦，首仰足开，内外自桥外自垂；不敦，足胻首仰有外。卜请谒于人得不得。得，首仰足开，内自桥；不得，首仰足黔有外。"汉代的朝廷，设有"太卜"之官，专门掌管"祷祠龟策占兆，审卦吉凶"。汉代关于"卜筮"的著作，主要有焦延寿的《易林变占》和京房的《易占》《周易占》《周易妖占》《周易占事》《周易逆刺占灾异》《占梦书》《风角五音占》，等等，故而可以说，卜筮发展至汉代达到了鼎盛期。

二、儒学视野下的 "卜筮" 衰落期

据考证，经历了千年为奴隶制社会服务的龟卜文化，经过春秋晚期的"回光返照"，春秋时期人民逐渐失去了往日对它的迷恋，到战国时期，龟卜几乎没有了立足之地，但是"筮"仍然存在。到汉朝，"卜筮"者对古代的龟卜、占筮的手段进行了改进和发展，于是"卜筮"经过蜕变，又出现了新的繁荣。汉代随着"卜筮"的频繁使用，也出现了"卜筮"的反对者，例如东汉时期的儒学反对者、唯物主义者王充说："俗信卜筮，谓卜者问天，筮者问地，蓍神龟灵，兆数报应，故舍人议而卜筮，违可否而信吉凶。其意谓天地审告报，蓍龟真神灵也。如实论之，卜筮不问天地，蓍龟未必神灵。有神灵，问天地，俗儒所言也。"（《论衡》卜筮第七十一）① 王充认为"蓍龟未必神灵"，认为"蓍龟"有神灵是"俗儒"所说的。王充为了论证"蓍龟"没有神灵，又举例说："子路问孔子曰：'猪肩羊膊可以得兆，藋苇藁芼可以得数，何必以蓍龟？'孔子曰：'不然，盖取其名也。夫蓍之为言，耆也；龟之为言，旧也。明狐疑之事，当问耆旧也。'由此言之，蓍不神，龟不灵，盖取其名，未必有实也。无其实，则知其无神灵；无神灵，则知不问天地也。"② 子路询问的是不仅仅只有"蓍龟"可以得兆、可以得术，那么为什么用"蓍龟"进行"卜筮"，孔子回答的意思是大概因为"蓍龟"生存的年代长而取其名也，不一定有其实。王充通过对孔子回答的质疑，认为"卜筮"不是问天地鬼神，并提出："今天地生而蓍龟死，以死问生，安能得报？枯龟之骨，死蓍之茎，问生之天地，世人谓之天地报应，误矣。"③ "枯骨死草，何知而凶？"④。王充在《论衡》中又通过一系列的论证，否定了天人相通的观点。虽然王充在《论衡》中否定了天人相通的观点，但他列举了"卜筮"应验的事例："然则卜筮亦必有吉凶。论者或谓随人善恶之行也，犹瑞应应善而至，灾异随恶而到。治之善恶，善恶所致也，疑非天地故应之也。吉人钻龟，辄从善兆；凶人揲蓍，辄得逆数。何以明之？纣，至恶之君

---

① 王充著，陈蒲清点校. 论衡. 长沙：岳麓书社，2006：309.
② 王充著，陈蒲清点校. 论衡. 长沙：岳麓书社，2006：309.
③ 刘玉建. 汉代象数易学的理论价值及理论地位《周易研究》，2011（5）：310.
④ 王充著，陈蒲清点校. 论衡. 长沙：岳麓书社，2006：312.

也。当时灾异繁多，七十卜而皆凶。故祖伊曰：'格人元龟，罔敢知吉。'贤者不举，大龟不兆，灾变亟至，周武受命。高祖龙兴，天人并佑，奇怪既多，丰、沛子弟，卜之又吉。故吉人之体，所致无不良；凶人之起，所招无不丑。……钻龟揲蓍，自有兆数，兆数之见，自有吉凶，而吉凶之人，适与相逢。吉人与善兆合，凶人与恶数遇，犹吉人行道逢吉事，顾眄见祥物，非吉事祥物为吉人瑞应也。凶人遭遇凶恶于道亦如之。夫见善恶，非天应答，适与善恶相逢遇也。钻龟揲蓍有吉凶之兆者，逢吉遭凶之类也。"① 王充在这里认为人们议论"卜筮"而出现的"善恶"相应，也不是天地有意的结果。但王充也承认"恶"人"卜筮"往往出现凶兆，呈现"凶"卦，例如：商纣王，是极其凶恶的君王，他在位时不仅灾异繁多，而且他占卜了七十卦都是"凶"卦。"善"人"卜筮"往往出现吉兆，例如刘邦兴起，"天"和"人"都保佑他，并且丰沛的百姓进行"卜筮"，大都得到的是吉卦。尽管如此，但王充认为"钻龟揲蓍，自有兆数，兆数之见，自有吉凶，而吉凶之人，适与相逢。"强调"适与相逢"，而不是神灵天地有意。

  进入魏晋时期，出现了推崇老庄的学派，开创了魏晋玄学，"玄学"是魏晋时期的主要学术思潮，是儒学和道家学说融合在一起的学说。在当时，《周易》《老子》《庄子》称为"三玄"，故玄学而得名。玄学的主要代表人物王弼著有《周易注》《周易略例》，抨击汉代的卜筮之风，指出："则伪说滋漫，难可纪矣。互体不足，遂及卦变，变又不足，推致五行。一失其源，巧愈弥甚。"（《周易略例·明象》），《四库全书总目·周易正义》提要中曰："《易》本卜筮之书，故末派浸流于谶纬。王弼乘其极敝而攻之，遂能排击汉儒，自标新学。"王弼掀起了易学的"义理"之风，提倡"得义忘象、得象忘言"的释易之道，王弼在《周易注》中，阐释了爻位与卦时之间的关系，确立了理性的命运观。王弼在注《易》中融入了道家的思想，寻找王弼《周易注》中有关主静、贵柔、寡欲和谦让之类词句，并不困难。……原因很简单，一则《周易》远早于儒道，是中国古老智慧之源；二则秦汉时期儒道思想的表层融合已经开始，纯粹的儒家与道家已不复存在。那么，王弼《周易注》援道入儒的特质何在呢？从根本上说，《周易》毕竟是一本研究命理的书，王弼注的突出特点，就在于以道家"自然"哲学的方法，系统地重新阐释了《周易》的命运原理，即用"得意忘言""执一统众""本末体用"的观点，扫除了汉儒的象数迷障，保留了义理精华。② "在《易》学的发展史上，王弼是一位公认的划时代重要人物，因为他扭转了汉代易学的思维定势，开创了魏晋义理易学的新纪元。③在易学史上王弼具有举足轻重的地位，从王弼开始，拘泥于象数的"卜筮"之风也开始衰落。

---

①刘玉建. 汉代象数易学的理论价值及理论地位.《周易研究》，2011（5）：309.
②王晓毅. 王弼评传. 南京：南京大学出版社，2002：276.
③王晓毅. 王弼评传. 南京：南京大学出版社，2002：277.

唐代孔颖达奉太宗之命主编了《五经正义》，第一篇就是《周易正义》，其中孔颖达极力摈弃南北朝时期以佛、道等玄学思想阐释《易》的思想，对北朝象数学派易的吸取也不多。《周易正义》主要对王弼、晋韩康伯的注释进行了疏解，并且根据汉唐之间的义理派的易学，对王弼、晋韩康伯的易学加以补充和订正。虽然东晋时期"卜筮"之风渐趋衰落，但也不乏有精于"卜筮"之人，例如中国风水学的鼻祖郭璞写有《葬书》，精于风水术，并且郭璞不仅善于占筮，而且撰有《周易洞林》一书，集积了自己六十多条有验筮例。从书中的占例看，他仍然知道《周易》象占的基本法则。由于他筮占多有奇验……南北朝时期，北周卫元嵩做《元包经》，……它的演绎方法是杂糅《易》与《太玄》的筮法而来的。① 唐朝时期的李鼎祚也善于"卜筮"，著有《周易集解》。在《周易集解》著作中，李鼎祚收录阐释了京房、马融、荀爽、郑玄、何晏、虞翻、干宝、王肃、王弼、向秀、韩康伯、刘谳、孔颖达、蔡景吾等三十多家学说，主张象数解易，反对研究周易的义理派，是唐代象数派的主要代表人物。但李鼎祚仍然是儒学者，他敢于"刊辅嗣之野文"，以反对孔颖达"以辅嗣为本"的做法，但他不敢反对"以仲尼为宗"。而且他确认的象数《易》学的楷模是郑玄（康成），而郑玄这位经学大师在他的《易》说中时常展示着圣人之理。因而李鼎祚的《周易集解》通过他人之注也频频展示出了儒家义理。② 故而，自从王弼开始，尽管还有人热衷"卜筮"，但由于象数派的弱势，"卜筮"不可避免地又一次着实地进入到了衰落期。

三、儒学视野下的"卜筮"回升兼容期

儒学在宋代出现了繁荣，是继汉代儒学繁荣之后的又一次发展高峰期。从宋代"二程"的思想分析，就已经呈现出了易学既重视义理，又不排斥象数的倾向。在《二程易说拾遗》中有十多处论及"卜筮"，例如："推占吉凶，子曰：卜筮在我，而应之者蓍龟也；祭祀在我，而享之者鬼神也。夫岂有二理哉？亦一人之心而已，卜筮者是以心求之，其应如响；徇以私意及颠错卦象而问焉，未有能应者，盖无其理也。"③"二程"还曰："卜筮能应，祭祀能享，亦只是一个理。蓍龟虽无情，然所以为卦，而卦有吉凶，莫非有此理也，故以是问焉。"其应也如响。若以私心及错卦象而问之，便不应，盖没此理。今日之理与前日已定之理，只是一个理，故应也。至如祭祀之享亦同。鬼神之理在彼，我以此理向之，故享也。不容有二三，只是一理也。如处药治病，亦只是一个理。此药治个如何气。有此病服之即应，若理不契，则药不应。"④ 可见，"二程"在这里强调了人的主体性，认为"卜筮"者是以心求之，并且把吉凶祸福之由都归结为一个"理"字。

---

① 汪显超. 古易筮法研究. 合肥：黄山书社，2002：358.
② 汪显超. 古易筮法研究. 合肥：黄山书社，2002：359.
③ [宋] 程颢，程颐. 王孝鱼点校. 二程集 [下]. 北京：中华书局，2004：1224-1225.
④ [宋] 程颢，程颐. 王孝鱼点校. 二程集 [上]. 北京：中华书局，2004：51-52.

宋代著名的儒学家朱熹强调"易本是卜筮之书",他既反对一味地拘泥于占卜,也反对空谈义理。朱熹说"然自秦、汉以来,考象辞者泥于术数,而不得其弘通简易之法,谈义理者沦于空寂,而不适乎仁义中正之归。"① 朱熹勇敢地揭去了《周易》的层层面纱,直指《周易》是"卜筮之书"。"易本为卜筮而作","古人纯朴,遇事无须多商量,既欲如此,又欲如彼,无所适从,故作易示人以卜筮之事,故能通志、定业、断疑、所谓开物成务者也。"奠定了《周易》为卜筮之书以及为什么是卜筮之书的原因。如果说《周易》为圣人所作,那么,"圣人只是为卜筮而作"(《朱子语类》卷六十六)。因为上古的人民都很淳朴,事事都不晓得,只有通过"卜筮"来决定行止,所以国之大事如迁国、立君等都要卜筮,以定吉凶为否。鉴于此,朱熹认为"今人须以卜筮之书看之,方得,不然,不可看易"(《朱子语类》卷六十六),《周易》既为"卜筮之书",因此不能不讲象数,又不能不讲卜筮吉凶休咎的义理。同时不能不讲"占",不"占"何以为卜筮之书。"卜筮者尚其占","易只是尚占之书"(《朱子语类》卷六十六),不占便无用。因此,朱熹强调"占"……这样他就超越了邵雍的象数学和程颐的义理学不讲"占"的偏颇,而建立了他的"占学"。为了建立占学,朱熹在探索春秋时《左传》《国语》的筮法中,整理恢复了《筮仪》,使古筮法得以流传。同时对揲蓍上给以考误,他指出:"读易不曾理会揲法,则说易亦是愚空。""如今所见占法,亦只是大概如此"(《朱子语类》卷六十六),朱熹所说的占法,即占筮。②

朱熹把"卜筮"和《周易》的义理融合在一起,他说:"且如易之作,本只是为卜筮。如'极数知来之谓占''莫大乎蓍龟''是兴神物,以前民用''动则观其变而玩其占'等语,皆见得是占筮之意。盖古人淳质,不似后世人心机巧,事事理会得。古人遇一事理会不下,便须去占。占得乾时,'元亨'便是大亨,'利贞'便是利在于正。古人便守此占。知其大亨,却守其正以俟之,只此便是'开物成务'。若不如此,何缘见得'开物成务'底道理?即此是易之用。人人皆决于此,便是圣人家至户到以教之也。若似后人事事理会得,亦不待占。盖'元亨'是示其所以为卦之意,'利贞'便因以为戒耳。又曰:圣人恐人一向只把做占筮看,便以义理说出来。'元亨利贞',在文王之辞,只作二事,止是大亨以正,至孔子方分作四件。然若是'坤,元亨,利牝马之贞',不成把'利'字绝句!后云'主利',却当如此绝句。至于他卦,却只作'大亨以正'。后人须要把乾坤说大于他卦。毕竟在占法,却只是'大亨以正'而已。"(《朱子语类》卷六十六)朱熹又指出了王弼强调义理否定《易》之卜筮的偏颇,指出:"易本卜筮之书,后人以为止于卜筮。至王弼用老庄解,后人便只以为理,而不以为卜筮,亦非。想当初伏羲画卦之时,只是阳为吉,阴为凶,无文字。某不敢说,窃意如此。后文王见其不可晓,故为之作彖

---

① [宋] 朱熹著,郭齐,尹波点校. 朱熹集. 成都:四川教育出版社,1996:4190.
② 张立文. 朱熹评传. 南京:南京大学出版社,2004:179-180.

辞；或占得爻处不可晓，故周公为之作爻辞；又不可晓，故孔子为之作十翼，皆解当初之意。今人不看卦爻，而看系辞，是犹不看刑统，而看刑统之序例也，安能晓！今人须以卜筮之书看之，方得；不然，不可看易。尝见艾轩与南轩争，而南轩不然其说。南轩亦不晓。八卦之画，本为占筮。方伏羲画卦时，止有奇偶之画，何尝有许多说话！文王重卦作繇辞，周公作爻辞，亦只是为占筮设。到孔子，方始说从义理去。如'乾，元亨利贞；坤，元亨，利牝马之贞'，与后面'元亨利贞'只一般。元亨，谓大亨也；利贞，谓利于正也。占得此卦者，则大亨而利于正耳。至孔子乃将乾坤分作四德说，此亦自是孔子意思。伊川云：'元亨利贞，在乾坤为四德，在他卦只作两事。'不知别有何证据。故学易者须将易各自看，伏羲易，自作伏羲易看，是时未有一辞也；文王易，自作文王易；周公易，自作周公易；孔子易，自作孔子易看。必欲牵合作一意看，不得。今学者讳言易本为占筮作，须要说做为义理作。若果为义理作时，何不直述一件文字，如中庸大学之书，言义理以晓人？须得画八卦则甚？周官唯太卜掌三易之法，而司徒、司乐、师氏、保氏诸子之教国子、庶民，只是教以诗书，教以礼乐，未尝以易为教也。"（《朱子语类》卷六十六）可见，虽然朱熹强调"易本为卜筮之书"，矫正脱离《周易》之本空谈义理之弊端，但也在强调"易本卜筮之书"的同时，强调《周易》之义理的重要。恢复了《周易》之本来面目和原本作用，即"圣人作易，本为欲定天下之志，断天下之疑而已，不是要因此说道理也。如人占得这爻，便要人知得这爻之象是吉是凶，吉便为之，凶便不为。然如此，理却自在其中矣。"（《朱子语类》卷六十六）

明代刘伯温著《卜筮全书》，其书中收录了明代之前的纳甲筮法的经典著作，继承了《京氏易传》和《火珠林》等的筮法中的精华。《卜筮全书》中阐释了详细的卜筮之法，例如对"国朝""征战""疾病""求名""求财""家宅""婚姻""词讼"等的"卜筮"方法进行了详尽的论述。清朝初期《卜法详考》是胡煦所著，还著《周易函书》。胡煦在其《卜法详考》著作中详细地考究了古代的龟卜的方法，并系统地论述，使之系统化；论述了"选龟""攻龟""灼契""占龟""占拆""总断""分断"等。还专门论述了明末清初江浙一带民间龟卜的占法，是研究古代"龟卜"的重要资料。《增删卜易》虽然题为"野鹤老人"著，但是近代学者考证，《增删卜易》是明末清初丁耀亢的著作。《增删卜易》利用六爻断卦，详细地论述了如何断卦的诸多理论，是进行卜筮的指导性书籍。《断易大全》是清朝余兴国的著作，也是详细论述"卜筮"之书，其中还论述了"以钱代蓍卜龟之法""掷钱要诀歌"等。虽然朱熹以后，热衷卜筮的人又渐多，出现回升的趋势，但从社会整体来看，在儒学家们的视野下，《周易》的义理是不可忽视的方面，出现了既承认《周易》是"卜筮"之书，又肯定《周易》是蕴含天道人道的义理之书，故而，在儒学视野下，朱熹以后，逐渐呈现出了"卜筮"的回升融合期，也就是说儒学视野下既反对只是拘泥于卜筮，也反对淡淡空谈义理，而是兼容"卜筮"与"义理"

的融合，相对于魏晋王弼之后无限贬低"卜筮"来说，无疑是回升了"卜筮"热度，故而可以说进入了"卜筮"回升兼容期。

第六节 儒学视野下的"风水"观[①]

尽管"堪舆""风水"概念的出现比儒学时间晚，但是古人择地而居的意识，比儒学的时间早。虽然从儒家的四书五经中很难找到关于风水的有关论述，但是作为《周易》之分支"术数"中的"风水"术，一直也没脱离儒学的视野。儒学视野中的"气"与"风水"观中的"气"，儒学视野中的"五行"与"风水"观中的"五行"，儒学视野中的"孝"与"风水"观中的"葬"，儒学视野中的"天人合一"与"风水"观中的"择地而居"。从儒学的视野下，风水往往与阴阳五行联系在一起，也往往和孝道联系在一起。"风水"观中虽然掺杂着迷信和糟粕，但是古代风水观中也渗透着环境学、心理学等内容。并且在传统儒学的"天人合一"思想的影响下，风水观也是追求人和自然和谐的一种尝试。

在儒家思想产生以前的书籍里，几乎找不到现代人意旨的"风水"概念。《辞海》说："风水，也叫堪舆。旧中国的一种迷信。认为住宅基地或坟墓周围的风向水流等形势，能招致住者或葬者一家的祸福。也指相宅相墓之法。"在西汉淮南王刘安及其门客集体编写的《淮南子·天文训》中有"堪舆"之概念，这样说道："堪舆徐行，雄以音知雌，故为奇辰。"对此《杨雄传》张晏注曰："堪舆，天地总名也。"[②] 东汉时期有两部较重要的风水著作，王景的《大衍玄基》参考不同门类的术数著作，把建坟造宅，堪舆择日等几类适合于实用的内容搜集编汇起来，成为一部综合性的术数著作；《图宅术》是一部专门叙述阳宅风水的著作，并且绘有图形。从原始资料来看，关于择地而居的例子有所记载，例如《尚书·洛诰》记载："公不敢不敬天之休，来相宅，其作周匹休。"又《周礼·夏官司马》记载："土方氏，掌土圭之法，以致日景；以土地相宅，而建邦国都郡，以辨土宜之化之法，而受任地者。"《管子·度地》曰："圣人之处国者，必于不倾之地，而则地形之肥饶者，乡山左右，经水若泽，内为洛渠之写，因大川而注焉。"从一般意义上说，"堪舆"即"风水"是人们为生人和死者择地而居的一种术数。"风水"属于"术数"，而"术数"又是易学的一个分支。《周易》一直位于儒家群经之首，故而，由于《周易》与儒家思想有不可分割的联系，因而作为《周易》之分支"术数"中的"风水"的分析，一直也没有逃离儒学家们的视野。

[①] 史少博. 儒学视野下的"风水"观. 兰州学刊，2014（05）.
[②] 刘文典. 淮南鸿烈集解（卷三）. 北京：中华书局，1983：36.

一、儒学视野中的"气"与"风水"观中的"气"

儒学视野中有气一元论、元气说、唯气论、气本论等不同的术语和论断。《周易乾凿度》说:"夫有形生于无形。……有太易,有太初,有太始,有太素也。太易者,未见气也;太初者,气之始也;太始者,形之始也;太素者,质之始也。"汉代董仲舒提出"罢黜百家,独尊儒术"的思想被汉武帝采纳。汉代大儒学家董仲舒认为:"天地之气,合二为一,分为阴阳,判为四时,列为五行。"(《春秋繁露·五行相生》),董仲舒还说:"阳,天气也;阴,地气也。"(《春秋繁露·人副天数》)汉代王充认为:"万物之生,皆禀元气"(《论衡·言毒》)北宋张载主张"气本体"论,他说:"太虚无形,气之本体";张载又说:"太虚不能无气,气不能不聚而为万物,万物不能不散而为太虚"。明代王廷相认为:"'元气之上无物,有元气即有元神,有元神即能运行而为阴阳,有阴阳则天地万物之性理备。'(《王氏家藏集》卷二十八)……王廷相的'阴阳即元气'的观点,既说明了阴阳为化生万物的根源,否定了阴阳之外还有产生阴阳的他物,又进一步揭示出元气生化万物的根本原因,把阴阳的相互作用看作是'造化之囊',王廷相说:'阴阳,气也;变化,机也。机则神,是天地者,万物之大圆也。阴阳者,造化之囊匙也。阴阳也者,气之体。"儒家思想中非常注重"气",常常把外在的"气"看成是世界的本源或者看成是产生万物的根源;又常常把内在的"气"看成是人的内在动力,从而主张养浩然之气。

我国古代的风水术也深深地受儒家思想的影响,故而风水术中也非常重视"气"。《汉书·艺文志》记载了两部关于堪舆的著作,五行类中列有《堪舆金匮》十四卷、行法类中列有《宫宅地形》二十卷。"堪舆"即"风水"术在汉朝已经存在。自隋代萧吉著《相宅图》《宅经》,到唐代的《相宅园地图》《阴阳宅相图》,宋代的《二宅赋》《相宅经》《宅髓经》,明代的《阳宅十书》,清代的《阳宅大成》,等等,体裁多样,内容丰富,后代风水著述惯用的以图样配合歌诀的格式也已经固定下来。而现存最早的阳宅风水著作《黄帝宅经》,经考订已知是宋人假托黄帝之名而著,其序言中曾列举《黄帝二宅经》《李淳风宅经》《吕才宅经》等宅经竟达29种之多,几乎全部都是唐、宋时人伪托前人而著。风水术有两大类:一种是阳宅风水术,一种是阴宅风水术;阳宅风水包括的范围很广,住宅所居基地的选择乃是相宅的一个重要方面,相宅在关注阳宅外形及室外环境的同时,也相当注重阳宅内形和布局;理气派讲九星八卦,对于阳宅内形的布局十分擅长,然而堪舆家认为:"阳宅亦要查坐势、朝案、向道,若专居九星不查形势方位,虽吉无益也。"这说明断定阳宅的吉凶,不仅仅根据理气派的学说,还要与峦头形势派相结合。风水术认为在阳宅风水中,既有观察气色的方法,还讲究"续气"等。风水术还认为宇宙之气与人身之气相互影响,建筑物、树木和太阳都会影响我们的气的品质和流通。风水专家必须找到一块风水宝地，使气流通顺畅和阴阳平衡。因此风水看地总以"气"为主。风水为了保持人的心理健康和心理平和，从而有能力获得滚滚财源，特别强调"乘气""聚气""顺气""界气"，而特别忌讳"死气""煞气""泄气""漏气"……风水对环境考察时，许多方面虽名为考察"气"之旺衰，实际上却在考察其他自然要素。一般来讲"地气"常与地下水位、土壤水分和近地面湿度有关。而"天气"常与太阳光照、空气温度、湿度以及空气的流动状况有关。风水认为"气"有时浮在地面、有时进入地下，而最佳的情况是：气在地面飘荡，使山青水秀，花草树木生长旺盛，人类生活舒适；如果气从地壳消散，则陆地将变成干燥的沙漠。这里的"气"实际上是指地下水位和土壤、空气中的水分。若空气湿度大，地下水埋藏深度较浅，土壤水分适宜，有利于水稻等农作物的生长，因而一片繁茂景象，这就是所谓的"气在地面飘荡"。沙漠地带地面水分极少，这就是所谓的"气散"了。风水中所谓的"吉气""凶气"的判断往往是对地下水与空气的流动状态的考察。倘若屋基建于潮湿不通风的地带，排气不畅，房屋易腐，家具发霉，苍蝇蚊虫滋生，空气中充满了难闻的霉味，此种房屋基址风水术称为地气凶煞；倘若地面高爽通气，光照充足不断有新鲜空气徐徐吹来，屋主处在清爽洁净的环境里，身体健康，此种房屋基址便是风水术所称地有吉气、天有旺气。风水术对阳宅要求"下乘地之吉气""上乘天之旺气"，这是对屋基周围自然条件的考察。① 虽然古代风水术中所讲的"气"与儒学所讲的"气"有差异，但是其中的"气聚""气散"之思想也有儒家思想中"气"之思想的深深烙印。

二、儒学视野中的"五行"与"风水"观中的"五行"

早在《洪范》中就有五行说，儒学产生后，许许多多的儒学家的思想都受阴阳五行的影响。例如《乾凿度》借托孔子之口，将"五气"和"五常"相联系，《乾凿度》中有："孔子曰：八卦之序成立，则五气变形。故人生而应八卦之体，得五气以为五常，仁义礼智信是也。夫万物出于震，震，东方之卦也，阳气始生，受形之道也，故东方为仁。成于离，离，南方之卦也，阳得正于上，阴得正于下，尊卑之象定，礼之序也，故南方为礼。入于兑，兑，西方之卦也。阴用事故而万物得其宜，义之理也，故西方为义。渐于坎，坎，北方之卦也，阴气形盛，阴阳气含闭，信之类也，故北方为信。夫四方之义，皆统于中央，故乾坤艮巽，位在四维。中央所以绳四方行也，智之决也，故中央为智。故道德兴于仁，立于礼，理于义，定于信，成于智。五者，道德之分，天人之际也。圣人所以通天意，理人伦而明至道也。"又简帛《五行篇》的出土为荀子与孟子的五行之辨提供了依据。又如汉代大儒董仲舒论述："五行之随，各如其序。五行之官，各致其能。是故木居东方而主

---

①王黎明. 风水中的科学与迷信. 重庆：西南师范大学出版社，1991：1.

春气，火居南方而主夏气，金居西方而主秋气，水居北方而主冬气；是故木主生而金主杀，火主暑而水主寒，使人必以其序，官人必以其能，天之数也。土居中央，为之天润，……（《春秋繁露·五行之义》）这个次序如董仲舒所说：'水，五行之终也；土，五行之中也，此其天次之序'（《春秋繁露·五行之义》）"①

古代的"风水"观与儒家思想的"五行"说是相通的，并且也深受儒家思想的影响。一般认为："相地奥妙，尽在五行中。山川形势有直有曲，有方有圆，有阔有狭，皆具五行。地理千变万化，关键在五行之气。"王充在《论衡》中记载："图宅术曰：'宅有八术，以六甲之名数而第之，第定名立，宫、商殊别。宅有五音，姓有五声。宅不宜其姓，姓与宅相贼，则疾病死亡，犯罪遇祸。'"（《论衡·诘术篇》）王充《论衡》中还曰："图宅术曰：'商家门不宜南向，徵家门不宜北向。'则商金，南方火也；徵火，北方水也。水胜火，火贼金，五行之气不相得，故五姓之宅，门有宜向。向得其宜，富贵吉昌；向失其宜，贫贱衰耗。夫门之与堂何以异？五姓之门，各有五姓之堂，所向无宜何？门之掩地，不如堂庑，朝夕所处，于堂不于门。图吉凶者，宜皆以堂。如门人所出入，则户亦宜然。"（《论衡·诘术篇》）风水学家对于阳宅的内外布置还有一套具体的要求，就是要注重"五实"，避免"五虚"等；近世日本和中国台湾还提出了相阳宅的八门套九星诀。阴宅风水就是相墓，是指把死人择地下葬，一般他们经过觅龙、察砂、观水、点穴四个步骤，寻找所谓的阴宅风水吉地。总起来说，堪舆方法种类繁多，有以人的出生日期定方位者，有以奇门遁甲选方位者，但都不违犯八卦五形生克制化之理。又如"乾山巽向的坟宅，乾山五行属金，金局从巳上起长生，故凡是辰山（贪狼）、巽山（贪狼）、巳山（贪狼）这三个方向有水来朝，叫做长生水到堂。书云：'生水朝堂蠡斯千古'，多主人丁昌旺大发财源，百庆交集，催官显贵。……"② 其中显然有迷信的因素，但从其推理上看是运用了阴阳五行之说在其中。

三、儒学视野中的"孝"与"风水"观中的"葬"

实际上从儒家的四书五经中很难找到关于风水的有关论述，但是儒家很讲究孝道，主张"礼"，"生事之以礼，死葬之以礼"，并且历史上许多的著名儒学家也深受风水术的影响，认为择风水宝地葬祖先是为了尽孝道。例如，朱熹认为："某旧闻风水之说断然无之。比因谋葬先人，周旋思虑，不敢轻置，既以审诸己，又以询诸人。既葬之后，略闻或者以为茔窆坐向少有未安，便觉惕然不安。乃知人子之丧亲，尽心择地以求亡者之安，亦未为害，然世俗之人但从时师说，专以避凶趋吉为心，既择地之形势，又择年月日时之吉凶，遂致稽时不葬。某窃谓程先生所谓道路窑井三类固不可避，土色生物之美固不可不责，然欲尽人子之心，则再求众山拱揖，

---

①王永祥. 董仲舒评传. 南京：南京大学出版社，2002：107-108.
②秦伦诗. 中国易学博览·风水. 呼和浩特：内蒙古人民出版社，2007：31.

水泉环绕，藏风聚气之地。至于择日，则于三日中选之。至事办之长，更以决于卜筮，某山不吉，某水不吉。既得山水拱揖环绕于前，又考其来去之吉凶，难吻合，又必须年月日时之皆合其说，则恐不必如此。不知然否？伊川先生力破俗说，然亦自言须是风水地厚之处乃可。然则亦需稍有形势，拱揖环抱，无空缺处乃可用也。但不用某山某水之说耳。"（《朱熹集》卷六十三《答胡伯量》）可见，朱熹原本不信风水之说，但是因为葬先人的经验改变了自己的看法，主张欲讲究"拱揖环抱"，认为择风水宝地葬先人，主要是为了"尽人之心"的孝道，而不在吉凶祸福。朱熹也考证了尧舜禹都城是风水宝地："尧都中原，风水极佳。左河东，太行诸山相遥，海岛诸山亦皆相同。右河南遥，直至泰山凑海。第二重自蜀中出湖南，出庐山诸山。第三重自五岭至明越。又黑水之类，自北缠绕至南海。泉州常平司有一大图，甚佳。河东地形极好，乃尧舜禹故都，今晋州河中府是也。左右多山，黄河绕之，嵩、华列其前。"（《朱子语类》卷二）朱熹对墓葬很有研究，他考察了古今墓葬的演变："是以古人之葬，必择其地而卜筮以决之。不吉，则更择而再卜焉。近世以来，卜筮之法虽废，而择地之说犹存。士庶稍有事力之家，欲葬其先者，无不广招术士，博访名山，参互比较，择其善之尤者，然后用之。其或择之不精，地之不吉，则必有水泉、蝼蚁、地风之属以贼其内，使其形神不安，而子孙亦有死亡绝灭之忧，甚可畏也。"（《朱文公文集》卷十五《山陵议状》）朱熹认为选择皇家陵墓要避免以下弊端："虽得吉地，而葬之不厚，藏之不深，则兵戈乱离之际，无不遭罹发掘暴露之变，此又其所当虑之大者也。至于穿凿已多之处，地气已泄，虽有吉地，亦无全力。而祖茔之侧，数兴土工，以致惊动，亦能灾。此虽术家之说，然亦不为无理。"（《朱文公文集》卷十五《山陵议状》）。朱熹认为选择风水要遵循的规则是："若以术言：则凡择地者必先论其主势之强弱，风气之聚散，水土之浅深，穴道之偏正，力量之全否，然后可以较其他之美恶。政使实有国音之说，亦必先此五者以得形胜之地，然后其术可得而推。"（《朱文公文集》卷十五《山陵议状》）。①

按照我国古代的风水术认为"风水"最重要的阴宅风水，其核心内容即"气感而应，鬼福及人"。也就是认为葬地中的"吉气"或者"凶气"可以进入死者的尸骨之中，并且会由于气类感应的，尔后可给其家人带来福佑或危害，如果将先人遗骸葬在"风水宝地"，子孙便可以升官发财。王廷相认为地理风水之术，三代以上元无此论，观《周礼》族葬皆于北郭之外，可以证明。王廷相也认为为尽孝心择善地以葬先人无可厚非，但他反对风水术中的鬼神说。

四、儒学视野中的"天人合一"与"风水"观中的"择地而居"

儒家思想重视"天人合一"，关注人与自然的和谐。孔子主张天人之间的某种

---

① 史少博. 朱熹易学和理学的关系探赜. 哈尔滨：黑龙江人民出版社，2006：258.

亲和性、相通性；孟子提出："尽心知性知天"；董仲舒强调"天人相副"，他说："天德施，地德化，人德义。天气上，地气下，人气在其间。春生夏长，百物以兴，秋杀冬收，百物以藏。故莫精于气，莫富于地，莫神于天，天地之精所以生物者，莫贵于人。人受命乎天也，故超然有以倚。物疢疾莫能为仁义，唯人独能为仁义；物疢疾莫能偶天地，唯人独能偶天地。人有三百六十节，偶天之数也；形体骨肉，偶地之厚也；上有耳目聪明，日月之象也；体有空窍理脉，川谷之象也；心有哀乐喜怒，神气之类也。观人之体一，何高物之甚，而类于天也。物旁折取天之阴阳以生活耳，而人乃烂然有其文理。是故凡物之形，莫不伏从旁折天地而行，人独题直立端尚，正正当之。是故所取天地少者，旁折之；所取天地多者，正当之。此见人之绝于物而参天地。"① 又曰："天有阴阳，人亦有阴阳，天地之阴气起，而人之阴气应之而起，人之阴气起，天地之阴气亦宜应之而起，其道一也。"②《周易·文言》中说："与天地合其德，与日月合其明，与四时合其序，与鬼神合其吉凶。先天下而天弗违，后天而奉天时。"儒家思想中虽然有荀子等主张"天人相分"的思想，但是"天人合一"思想一直在儒家思想中占据重要的地位。"天人合一"蕴含着人与自然的和谐理念，因为人也是自然界中的一分子，人类只有和自然界达到和谐，那么人类在自然界中才能生存与可持续地发展。

风水术称山脉和河流为龙脉，就利用了人们对龙的崇敬。古人相信龙是灵物，是中国人的祖先，因此就一定能保佑家族趋利避害，逢凶化吉。风水把居住环境四周的山脉称为青龙、白虎、朱雀、玄武"四灵兽"，也是古人动物崇拜的结果，借这些灵性动物的威风，烘托出村落的安全感。风水就是借这些动物的比喻来建立起人与环境的关系。③

五、余论

"风水"理论是否具有科学性的争论，有时会达到白热化的程度。对"风水"有人论证其科学性，有人论证其伪科学性，而关于"科学"与"伪科学"的界定多样，并且有时划定的界限也模糊，对此争议颇多。"但当非科学试图装扮成科学时，就成为伪科学。所谓'伪'，不仅在于它是假的，更因为它想装扮成真的。例如'小人'也可以是'真小人'，但他想冒充'君子'时就成了'伪君子'；一张真的白纸，当它冒充纸币时就成了'伪钞'。"④ 即伪科学是打着科学旗号，披着科学外衣，用想象力代替科学，其实判定"风水"理论是"科学"还是"伪科学"是非常困难的问题，因为没有一个确定"尺子"衡量其性质，即没有一个确定的标准判

---

① 董仲舒. 春秋繁露. 上海：上海古籍出版社，1989：74.
② 董仲舒. 春秋繁露. 上海：上海古籍出版社，1989：75.
③ 王黎明. 风水中的科学与迷信. 重庆：西南师范大学出版社，1991：29.
④ [美] L. 劳丹著, 刘新民译. 进步及其问题. 北京：华夏出版社，1990：125.

定其"科学"性，同样没有一个确定的标准判定其"伪科学性"。关于"证伪"问题，英国著名哲学家波普尔早就有过论述，其证伪主义科学哲学在世界上深具影响，"证伪"概念在其科学哲学中处于核心地位，他提出了可证伪标准或可否证标准，把有无"可证伪性"作为"科学"与"非科学"的划界标准。为了确定分界，他又提出了"证伪度"（可检验程度）问题，他认为可否证的程度越高，科学的程度就越高，也就是说某种理论排斥、禁止的其他选项越多，可证伪度越高，它可能提供给人类的关于世界的知识越多，例如"明天这里晴天"和"明天这里晴天或不晴天"两种陈述，前者可证伪度大于0，后者可证伪度等于0，即100%正确，但后者的陈述并未向我们提供任何知识，其说法似是而非。波普尔把占星术作为伪科学进行批判，其原因就是认为占星家用词模糊，结论似是而非，根据可证伪性标准断定其不是科学。是否能用波普尔的可证伪标准判定其伪科学性是值得探讨的问题，但我认为不能简单地套用波普尔的证伪标准就能说明"风水"的伪科学性，更不能判断"风水"的科学性。

　　证伪往往比反伪重要，如果只是用扣大帽子、乱打棍子的方式，把"风水"当伪科学大加批判，只能让人更觉"风水"神秘莫测，而人们对神秘的东西有好奇心，反而不利于人们认清"风水"的本来面目，更不能让人们对其批判心服口服，只有用科学严谨性的态度去做证伪工作，确实用逻辑、用实证等方法去证伪，才能面对现代相信"风水"的人。我赞成一些专家的观点，科学的发展是靠证伪而不是靠反伪，科学只能靠实证、靠逻辑推理、靠数学计算、靠实验结果和统计结果检验，要么被暂时性地证实，要么被永久性地证伪。科学只有通过实证，特别是证伪，才能不断发展。而现在的问题是对"风水"的证伪还是个困境。因为无数次的确证也不能完全证明一个理论的正确；而一次反例，就证伪了该理论，这也许是波普尔对于逻辑实证主义的根基之一的归纳法持完全否定态度的原因。科学的证实和证伪，都应当通过实践去解决，而不是根据某某权威的认定或某种理论的判断。对"风水"的证伪，也必须通过实践不断解决，而这种实践的检验，要做到在实践中证伪用归纳法是证明不了的，这就使"风水"的证伪陷入僵局。从当前中国看：坚持"风水"理论是伪科学者，也不得不承认风水理论中包含了许多合理因素，有其科学的成分；但坚持"风水"理论是"科学"者，也不得不承认风水中许多内容难以纳入现代科学的范畴中。劳丹认为，理论的合理性和进步性与它的确证性或证伪性并无多大关系[1]。他这话使我眼前一亮：对"风水"的评判，应该重点看"风水"理论对人类有益和有害，或者取其"益"、避其"害"。因为当前并没有真正解决科学与伪科学的划界问题，所以口号式的批判显得非常软弱，然而"某一理论虽然未能解决，但却为此理论的一个或多个相竞争理论解决的经验问题"，[2] 问题越辩越

---

[1][美] L.劳丹著，刘新民译. 进步及其问题. 北京：华夏出版社，1990：118.
[2][匈] 拉卡托斯著，兰征译. 科学研究纲领方法论. 上海：上海译文出版社，1990：17.

明，通过对"风水"的证伪或争论更能有利于人类。我认为现在对于"风水"态度有些绝对：要么完全的证实，不给证伪留下任何地位；要么绝对的证伪，证实没有任何意义；也许对流传几千年的"风水"理论既不能完全证实，也不能完全证伪。即在一个进步的研究纲领中，理论导致发现迄今不为人们所知的新颖事实。相反，在退化的研究纲领中，理论只是为了适应已知的事实才构造出来。① 就是说新颖事实是指竞争纲领不能预测的事实，它们最终需要经验上的证实，而不需要波普尔的证伪。这就给我们启示：反伪不如证伪重要，证伪不只是理论的推导，而是实践经验的最终验证。

当我国古代的"风水术"在国内被当作封建迷信淡忘的时候，很多国家的学者却对它表现出了浓厚的兴趣。例如美国、加拿大、澳大利亚、英国、韩国、日本以及新加坡等国学者都相继对"风水"做了专题研究，国际性的风水学术会议也频繁召开。天津大学的梁教授说："在美国最初的一段时间，我总是忍不住为同一个发现感到惊讶：书店中竟有那么多的风水书。上网查阅美国国会图书馆的藏书，发现与风水相关的图书多达500余种，其中，英文版的比中文版的还多。慢慢翻阅下来，发现那些用英文写的书较多地涉及如何应用这种古老的东方理念为现代生活服务的问题。看来，风水同易经、中医一样，已经逐渐走进美国人的世界。我曾将美国国会图书馆馆藏近30年出版的风水书数量按年份画了一张曲线表，发现了各时期的起伏变化。可以说，2000年以来出现的高峰（38本）远远超出20世纪90年代的高峰（26本）和80年代的高峰（25本）。最近几年，美国以风水为主题的读物依然保持每年20种上下的出版频率。如果东西方的人们对同一问题保持了30年的研究热情（不包括中国古代的研究），而且这个热情越来越高涨，那么，这个问题已经具有学术或社会学上的普遍意义了。"② 近年来一些风水方面的专刊在国外也很多，并且随着生态环境学的不断发展，国际上很多学者从新的角度审视风水与家居环境所具的科学性。在美国及我国的香港地区还成立了研究"风水"的专门机构，关于"风水"的课程也进入了欧美、日本等发达国家和地区的大学校园，例如美国的纽约设有风水研究院、德国设有欧洲风水研究院。近代国外在我国香港和台湾的影响下，日本、韩国也提出了相阳宅的八门套九星诀。现代我国研究"风水术"的许多专家学者开始从建筑学、地理学、心理学、民俗学、社会学等角度研究风水。

在儒学的视野下，风水往往与阴阳五行联系在一起，也往往和孝道联系在一起。"风水"观中虽然掺杂着迷信和糟粕，但是古代风水观中也渗透着环境学、心理学等内容。人们如果居住环境或工作场所布局得当，结构合理，则让人感觉到如沐春风，神清气爽，精力旺盛；而如果布局不合理，心理磁场的功能被破坏，则感觉到

---

① [匈] 拉卡托斯著，兰征译. 科学研究纲领方法论. 上海：上海译文出版社，1990：7.
② http://view.news.qq.com/a/20070430/000005.htm. 2006年09月25日 17:01 人民网：专家：从多角度与视野理解"风水".

压抑沉闷、心神不宁，精神萎靡，有不好的心理暗示，天长日久会影响人的身体健康。例如风水术中有："墓地周围建房，凶。"从环境学、心理学的角度分析，住在墓地周围的人们会影响人的心理、心情，继而影响人的健康。又如风水术中有："床对着大镜子，凶。"那么从心理学的角度分析，夜里睡意朦胧地起床去厕所，黑夜打开灯，突然看到镜子里的自己也会心里一怔，影响心情和情绪。故而，我国古代的"风水"观从环境学、心理学的角度审视也有一定的科学性，并且在传统儒学的"天人合一"思想的影响下，风水观也是追求人和自然和谐的一种方式和尝试。

第六章

儒学对外传播中的易学传播

第一节 儒家思想在西方的传播中的易学传播

一、《易经》在西方早期的传播

从 16 世纪以后,西方人在介绍中国文化时已开始注意《周易》,《周易》在西方的传播成为"中学西传"的重要内容。我们先对《周易》在西方早期的传播做一个初步的梳理。《易经》本属儒家经典之一,欧阳修曾说"孔子生于周末,文王之志不见于后世,而易专为古筮用也,乃作彖象,发明卦义……所以推原本主,而矫世失,然后文王之志大明,而易始列于六经矣。"这说明从孔子起《易》就是儒家的基本文献。正由于《易》为六经之首,其意义重大。

胡安·冈萨雷斯·德·门多萨在《中华大帝国史》中提到伏羲,讲到占卜和各类迷信,但并未讲到以《周易》来占卜凶恶,预示未来。林金水先生认为"西方传教士最早学习《易经》的,可能要推利玛窦,谈到《易经》内容时他曾说:"《易》曰:'帝出乎震'。非天之谓,苍天者,抱八方,何能出于一乎?"这说明他读过《易》,并比较熟。甚至当时的理学家邹元标专给他写信,谈学《易》一事,"令门下二三兄弟,欲以天主学行中国,此其意良厚。仆尝窥其奥,与吾国圣人语不异。吾国圣人及诸儒发挥更详尽无余,门下肯信其无异乎?中微有不同者,则习尚之不同耳。门下取《易经》读之,乾即曰统天,敝邦人未始不知在,不知门下以为然否?"① 那么,最早向西方介绍《易经》的是谁呢?据作者目前读到的文献就是曾德昭。(当然,鉴于有大量文献仍未出版,这个结论很可能被推翻)。曾德昭(Alvaro de Semedo, 1586—1658),字继元,葡萄牙人。1613 年入华,在南京传教,南京教案中与高一志同被谪居澳门,至 1620 年始得重入内地,遂改谢务禄名为曾德昭,曾德昭的《中华大帝国史》(*Relatione della grande Monarchia della cin*)1641 年在马德里以葡萄牙文出版。不久被译为多种文字,在西方广泛传播。

---

① 邹元标. 愿学集. 转引自《陈垣学术论文集》第 1 集. 北京:中华书局,1980:210.

曾德昭在《中华大帝国史》中介绍儒家思想和其经典著作时讲到了《易经》，他说这是一部论述自然哲学的著作，通过一些自然原则来预测未来，测算旦夕祸福。中国早期的圣人们正是通过《易经》中的"奇数和偶数，……拼合文字和书写符号"①来发展道德和思辨的科学，同时他认为这部书又是"道德和政治的融合"。有一点应该注意，即曾德昭最早注意到北宋的新儒家们对《易经》的研究，他说："新儒家正是通过重对《易经》的解释，来恢复他们所谓的'道统'。"

卫匡国（Martin Martini，1614—1661），意大利传教士，也是西方早期汉学的奠基人物之一，1654年他在科隆发表的《鞑靼战纪》、1655年在阿姆斯特丹发表的《中国新地图志》都在西方产生了广泛而深远的影响。他讲到《周易》是他的另一部关于中国的史学著作《中国上古史》，这部书是1658年在慕尼黑出版的，也是西方第一部有关中国上古史的著作。

卫匡国对《易经》十分重视，他认为这是中国最古老的书，并且依据中国上古史的年表和事实，他提出《易经》是中国第一部"科学数学著作"。他像后来的许多欧洲汉学家一样，被《易经》中的六十四卦的变化深深吸引，在他看来周易与数学知识的高度一致，表明了他从一种普遍性提升为一种更为抽象的普遍性。通过对《易经》的研究他得出结论：中国古代的哲学家大都认为"所有的事物都是从混沌开始的，精神的现象是从属于物质的东西的。《易经》就是这一过程的典型化"。

卫匡国在易学西传中有两个重要贡献：

第一，他第一次向西方指出了伏羲是《易经》最早的作者，他说伏羲作为最早使用《易》的人，并不像现代人那样把《周易》看成数学模式，而是把它作为星占学。

关于《周易》的作者历代有不同说法。依据《周易·系辞下》中说的"古者庖牺氏之王天下也，仰观象于天，府则观法于地，观鸟兽之文，与地之宜，近取诸身，远取诸物，于是始作八卦，以通神明之德，以类万物之情"，于是《汉书·艺文志》提出"人更三圣"说，认为伏羲氏通八卦，周文王演为六十四卦，并做卦辞和爻辞，而孔子则作传以解经。

虽然近代人对文王演易之事提出质疑，但"伏羲画卦"说还是被大多数学者所接受的。

卫匡国基本接受了中国的传统说法，对西方读者来说，确定《周易》的作者也是一件十分重要的事，卫匡国的价值在于此。

第二，他初步介绍了《周易》的基本内容。他向西方读者介绍说"阴"代表着隐蔽和不完全，"阳"代表着公开和完全，"阴"和"阳"两种符号相结合构成了八个"三重的符号"，这八个由"阴"和"阳"构成的"三重符号"分别代表着

---

① [美]孟德卫著，陈怡译．神奇的土地：耶稣会适应政策及汉学的起源．河南教育出版社．

天、地、雷、风、水、火、山、泽。这八个符号反复相变又产生六十四种"六线形",它们分别象征和预示着自然和社会的各种变化与发展。尤其值得注意的是卫匡国在这本书中第一次向欧洲公布了六十四卦图,从而使西方人对《易经》有了直观的理解。这个图要比 1687 年柏理应等人在《中国哲学孔子》一书中所发表的六十四卦图早 27 年。所不同的是柏理应书中的六十卦对每一卦都标出了卦名。

在中国学者看来,卫匡国的用语似乎不太准确,但实际上"阴爻"和"阳爻"的"爻";八卦的"卦"及八卦的卦名"乾""坤""震""巽""坎""离""艮""兑"在当时西方语言中还找不到相应的词汇,西方人对《周易》翻译的真正好的译本是在二百多年以后由德国人卫礼贤所完成的。而卫匡国是第一个把八卦、六十四卦等《周易》基本内容及六十四卦图介绍到西方的人,这点功不可没。

对《易经》研究最为深入的是白晋(Joachim Bouvet,1656—1730)和他的索隐派(Figurism)。白晋是法国神父,是法王路易十四最早派往中国的六位神父之一,入华以后他很快取得了康熙帝的信任,在皇城中为康熙讲授几何学。

白晋在皇城中熟读中国典籍,在当时的传教士中是不多的。罗马特使乐嘉出使中国时,康熙在一次传旨中谈到白晋。康熙说:"在中国之众西洋人,并无一通中国文理者,唯白晋一人稍知中国书义,亦尚未通。"① 可见白晋在当时的众西洋传教士中还是佼佼者。

索隐派(Figarism)又被称为"形象派",有的干脆称之为"易经派",这一派在西方早已有之,但将西方的这种方法运用于解释中国文献,其基本目的在于从中国古籍之中尤其是《易经》之中寻找《圣经》的遗迹,从中国传统文化的典籍中寻求基督教的遗迹。这一派的产生本身是"礼仪之争"的产物。白晋等人不同意利玛窦路线的观点,因若要在当时的中国生活下去只能遵循中国人祭祖、祭孔这些习俗,尊重中国文化,但这同时又不能违背基督教的教义。这是一个二难的选择。白晋采取了西方神学历史上早有的索隐派的做法,即从中国文化本身寻求与基督教的共同点,将中国文化说成是基督教文化的派生物,这样就可化解这一矛盾。一方面承认中国文化的合理性,从而使自己能在中国立足,被清政府接受。因为他们很清楚康熙帝的态度:一个根本否认中国文化,不承认中国祭祖、祭孔习俗合法性的外国传教士是无法在中国呆下去的,更谈不上进入皇城中。另一方面,通过索隐考据的方法,将中国文化归之于基督教文化,从而弥合了自身理论上的冲突,也能取得教廷的支持和欧洲社会对在中国传教的支持。

索隐派真是费尽苦心!这点正如法国汉学家戴微密所说,在汉文经典的注释方面,白晋神父是一名被称为旧约象征论者,也就是说他企图在中国上古时代的文献中找到《圣经》教理的痕迹,而《圣经》又是由希伯莱主教们传入中国的。甚至就

---

① 罗光. 教廷与中国使节史. 台湾光启出版社,1961:173.

在基督教内部，大家也用"旧约象征论"（形象派）来指那种意在于旧约中，也就是在世俗的古代作家中找到以"偶象的"或象征的形式出现在新约中教理的预示。这是一种与世界同样古老的做法，当一种宗教希望能在另一种宗教面前自我辩护时，它便以声称于其中找到了自己教理的方法而吞并之。中国宗教史上最典型的明显例证就是所谓"化胡"的理论。据这种理论认为，道教把佛教说成是由老子在西方传授的一种道教形式，这种理论又以一种变态形式从西方返回了中国。当基督教必须与异教交锋时，便宣称一些诸如柏拉图、斯多葛派的世俗哲学家们都曾是摩西弟子并从圣经传说中汲取了其理论。所以，白晋与其"旧约象征论"的教友们便声称在古代中国的最高神上帝一名中发现了犹太—基督—神论中的造物主之名字。他们认为，这种观念甚至在儒教发祥之前就已经传到中国，后遭孔夫子本人，尤其是遭佛教和道教的外部因素的歪曲。例如，《春秋》仅为一部古代预言书《伊诺克》（Enoch）的代言物，但遭到了孔夫子的篡改。①

白晋的这一主张得到了来华耶稣会士中部分传教士的赞同和同情，从而形成了一定的力量。赞成这一观点的有纪理安（Kilian Stumpf，1655—1720）；马若瑟（Henri de Premare，1666—1736）；郭中传（Alexis de Gollet，1664—1741）；付圣泽（Francois Foucqet，1665—1741），同情这一观点的有樊西元（Joseph–Simon Bayard，1661—1725）；聂若望（Jean–Francois Noelas，1669—1744）；魏方济（Francois Nŏel，1651—1729）；冯秉正（Joseph de Mailla，1669—1748）等。

白晋等人认为中国文化是基督文化的一个分支，是由诺亚的其中一个儿子 Shem 的后代所创立的，这样在中国远古文化中就有西方文化的遗痕，而《易经》则更多的表现出许多同《旧约》中的类似。白晋和付圣泽最初读《易经》是应康熙的要求，康熙曾十分关心白晋、付圣泽研究《周易》的情况，在梵蒂冈图书馆中还留有康熙有关白晋读《易》的圣谕，虽然只是只言片语，但却很能反映问题。现抄录如下："上谕，七月初五日上问白晋所译易经如何了……""奏稿初六日奉旨问白晋尔所学易经如何了，……臣系外国愚儒不通中国文化……愚臣白晋同付圣泽详细加研究。""奏稿，有旨向白晋，你的易经如何，臣即首谨奏臣先所备易稿粗疏浅陋，冒渎皇上御鉴……""奏稿臣白晋前进呈御鉴易学总旨即易经之内意与天教大有相同……""旨，四月初九日李玉传旨与张常注，据白晋说江西有一个西洋人曾读过中国的书，可以帮我；尔等传与众西洋人着带信去将此人叫来。"这是讲白晋请康熙同意调付圣泽共同读《易经》一事。"奏稿，臣付圣泽在江西叩聆圣旨命臣进京相助臣白晋同草易经稿。"（《梵蒂冈图书藏早期传教士中文文献目录》也可参阅方豪《中西交通史》下册，第 1054–1057 页）法国汉学家雷慕沙在评价索隐派的重要人物付圣泽时说"诸教师中最盼在中国文字中发现基督教之秘迹者，莫逾圣泽，

---

① 安田朴，谢和耐. 明清间入华耶稣会士和中西文化交流. 成都：巴蜀书社，1993：171.

彼谓其眩惑之极至于迷乱。不特以中国诸经中载有明白预言，而且以为有时在其中发现基督教之根本教理。竟谓中国古籍中之某山，即是耶稣被钉于十字架之山。誉文王周公之词，即是誉救世主之词；中国之古帝，即是圣经中之旅长。"①

索隐派的大量文献和手稿仍藏在西方一些国家的图书馆中，对于他们的详细理论我们尚不能深入介绍。但仅从下面藏于梵蒂冈图书馆的几本白晋关于《易经》的书目仅可略知一斑。

《读易经》　　　　　　　　　　　　《易学总说》
《易引易考》二卷　　　　　　　　　《易经总说集》
《太极略说》　　　　　　　　　　　《易稿》（古传遗迹论）
《释先天未变始终之数由天尊地卑图而生》　《易钥》
《易学外篇原稿》十三节　　　　　　《易钥自序》
《易学外篇》八节　　　　　　　　　《周易原羲内篇》
《周易旨探目录理数内外二篇》

来华传教士对《易经》的研究投入了很大的热情。这种热情表现在两个方面，一方面是对《易经》的翻译；一方面是介绍中国经典中对《易经》的研究。

直接着手翻译介绍《易经》的有法国传教士刘应（laude de vis delou 1656—1737），他被称为"昔日居留中国耶稣会士中最完备的汉学家。"② 他译有《易经》，此文附在宋君荣的《书经》译文之后，发表于波蒂埃《东方圣经》第一册。

雷孝思（Jean - Baptiste Regis, 1663—1738），法国传教士，以参与绘制著名的《皇朝舆地总图》而出名，他于1834年和1839年先后在斯图加特出版了两卷本的《易经》拉丁文译本，书名为《易经——中国最古之书》（Y —King antiguissimus Sinarum Liber quemexLatina interPretatirn）。实际上这个译本是在耶稣会士冯秉正和汤尚贤（Pierre - Vincent de Tartre, 1669—1724）翻译的基础上完成的。据方豪介绍，"该书分三卷，第一卷以十一章讨论易经之作者、易经之价值及其内容，伏羲所创之卦与五经之价值；第二卷则为易经原文及注疏之翻译；第三卷为易经之批评。"③ 丹麦汉学家克芬德·伦德贝克在《理学在欧洲的传播过程》一文中说："全书除了译文之外，还包括大量注释、考证和各种长篇论述，其中掺杂有引征其他拉丁经典作家们的内容。讨论了《性理大全》以及周敦颐的《太极图说》和《通书》、张载的《西铭》和《正蒙》、邵雍的《皇极经世》等。"④ 此书的价值在于它是《易经》的第一个西文全译本。

在雷孝思之后翻译《易经》的还有宋君荣（Antoine Gauoil, 1689—1759），宋氏

---

①费赖之. 在华耶稣会士列传及书目. 北京：中华书局，1995：556.
②费赖之. 在华耶稣会士列传及书目. 北京：中华书局，1995：455.
③方豪. 中西交通史（下册）. 第1050页.
④《中国史动态》1987年7月号

也属于来华传教士中的佼佼者,据说"君荣精研中国语文,几尽忘其母国语文也"。他在1752年8月10日致奥特拉耶的信中说到自己对《易经》的翻译,"余在此处所见《易经》译文,似有一主要部分未寄达欧洲,即孔子撰文王、周公两篇之注释。此注甚为重要,如巴黎有译文,余不知其出于何人之手;如无译文,我有译本可以补其阙。"①《庄子·天运》中说"孔子谓老聘曰:丘治诗、书、礼、乐、易、春秋为之经。"到西汉末年刘歆著《七略》时已明确把"易""书""诗""礼""乐""春秋"称为"六部",即六经,由于"乐记"丢失,后人又称为"五经"。

对中国古典文献的研究翻译是来华耶稣会士的重要任务,他们向欧洲介绍翻译了"五经"的内容,而"易"为五经之首,成为他们翻译介绍的重点。由于这方面的作品较多,我们不能一一加以介绍,仅列出以下书目来说明耶稣会士在这方面开展的工作,同时也看出《易经》在西方流传的情况。

巴多明(Dominique Parrenin,1665—1741)

(1)《六经说》法文本,共六卷,马若瑟。

(2)《六书析仪》法文译本。

(3)《经书理解绪论》手稿,二开写本,共98页,藏巴黎国家图书馆,法文编号12209号,书凡三篇。此手稿仅有一篇。

(4)《中国经书古说遗迹选录》拉丁本,现藏巴索邮政于图书馆。

(5)《怎样应用(五经)和解决其中的问题》,雷孝思。

(6)《诸经说》,付圣泽。

(7)《诸经研究绪说》。

以上传教士的著作大部分收入了杜赫德(Jean - Bastiste Dn Halde 1674—1743)所编的《中华帝国全志》或称《中华帝国及中国鞑靼之地理的、历史的、年代记的、政治的、博物的记述》(Description geographiqre, historique, chrono logique, politique, et physique de l'Empire de la Chine et de la Tartariechinoise),这本书共四卷,被一些学者誉为"为明末迄于当时欧西中国研究百五十年成绩之一大集成,西洋汉学空前之金字塔,可夸于世界之纪念碑也"②。这里讲的只是《易经》在西方早期的传播,《易经》在西方的全部传播情况林金水先生的论文《〈易经〉传入西方考略》已做了很好的研究。另外,这里仅是从传播学的角度进行介绍的,至于《易经》在西方的接受史,尤其是莱布尼茨对《易经》的研究和接受则属于另一主题,需另撰文专门加以研究。③

以上是张西平先生多年的考证成果,从而可以证明,随着儒学、道学等中国文

---

①费赖之. 在华耶稣会士列传及其书目. 北京:中华书局,1995:205.
②莫东寅. 汉学发达史. 上海:上海书店,1989:87-88.
③张西平.《易经》在西方早期的传播,《中国文化研究》,1998(04).

化在西方传播中,从 16 世纪开始,《易经》在西方也得到了传播。还有学者考证:"明万历 21 年(公元 1593 年),意大利传教士利玛窦(天主教教士东渡之祖)首先将《四书》译成拉丁文,传到西方,具有划时代意义。公元 1595 年,利玛窦又在江西南昌出版《天主实义》一书,将中西文化交融整合,流传远东,及于西欧,日译本、朝译本相继问世,影响甚巨。此著演天主教实义,内含儒学《中庸》《诗经》《尚书》《周易》《礼记》等精义,这是利玛窦来中国后"博览儒学"的结晶。公元 1626 年,比利时传教士金民阁(Trigault)译《五经》为拉丁文,并在杭州刊行。公元 1662 年(康熙元年),传教士殷铎泽(Intorcetta)与郭纳爵(Ign da Costa)二人合译《大学》为拉丁文,刻于建昌。殷氏又译《中庸》,1667 年刻于广州。意大利是中国儒学经典西译的第一站,利玛窦开其先,接着比利时传教士柏应理(Couplet)步其后,传教中国,西译儒经。1687 年在巴黎出版名著《中国之哲学家孔子》一书,书的第一部分是给法王路易十四世的'献辞',附呈中国经书译本,并说明中国经籍之概略及其重要注疏书籍,说明《周易》六十四卦之意义。法王大喜,遂派白晋、张诚、李明、洪若翰、刘应等一批有学问之传教士来华研究,大大促进了中国经籍之西译。传教士柏应理留居中国 25 年(1656—1681),由澳门入埠,先后在江西、福建、湖广、浙江等省传教,曾集款购华文著作四百余册,藏于梵帝冈图书馆中,如《易考》《易稿》《易引原稿》《易学外篇》《大易原义内篇》《易钥》《易经总说稿》《太极略说》等。比利时传教士卫方济(Noel)曾以拉丁文译《四书》《孝经》《幼学》,公元 1711 年(康熙五十年)由巴拉加图书馆刊行,1783 至 1786 年译成法文出版。"①

二、 近现代儒学在西方的传播中易学随之广泛传播

有学者认为:依据传播主体的不同,儒家思想在西方的传播历程可分为四个时期:耶稣会士时期、新教传教士时期、汉学家时期和孔子学院时期,其传播方式主要包括译作、书籍、信件及孔子学院的教学等。儒家思想对西方的影响主要发生在 18 世纪,所涉及的领域有思想、科学、农业等。进入 21 世纪,随着孔子学院在世界各地的创办,儒家思想西传又掀起了高潮。《周易》是儒学经典著作之一,故而,儒学在西方广泛传播的过程中,易学随之也得到了广泛的传播。

西方工业化生产的高度发展,使人们"征服自然"的无节制的欲望愈发膨胀,人类与自然相互对立,从而演变为 20 世纪下半叶以来谈虎色变的一系列环境危机和社会危机。地下水、石油、煤炭、矿山等资源几近枯竭,环境被污染得几乎使人类无法生存。在反醒历史的过程中,学者们感受到了人与自然环境相互协调的重要性。

---

① 朱仁夫. 儒学走上世界之路. 中国文化研究,2000. http://www.literature.org.cn/Article.aspx?id=62751.

开始有学者瞩目中国传统文化中"天人合一"的整体论哲学思想,并因此发现了易学思想的价值,遂掀起了易学研究热,学者们希望在既有的环境规划和设计思想中,引入易学的理论和方法,给后工业化社会以新的活力。在这方面,美国人走在了世界前列。

美国宾夕法尼亚州立大学著名的建筑和城市规划学家吉戈兰尼教授认为:"中国的住宅、村庄和城市设计具有与自然和谐并且随大自然演变而演变的独特风格。"所以,风水理论被认为是一门"前途无量的学问"。米切尔在伊特尔著作《风水:古代中国神圣的景观科学》第三版前言和后记中写道:一些现代经济生活中的公司也要请风水专家来选址和定向,风水以其玄妙理论中的科学内涵,协调着一些当代人生活、工作环境同自然之间的关系;又使人宽慰于生活与事业的未来。可见风水在现代西方社会中颇受青睐。

在英国,著名科技史专家李约瑟先生,对中国风水研究较多,他对中国建筑与自然的和谐大加赞赏。他认为风水"是使生者和死者之所处宇宙气息中的地气取得和合的艺术";如生者的居室与死者的坟墓不置于适当的地方,各种灾害将祸及居者与墓中死者的子孙;反之,吉地将带来禄寿和福祉。每个地方都有其特定的地势,局部性地制约着各种气,人们根据当地的地势,调节和选择位置,获得所向往的和谐。不可见的气的力量与性质,时时为天体位置所左右,所以,一个地方的风水还将天体方位考虑进去。因此,人工可以改善风水。他指出,"在许多方面,风水对中国人民是有益的,如它提出植树和竹林以防风、强调流水近于房屋的价值等,包含着美学成分。"

1984年托德夫妇在《生态学设计基础》中引述孙保罗的报告说:风水世界观源于对天地的仰观俯察,也包含着深奥的精神感应。它是一种大自然和谐、协调的方法,以便使居住者及其子孙能在聚居处拥有平实的生活。风水明确指出,居宅、建筑、园林乃至墓地,都要进行基址选择,使基址与地形地貌、风和水的运作相联系。中国的风水讲究选择优良的建筑环境,目的在适应自然,使人与建筑和环境密切融合。从这种意义上来说,建筑生态学与中国风水思想找到了一致的步调。

中国传统风水是建立在农业社会基础上的,现在进入了工业化和后工业化社会,城市发展迅速,相当一部分改变了农村的四合院居住结构,代之而来的是高楼大厦,许多企业也搬进了这些高楼大厦。因此,研究以城市为背景的楼房的居住、办公环境的现代风水开始兴盛起来。①

---

① http://www.zy18888.cn/ArticleShow.asp?ArticleID=35

第六章 儒学对外传播中的易学传播

第二节 儒家思想在亚洲的传播①

一、儒家思想在日本传播与研究的发展

公元5世纪,中国的儒学就传到了日本。奈良时代(710—794),儒家的影响在日本越来越深化,日本把儒家思想的核心"仁"用"忠"来代替。在奈良、平安时代的几百年间,儒学在日本古代教育中的地位是非常重要的,儒学成为当时日本青年知识教养和身份地位的重要来源。江户时代,儒学被推为官学,成为官方意识形态。儒教的主题不但与近世日本社会的演进息息相关,至到明治维新前后,它更影响到日本的近代化。当代日本,作为意识形态体系的儒学已不复存在,但还有许多日本人在研究儒学,并且儒学的一部分价值观、伦理观,已积淀为日本人的道德规范和民族心理。

据《日本书纪》和《古事记》记载,公元285年(应神天皇十六年)左右,儒家思想传入日本;5世纪初期,百济使者阿直歧来到日本,成为皇子菟道稚郎子的老师,传授汉学。经他推荐,翌年,百济博士和边吉师(后世称王仁,应是一位生活在当时朝鲜半岛的汉族移民)携《论语》十卷、《千字文》一卷等中国儒家经典也来到日本,这就是儒学传入日本的开始。513年(继体天皇七年)百济国王派遣五经博士段杨尔来到日本,并且此后以轮换的办法持续向日派遣五经博士。又据《隋书·侯国传》的记载,公元5世纪前半叶,日本皇室和贵族已接受汉字和儒家思想的影响。日本文化不是对中国儒家文化的全盘接受,而是经过与外来文明的"嫁接",逐步形成包括宗教、哲学、政治、经济、文学、语言、艺术等内容的多元的文化体系。大和政权在建立中央集权的体制之后,主要是以中国儒家的"德政"思想作为治国的指导方针的。儒家的"政在养民""农者天下之本""俭约戒奢""简人任能"等观念对于以天皇为首的中央权力集团的政治实践产生了深刻的影响,特别是儒家的"仁""义"思想被视为治国、治民之道。比如天平宝字三年(759年)六月二十二日,淳仁天皇发布敕旨,要求各级官吏以儒家的仁、义、礼、智、信作为施政的标准,并明确规定了具体内容:"滥不杀生,能矜贫苦为仁;断诸邪恶,修诸善行为义;事上尽忠,抚下有慈为礼;遍知庶事,断决是非为智;与物不妄,触事皆正为信。"关于日本奈良和平安时代中央权力集团吸纳中国儒家"德政"思想治世的材料,在8世纪制定的"律令"以及历史著作《古事记》"六国史"中有明确记载,可谓史不绝书。② 604年,圣德太子颁布了用汉文书写的《十七条宪法》。这是日本最早的成文法,内容多出自中国儒家思想,以劝善弃恶的训诫和说

---

① 史少博.儒学思想在亚洲的传播与研究.学术论坛,2012(08):59-61.
② 王健."神体儒用"的辨析:儒学在日本历史上的文化命运.郑州:大象出版社,2002:64.

教为主，目的在于加强皇权，压制氏姓贵族的势利，消除人民的反抗。十七条中最著名的有三条，即：第一条"以和为贵"；第二条奉"佛、法、僧三宝"为"四生之终归，万国之极宗"；第十七条"对重大之事情不能由一个人单独决断"。

奈良时代（710—794），正值大唐鼎盛阶段，是日本集中吸收中国文化的时期，日本学习唐朝文化，在教育上就是模仿唐朝的教育制度建立了自己的贵族学校教育制度。朝廷在京城设大学案（简称大学），在地方的"国"设"国学"。"大学案"的任务是培养统治阶级所需要的、能参与国政的官吏，教学内容和教科书以儒家的经典为主。而"国学"是为地方上层人物子弟设置的，也以儒学教育为主，经学占了重要地位。到6世纪，儒家的影响越来越深化。日本把儒家思想的核心"仁"用"忠"来代替，他们理解的"忠"更多地意味着对自己领主的忠诚乃至献出生命。日本本土化的儒家思想，一则表现出与武士道精神培育紧密结合，强调对领主、天皇的顺从与忠诚；二则渗透到了日本传统的神道教之中，形成从小家上升到国家，强调对长者、天皇的孝顺与忠诚。日本人并非毫无选择地吸收中国儒学，而是按照日本民族生存发展的主体需求，对儒学进行取舍的。如圣德太子制定的十七条"宪法"中，所引儒家经典有《礼记》《论语》《孝经》等，却独无《孟子》，无非是由于孟子的易姓革命和暴君放伐思想，不符合日本天皇"万世一系"的国情。因此，日本当代史学家森岛通夫指出，中国的儒学与日本的儒学相比，至少有以下两个显著区别：前者以"仁"为中心，后者以"忠"为核心；前者是人道主义的，后者则是民族主义的。暂不管森岛通夫的观点是否完全正确，但至少可以说明一点，这就是，被移植到日本后的儒学，已经与日本的国情和传统相结合而发生了"变形"。

在奈良、平安时代的几百年间，儒学在日本古代教育中的地位是非常重要的。可以说有数以万计的日本青年在各类学校中诵读《论语》《孝经》等儒学经典，儒学就是他们的知识教养和身份地位的重要来源。然而关于儒学在日本的发展与影响，大多数学者都将关注点放在江户时代的儒学方面，而对于从5世纪初期传入日本直至平安时代（794—1192）末期的日本儒学，均未给予足够的重视。他们大多将其视为江户时代（1603—1867）儒学的前史而略加概述。比如日本学者万羽正朋的《日本儒教论》、牧野谦次郎的《日本汉学史》、安井小太郎的《日本儒学史》等，就是这样定位的。有些中国学者也有类似的观点。[1] 而自7世纪至12世纪的日本学校教育体系，实际上成为早期日本儒学的传播阵地，这样就使得儒学知识从宫廷传播到更多的官宦之家，对日本社会产生了广泛的影响。平安时代前期即9世纪，可以说是日本所谓"唐风文化"的全盛期。这个时期传播儒家文化的主要教育机构——大学寮也进入它的最盛期。儒学的流行和大学寮的兴盛，与建立和稳固中央集权体制有着直接的联系，是社会需要以及政治力量扶持的结果。9世纪后半期，

---

[1] 王健. 儒学在日本历史上的文化命运：神体儒用的辨析. 郑州：大象出版社，2006：44.

由于以天皇为中心的中央集权体制日益削弱，政治力量的衰落必然随之连带儒学的消沉，从而使儒学走向低谷。10世纪末以后，大学寮的教官开始"世袭化"，儒学进一步萎缩为少数博士学官的"家业"。从10世纪末至12世纪末的情况来看，算道博士在大学寮中是最早开始世袭化的，由小规和三善两家代代世袭。此时的儒学，已从律令时代制定国家大政方针的指导思想退缩为世代相传的生活技艺。

江户时代以前，统治阶级统治人民的最重要手段是宗教，而到了江户时代，人民有了非宗教的现实主义思想。因而对人民进行思想统治仅靠宗教也就不够了，还必须采取带有现实主义的思想。他们认识到能够满足统治阶级这种需要的乃是儒学，在德川幕府的推崇下，朱子学被推为官学，成为了官方意识形态。当时通过采取培养完全独立于公家（贵族）和僧侣之外的大批儒者的政策，儒学得以迅速推广，占据了日本封建教育中的统治地位，同时也和幕府政治结合起来。13世纪初（镰仓时代中期），中国的朱子学（又称家学、理学）已传入日本。为了获取新的思想资料，南宋以后的禅僧大多兼习理学，来华的日本佛僧就是在这些禅院中受到新儒学的熏陶的。他们回到日本后，很快将理学（主要是朱子学）带入日本。林罗山是江户时代初期的儒学家，对德川幕府早期成立时的各种相关制度、礼仪、规章和政策法令的制定贡献很大，他对日本儒学的发展亦功不可没。山鹿素行也是江户时代初期的儒学家，他汲取了中国儒家思想的养分，对日本的武士道精神进行了全面的阐述。根据和岛芳男在《中世的儒学》中的介绍，日本的东洋文库保存有朱熹的《中庸章句》抄本，卷末署有"正治二年三月四日，大江宗光"的识语。据伊地知季安在《汉学纪源》中的推测，禅僧俊芿在1211年从我国携回书籍两千余卷，其中儒学的256卷，可能包含有宋学著作。1241年，日本首次复刻了朱熹的《论语集注》。同年，日本禅僧园尔从中国（南宋时期）携回的数千卷汉籍中，即有朱熹的《大学或问》《中庸或问》《论语精义》等。有大部分学者认为，带入宋学著作，并有一定理解的，是禅僧园尔辨园。园尔于1235年到中国留学，1241年归国。1257年，他为镰仓幕府执权北条时赖讲解南宋居士奎堂的著作《大明录》。《大明录》主张儒、释、道三教一致，儒则尊奉宋学，大多引用"二程"及其门人学说。园尔还著有《三教典籍目录》《三教要略》。日本学者研究德川时代时发现，不仅幕府中央的思想领域被朱子学占领，就是地方教育也大多被朱子学者所控制。由此可见，朱子学的确是江户时代居于统治地位的意识形态。藤原惺窝（1561—1619）是江户时代初期儒学家，是名门贵族藤原氏冷泉家的后裔，在江户初期思想界和教育界颇有名望，著有《千代源草》《四书五经倭调》等书，其弟子林罗山、松水尺五、那波活所、堀杏庵等四人均系著名儒学大师，被时人称为"藤门四天王"。他脱离禅门转向儒学，是日本儒学走向独立发展的象征性事件。他批评以汉唐旧注为圭臬的旧儒学，而主张宋明的新儒学。"日本新儒学自从禅宗佛学的宗教庇护下解放出来的那一刻起，便在政治上被解放它的人操纵为支持幕府政治事业的一种意识形态文化。一旦局限于文化意识形态的作用,日本新儒学就成为德川制度的政治俘虏。"① 藤原惺窝兼容不同的儒家学派,"对于调合不同信仰的藤原惺窝来说,只要达到了为实现社会秩序和政治和平提供完善的伦理和道德准则的目标,不管新儒学是统一于程朱学派,还是统一于陆王学派,都无关紧要。"② 在藤原惺窝之后,继续致力于儒学独立以及道德秩序建构的是藤原惺窝的大弟子林罗山。儒学传入日本之初只是在宫廷贵族和僧侣之间传播,后来作为德川幕府的封建统治意识形态,逐渐在武士阶层中渗透蔓延。幕府想通过异学之禁来强化朱子学的意识形态特征,但事实上从19世纪后半期开始儒学学者在自己学问的形成过程中师从不同的学统、向不同学派的先生学习已经是比较普遍了。森岛通夫说:"明治维新前,日本一直处在中国文化的影响之下。"③

日本江户时代后期的心学复兴,以阳明学为精神支柱,倡导人的主体精神和勇于改革的实践勇气,从而为即将到来的明治维新运动注入新的精神动力。中江藤树(1608—1648)是日本德川幕府初期的儒家学者,一般认为他是日本阳明学派的开山鼻祖,著有《大学解》《中庸解》《论语解》《鉴草》《孝经启蒙》《论语乡党启蒙翼传》《翁问答》等。大盐平八郎是日本江户时代后期下级武士、阳明学者,他中年退职后潜心于阳明心学,著有《洗心洞劄记》。日本维新,也是由阳明学说为其先导。例如佐藤一斋的再传弟子吉田松阴(1830—1859)是维新运动的先驱者,他不仅受阳明学的影响,而且阳明学的行动性质和战斗精神更是他的重要精神力量之一。根据阳明学的思想,吉田松阴主张不能拘泥于既成的制度和规范,而应该根据自己的主观判断来批评和改造现实的不合理体制。18世纪末至19世纪上半叶再度复兴的阳明学,虽然仍是学者书院中的研讨对象,但它带来的社会效果则是改革性的,着眼于现存社会政治秩序的解体和新制度的重建。在禅僧之外,也有中国的儒者到日本的,不过他们人数极少,影响远在禅僧之下。据清末广东东莞人陈伯陶所辑《宋东莞遗民录》下卷《李用传》载,南宋遗民李用是"潜心理学"之人,于1276年(宋德祐二年)"浮海至日本,以诗书教授。日本人多被其化,称曰夫子。"④ 虽然宋学在当时的日本已经影响到社会的上层,但是它只是作为皇室成员和公卿的学问修养而存在,是一种宫廷儒学,并没有成为被社会需要的一种思想资源而产生更深层的影响。江户时代到明治时代初年,不仅在各藩设立的学校中以四书五经为教科书,而且遍设于日本各地的、数以千计的"寺小屋"(类似中国农村的村学与私塾),也以中国的《三字经》《千字文》等为蒙学读物。日本人还自己编写了一些蒙学读物,如《都路》(地名汇编)、《名头》(类似中国的《百家姓》)、

---

①黄秉泰. 儒学与现代化:中韩日儒学比较研究. 北京:社会科学文献出版社,1995:251.
②[日]源了圆. 近世初期实学思想的研究. 东京:创文社,1980:187.
③[日]森岛通夫. 日本为什么"成功". 成都:四川人民出版社,1986:31.
④梁容若. 中日文化交流史论. 北京:商务印书馆,1985:181-182.

《童子教》、《实语教》、《庭训往来》（类似中国的尺牍）、《商卖往来》等。为女子专门编写的蒙学读物，则有《女大亨》《女实语教》《女四书》等。正是通过中国和日本的这些蒙学读物，世俗化的儒家伦理极其广泛地渗透于日本民间大众中。日本近世时代是封建文化的最高峰。从第四代将军德川家纲，经五代将军纲吉、六代将军家宣，到七代将军家继，他们重用藤原惺窝、林罗山等儒学家，五山僧侣和天海僧正等僧侣，清原秀贤等公卿以及神龙院梵舜等神道家。九代德川将军都提倡封建纲常礼教，奖励学问，发展文化，命令儒者、僧侣、神道家搜集、整理和刊行战国时代散佚的古书，并收纳金泽文库的藏书。由于统治阶级宣传忠孝、仁恕、节俭之道，所以《四书》《史记》《六韬三略》和《贞观政要》等儒家经典以及日本古典中的王道政治思想、经世致用之学、帝王之学和人道伦理之学，俱已成为统治阶级自身修养和政策实施的参考书。幕府还组织学者训点有益民众教化和思想启蒙的书籍。所以，有日本学者认为这一时期日本的封建礼教文化的发展达到了最高潮。朱子学派与阳明学派、古文学派、水户学派、闇斋学派等，彼此间之主张都存在着异同之互动关系。儒教的主题不但与近世日本社会的演进息息相关，截至明治维新前后，它更影响到日本的近代化。1600年，身为丰臣政权五大老之一的德川家康建立德川政权。1603年，德川家康在江户（现东京）建立幕府政权。此后的大约260年间，政权由德川家族掌握，这段时期被称为江户时代。山片蟠桃（1746—1821），日本德川时代末期的思想家，幼时为大阪富商家僮，曾跟随中井兄弟学习儒学，也曾习天文学，并对兰学（自荷兰传来的西方技术）颇有心得。晚年以十九年的时间著成《梦之代》十二卷。书中论述天文、地理、历史、制度、经济、阴阳、鬼神、疾病等；宣传日心说，有无神论思想，介绍欧洲科学；对神道、佛教、儒家思想都加以评判，在当时有一定的启蒙作用。然而它却使日本民族在处理外来的儒家文化的心路历程中所形成的"实利性"的思维方式得到了最有效的发挥。山片蟠桃从朱子学的"穷理"精神出发，充分肯定了欧洲自然科学的优越性，怀德堂学派的一些学者以及前野良泽和司马江汉等就是批判儒家自然观的典型。前野良泽在其所著的《管蠡秘言》的附录中指出，作为儒家自然观基础的五行说"仅中国一地之私言"。这些知识分子甚至对东方的封建制度提出质疑，进而肯定西方社会的合理性。司马江汉认为西方国家的人类平等观念是正确的。前野良泽则认为儒学所影响的范围不过占世界的十分之一，而天主教的影响却遍及各大洲，而且天主教的平等观念比儒教更先进。在他看来，"以救养鳏寡孤独废疾贫困之人，为立政教之根本。"① 然而，这种立足于西方科学知识的新世界观的探索和对旧知识系统的批判，在18世纪末和19世纪20—30年代，因陆续受到幕府的镇压，在未能充分展开时即逐步萎缩了。

---

① [日] 家永三郎，石母田正. 日本思想大系·六十四·洋学上. 东京：岩波书店，1976：135.

直到 19 世纪 40 年代才在严酷的生存挑战面前复苏。江户幕府日趋衰落所带来的社会变动、近代资本主义的萌芽以及江户时代中期开始传入的西方科学文化，加上日本儒学也做出了自身相应的理论调适，因而其内部也自发地生发出了近代性的萌芽。尽管这些因素不能必然启动日本现代化的运动，但它毕竟为日后日本迎接西方现代化的挑战、接受西方科学文化在理论上和思想上作了铺垫，并在日本实现现代化的进程中发挥了其应有的作用。

"今天，几乎没有一个人认为自己是'孔孟之徒'了，但在某种意义上来说，几乎一亿日本人都是'孔孟之徒'。"[1] 在当代日本，作为意识形态体系的儒学已不复存在。日本"二战"战败后，废除了以"忠孝"之道为"国体之精华""教育之渊源"的《教育敕语》体制，学校的教科书也不再选取《论语》《大学》《中庸》等儒家典籍为教材。儒学仅仅作为人文科学研究的对象，成为中国思想史或日本思想史著述的评价内容。但是，这并不意味儒家伦理在日本当代生活中完全丧失了影响力。

当前，有土田健次郎、石川忠久、大岛晃、池田知久、仓田信靖、三浦国雄、柴田笃、池田秀三、竹内弘行、吾妻重二、小岛毅、沟口雄三、佐藤炼太郎等专家。学者在研究儒学，民间也有很多读经团体。有少数日本人仍能依据既往习得的知识，有意识地以儒家典籍的训谕指导自己的行为与生活。但更大多数的日本人则是在"百姓日用而不知"的层面上，以世俗化的儒家伦理为指南。儒学的一部分价值观、伦理观，已积淀为日本人的道德规范和民族心理。另一位著名的美国学者多纳德·金也认为儒学的"影响即使在现在仍相当强大。"[2]

二、 江户时期伊藤仁斋 《易经古义》 之探析[3]

伊藤仁斋（1627—1705），是日本江户时代的著名哲学家，伊藤仁斋名维桢、字是源佐，仁斋是号，又号古义堂，京都人。伊藤仁斋尊崇孔子和孟子，主张恢复儒家经典的古义，并且在京都堀川开设私塾"古义堂"，从而培养出了一大批著名的儒学家，形成了古义学派。日本古学易学由伊藤仁斋肇始其端，他不仅在日本哲学史上占有重要的地位，而且在日本易学史上也占有开古学易学之端的重要位置。伊藤仁斋遗留了《易经古义》《大象解》等易学著作，在此仅就伊藤仁斋的《易经古义》进行探析。《易经古义》分为三个部分，第一部分纲领，第二部分解说了乾坤两卦，第三部分阐释了对文言的理解。具体分析如下：

---

[1]［日］赖肖尔. 日本人. 成都：文艺春秋社，1989：22.
[2]［日］司马辽太郎. 日本人与日本文化. 东京：中央公论社，1988：97.
[3]史少博. 江户时期伊藤仁斋《易经古义》之探析. 哲学分析，2013（05）：68–71.

(一)《易经古义》之纲领

《易经古义》的纲领论述了十个部分内容,他分析的十个部分之间没有必然的逻辑性,看似只是他读易之心得,而伊藤仁斋自己将其命名为《易经古义》之纲领。"纲领"在《古今汉语大字典》中这样注释:"渔网上有一条粗绳子,收网时,渔民拉住绳子把网慢慢收拢,这条绳子就是'纲'。领,本指衣服的领子。抓住'纲'和'领',网和衣服就把握住了,所以用'纲领'来表示总的方面。""纲领"可以泛指起指导作用的原则。在这里伊藤仁斋把其著作的第一部分命名为《易经古义》之纲领,他认为这十部分是读《易经古义》的指导原则,分析如下:

1. 圣人作易本源

伊藤仁斋首先用《系辞》中:"古者包牺氏之王天下也,仰则观象于天,俯则观法于地,观鸟兽之文,与地之宜,近取诸身,远取诸物,于是始作八卦,以通神明之德,以类万物之情。"其次,又引用《说卦》中:"昔者圣人之作《易》也,将以顺性命之理,是以立天之道曰阴与阳,立地之道曰柔与刚,立人之道曰仁与义。"然后伊藤仁斋分析说:"此二条专言圣人作易之本源,盖因阴阳消长之理,以明进退存亡之道也。"①

伊藤仁斋又分析:"系辞曰:'易有太极,是生两仪,两仪生四象,四象生八卦。'又曰:'八卦成列,象在其中矣,因而重之,爻在其中矣。'古者书契未兴,无文字之可征,及宓羲氏做。仰观俯察,见阴阳有奇偶之数,故画'—'奇以象阳,画'- -'偶以象阴,谓之两仪,又于一奇一偶上,互相重叠,以至于三,谓之八卦,于是三才之道备矣。因而重之,故六画而成卦,下者为内卦,上者为外卦,故有六十四卦三百八十四爻也。晦庵朱氏曰:八分为十六,十六分为三十二,三十二分为六十四,是依邵康节之说,然而三画已成,则三才之道备矣。若于三画卦上,而复加一,则是画蛇添足,尤属无谓,况一画谓之仪,二画谓之象,三画谓之卦,而至六画者,亦仍以卦命之,则本无十六三十二之卦明矣。所谓因云者,直因八卦而重之之谓,非若先天图所列也。"②

2. 论圣人创立揲蓍之法

伊藤仁斋指出:"系辞曰:天生神物,圣人则之。又曰:河出图,洛出书,圣人则之。说卦曰:昔者圣人之作易也,幽赞神明,而生蓍,参天两地而倚数,观变于阴阳而立卦,发挥于刚柔而生爻,详此三条,盖明圣人创立占筮之法也。先儒或以为作易之由者非也。作易之由,即上文所陈,仰观俯察,近取远取者也。其则洛书者,盖言龟卜之法,则河图者,盖大衍之数五十,以河图中宫天五乘地十而得之。龟筮传云,天下和平,王得道而蓍茎长丈五,其叶生满百茎,分而两之,便得五十

---

① [日] 伊藤仁斋. 易经古义. 东京:早稻田大学院文学院印刷,1997:1.
② [日] 伊藤仁斋. 易经古义. 东京:早稻田大学院文学院印刷,1997:1-2.

策,此皆谓作卜筮之法,非作易之由也。"① 伊藤仁斋根据《系辞》与《说卦》中的词句,从而分析出了圣人创立揲蓍之法,并指出了作卜筮之法与非作易之由的区别。

3. 论周易之兴

伊藤仁斋指出:"卜筮之法,自虞夏时已有之,至于殷周之际,始以易筮,于是系卦爻之辞,以示吉凶悔吝,盛行于周之中也,故号《周易》,至此始为占书,不详谁人之所作。故系辞曰:易之兴也。其当殷之末世周之盛德邪,当文王与纣之事邪,又曰:易之兴也。其于中古乎。又曰:于稽其类,其衰世之意邪。皆不正言其作之时世,盖不得考证也,易卦画自伏羲时已有,其所谓兴者,谓始易筮而系之辞也。其以六十四卦辞为文王之作者,荀况倡之,而司马迁成之也。以三百八十四爻辞为周公之作者。王弼何晏之说也,最不足考信。系辞说卦之说,彰彰如此,人犹不知其妄,甚乎人之好附会也。人谓文王作卦辞、周公作爻辞者非。窃谓卦爻之辞,有则俱有,不应先有卦辞而后有爻辞,何也?揲法六爻皆变,则以彖辞占,五爻以下,或以变爻占,或以不变爻占,则虽有六十四卦之辞,而无三百八十四爻之辞,则不能筮焉。是以知不能独有六十四卦之辞,而无三百八十四爻之辞也。其谓文王先作六十四卦之辞,而后周公作三百八十四爻之辞者,昧理之甚也。"② 由此看出,伊藤仁斋不仅对荀况、司马迁认为的"六十四卦辞为文王之作者"的说法产生了质疑,而且对王弼、何晏认为的"三百八十四爻辞为周公之作者"的说法也产生了质疑,并且指出了这两种说法都没有道理,"昧理之甚也"。

4. 论古者易有两家

伊藤仁斋指出:"古者有儒家之易,有卜筮家之易。儒家之易,彖象是也;卜筮之易,系辞说卦是也。盖彖象二篇,专明阴阳消长之理,以推之人事,无一字及卜筮者;系辞说卦虽本于义理,实以卜筮为主,卜筮之家之易也。夫主义理,则不得杂卜筮;主卜筮,则不得不舍义理,何也?学问主义,卜筮主利,义利之辨,犹水火薰犹之不相入,故彖象二篇,无一字之入于卜筮,但卜筮家欲崇其术,故欲托义理以取重耳,实以卜筮为主。学者惟当从彖象之理,而于系辞说卦,则取其当取焉,而及于卜筮之说者阙之,庶乎不至于与孔门之旨背驰也。庄周曰:易以道阴阳,周盖学儒家之易者也,可知使易专如系辞说卦之说,则周必当曰易以道卜筮,而不可曰易以道阴阳也,善读易者,当自知之矣。系辞曰,以言者尚其辞,以动者尚其变,以制器者尚其象,以卜筮者尚其占,若果使如其说,则周之言亦得于其一而不通其余,而彖象之说,亦可谓不备也,故曰:庄周盖学儒家之易者也。"③ 伊藤仁斋首先提出"儒家之易,彖象是也。卜筮之易,系辞说卦是也。"然后以"盖彖象二

---

① [日] 伊藤仁斋. 易经古义. 东京:早稻田大学院文学院印刷,1997:2.
② [日] 伊藤仁斋. 易经古义. 东京:早稻田大学院文学院印刷,1997:2-3.
③ [日] 伊藤仁斋. 易经古义. 东京:早稻田大学院文学院印刷,1997:3-4.

篇，专明阴阳消长之理，以推之人事，无一字及卜筮者，系辞说卦虽本于义理，实以卜筮为主，卜筮之家之易也。夫主义理，则不得杂卜筮。主卜筮，则不得不舍义理"来论证其观点的正确性，并且指出"学问主义，卜筮主利"。对于伊藤仁斋的观点和论证，一定会有学者不同意，甚至对"学问主义，卜筮主利"提出质疑和驳论。

5. 论彖象之作在孔子之前

伊藤仁斋指出："彖象者，今之所称彖曰象曰者是也，汉儒以来相传如此。本义以为彖象传，盖从疏中之一说也。按左氏传昭公二年，晋韩宣子聘鲁，见易象与鲁春秋，曰周礼盖在鲁矣，吾今乃知周公之德与周之所以王也。先儒谓易象者，今之爻辞也，然系辞曰：'彖者材也，爻也者效天下之动也。'又曰：'八卦以象告，爻彖以情言'，系辞明指三百八十四爻为爻，而未尝以爻辞为象也。若宣子以爻辞为象，则当先称彖。而今遗彖而独称象，则知宣子之所见者，今所谓大象小象者，而非爻辞也。三百八十四爻辞，皆占筮之辞，未见周公之德与周之所以王也。天地山泽风雷水火谓之象，大象每兼二象言之，而其言皆先王所以经理天下之法，足以见周公之德与周之所以王焉。则宣子所谓易象者，即今之象云者，不复疑矣。是时孔子年才十二岁，而宣子之言如此，则易象在孔子之前彰然矣，又在彖之前，何以言之。彖既释卦辞，故象唯释爻辞，而于诸卦，特就上下两象取其义耳，盖存象而不欲以己说杂之也。而彖象之言，粹然一出于阴阳消长之理，而不涉于占筮，亦奇矣。其既先孔子之生，而与孔子同其旨者，盖以文武周公之遗泽尚存也。文言又专依象申明其义，则其说亦可据，而其书久可知矣。周易本卜筮，故卦爻之辞，皆为占筮而发，彖象弃而不取，特推其阴阳之理，以反之日用之典，功亦伟矣。若'乾元亨利贞'一句，本卜筮得乾卦，则其事大通，而利在贞固，彖以乾元亨利贞为一句，专明乾道之大，利贞为万物之性情，与周易本义大不同，诸卦皆如此，彖卦皆如此，象及文言，论卦爻之辞亦而，学者审诸。"① 由上，伊藤仁斋详细地论证了彖象之作在孔子之前。

6. 论易传以彖象为主

伊藤仁斋指出："易之所以列六经而传万世者，以有彖象也。彖曰：大哉乾元，万物资始，乃统天。至哉坤元万物资生，乃顺承天，发明易道之本源，无复余蕴，而大象或称先王，或称君子，专说所以经理天下之道，此易之所以为治国平天下之要典，而彖象之所以度越于系辞说卦等说远甚也，若无彖象，则徒为卜筮之书，而不足列于六经，为人伦日用不可阙焉之书，故此篇专据彖象为解，至于系辞说卦，则取其当取者，而涉于卜筮者，皆不用云。"② 由此，伊藤仁斋说明易能列于六经，是因为有彖象，易之所以为治国平天下之要典，也是因为其中有彖象，故而他认为

---

① [日] 伊藤仁斋. 易经古义. 东京：早稻田大学院文学院印刷，1997：4-5.
② [日] 伊藤仁斋. 易经古义. 东京：早稻田大学院文学院印刷，1997：5.

易以象象为主。

7. 论不可以易为卜筮之书

伊藤仁斋指出:"易固为卜筮之书,然彖象弃而不取,专明阴阳消长之理,以推人事,实为家国天下日用常行之要典,其有功于天下万世,可谓大矣。程子传专据其说,而至朱子反之卜筮者何哉?倘以易为卜筮之书,则易林元龟之属耳,岂足与诗书春秋列于六经哉。从义则不欲用卜筮,用卜筮则不得不舍义。前已论之,语、孟二书,无一言及卜筮者,盖为此故也,有疑则固可卜,不疑亦奚卜焉。孔子曰:不知命无以为君子。又曰:君子喻于义,小人喻于利。若以易为卜筮之书,则是为小人谋,而非为君子谋也。且世多狐疑者,屡事卜筮,然于卦爻,有连筮得者,有终身不筮得者,又筮得此爻,则惟此一爻为己之用,而其余爻象皆为无用之物,浩浩易经,才为一事之用,而不足以为人伦日用应事接物之法。家国天下经世垂范之典,岂足尚乎!又有事与占不相应者,故本义有爻与占者相为实主之说,南蒯将叛,筮焉得黄裳元吉之繇,故又有为君子谋,不为小人谋之说,皆附会之谈也。以易为卜筮之书,则其中弊有如此者,学者不可不详焉。"① 对于伊藤仁斋以上论证,日本儒学者亦有不同的观点,例如早稻田大学的土田健次郎教授对此阐释了自己的观点:"伊藤仁斋批判'筮家之易'是因为他否定占自体。占是预测未来,通过占而选择自己的行动。可是伊藤仁斋认为使未来怎样有应该为和不应该为,未来的结果也是由于变更了自己的行动而具有功利性的,于是产生了孟子思想批判以追求利益为动机的态度。而朱熹认为《易经》本是卜筮之书,并在此基础上确认了《易经》的意义。只是看这些的话,伊藤仁斋和朱熹之间也不存在对立,因为朱熹意识到了也和伊藤仁斋一样对占的功利性动机怀有恐惧心理,朱熹对自己行动的选择具有道德性确信的时候说没有占的必要。例如他说:'与人卜筮以决疑惑,若道理当为,固是便为之;若道理不当为,自是不可做,何用更占?却是有一样事,或吉或凶,成两岐道理,处置不得,所以用占。若是放火杀人,此等事终不可为,不成也去占!又如做官赃污邪僻,由径求进,不成也去占!'(《朱子语类》卷七十三)。伊藤仁斋和朱熹不同之处不仅是对占的承认与否,对人决定能力的信赖也有差别。朱熹认为人的认识能力和判断能力是有限度的,而伊藤仁斋对于人的认识能力持有太过乐观的态度,故而对朱熹的'处置不得,所以用占'进行批判。"② 其实,笔者也觉得伊藤仁斋的"不可以易为卜筮之书"的观点值得商榷。

8. 论读易之法

伊藤仁斋指出:"孔子曰:加我数年,五十以学易,可以无大过矣。夫言易者宜无过父子也。故予窃以谓易六十四卦三百八十四爻,一言以蔽之,曰可以无大过

---

① [日] 伊藤仁斋. 易经古义. 东京: 早稻田大学院文学学院印刷, 1997: 5-6.
② [日] 土田健次郎. 伊藤仁斋与朱子学. 《早稻田大学院文学研究科纪要》第四二辑. 第一分册. 东京: 早稻田大学院文学学院印刷, 1997: 41-42.

矣。夫曰日中则昃，月满则阙，必然之至理也。苟知此义，则可以修身，可以齐家，可以治国，可以平天下，足应万事而成万务。区区象数之学，皆旁蹊邪出，且祛之可矣，惟程易为庶几焉耳。易重中正而最贵乎中，二五谓之中，以阴居阴位为正，中无过不及，故中自得正，正未必得中，诸爻皆不以位相应，而以阴阳相应。惟乾坤两卦，不以阴阳相应，而以同德相应，初为民，二为士庶，三为在位，四为大臣，五为尊位，上为无位。系辞曰：其初难知，其上易知，本末也。二与四同功而异位，其善不同，二多誉，四多惧，近也。三与五同功而异位，三多凶，五多功，贵贱之等也。此六十四卦之通例，读易者之所以知也。"①

9. 杂论

伊藤仁斋指出："周易为卜筮而发，故假象以明之，盖以象能通众义也。盖事发之来，千头万绪，固非一辞之所能该占事知来，亦非常辞之所能达，故其言所奇僻，故诸易家索隐钩奇，纷纷籍籍，不堪其异说，或至于佛老之徒，假易以售己术，悲哉！然而其言皆不过就阴阳刚柔往来顺逆，而系之辞焉，则其此虽颇可怪，然理本平正，无甚异矣。象象二篇，出于孔子之前，上文既辨之，系辞说卦二篇，虽杂卜筮之说，然二书互相抵牾，则亦非同出于一手，十翼之作，皆不可考焉，阙之可以矣。本义首卷所载先天图者，本出于麻衣道者，麻衣授之于陈抟，抟授之穆修，修授之李之材，之才授之邵康节，赐魏伯阳所撰参同契之流耳。朱氏以为包牺氏之所作，不知何所据，抟华山云台观道士，宋太宗时召至，赐号希夷先生，当时士大夫多师事之，传载在列仙传，今先天图，孔子之所不言，十翼之所不演，经二千余岁而忽出道流之手，其为书可知也。然自宋以来，诸老先生悉崇信之，无复置喙于其间者，诸儒议论不可恃也如此，严祛之可矣。世所称先天后天之名，亦出邵康节，今儒暨诸家专称道之，如出圣言，恬不疑焉，可怪。其所谓后天图者出说卦，今反置诸先天图之下，扬彼抑此，厌旧喜新，皆不深考之过也。"②

10. 注例

伊藤仁斋指出："六十四卦互有阴阳有吉凶，如损益泰剥复之类是也，故象各据其德与其义而释之，大象别取二象之义，以明道德之旨，无一不善者，盖易中之一义也。系辞云：君子居则观其象是也，程抟本义。俱于本卦之下兼取二象之义以明之，故经意纷纭，颇欠明畅，故今释诸卦专主象，而至于二象之义，则于本篇释之，嫌与彖之理相混也。十翼之序，本有多家，郑氏以彖象系辞文言说卦序卦杂卦为次，司马迁以序卦彖象说卦文言为叙，不出杂卦，今定彖象二篇附各卦之下，以下以序卦文言置于前，系辞说卦杂卦置于后，欲儒卜之易，各以类相从不相混淆也。古者十翼为一篇，与六十四卦别行，汉费直始以象附于各卦之后，王弼皇甫谧

---

① [日] 伊藤仁斋. 易经古义. 东京：早稻田大学院文学院印刷, 1997: 6-7.
② [日] 伊藤仁斋. 易经古义. 东京：早稻田大学院文学院印刷, 1997: 7-8.

又分附于卦爻下，今以彖象移各卦之后，而复费氏之后之旧云。"①

（二）《易经古义》对乾坤两卦的注释

伊藤仁斋对乾坤两卦的注释如下。

易经上，易，变易也。推阴阳消长之变，以明吉凶之象，兴于殷周之际，故谓之周易，至于彖象二家，虽释卦爻之辞，然专本伏羲之意，而不服用占筮之意，今专从彖象之意而释之云。

乾，乾元亨利贞。乾健也，阳性至健，而无所不统，故三奇之卦，名之曰乾，其象为天，因而重之，上下皆健，故又名之乾。元，始也，大也。乾元者，谓阳气之始，至大无外也。亨，通也，言一元之气，刚健纯粹，无所不通也。盖乾元之道，有通而无塞，塞则息。观人物之生，皆吐纳流通可见矣。利，宜也；贞，正而固也。谓万物皆资乾元之气以生，而洪纤巨细，飞潜动植，举皆无不利于物，而其性正固无所变渝，此即乾元之德也。或曰：元者一而已矣。其有乾元坤元二者何哉？曰：此之兼坤，犹天之包地也，故于乾元统天，于坤曰顺承天，虽有乾元坤元之异，实乾元之一气也。

初九，乾龙无用。最下一爻为初九，阳数之盛，故以名阳爻。潜，藏也。龙：纯阳之物，灵变不测，有似乎君子之行各随其时，故取以为象，言阳好上而不好下，可贵而不可贱，今而在下，故有勿用之戒。中庸曰：虽有其德，苟无其位，不敢作礼乐。又曰：贱而好自尊，灾及自身者也，即其事也。

九二，见龙在田，利见大人。田，地上也，龙见地上，其德已著。君子之德，声闻于上，将有为之时，故利见大德之君以行其道。则德泽普被于天下，不当韬晦其德以遂隐操也。

九三，君子终日乾乾，夕惕若，厉无咎。三人位也，居下之上而为危地，故不取龙之象，专言君子日夕不懈，乾乾惕厉，则虽处危地而无咎也。

九四，或跃在渊，无咎。或疑辞，非必也。跃，奋起之意。渊者龙之所潜。四君侧之地而改革之时，故言处此地遇此时者，苟见其不可，则当奋然奉身休田里，而后得无咎也。古之人有行之者，越范蠡是也。

九五，飞龙在天，利见大人。刚健中正以居尊位，是有其德而居其位也。然君不可独治，必待贤佐而后能成其治，若成汤之于伊尹，文王之于太公是也，三代以来苟有贤明之君，而辅相得其人，则犹足称小康，况三代之圣主乎。尧以不得舜为己忧，舜以不得禹皋陶为己忧，为是故也。

上九，亢龙有悔。上者最上一爻之名，亢者过高而下之谓，上九刚而过中，故有亢龙之象，其有悔也宜矣。此易之深戒也。

用九，见群龙无首，吉。用九占筮之辞，阳数九为老阳，七为少阳，老变而少

---

① [日] 伊藤仁斋. 易经古义. 东京：早稻田大学院文学院印刷，1997：6.

不变，筮得阳爻者，用九不用七，故于此发诸卦之通例，然象专明义理而不取占筮，特说处前刚之道也，群龙指六爻而言，无首谓不敢为天下先也，言乾道刚健中正，故见诸爻皆纯乎刚而又能柔，吉之道也。盖自诸爻而见之，则有吉凶，自乾礼而见之，则刚健中正，能刚能柔，吉而无凶，是卦爻之别也。

彖曰："大哉乾元，万物资始，乃统天。"彖，断也。本卦下之辞为彖，以断一卦之吉凶者也，此篇以释卦辞，故亦通谓之彖，有上下篇。所谓知者观其彖辞则思过半矣是也，汉费氏分附之各卦之后，今随之。大哉无外之辞，前元者，即一元之气，万物之所以资以始而生生之本也。四旁上下，混沦通彻，莫非斯气之流通，有形无形，有情无情，日夜生息，活动不止，天地之覆载，日月以之运行，四时以之推迁，鬼神以之屈伸，贯通万物，流行日月，故乃统天，斯气也无所由而来，亦非有理而来，譬诸以版造匣，今以版六片相合而造匣，有气盈于其内，则蛀蟫自生，自然之理也。盖天地一大匣也。万物即则蛀蟫也，无匣则已，已有匣则不能无气，在人则谓之元阳之气，但一元之气，亘古今而无尽，包天地而无外，无始无终，至矣。非言说之所能尽也。先儒误以一理字加之于乾元之上，以为品汇之根柢，万化之枢纽，夫理也者，无声无臭，虚而本无，寂而自灭，岂能为生生之本哉，一陷则为虚无，再陷则为寂灭，愈深则愈陷，愈陷则愈不能出脱，可不畏哉，可不谨哉。云行雨施，品物流行。此释乾元之亨，云行雨施，不可御也。品物流行，万物莫不遂其性也。大明终始，六位时成。大明者，谓乾元之德甚广明也，即书所谓天有显道之意，内卦始于初（阳爻）而终于三（阳爻），外卦始于四（阳爻）而终于上（阳爻），故曰终始，六位，六爻之位也。时乘六龙以御天。言虽六爻之时而行之，则自当天运也，惟圣人得能践焉。乾道变化，各正性命。天地之间，有气化，有形化，有逢春而萌者，有当秋而生者，是谓变化也。性有纯驳，命有厚薄，乾道各随万物之生而赋焉，故曰各正性命也。保合大和，乃利贞。保合谓常存而不散，大和犹上文所谓大明，谓阴阳冲和之气也，利贞者万物之性情，利者性之能，贞者性之正，言所资乾元之气以生焉者，靡不利且贞也。首出庶物，万物咸宁。圣人之生，独于万物之中，其禀性也粹，受命也厚。故曰首出庶物，如尧舜之性是已，若在乎下位，则其道大被于天下，施及蛮貊，在乎上位，则诸侯藩屏，四夷来宾，彝偷以叙，庶事以熙，大哉。

象曰："天行健，君子以自强不息。"象者谓天地山泽风雷水火，其谓之象者，盖据大象而名之也，以释卦之上下两象者为大象，释六爻之辞者为小象。晋韩宣子所见者是也，健当作乾，音之误也，朱熹曰：凡重卦皆取重义，此独不然者，天一而已。但言天行，则见其一日一周，而明日又一周。若重复之象，非至健不能也，维天之命，于穆不已，诸者天之道也。君子之所以自强不息者，一于诚而已矣。程子曰：纯亦不已，乃天德也。有天德，便可语王道，其要只在谨独，韩宣子见易象曰：知周之所以王。盖有见于此。

潜龙勿用，阳在下也。汤非在下者，今而在下，则其德普敷于天下也。

终日乾乾，反复道也。反复，往来不已之意，言勉强不懈，善辅其过也。

或跃在渊，进无咎也。无咎，两可之辞，言退而可。则固当退，若进而可，则进亦无咎，不必以在渊为是也。文言曰：进退无恒非离群也是也。

飞龙在天，大人造也。造，诣也，至也。言同声相应，同气相求，若伊尹应成汤之骋，伯夷太公就文王之养，感应之速如此。

亢龙有悔，盈不可久也。盈，满也，谓满其量也。日中则昃，日满则阙，苟满其量，则非久存之道，动必有悔也。用九天德不可为首也。刚健中正，乾之德也，以至刚居至高，以至尊处至贵，则反天之道，故曰不可不为首也。

坤，地元亨，利牝马之贞。地者顺也，阴之性也，阴性至顺，故三偶之卦，名之曰坤，其象为地，因而重之，上下皆坤，故又名之曰坤。坤元者，谓阴气之始，又至大无外也。言坤元之德，顺二刚，故无所不通故亨。至柔而无所违忤，故能利。犹曰行所无事也，牝马顺二善行，盖阳之性健，故过刚进锐，或难持久。坤之德柔顺，能堪烦而致远，故以牝马为象，柔顺为贞也。或曰：乾不言所利，而坤反以利贞为其德，如何？曰：此坤之所以不及乾也。乾元之德至大，不待赞焉。惟曰亨而足矣，赞之则反是小乾也，故曰不言所利大矣哉。坤之有利贞，是其所以不及乾也。君子有攸往，先迷后得，主利。阳之性以先为主，阴之性以后为常，故君子持志贵乎乾道，制行贵乎坤道，先物而行，则迷而失道，后人而行，则得其所宜，主利，剧象及文言，当作主常，言以此为主，则得其常而言，常谓不变也。西南得朋，东北丧朋，安贞吉。西南坤卦，因之方也。东北艮卦，阳之方也，独阳不生，独阴不成，以阴从阴，则徒与其朋友类行，而无生育之道，以阴从阳，而后得生育之功，妇之嫁夫，臣之仕君，皆以阴从阳，而能成其事，故终有安贞之吉也。

初六，履霜坚冰至。六阴数之盛，故以名阴爻，一阴一阳，天地之道。阳明而阴暗，阳主生育，阴主肃杀，故圣人推之人事，以阳为善为淑为君子，阴为恶为慝为小人，而善者常难长，恶者必易盛，其势然也，故圣人于此为之戒云，阴之始凝而为霜，其端甚微，而至坚冰之盛，其渐甚速不觉，故虽纤恶不可不必戒之，虽一小人不可不必去之，至于其恶成势盛，则虽噬脐无益也。

六二，直方大，不习无不利。坤之六二，中正之极，异于他卦，直无邪曲，方无偏倚，直者中之所著，方者正之所为，其动如此，故不期大而自大矣，不习者为自然也，言不待学习，而其行自无不利也，所谓虽蛮貊之邦行矣是也。坤之所以为坤者，其德全在六二，正所以见坤道之光大也，乾以德而言，坤以行而言，乾坤合一，是为圣人也。

六三，含章可贞，或从王事，无成有终。六阴三阳，内含章美，保身韬藏者，可贞谓贞固守之为善也，然在下之上，非沉于下流不闻者，或从王事亦可矣，然事之成败有命，不可必矣，虽不能成，然有如此之类，则必莫不有终焉，内有其美，而能自含晦，非浅陋之人之所能及，此其所以虽从王事不能有成而有终也，若诸葛亮之在蜀，虽不能复汉业，然于其相业无少辱焉，是所谓无成有终也。

六四，囊括无咎无誉。四虽在近五之位，然以阴逼阴，无相得之义，若晦藏其才，如括结囊口而不出，则既得无咎，又无有誉，处世之善者也。

六五，黄裳元吉。黄，地之色，属中央。裳，下服，坤之象，衣服之制，衣用正色，裳用间色，黄裳，黄衣着裳也。谓服章之类，施于四礼也。六五以阴居尊，中顺之德，充于内而见于外，故为大善之吉也。言国家之体，君子之行，不可无文，既有文则必至奢，文而不过，善之善者也，孔子美周之文曰郁郁是也。

上六，龙战于野，其血玄黄。阳老则衰，阴老则刚，物性皆然，观人之男女可见矣，乾上九亢龙有悔。坤上六龙战于野，上六阴既极矣，至余阳争，龙战于野，谓其争之甚，渐发于外，两败俱伤，凶之甚也，若汉之吕后，唐之则天，其祸非徒为朝廷之惨，己之族亦悉歼焉是也。

用六，利永贞。用六说见乾卦，凡筮得阴爻者，皆用六而不用八，以此卦纯阴而居首，故于此发之，然象专言用阴之道，而不取占筮之义也。阴道柔而难常，故用六之道，利在常永贞固，所谓永贞者，谨终于始之义也。

彖曰："至哉乾元，万物资生，乃顺承天。"至哉，无上之辞，乾元，阳也。坤元，阴也。综言一元之气，故乾坤俱称元，见其非二也，万物资乾以始，父母之道也，承乾之施以成其功，坤之道也，夫始万物者乾也，生万物者坤也，今不谓乾坤始生万物，而谓万物资乾坤以始生者，盖就见在之万物而言，不欲主一理而言之，若主一理而言之，则落于虚无，而不见乾元坤元之妙也。坤厚载物，德合无疆。坤之德，犹地之深厚，持载万物而不重，故能配乾之无疆也，无疆谓古今之久远无穷也。含弘光大，品物咸亨。含，包容也。弘。宽裕也。光，昭明也。大，薄厚也。坤有此德，故能成承天之功，品物咸得亨遂，乾曰云行雨施，谓其流行之健也，坤曰含弘光大，谓其顺承之量也。牝马地类，行地无疆。牝马柔顺，负物而行，有顺承天之象，行地无疆，谓莫所不抵也，所以为德合无疆也。柔顺利贞，君子攸行。柔顺而利贞，乃坤之德，君子之所行如此，言君子以乾为德，以坤为行也。先迷失道，后顺得常，西南得朋，乃与类行，东北丧朋，乃终有庆，安贞之吉，应地无疆。阳先唱而阴后和，常道也，故后则其行顺利而得常也，西南阴方，东北阳方，以阴往阴则得朋，以阴往阳则丧朋，得朋人心之所好，丧朋人心之所恶，然与朋类行者，犹独行而无益于己也。乃丧朋类而进行，则得济己之事，而终有吉庆业，其安贞而吉者，应地道之无疆，而永永无坏也。

象曰："地势坤，君子以厚德载物。"地，坤之象，一而已。故亦不言重义，而唯言其形也，势，形势，言地形也，如宋沈括论日月礼，曰：犹鞠势也，言坤之德，犹地形深厚，持栽万物也。君子观坤厚之象，以深厚其德，容载庶物而不弃焉，匪有此量，安能成天下之大业哉。履霜坚冰，阴初凝也，驯致其道至坚冰也，驯，顺习也,阴初凝,九月之侯,坚冰,隆冬盛寒之节,自小而大,自微而著,其渐无间,其威可畏。小人之在朝廷,其功虽微,必自至于势成权盛而不可去焉,而能致乱亡者,必斯人也,可不畏乎哉。

六二之动,直以方也,不习无不利,地道光也。六二中正之极,故其动也直方,所以自然无不顺也。地道犹曰坤道也,地之生物也,自内发外,而无所回避者直也,随物赋形,而各有定分者方也,此坤道之所以光大也。含章可贞,以时发也,或从王事,知光大也。言内章美者,非深自含藏终不发露之谓,乃以时发之为是,或从王事无成者命也,有终者智也,凡事无成者必败,虽无成而能有终者,乃智之光大也。括囊无咎,慎不害也。黄裳元吉,文在中也,文而在中,无过不及之可言,善之善者也,龙战于野,其道穷。物穷则必暴,上六阴既极,至与阳争之甚矣,家语云,鸟穷则啄,兽穷则攫是也,用六永贞,以大终也。始盛而终衰,天下之通患也,能常永贞固,则能大其终,乃用六之善道也。①

由上,伊藤仁斋对《乾》卦、《坤》卦进行阐释,并利用《彖》和《象》对乾卦、坤卦进一步地进行了说明。

(三)《易经古义》对文言的解释

伊藤仁斋对文言的阐释如下。

文言,乾坤易之蕴,故此篇专申明彖象之意,以发二卦之义,亦儒家之书也。旧本首哉左氏传穆姜之语,非彖之本旨,何者彖以元亨属乾,利贞属万物,穆姜妄以元亨利贞作四德说,今以其非彖之旨删去凡六十七字,又自乾元者始而亨以下,至天下平也六十六字,误搀于中间,详文势议论,当在于篇首,故今迁置于此,如此则卦爻各以类相从,而不相混杂。王弼何晏,分附于二卦之后,今作一篇以复旧云。

乾元者始而亨者也,有乾元之德,则自不能不始而亨也,一阳已动,则自至于发生畅达,果实登成也。利贞者性情也,性情者万物之性情也,言万物之生,保合太和,则自靡不利且贞,是其性情也。乾始能以美利利天下,然以利属之万物,不属之乾者,以乾元之德甚大,而非可以利指名也,故曰不言所利,若以利贞为乾之德,则是言所利也。大哉乾乎,刚健中正纯粹精也。刚强而不屈。健进而不已,中者无过不及,正者方而不偏,纯粹者纯一而不驳。精这谓尽乎其极也,言乾元之德,天下之极,非可以一德而名之,故以刚健中正四者形其德,而又以纯粹至精无一疵之可指,无一衅之可窥终之,至矣尽矣。六爻发挥,旁通情也,时成六龙以御天也,云行雨施,天下平也。乾者一元而已矣,六爻发挥,而三才之道备矣,旁通曲尽其精气也,时成六龙二句,即象之爻,此引用全文,其义未详矣,云行雨施,犹圣人得时在位,而天下被其德泽,无一人之不遂其愿,无一物之不得其所也,以上释卦

---

①[日]伊藤仁斋. 易经古义. 东京:早稻田大学院文学院印刷,1997:8-20.

之辞。①

（四）伊藤仁斋《易经古义》的偏颇

由上根据伊藤仁斋的《易经古义》原典，阐释了他对《文言》的理解，但只是解说了针对乾卦的一部分，对其他部分并没有言及。对于《周易》的内容与性质，伊藤仁斋提出"古者易有二家"说，并且区分了儒家之易与卜筮之易。伊藤仁斋把《周易》经传分作两个部分，其一是代表儒家之易的《彖》《象》《文言》，其二是代表卜筮之易的周易经传的其他部分。伊藤仁斋认为儒家之易言义，卜筮家之易言利，二者不可混淆。伊藤仁斋判定《易经》性质为义理之书，他说："若以易为卜筮之书，则是易为小人谋，而非君子谋也。"② 可见，伊藤仁斋注重《周易》的义理，对卜筮持否定态度，这未免太过偏颇，故而对伊藤仁斋的观点，在日本也有许多著名学者对其进行了批判。

追溯伊藤仁斋强调《易》义理的原因，可知："伊藤仁斋主要著有《论语古义》《孟子古义》《大学定本》《中庸发挥》等，从日本古学派的学问特点来看，仁斋在诸多儒家经典中最为重视《论语》。《论语》中的：'君子喻于义，小人喻于利'，其中褒君子而斥小人、重义轻利的原则也被伊藤仁斋用来强调《易经》义理的原因之所在。伊藤仁斋批判'筮家之易'，是因为他否定占自体。占是预测未来，通过占而选择自己的行动。可是伊藤仁斋认为使未来怎样有应该为和不应该为，未来的结果也是由于变更了自己的行动而具有功利性的，于是产生了孟子思想批判以追求利益为动机的态度。而朱熹认为《易经》本是卜筮之书，并在此基础上确认了《易经》的意义。只是看这些的话，伊藤仁斋和朱熹之间也不存在着对立，因为朱熹也和伊藤仁斋一样对占的功利性动机怀有恐惧心理，朱熹对自己行动的选择具有道德性确信的时候说没有占的必要，例如他说：'与人卜筮以决疑惑，若道理当为，固是便为之；若道理不当为，自是不可做，何用更占？却是有一样事，或吉或凶，成两岐道理，处置不得，所以用占。若是放火杀人，此等事终不可为，不成也去占！又如做官赃污邪僻，由径求进，不成也去占！'（《朱子语类》七十三）。伊藤仁斋和朱熹不同之处不仅是对占的承认与否，还有对人决定能力的信赖也有差别。朱熹认为人的认识能力和判断能力是有限度的，而伊藤仁斋对于人的认识能力持有太过乐观的态度，故而伊藤仁斋对朱熹的'处置不得，所以用占'进行批判。"③

但无论如何，伊藤仁斋担忧卜筮使人趋利忘义，故而一再强调《周易》的义理，排斥《周易》的卜筮，这一点连他的儿子伊藤东涯也不赞同。伊藤东涯认为，卜筮时所用易中爻辞固然言吉凶与利不利，但并不是不问是非，唯利是择，而是使

---

① [日] 伊藤仁斋. 易经古义. 东京：早稻田大学院文学院印刷，1997：21 - 22.
② [日] 伊藤仁斋. 易经古义. 东京：早稻田大学院文学院印刷，1997：5.
③ [日] 土田健次郎. 伊藤仁斋与朱子学. 早稻田大学院文学研究科纪要（第四二辑. 第一分册）[M]
东京：早稻田大学院文学院印刷，1997：41.

人就利而避害。正如伊藤东涯所说："易本卜筮之书，非教法之典，故诸爻每言吉凶利不利，使人就利而远害，然亦非不问是非，而唯利是择。见可而进，知难而退，勤勉崎岖以成其事。所谓与人子言，依于孝；与人弟言，依于顺；与人臣言，依于忠之类耳。此易之道也。"（《读易私说》，关西大学内藤文库藏，伊藤善韶抄本，滨久雄《伊藤东涯的易学》一文载《读易私说》作于元禄十六年（1730年），不知所据）。

另外，虽然伊藤仁斋是日本江户时期重要的哲学家，但也仍然难以摆脱日本人著述的一般特点：谋篇布局缺乏逻辑体系性，语言表达虽细致入微却不免啰嗦絮叨。① 可见，伊藤仁斋对《周易》的见解，有自己的真知灼见，但因为论述缺乏逻辑性，以至于导致某些观点过于偏颇。

（五）伊藤仁斋《易经古义》在日本易学上的重要位置

伊藤仁斋擅长于内证的研究方式，他的"十翼非孔子作"成为古学易学中尤为引人注目的观点。根据土田健次郎教授分析："伊藤仁斋虽然把《论语》和《孟子》绝对经典化，但是其情形是有时不得不对经书也附带地评价。《易经》《书经》《诗经》在《论语》和《孟子》注释中常常被引用，伊藤仁斋强调《论语》《孟子》《书经》《易经》等经典所载圣人之道"其言虽如多端，一以贯之"，因此，他解《论语》义理时，随处与《孟子》《春秋》《中庸》《易经》等经典相贯通，与此同时，可谓已看出《易经》对伊藤仁斋的世界观，《诗经》对伊藤仁斋的人生观都很重要。"……天地之间'一元气而已'，这种物质性的气分阴、阳，以盈虚、消长、往来等方式运动、变化着，'生生不息'。但在《论语》和《孟子》中并没有出现相关理论的世界观，而伊藤仁斋这一理论的根据使用的是《易经》，这样的场合就使得伊藤仁斋的理论曲折。首先伊藤仁斋根据《论语·述而》中：'五十以学易，可以无大过矣。'又指出孔子的思想也是沿袭《易经》。（《语孟字义·下》易），并且在指出《易经》记述的矛盾点的同时以《论语》和《孟子》为基准分析其内容，只是认可了区分'儒家之易'（彖传、象传、文言传）和'筮家之易'，因而伊藤仁斋应用了《孟子》的义利之辩作为《易经》的批判原则，于是认为"儒家之易"合乎义，而"筮家之易"是追求利益。又确认"儒家之易"的部分和《论语》与《孟子》是一致的之后，可谓是一元气的'生生不息'之说在《论语》与《孟子》两书中没有，是从《易经》引用的。被称为"儒家之易"的《乾卦彖传》和《坤卦彖传》中有'大哉，乾元''至哉坤元'，《系辞上传》中有'一阴一阳为之道''生生之谓易'，《系辞下传》中有'天地之大德曰生'等。因为《论语》与《孟子》没有'生生不息'之说，他牵强引《易经》的'生生不息'之说，是他建立

---

① [日] 伊藤善韶. 星野恒校订. 周易经义通解序. 富山房出版社，1913：352.

关于天道领域的明确理论所必不可少的。"① 由此，也正是因为《易经》对伊藤仁斋的人生观、价值观产生了极其重大的影响，才使伊藤仁斋对儒家经典著作的研究更加深入，并且成为日本江户时期著名的哲学家，其研究的《易经》著述在日本易学史上备受关注。

伊藤仁斋的后代在《周易经义通解序》中这样评价："吾祖考晚年将注易。已解乾坤及大象，名以古义。先考自夙岁深好易。考传义之异同，题之上帧，苦心尽力，剖析甚精。"② "从易学与古学的关系来看，伊藤仁斋晚年注《易》最重要的一点在于通过易学构建了一套具有古学特点的本体论。他以生生不已的太极元气为本体，对佛家的空幻、道家的虚无以及《太极图说》中以理为根本的宇宙发生论进行了彻底的批判。"③ 故伊藤仁斋被认为肇始了日本古学易学之端，在日本的易学史上占据很重要的地位。

三、日本江户时期的《易道拨乱辨》对《易道拨乱》之辩驳

《易道拨乱》是日本江户时期的哲学家太宰纯的著作，他著《易道拨乱》是针对朱熹的《周易本义》《易学启蒙》而作，其主旨是"拨"朱熹"易道"之乱。《易道拨乱辨》是江户时期儒者森銕大年的著作，他著《易道拨乱辨》的主旨是反驳太宰纯的观点。我们尝试解剖《易道拨乱辨》对《易道拨乱》之辩驳、论述了《易道拨乱》《易道拨乱辨》著作之主旨；如解剖《易道拨乱辨》对《易道拨乱》"易之道"之辩驳、《易道拨乱辨》对《易道拨乱》关于"本图书"之辩驳、《易道拨乱辨》对《易道拨乱》关于"原卦画"之辩驳、《易道拨乱辨》对《易道拨乱》关于"明蓍策"之辩驳、《易道拨乱辨》对《易道拨乱》关于"考变占"之辩驳。

《易道拨乱》是日本江户时期著名思想家、儒学家、哲学家太宰纯的著作。太宰纯（太宰春台）是信州（长野县）饭田人，生于1680年，卒于1747年，字德夫，小字弥右卫，号春台，又号紫芝园，是古文辞学派（萱园学派）创始人荻生徂徕的门人。著有《古文孝经孔安国传校正音注》一卷、《古文孝经正文》一卷、《古文孝经略解》一卷，太宰纯校刻、音注的《古文孝经孔氏传》被收入乾隆钦定的《四库全书》，他还著有《论语古训外传》二十卷、《论语正义》二卷、《论语古训》十卷等书。森銕大年，又称森东郭，江户时期中期的儒者，名铁，字大年，生于1729年，卒于1791年，千叶县人，他排斥荻生徂徕之学，著有《非弁道弁名》《易道拨乱辨》等书。本文主要解剖《易道拨乱辨》对《易道拨乱》之辩驳，分析如下。

---

① [日] 土田健次郎. 伊藤仁斋与朱子学. 早稻田大学院文学研究科纪要（第四二辑. 第一分册 [M]）. 东京：早稻田大学院文学院印刷，1997：40.
② [日] 本居宣长. 王向远，译. 日本哀物. 长春：吉林出版集团有限公司，2010：4.
③ 王鑫. 后世谈理，率祖乎易. 关西大学文学会纪要，第33号，第81.

（一）《易道拨乱》《易道拨乱辨》著作之主旨

《易道拨乱》其主旨是"拨"朱熹"易道"之乱，正如《易道拨乱》序中所言："史称孔子读易，韦编三绝。易道之难明也，可以见矣。商瞿之所受而传，至于汉末，泯焉蔑闻。后世诸儒不知'其所以难'明也。各从其性之所近，妄意注解，自马融、荀爽、郑玄、刘表、虞翻、陆绩、王弼、韩康伯之徒，以至唐宋诸家注易者，皆是也。独朱晦庵不依诸家传注，断然以为易只是卜筮书。因著易学启蒙及周易本义，其志专在复古，固颇有所发明，然其所谓本义者，系辞以下，乃其家言，启蒙也多牵合。我春台太宰先生，抱不世出之才，数奇弗试，退而修经术，一日因门人请益，而著易道拨乱，以辩启蒙之牵合，又撰周易反正，以明古训，拨乱业已上梓，反正亦既脱稿，行将命梓。"① 太宰纯认为朱熹的《周易本义》与《易学启蒙》中观点多牵合，于是著《易道拨乱》指出朱熹观点之牵合。

《易道拨乱辨》的主旨是批驳太宰纯的观点，正如《易道拨乱辨》序中所述："易道拨乱者，出于春台太宰氏，盖信朱子以卜筮言易，而取启蒙之得厥旨，又疑其说之与己意不合者而所作也。夫春台子研综经传，著述最富，亦豪杰士也。虽然，以一排宋儒建其门户，故言失于过激，义伤乎新奇，往往而有。"② 森銈大年指责太宰纯："德夫为人，好言人短，顺非不改，及其徒问易，恐害其家学，顿怒眼张臂，强注拨乱一篇，不知其为拨乱也，抑以燕石实为美玉乎。" 森銈大年认为太宰纯的观点太偏颇。

（二）《易道拨乱辨》对《易道拨乱》"易之道"之辩驳

太宰纯《易道拨乱》曰："夫易之道在象数，名于象数，然后可以言易也。孔子作十翼以赞易，其要在象数。孔氏之易，传自商瞿，以至汉儒。汉儒专门之学，无非唯象数是传，东汉之末，诸儒辈起，人自为说，而专门废。于是孔氏之易，遂失其传，而象数之学，仅存于卜筮家，则如魏管公明、晋郭景纯得其遗法者也。迨乎晋人喜好玄理，至于以易与老庄，并称'三玄'。谓易道亡于晋可矣，悲夫，即王辅嗣韩康伯注易，以老氏虚无为易道之本，其不谬哉！唐孔颖达作正义，亦但从王韩二氏注而详之耳。于孔氏之易，无所发明，释一行自谓知易，亦唯以之缘饰其所谓历术而已。其于易道则末也，宋程正叔注六十四卦，及彖象文言，名之曰传，其为书也，不说象数，特因易辞而称说一家之言耳，亦犹郭子玄之注庄子也，焉得谓之传乎？正叔盖视易如尚书论语，以为但明此道，可以修身，可以治天下国家，岂不谬哉？朱晦庵自称程氏之徒，而尊二程如圣人，然于易则不取程传，尝言易只是卜筮书，及其自为说也，名之曰'本义'，此其自信亦固矣，乃又别著启蒙，以蒙象数，不知易而能如是哉，夫晦庵之于易也，依晁吕二家说，正其简编，以复孔

---

①［日］太宰纯（太宰春台）．易道撥乱えきどうはつらん．延享丁卯（1747）：1.
②［日］森銈大年述．易道撥乱弁一卷．文政3［1820］大坂河内屋儀助，藏板目錄4丁を付す，延3年刊（西村源六他2肆）本の后印，寛延2年藤原明遠序、寛延己巳年岸田勝跋，线装，第1页．

氏之旧，其功一也，著启蒙以明象数，其功二也。解经辞而专以象占为说，易道庶几复古，其功三也。然其于启蒙，未免牵合附会，其所谓本义者，亦唯六十四卦之解，文简而意精。至于系辞，则以其家言解之，无可取者，是晦庵之未知易也。夫易自有易之道，与他经异，故系辞所云，皆易之道耳，晦庵乃常道视之，且专以理气心性说之，所以谬也。夫孔氏之易亡于汉，而后世无传，则其书虽存，一乱于晋人，再乱于宋人，其象数之说，卜筮家所传，往往附会以阴阳杂说，则亦非其正也。晦庵在宋人之中，独能究象数之原，而易道复古者，不啻十五，惜也义理之学，累其知识，不觉路头之差，骎骎驰骋乎理气心性之场。"① 太宰纯首先断言：朱熹"尊'二程'如圣人，然于易则不取程传，尝言易只是卜筮书"。又叙述了朱熹《周易本义》《易学启蒙》的功绩，如"夫晦庵之于易也，依晁吕二家说，正其简编，以复孔氏之旧，其功一也；著启蒙以明象数，其功二也；解经辞而专以象占为说，易道庶几复古，其功三也。"但是，太宰纯认为朱熹的《易学启蒙》"未免牵合附会"，朱熹的《周易本义》"亦唯六十四卦之解，文简而意精"。太宰纯指出："易自有易之道"，朱熹却以"常道视之，且专以理气心性说之，所以谬也"。认为朱熹独能究象数之原，可惜也只是义理之学，"骎骎驰骋乎理气心性之场"。

森铣大年《易道拨乱辨》驳斥太宰纯《易道拨乱》中的观点，指出："先王之治天下也，以道御人，未闻以人御道，德夫未知易，焉知尚书论语乎？"又曰："朱子不取程传，岂其然乎？程子云：'予所传者辞也，盖朱子辅其不足，说卜筮耳，于是乎，易道全矣，备矣，何为不取焉？'"在这里，森铣大年指责太宰纯"未知易，焉知尚书论语乎？"又指责太宰纯认为朱子不取程传，"岂其然乎？"森铣大年指出：朱熹的"《易》本卜筮之书"中的"卜筮耳"，"易道全矣，备矣，何为不取焉？"森铣大年不否认朱熹"不取程传"，而是"盖朱子辅其不足，说卜筮耳。"②

我国的专家、学者一般认为：朱熹的哲学思想虽然继承"二程"，有"程朱"之称，然而朱熹对待周易的态度则有异于"二程"。因为程氏《易传》遵循王弼开拓的以"义"释"易"的道路，然而朱熹则认为《易传》是卜筮之书，写作《周易本义》就是要恢复《周易》的本来面目。由上，日本江户时期的哲学家、儒学家太宰纯与森铣大年的争论中，太宰纯也认为朱熹对待周易的态度有异于"二程"，太宰纯指出朱熹"于易则不取程传，尝言易只是卜筮书"，然而朱熹关于"易之道"，却以"常道视之，且专以理气心性说之，所以谬也"。森铣大年却认为朱熹的"易道全矣，备矣，何为不取焉？"反驳太宰纯认为朱熹不取程传，认为朱熹只是弥补程传之不足而说卜筮。其实，我国著名学者周予同也对朱熹的观点提出过质疑："在熹之本意，或以为程颐《易传》偏于义理，故济以象数，以维持哲学上之调和

---

① [日] 太宰纯（太宰春台）. 易道拨乱えきどうはつらん. 延享丁卯（1747）：1-2.
② [日] 森铣大年述. 易道拨乱弁一卷. 文政3 [1820] 大坂河内屋仪助，藏板目录4丁を付す，延3年刊（西村源六他2肆）本の后印，宽延2年藤原明远序、宽延己巳年岸田胜跋，线装，第2页.

统一的态度。殊不知学术上绝不能有调和统一者，于是程朱之易学陷于敌派之嫌，此实非朱熹初意所及料也。"① 在我国也还有其他汉学者对朱熹的观点提出质疑。

（三）《易道拨乱辨》对《易道拨乱》关于"本图书"之辩驳

太宰纯《易道拨乱》"本图书"曰："系辞曰：河出图，洛出书，圣人则之。此言圣人制作，必有所则也。圣人，指伏羲与禹也。伏羲则河图，以作八卦；禹则洛书，以作九畴。河图，伏羲所则，易之所本，系辞固当言之；洛书则禹之所则，洪范所本，于易无关，孔子特以其事相类，固因而言之耳。非谓洛书有关于易也，古人文辞，时有似此，夫数之本一也。故河图洛书，皆本于一，然河图成于二五，洛书成于三三，河图极于十，洛书极于九，故河图，偶数也；洛书，奇数也。易则河图而作，故其道有阴阳，阴阳者，天地之道也，故时有寒暑，日有昼夜昏明，人有君子小人，事有吉凶，行有可否，易者所以占人事之可否也。占者，所以决嫌疑，定犹豫也。庄周曰：易以道阴阳，岂不诚哉？夫惟道阴阳，是以占者得以决可否。易者，圣人之所以穷理尽性以至于命也。故非阴阳，无以明之，河图之数，五奇五偶，阴阳分类，故伏羲则之以作易，易既成矣，则用之占决人事，及其占之也。不吉则凶，不凶则吉，二者必决于一，此所谓开物之道也。洛书之数极于九，其位五在中央，禹则之以作洪范。洪范者，人君莅天下之大法也，故九畴其五为皇极。皇极者，大中也。人君所建以导民也。夫易者，阴阳变化之道也；洪范者，人君莅天下，不易之大法也。此其相反者一也。系辞曰：易有太极，是生两仪，故易数始于二，洛书之位，纵横斜交皆三，而五常在中，二者，吉凶也。故易可以占决人事之疑。三者，若以为一善一恶，则其一为善恶相半，何以占决，故洪范不可以占，此其相反者二也。河图比洛书，多其十；洛书比河图，少其十；河图，偶也；洛书，奇也，奇偶者，阴阳之数也。阴阳各有为，阴不能为阳事，阳不能为阴事，河图洛书亦然，故河图不可以叙九畴，洛书不可以画八卦，此其相反者三也。刘子峻曰：河图洛书，相为经纬，八卦九章，相为表里，此言易范二者可并行而不可相无也。岂谓图书二者相通其用哉？晦庵惑于子峻之言，依刘牧蔡元定等谬说，以为图书实可互用，岂不亦谬乎？夫河图之数二五也，偶也，阴也；洛书之数三三者，奇也，阳也。子峻所谓相为经纬者，特言阴阳之道而已。八卦者，变化之物也；九章者，常道也，所谓相为表里者，言动静伏为宾主也。非谓河图可以为易，亦可以为范，洛书可以为范，亦可以为易。晦庵设为问答，以论图书之位与数，大抵皆空论，而多牵合附会。晦庵于序，病涉于象数者，皆牵合附会。而已亦未免牵合附会，谓之何哉？其以河图为数之体，洛书为数之用，殊为可笑。体用云者，释氏之言也。数岂有体用乎？其论图画中五曰，河图以生数为主，故其中之所以为五者，亦具五生数之象焉，洛书以奇数为主，故其中之所以为五者，亦具五奇数之象焉。此并无

---

①周予同. 朱熹. 北京：商务印书馆，1931：55.

其实，皆所谓空论也，其论洛书之实曰，其一为五行，乃至其九为福极，其位与数，尤晓然矣。此最牵合附会者，何晓然之有？其下云，洛书而虚其中，则亦太极也。此下乃牵合之牵合，附会之附会也，至若谓河图之五行，固洪范之五行，乃五行家之妄见，谓天地之数五十有五，又九畴之子目者，特偶然耳。以此为经纬表里之证，何晦庵之狡黠也。实也堪捧腹，其下云，是则洛书固可以为易，而河图亦可以为范矣。且又安知图之不为书、书之不为图也耶。此问者之言，依刘牧易置图书之说，而强通之意，言亦巧矣。余谓洛书决不可以为易，而河图决不可以为范，图自图，书自书，二者决不可以互用，譬犹规不可以为方，矩不可以为圆也。及晦庵答之，又有以图为书、以书为图之说。则虚其所有，实其所无，以成其义，牵合附会，至于此而极矣。果如其说，则天下之数，何不可通？孟轲有云：所恶于智者，为其凿也。晦庵之为易，可谓凿矣。要之未知易之道也已。"①

"晦庵"指朱熹，因为朱熹号为"晦庵"。太宰纯指出"洛书则禹之所则，洪范所本，于易无关"，认为"惑于子峻之言，依刘牧蔡元定等谬说，以为图书实可互用，岂不亦谬乎？"指责朱熹以河图、洛书实为互用，很是荒谬。并且认为朱熹"设为问答，以论图书之位与数，大抵皆空论，而多牵合附会，晦庵于序，病涉于象数者，皆牵合附会。而已亦未免牵合附会，谓之何哉？其以河图为数之体，洛书为数之用，殊为可笑"。认为朱熹"以论图书之位与数，大抵皆空论，而多牵合附会"。指出朱熹在其序中"病涉于象数者，皆牵合附会"，揭示了朱熹"皆牵合附会"的原因，是"以河图为数之体，洛书为数之用"。

森铣大年《易道拨乱辨》驳斥太宰纯的观点，指出："本图书论曰：洛书则禹所则，洪范所本，与易无关，惜哉！德夫之说易也，駟不及舌，洛书犹河图，河图犹洛书，洛书不关易，则孔子何言焉？天地之理一而已，无不关易者，包羲夏后易地则皆然。又曰：易范相反者三，不可互用也。其说坚白害道之大者也，其说言洛书之位，纵横斜交者三，三者若以为一善一恶，则其一为善恶相半，何以占决？德夫之狡黠，皆舍理取事之弊也，夫洛书之三，其二者两仪，其一者太极也。犹前后有中央，有物有则，自然之数，何为相反乎？且图书者象也。吉凶善恶者人也，象岂有善恶哉？两仪固无吉凶矣。系辞曰：易有太极，是生两仪，两仪生四象，四象生八卦。未闻二者吉凶也。所谓牵合之牵合，附会之附会，德夫自辍也。是以已形已见者，欲求未形未见者也。朱子曰：易之有卦，易之已形者也；卦之有爻，卦之已见者也。已形已见者，可以言之，未形未见，不可以名求，其不然乎？图书者，象也，可以通，洪范者，事也，不可占，德夫曰：洛书奇也，河图偶也，奇偶者，阴阳之数也，阴阳各有为，阴不能为阳数，阳不能为阴数，云云。殊为可笑之甚矣，夫事者各异也，理者一也，图书者象数，非事物，故图可以叙九畴，书可以画八卦。

---

① [日] 太宰纯（太宰春台）. 易道撥乱えきどうはつらん. 延享丁卯（1747）：3.

刘子峻曰：河图洛书，相为经纬，八卦九章，相为表里，此言图书二者可相通也。岂谓易、范二者可并行哉？经纬表里，犹阴阳体用，其本一也。德夫二其本故也，其体用则释氏之言云者，不知字之甚也，夫字犹卦画，寓理之器也。朱子常说道：何嫌用释家之语，既有图书，何无体用？又随中五生奇之象曰，并无其实，皆所谓空论也，此复泥生奇之字耳，其下云，此最其牵合附会者，又云牵合之牵合，附会之附会也。其牵合者何？其附会者何？其偶然者何？余未知其何言也，所谓顺非不改，好言人短者非邪。其图自图，书自书，二者决不可互用云者，此不知其圆方也。象岂如器方圆哉？理一而已，理若不通，则河图不可以作易，人不可以学圣。"① 森铣大年驳斥太宰纯"洛书则禹之所则，洪范所本，于易无关"时说："洛书不关易，则孔子何言焉？天地之理一而已，无不关易者"。他认为天地之理是一个，都和"易"有关。并且认为太宰纯的论证狡黠，都是舍理取事之弊。

"本图书"是朱熹《易学启蒙》中的第一部分，是对河图、洛书的解说。我国著名的哲学家余敦康这样分析："《启蒙》首先以《本图书》开篇，从历史考据与哲学义理两个方面来论证河图洛书乃天地自然之易，是'气数之自然形于法象见于图书者'……从文献学的角度解决了图书之真伪的问题，并且纠正了刘牧以九为河图、以十为洛书的谬误。……朱熹通过这种比较，认为河图与洛书可以互通。……但就哲学义理而言，图可以为书，书亦可以为图，其为理则一，并无先后彼此的区别。此理即自然之理，天地之理。"② 而江户时期日本的儒学家太宰纯的《易道拨乱》与森铣大年的《易道拨乱辨》，是从他们研究朱熹《易学启蒙》中"本图书"，进行了认真的思考，以至于他们之间展开争论而著书。

（四）《易道拨乱辨》对《易道拨乱》关于"原卦画"之辩驳

太宰纯《易道拨乱》"原卦画"中指责朱熹"原卦画"：其一，"系辞曰：易有太极。易者，阴阳变化之道也，极者，以人所准据为义，亦有中义焉，此言阴阳变化之道。人之所以准据，六十四卦，三百八十四爻，皆是物也，惟其初统会于此，而未有仪刑，故名之曰太极也。晦庵解曰：太极者，象数未形，而其理已具之称，形器已具，而其理无朕之目，在河图洛书，晦庵必欲虚之以为太极之象，亦牵合附会也。"③ 其二，"引周子太极说曰：无极而太极。圣人但云易有太极，茂叔乃云无极而太极，此无稽之言，杜撰之大者也。"④ 其三，"引邵子曰：道为太极。又曰：心为太极。道岂太极也哉？心为太极，乃佛氏之见也。凡此皆不知易者之言，晦庵

---

① [日] 森铣大年述．易道撥乱弁一卷．文政 3 [1820] 大坂河内屋儀助，藏板目錄 4 丁を付す，延 3 年刊（西村源六他 2 肆）本の后印，宽延 2 年藤原明遠序、宽延己巳年岸田勝跋，线装，第 4 页．
② 余敦康．朱熹《周易本义》卷首九图与《易学启蒙》解读，《中国哲学史》2001（6）：7．
③ [日] 太宰纯（太宰春台）．易道撥乱えきどうはつらん．延享丁卯（1747）：4．
④ [日] 太宰纯（太宰春台）．易道撥乱えきどうはつらん．延享丁卯（1747）：7．

引之，亦足以见其不知易焉。"① 其四，"系辞曰：是生两仪，是者，指太极，两仪，谓阴阳，此言太极分为阴阳，则有寒热昏明生杀发敛之仪刑也，晦庵以画为易，非也。且曰：在河图洛书，则奇偶是也。河图固有奇偶，相配于五位，两仪具矣。晦庵引之，亦谬矣。"② 其五，"系辞曰：两仪生四象，仪，犹象也，谓之仪。谓之象，无大异义，其数九八七六，在河图则分处四方，固四象之所则也，在洛书则分处二方二隅，奇偶不相配，非易之道也。四象何则之乎，是以牵合也。依周说以为水火木金，亦附会也。"③ 其六，"系辞曰：四象生八卦，卦之言卦也。卦而示之也，八卦非必则河图而作也，故系辞又曰：古者包牺氏之王天下也。云云。于是始作八卦，而不言则河图，此其证也，晦庵乃必言所在图书之位，亦牵合附会也。"④ 其七，"伏羲卦图，邵氏所传。史云：本出华山陈图南氏，不知图南得之何人，其属之伏羲，亦不知何据。尧夫说伏羲卦画，虽详矣，亦多牵合附会。"⑤ 其八，"其分天之四象，地之四象，近杜撰矣。其曰先天学，心法也，则佛氏之见矣，文王八卦，尧夫说之亦详，晦庵更为之说，加详焉。惟不知其果然否，说卦曰：乾：天也，故称乎父。坤，地也，故称乎母。云云。晦庵解曰：坤求于乾，得其初九而为震。云云。后儒以为此注初九初六，当云初画，九二六二，当云中画，九三六三，当云上画，盖此章所云乾坤者，八卦之乾坤，三画者也，未可言九六初二三也，此说是也。下文曰：凡此数节，皆文王观于已成之卦，而推其未明之象以为说，所谓数节者，指所引说卦文也，说卦者，仲尼之言，非文王之说也，晦庵以为文王之说，何也？"⑥ 综上，太宰纯在《易道拨乱》"原卦画"中，用"亦牵合附会也""此无稽之言，杜撰之大者也""亦足以见其不知易焉""亦谬矣""亦附会也""亦多牵合附会""何也？"等激烈的词语，指责朱熹的观点并质问。

森铣大年在《易道拨乱辨》中驳斥了太宰纯的观点，对太宰纯《易道拨乱》"原卦画"中对朱熹的指责进行辩论时，指出："夫数即阴阳，阴阳即道，道即一。孔子曰：予以一贯之。子思曰：可离非道也，不知易者何人乎？原卦画论者，无朕二字，出于庄子，非所以解太极，嗟何缪之甚乎？字则载道之车，车其恶载太极哉？车不知太极，故恶焉乎？堪捧腹。又曰：圣人但云易有太极，茂叔乃云无极而太极，此无稽之言，杜撰之大者也。此不知太极，故疑无极耳，其所言朱子之糟粕也，食粃糠者，不知旨味。宜哉，引邵子之说曰：道为太极，道岂太极也哉？心为太极，乃佛氏之见也，凡此皆不知易者之言。晦庵引之，亦足以为不知易焉，呼德乎未知心乎？孔子曰：操则存，舍则亡，岂非太极乎？不知心者，不知己；不知己者，不知天；不知天者，不知道；道者太极也，未知太极，焉知无极？未知己，焉知人？又引系辞云：两仪谓阴阳。晦庵以画为易，非也。殊为可笑，然则☱非乾非天，☰

---

① [日] 太宰纯（太宰春台）. 易道撥乱えきどうはつらん. 延享丁卯（1747）：4
② [日] 太宰纯（太宰春台）. 易道撥乱えきどうはつらん. 延享丁卯（1747）：5.
③④⑤⑥ [日] 太宰纯（太宰春台）. 易道撥乱えきどうはつらん. 延享丁卯（1747）：6.

不可有四德，是画则寓理之器，岂不然哉？又曰：阴阳者同时齐生之物，岂有动静先后哉？此无稽之言，杜撰之大者也，动静犹迟速，犹主客，日月运行，一寒一暑，阴生于阳，阳生于阴，岂不晓然哉？盖太宰氏宿儒也，愚之甚不至此，岂亦耄之所为也欤。故余辨之而止者。数矣，若辨之，不安老者也，且德夫今也亡，生时余不辨之，死后余辨之，则似无情于死者，然余不辨之，恐天下鱦生，或其谬说而至不读易，易其至矣乎？夫易圣人所以崇德而广业也。知崇礼卑，崇效天，卑法地，天地设位而易行乎其中矣，成性存存，道义之门，此孔子之辞，非邪，故余不得止，拨其易道最乱者也。又引系辞曰：古者，包牺氏之王天下也。云云。于是始作八卦，而不言则河图，此其证也，晦庵乃必言所在图书之位，亦牵合附会也，吁德夫之矛盾，甚哉。大传曰：河出图，洛出书，圣人则之，夫易广矣，大矣，朱子因其义所在耳，岂附会哉？又曰：伏羲卦图，邵氏所传。史云：本出华山陈图南氏，不知图南得之何人，其属之伏羲，亦不知何据。云云。或哉德夫，未知天，焉知己，未知己，焉知人？舍理取事之学，于何乎不疑焉？其引邵说云详矣，余未知其以，引晦庵说卦之解曰：坤求于乾，得其初九而为震，后儒以为此注初九初六，当云初画。云云。此说苟是也，然朱子为童蒙断其九六耳，字载道器，于道不谬，何深咎焉。引下文曰：凡此数节者，皆文王观于已成之卦，而推其未明之象，以为说，所谓数节者指所引说卦文。说卦者，仲尼之言，非文王之说也。晦庵以为文王之说何也？此亦后儒之说也，是矣。于拨乱中可取者是耳。盖字之误也，朱子岂谬哉？"森铣大年从维护朱熹的观点出发，驳斥了太宰纯对朱熹的指责和质疑，认为"夫易广矣，大矣，朱子因其义所在耳，岂附会哉？"认为太宰纯"舍理取事之学"，必然陷入迷惑。并且针对"说卦者，仲尼之言，非文王之说也，晦庵以为文王之说，何也？"的质问，指出朱熹以为文王之说，是因为后儒之中有此说，大概是传字之误，不是朱子之误。

由上，太宰纯在《易道拨乱》中指出的"茂叔乃云无极而太极，此无稽之言，杜撰之大者也"，"茂叔"是指周敦颐。其实，周敦颐在《太极图说》中解释太极，第一句是"自无极而太极"，而朱熹整理注解《太极图说》时，删去了"自"字，修改为"无极而太极"。"原卦画"是朱熹《易学启蒙》中的主体部分，是对伏羲四图、文王二图的说明，综述先天之学与后天之学。其中论述了伏羲之易与文王之易，阐释了伏羲画卦之缘由，"关于伏羲画卦之所由，朱熹仍以《本义》之四图为据，先画横图，后画圆图，横图以明八八六十四卦生成之次序，圆图以明其组成的方位与运行的原理。"[①] 其实，朱熹自己也有很多困惑和不解，他说："文王八卦，不可晓处多。"（《朱子语类》卷七十七）由此可知，也许朱熹没有把自己对伏羲四

---

①余敦康.朱熹《周易本义》卷首九图与《易学启蒙》解读.中国哲学史，2001年（08）：8.

图、文王二图的阐释看作定论，故而古今中外为此争论颇多。

（五）《易道拨乱辨》对《易道拨乱》关于"明蓍策"之辩驳

太宰纯《易道拨乱》"明蓍策"中曰："系辞曰：大衍之数五十。衍，敷衍也。既有大衍之数，则当亦有小衍之数，窃谓河图之数，始于一，终于十，是为小衍，天地之数，位于五处，五位各居天地之数，阴阳之义也。故五十为大衍，不容更有异义，晦庵于此，不得其解，强起异端，大抵皆牵合附会也，其言洛书也有大衍之数五十之数，尤不可晓，洛书无十，其积四十五，何得衍为五十？可谓牵合之牵合也。谈理之弊，流为虚处，凡此类也，自此以下，晦庵随系辞之文，以说筮法详矣。且其依旧说，用三变皆卦之法，而斥近世诸儒前一变独卦，后两变不卦之非，为作图说，以明四象阴阳策书，极为详备，启蒙其中，惟此一节。为得其正，无可议者也，注引蔡元定之言亦不恶，唯其言阴阳之体用者非是，不可从也，体用者，释氏之言。系辞章末曰：显道神德行，是故可与酬年酢，可与祐神矣，此言揲蓍占卦之功以赞易也。显道，言阴阳变化之道，因蓍而显也，神德行，言君子之德行，因卜筮而神也。酬酢，谓人事之往复也，且如议婚，稽诸卜筮，然后可以定约，祐神，谓传鬼神之命也，鬼神不能亲临人，人假蓍龟，以受其命，是蓍龟助鬼神也，晦庵之解谬矣。"① 这里明确指出了朱熹《易学启蒙》中的"明蓍策"中有两处"牵合附会"，一处错误。

森铗大年《易道拨乱辨》驳斥太宰纯的观点，指出："明蓍策论曰：大衍之数五十。晦庵不得其解，其窃谓之说，此何据也，泥事之弊，亦不堪笑，洛书犹河图，河图犹洛书，其一二三四，各含六七八九，六七八九，亦各含一二三四，五含十，十含五，于此可见八方即四方，四方即八方也，中央即太极，太极即中央，八方得中央而成矣。中者理也，非子莫所谓中。又曰：君子之德行，因卜筮而神也，岂其然哉？卜筮者易之用也，使民由之道也。故孔子曰：不占而已。试问彼所谓卜筮，果何事乎？纳甲飞伏之妄说，以欲神德行乎？固哉。"② 森铗大年认为太宰纯对朱熹的质疑没有依据，是"泥事之弊"。但对太宰纯《易道拨乱》的辩驳显得无力，也似无逻辑。

朱熹《易学启蒙》中的"明蓍策"，是对古筮法的论述，这里叙述的是以画卦的原理为依据、用揲蓍以求卦的方法。朱熹认为揲蓍求卦之法本于大衍之数，朱熹研究古代筮法，是为了穷筮法之理。尽管朱熹所阐释的"挂扐法"操作方法有诸多异议，但是朱熹把筮法提到哲学的层面来考察的思路，对后世的研究产生了深刻的影响。

---

① [日] 太宰纯（太宰春台）. 易道撥乱えきどうはつらん. 延享丁卯（1747）：7．
② [日] 森铗大年述. 易道撥乱弁一卷. 文政 3 [1820] 大坂河内屋儀助，藏板目録 4 丁を付す，延 3 年刊（西村源六他 2 肆）本の后印，寛延 2 年藤原明遠序，寛延己巳年岸田勝跛，线装，第 6 页．

（六）《易道拨乱辨》对《易道拨乱》关于"考变占"之辩驳

太宰纯《易道拨乱》"考变占"中曰："晦庵依用九用六之辞，而推之六十四卦之占法，且考诸春秋传，以立之法，可谓明且备矣，然其中犹有一二不可晓者，曰：二爻变，则以本卦二变爻辞占，仍以上爻为主，此晦庵以意言之，夫诸卦六爻，其辞不同，吉凶亦异，若所变二爻，一吉一凶，则何所适从，果以上爻为主，则如下爻何？若兼取二爻，则何以决疑，此其不可晓者一也。曰：三爻变，则占本卦及之卦之象辞，六爻皆变者，用之卦象辞，此当然之法也。此外不当有用象辞，一象辞而两用之，非所以为断也，此其不可晓者二也。程沙随所引贞屯悔豫皆八，在国语，本不可晓之事，阙之可也。前十卦后十卦，亦晦庵之意见，不足信也。曰：四爻变，则以之卦二不变爻占，仍以下爻为主，此以晦庵之意言之，二不变爻，若一吉一凶，则亦何所适从，果以下爻为主，则如上爻何？若兼取二爻，则何以决疑，且易必占其变，舍变者，而用不变者以占，亦非所宜也。朝鲜李退溪疑之，予亦疑之，此其不可晓者三也。曰：五爻变，则以之卦不变爻占，此亦晦庵以意言之，然予以为众动，则必有一不动者主之，今五爻变，而一爻不变，其占当在不变爻，一爻变而占本卦变爻，则一爻不变，当占之卦不变爻，故此一例，当从晦庵之言为是，注引春秋传遇艮之八，若无下文史曰是谓艮之随，则所谓艮之八，不可知为何卦也，杜注也无明解。凡左氏所记，当时筮者之言，当有其法，恐商瞿所传孔氏易是已。后世其法不传，故读史传者，莫能晓其义，晦庵欲专以卦爻辞为占，夫人事无穷，而辞有所局，何能尽人事之变，故筮者莫如观象以为占，而辞有吉凶悔吝，可以为断而已。至若纳甲飞伏，虽不知其所起，盖传自鬼谷子之徒，而汉儒用之，今人用之，亦能奏效，岂可概以非古法斥之哉？夫易广矣大矣，故近世卜筮家，附会以杂家之言，犹能占断，况汉魏以来，先哲所用乎？夫易之本在象数，故筮者先明象数，次考纳甲飞伏，孤虚旺相，以占其事，然后断以卦爻辞，其取卦爻辞者，所谓六爻皆不变者，取本卦象辞，六爻皆变者，取之卦象辞，一爻变者，取本卦变爻辞，五爻变者，取之卦不变爻辞，余不取卦爻辞，是为定法。今人生于古法亡之后，而欲筮以决疑，不亦难乎？故予不自揣，当窃考古人遗法，以立一家占法，庶几尽人事之变，若有试者责以杜撰，亦无所逃云。"太宰纯对朱熹《易学启蒙》"考变占"部分观点的质疑，对朱熹依用九用六之辞，而推之六十四卦之占法，指出了三处"不可晓者"，并说明不仅自己质疑，就连朝鲜的儒学者李退溪对此也质疑。又指出今人生于古法亡之后，而欲筮以决疑，是非常困难的。

森铣大年《易道拨乱辨》驳斥太宰纯的观点，指出："考变占论曰：夫诸卦六爻，其辞不同，吉凶亦异，若所变二爻，一吉一凶，则何所适从，果以上爻为主，则如下爻何？若兼取二爻，则何以决疑，此其不可晓者一也。吁瞽者不得观黼黻。楚人不能学齐语，固其分也，朱子曰：以例推之，当如此，彼不熟易，故为朱子意，不取焉，若朱子意不取焉，何取五与六爻之变不变乎？彼必谓左传其据也，不知朱子意本据于易，易六十四卦也。彖象爻辞，是之自出，大传衍其意者也，虽然，圣人之微意，容易难得矣，汉儒买其椟而远其珠者也，程子于是乎，唯辞是传，使后人沿流而求源，朱子辅其不足，而说卜筮，启蒙本义其书也。专据卦之变互升降，升降变互，犹四时，卦犹岁，述而不作，无一毛我意，然卦有卦爻，互有体用，升降有大小，故不就其师，不得其友，则白头缙绅窃含其指，况黄吻生徒乎？德夫已不信河图，何知六十四卦，已不知六十四卦，何晓考变占？其三爻变曰，前十卦后十卦，亦晦庵之意见，不足信也，一彖辞而用之，非所以为断也，程沙随所引，贞屯悔豫皆八，在国语，本不可晓之事，阙之可也。德夫不能读国语乎？何以能读者反为杜撰，司空季子曰：皆利建侯，可见用两卦之象辞也，而他俩卦之象，悉不如此，故前十卦主贞，后十卦主悔，并壳一吞之人，岂知其味哉？其四爻变曰，果以下爻为主，则如上爻何？若兼取二爻，何以决疑，且易必占其变，舍变者，而用不变者，以占，亦非所宜也，大抵不知变者之言，每如此耳，夫易主寡者，勿皆然，故以升降之例，主下爻也，如二爻变，主上爻，变则阳，阳则升，故主上爻，今主下爻者，不变化者阴，阴则降。故主下爻，下爻为体，则上爻为用，上爻为体，则下爻为用，体用一源，显微无间，实探月窟，覆天根，其阶梯也，驳五爻变注曰：若无下文史曰是谓艮之随，不可知为何卦也，杜注亦无明解。云云。此可笑之甚也。穆姜若不筮，亦何艮之有，既筮之而艮之随，则占可用六二。德夫之拘泥糊涂，岂知商瞿之传哉，又曰：晦庵欲专以卦爻辞为占，夫人事无穷，而辞有所局，何能尽人事之变。甚矣！德夫之不知易也，夫彖象者举一隅之辞，何为局乎？筮者以三隅反之，则无所不通，而天下之能事毕矣，盖德夫以为载鬼一车，枯杨主梯等，皆非事实也。如此言之，辞之吉凶，何尽人事之变乎，唯是三百八十四耳。若其当断，则辞亦何局，异哉赫赫圣经，忽不及纳甲飞伏，鬼谷子之徒，乃胜于四圣人也，纯何人乎？妄诬汉儒非古说，而立异论，彼岂不知其非哉。知而故犯之，好名之害而已。孔子曰：知之为知之，不知为不知，是知也，不思哉。又曰：易之本在象数，筮者当先明象数，此考纳甲飞伏，云云。其所谓象数，果何事乎？知象数者，不惑纳甲，惑纳甲者，岂知象数者哉？德夫曰：古法亡。又曰：考古人遗法，以立一家占法，若古法亡，则遗法何有？若有遗法，则古法何亡？且是遗法，余未知其据，若有其据，则何自称杜撰，杜撰自知，则遗法何称？以一人之手，掩众人之目，难哉。① 森铣大年针对太宰纯《易道拨乱》"考变占"质疑，认为是太宰纯"何晓考变占""拘泥糊涂"，驳斥太宰纯是"不知易也"。

---

① [日] 森铣大年述.《易道撥乱弁一卷》文政3 [1820] 大坂河内屋儀助，藏板目錄4丁を付す，延3年刊（西村源六他2肆）本の後印，寛延2年藤原明遠序、寛延己巳年岸田勝跋，线装，第7—8页。

朱熹《易学启蒙》中的"考变占",是对卦变图的阐述。朱熹利用变占之法,形成了卦变三十二图,用来说明一卦可变六十四卦的道理,这三十二图是对《周易本义》记载的卦变图的进一步完善。由上,森铣大年《易道拨乱辨》与太宰纯《易道拨乱》对此展开了辩论。

以上阐释了《易道拨乱辨》对《易道拨乱》之辩驳,其辩论都是针对朱熹的《周易本义》与《易学启蒙》展开的。而《易学启蒙》是朱熹、蔡元定合著的,朱熹认为言《易》如果不以象数为本,就会支离散漫而无所根著,朱熹的《易学启蒙》与《周易本义》互为表里。"黄宗羲指出,《本义》之卦变图,重出甚多,头绪纷然。朱子虽为此图,亦自知其决不可用,所释十九卦象辞,尽舍主变之爻,以两爻相比者互换为变,多寡不伦,绝无义例。(见《易学象数论》卷二)从这些议论来看,朱熹的卦变理论无论是用于解经或是用于变占,都存在着滞而不通的情况,并不是很完善的。但是,朱熹以卦变附先天之后,也自有其一以贯之的思路,其持之有故,其言之成理,他所关注的重点在哲学而不在方法。"① 关于朱熹易学的争论,不仅在我们中国,而且在江户时期的日本学界也有激烈的争论,森铣大年《易道拨乱辨》对太宰纯《易道拨乱》辩驳,足以说明日本研究朱熹易学之深,并不亚于我们中国对朱熹易学的研究。

四、 日本江户时期伊藤仁斋的《大象解》之探析

伊藤仁斋的《大象解》中认为先儒注《象》拘泥于卦名,有牵强之弊,并且采用《程氏易传》注释易之《大象》,采用"本义"注释易之《大象》,在其《大象解》中虽然继承了程颐《程氏易传》以及朱熹《周易本义》的某些思想,但是在某种意义上,也对程颐《程氏易传》,以及朱熹《周易本义》对《周易·象》的解释进行了超越,但在另外的意义上,某些地方对《大象》的解释,还与程颐朱熹存在着差距。伊藤仁斋的《大象解》显示了日本儒学界对《周易》的热衷,也显现了日本学者对《周易》的深入研究水平。

伊藤仁斋注重尊崇孔子和孟子,主张用儒家经典的古义阐释儒学。伊藤仁斋在京都堀川开设私塾"古义堂",在日本培养出了一大批著名的儒学家,形成了日本儒学著名的古义学派。伊藤仁斋亦肇始了日本古学易学,他一生不仅留下许多儒学著作,而且也有《易经古义》《大象解》等易学著作,故而他在日本易学史上也具有开创古学易学其端的重要位置。《易传》分为十个部分:《彖》上下、《象》上下、《系辞》上下、《文言》、《说卦》、《序卦》、《杂卦》,这十个部分被称"十翼"。其中《象》是《易传》十翼中的一翼,伊藤仁斋的《大象解》就是对《易

---

①余敦康. 朱熹《周易本义》卷首九图与《易学启蒙》解读. 中国哲学史,2001 (08) 14.

传》中《象》部分的解释。伊藤仁斋所处的时代，正是中国当时的明末清初，在那之前我国也有诸多人对《易传》进行了注解，例如《周易郑氏注》是汉代留下的易注；《周易注疏》又名《周易正义》或《周易兼义》，是魏王弼、晋韩康伯注，唐朝孔颖达疏；博采了汉魏晋唐三十五家之说，由唐朝李鼎祚撰写的《周易集解》；宋朝程颐著的《伊川易传》；宋朝朱熹著的《周易本义》；清初王夫之著的《周易外传》《周易内传》等。《大象传》是阐释卦辞的，通过卦象阐释义理；而《小象传》是解释爻辞的，通过爻象阐明其中蕴含的伦理。伊藤仁斋的《大象解》显示了日本儒学界对《周易》的热衷，也显现了日本学者对《周易》的解读水平，下面详细分析伊藤仁斋的《大象解》。

（一）伊藤仁斋认为先儒注《象》拘泥于卦名、有牵强之弊

《周易·象》曰："天行健，君子以自强不息。"伊藤仁斋注解曰："天行健，据诸卦象，健当作乾，音之误也。天运而不已，万古如一，君子至诚无息，故自强不息。自合于天行不已之义，大象于他卦，皆就上下二象明之，而此独不然者。盖天一而已，故不取重卦之义，专取进而不已之义以明之也。大象之解，专以二象，上下交错，有正有变，有主有客，以言圣人之用，或不由卦名义，而唯以二象取其义，理甚精深。学者宜随文会其说。先儒必欲通卦名而解，故其说窒碍碍，甚觉牵强。"①伊藤仁斋指出"天行健，据诸卦象，健当作乾，音之误也"，他这种说法正确与否暂且不论，但是他对前人注解质疑，并提出自己见解的精神是值得赞赏的。伊藤仁斋又指出"先儒必欲通卦名而解，故其说窒碍，甚觉牵强。"而我国的孔颖达、朱熹等易学家从没有指出"天行健"中的"健"应当是"乾"，也没有认为"健"当作"乾"是音之误，例如朱熹在《周易本义·周易象上传》中曰："但言天行，则见一日一周，而明日又一周，若重复之象，非至健不能也。"②也就是说，说到天行，我们看见的是一日一周，周而复始，如此重复，不是"至健"是不能做到的，所以"天行健"。我认为朱熹的注解有道理，而对于伊藤仁斋的注解和理解不敢苟同。但是伊藤仁斋有自己独到的见解，不拘泥于我国儒学家对《周易·象》的解读。

《周易·象》曰："地势坤，君子以厚德载物。"伊藤仁斋注解曰："地势犹言地体也，地之为体，载华岳而不重，振海河而不洩，万物载焉，君子厚德载物，自合地体至厚之象，坤德为顺，唯象取至厚之义而不言顺者，与乾之象取进而不已之义，而不言健同之义，'大象不用卦名之义，益可证矣。'"在这里，伊藤仁斋还是认为中国儒学家注释《周易·象》，采用的是"卦名之义"，而伊藤仁斋这里的注解，是

---

① [日] 伊藤仁斋. 大象解. 1763（元禄5年）. （写真版のみ）：1.
② 朱熹撰，苏勇校注. 周易本义. 北京：北京大学出版社，1992：109.

依据"地"之作用而阐释其内涵。依据伊藤仁斋所说,不用卦名之义解释周易之"大象",即"唯象取至厚之义而不言顺者",伊藤仁斋的阐释也着实让人费解,但他的结论是"大象不用卦名之义,益可证矣"。

《周易·象》曰:"丽泽兑,君子以朋友讲习。"伊藤仁斋注解曰:"不用卦名义,大象之意自明矣。"① 在这里伊藤仁斋还是强调"不用卦名义",大象之意自明,然而我觉得卦名与大象之本义应该有直接的关系。其实伊藤仁斋也有例外,例如《周易·象》曰:"天在山中大畜,君子以多识前言往行,以畜其德。"伊藤仁斋注解曰:"又得之,无妄大畜二卦暗用卦之名义,小过亦然。然不可以此例他卦也。"②

(二)伊藤仁斋采用《程氏易传》注释易之《大象》

《周易·象》曰:"上天下泽履,君子以辨上下定民志。"伊藤仁斋注解曰:"程传合于大象之意,不用卦之名义而自分明矣。"③ 在这里,伊藤仁斋所说的"程传"是指《程氏易传》,是宋代程颐注解《周易》的著作,《程氏易传》又被称为《周易程氏传》,或者被称为《伊川易传》。从伊藤仁斋的《大象解》来看,伊藤仁斋欣赏程颐的《程氏易传》,《程氏易传》对此是这样解释的:"天在上,泽居下,上下之正理也。人之所履当如是,故取其象而为履。君子观履之象,以辩别上下之分,以定其民志。夫上下之分明,然后民志有定。民志定,然后可以言治。民志不定,天下不可得而治也。古之时,公卿大夫而下,位各称其德,终身居之,得其分也。位未称德,则君举而进之。士修其学,学至而君求之。皆非有预于己也。农工商贾勤其事,而所享有限。故皆有定志,而天下之心可一。后世自庶士至于公卿,日志于尊荣;农工商贾,日志于富侈;亿兆之心,交骛于利,天下纷然,如之何其可一也。欲其不乱,难矣。此由上下无定志也。君子观履之象,而分辩上下,使各当其分,以定民之心志也。"④ 其实朱熹在解释《履》的大象时也采用了程颐的解释。伊藤仁斋也认为《程氏易传》对其解释,是"不用卦之名义而自分明矣"。

又例如《周易·象》曰:"风行地上观,先王以省方观民设教。"伊藤仁斋注解曰:"传以俱得之,观民二字可删。"⑤ 这里的"传以俱得之"可能也指的是《程氏易传》,但是伊藤仁斋认为"观民二字可删",这可能是因为《程氏易传》中有"省方,观民也。设教,为民观也"的解释,故而伊藤仁斋认为"观民二字可删"。

《周易·象》曰:"天下有风垢,后以施命诰四方。"伊藤仁斋注解曰:"天君之象,风号令之象,象中称先王及后及君子大人之别,程传论之详矣。但象曰:圣人

---

①[日]伊藤仁斋. 大象解. 1763(元禄5年).(写真版のみ):11.
②[日]伊藤仁斋. 大象解. 1763(元禄5年).(写真版のみ):8.
③[日]伊藤仁斋. 大象解. 1763(元禄5年).(写真版のみ):4.
④梁韦弦. 程氏易传导读. 济南:齐鲁书社,2003:100.
⑤[日]伊藤仁斋. 大象解. 1763(元禄5年).(写真版のみ):6.

躬具八卦之象，非曰观八卦之象而则之也。"① 《程氏易传》对此解释曰："风行天下，无所不周，为君后者观其周遍之象，以施其命令，周诰四方也。风行地上，与天下有风，皆为周遍庶物之象……"② 伊藤仁斋认为程传的解释"论之详矣"，但伊藤仁斋认为象曰："圣人自身具备八卦之象"，而不是"观八卦之象而则之"，此阐释也着实让人费解。

伊藤仁斋《大象解》中用了很多"程传得之"代替他自己的解释。例如《周易·象》曰："雷电噬嗑，先王以明法敕法。"伊藤仁斋注解曰："程传电明而雷威以下可取。"③

又如《周易·象》曰："天下雷行，物与无妄。"伊藤仁斋注解曰："先王以茂对时育万物，传义俱得之。"④ 又例如：《周易·象》曰："明出地上晋，君子以自昭明德。"伊藤仁斋注解曰："程传得之。"又例《周易·象》曰："明入地中明夷。君子以莅众，用晦而明。"伊藤仁斋注解曰："传又得之。"《周易·象》还曰："水洊至，习坎，君子以常德行，习教事。"伊藤仁斋注解曰："传义俱得大象之意。"《周易·象》又曰："明两作离，大人以继明照于四方。"伊藤仁斋注解曰："又得大象之意。"《周易·象》还曰："雷雨作解，君子以赦过宥罪。"伊藤仁斋注解曰："程传得之。"《周易·象》又曰："山上有火旅，君子以明慎用刑，而不留狱。"伊藤仁斋注解曰："传义俱得之。"又例如《周易·象》曰："天与火同人，君子以类族辩物。"伊藤仁斋注解曰："传义俱得矣"。从以上很多"程传得之"，我们可知伊藤仁斋欣赏《程氏易传》，因此采用了许多《程氏易传》对大象的阐释。

《周易·象》曰："雷在地中复，先王以至日闭关，商旅不行，后不省方。"伊藤仁斋注解曰："雷在地中，有以至刚伏于至柔之中之意，先王以至日闭关，商旅不行，后不省方。刚阳也，大凡大象依上下二象而发其义，不必拘于卦之名义，若复萃二卦是已。程朱传义依卦之名誉而解，故说不通。"⑤ 此处依据卦的名誉而注解，所以说不通，他在这里还是强调"不用卦名之义，益可证矣"。

《周易·象》曰："火在天上大有，君子以遏恶扬善，顺天休命。"伊藤仁斋注解曰："传义亦略合于本文之义，火在天上，光明远及下，无所隐蔽，君子之所以尚善罚恶，以顺天之休命也。"⑥ 在这里伊藤仁斋认为程颐的注解也略合乎于本文之义，也赞同程颐的解释。

---

① [日] 伊藤仁斋. 大象解. 1763（元禄5年）.（写真版のみ）：10.
② 梁韦弦. 程氏易传导读. 济南：齐鲁书社，2003：262.
③ [日] 伊藤仁斋. 大象解. 1763（元禄5年）.（写真版のみ）：7.
④ [日] 伊藤仁斋. 大象解. 1763（元禄5年）.（写真版のみ）：8.
⑤⑥ [日] 伊藤仁斋. 大象解. 1763（元禄5年）.（写真版のみ）：4.

（三）伊藤仁斋采用"本义"注释易之《大象》

《周易·象》曰："雷出地奋豫，先王以作乐崇德，殷荐之上帝，以配祖考。"伊藤仁斋注解曰："动人之甚者，莫速于乐，莫大于德，先王作乐崇德，自合于雷出地奋之象，而雷声上彻于天。久蛰地中，至春而后发声，先王因祖宗之积德，而得成不拔之大业，故荐之上帝，配以祖考，本义得之。"①这里伊藤仁斋注解中的"本义"或者是指朱熹的《周易本义》，或者就是指文本的内涵。对此朱熹《周易本义·象传》这样阐释道："雷出地奋，和之至也。先王作乐，既象其声，又取其义。殷，盛也。"②把朱熹的注解和以上伊藤仁斋注解相比较，可看到吻合之处，这里伊藤仁斋的"本义得之"大概就是由朱熹的《周易本义》得知，由此楞见，伊藤仁斋不仅受我国宋代理学家程颢影响较大，而且也深受宋代理学家朱熹的影响。

在伊藤仁斋的《大象解》中亦采用了诸多"本义得之"。例如《周易·象》曰："泽无水困，君子以致命遂志。""本义得之矣，但依卦名曰虽困而亨矣，则凿矣。"③又例如《周易·象》曰："雷电皆至丰，君子以折狱致刑。"伊藤仁斋注解曰："本义得之。"④在例如《周易·象》曰："随风巽，君子以申命行事。"伊藤仁斋注解曰："本义得之。"⑤又《周易·象》曰："火在水上未既，君子以慎辨物居方。"伊藤仁斋注解曰："本义得之。"⑥还有《周易·象》曰："山下有火贲，君子以明庶政，无敢折狱。"伊藤仁斋注解曰："本义可取。"⑦在我国易学史上，王弼摈弃汉代儒学家对象数的偏好，主要采用老庄的思想注解《易》，而《程氏易传》主要以儒学之理注解《易》。朱熹《周易本义》中继承了"二程"的一些思想，但是又强调了"易本是卜筮之书"，故而后人认为："易之本义，朱子独得也；程传次之也，易之理，程子为详也。"⑧伊藤仁斋虽然也采用了朱熹的注解，但是他还是偏爱《程氏易传》，也透视出《程氏易传》偏重于义理注释易的特点。

（四）伊藤仁斋注释易之《大象》采用诸多"故曰云云"

《周易·象》曰："天与水违行讼，君子以做事谋始。"伊藤仁斋注解曰："天西转，水东流，谓之违行。凡事兴时睽乖者，皆因其谋始之不悉也，故曰云云。"⑨《周易·象》曰："地中有山谦，君子以哀多益寡，称物平施。"伊藤仁斋注解曰："山高起之物，在于地中，则平而无高下之可言，故曰云云。"⑩《周易·象》曰："山下有风蛊，君子以振民育德。"伊藤仁斋注解曰："风能动物，又能养物，故曰

---

①③⑩［日］伊藤仁斋. 大象解. 1763（元禄5年）.（写真版のみ）；5.
②朱熹撰. 苏勇校注. 周易本义. 北京：北京大学出版社，1992；116.
④［日］伊藤仁斋. 大象解. 1763（元禄5年）.（写真版のみ）；11.
⑤［日］伊藤仁斋. 大象解. 1763（元禄5年）.（写真版のみ）；10.
⑥［日］伊藤仁斋. 大象解. 1763（元禄5年）.（写真版のみ）；12.
⑦［日］伊藤仁斋. 大象解. 1763（元禄5年）.（写真版のみ）；6.
⑧李光地撰，冯雷益，钟友文整理. 周易折中. 北京：中央编译出版社，2011；27.
⑨［日］伊藤仁斋. 大象解. 1763（元禄5年）.（写真版のみ）；3.

云云。"①《周易·象》曰:"泽上有地临,君子以教思无穷,容保民无疆。"伊藤仁斋注解曰:"泽之上有地,四面皆涯岸,岸外即田野,滋润所及,广远无穷,又众水归之而不已,故鱼鳖鳞介之类,生育繁庶,故曰云云。"②《周易·象》曰:"泽灭木,大过。君子以独立不惧,遁世无闷。"伊藤仁斋注解曰:"泽灭木,其势屹然不覆。犹似砥柱立于颓波之中,故曰云云。"③《周易·象》曰:"地中有水师,君子以容民畜众。"伊藤仁斋注解曰:"传义意好,但不必用师字兵字,只当观地中有水之象。君与民相保护维持,犹地之与水不相离也,君子以仁存心,故其德广大周遍,虽民物繁庶,皆容畜之而不舍,民亦亲戴之而不去,如地上有水比,先王以建万国亲诸侯。地上有水,四渎江湖沟浍池沼之类,天下固不可无,而溢不涸而后为俱得其所,故曰云云。与地中有水,相似而大异也。"④《周易·象》曰:"泽上有雷,归妹。君子以永终知敝。"伊藤仁斋注解曰:"不曰雷在泽上,而曰泽上有雷者,是泽不枯竭之象,雷震则雨下,雷在泽则泽无枯竭之患,然水溢堤坏,故曰云云。"《周易·象》曰:"水在火上既济。君子以思患以豫防之。"伊藤仁斋注解曰:"水阴宜在下,火阳宜在上,水在火上,则于火有消减之患,王氏之在汉,武氏之在唐是已,故曰云云。"⑤《周易·象》曰:"山上有泽咸,君子以虚受人。"伊藤仁斋注解曰:"水性润下,土性受润,山而在泽下,是受而不拒之象,故曰云云。虚者受而不拒之谓。"⑥

伊藤仁斋的《大象解》出现了很多处"故曰云云",那么云云到底说的是什么呢? 我查了字典,有如此、这样之意;有等等、之类之蕴含;有表示省略;等等。从以上例子来看,都是在伊藤仁斋对大象做了某种解释之后,接上了一句"故曰云云",也就是说也许伊藤仁斋正因为他自己所说的理由的缘故,认为《大象》才那么说。还有个别地方伊藤仁斋的注解比较粗糙,例如《周易·象》曰:"雷在天上大壮,君子以非礼弗履。"伊藤仁斋注解曰:"雷在天上,此君子以至刚正位乎朝廷之象。"⑦又《周易·象》曰:"天地交泰,后以财成天地之道。"伊藤仁斋注解曰:"辅相天地之宜,以左右民。经文自明矣。"⑧

(五)伊藤仁斋注释《大象》之新意

《周易·象》曰:"云雷屯,君子以经论。"伊藤仁斋注解曰:"云能敷四维,雷能震百里,有君子经营天下之象,故曰经论天下。坎之象为水为云,不言水而言云

---

①⑧[日]伊藤仁斋. 大象解. 1763(元禄5年).(写真版のみ):6.
②[日]伊藤仁斋. 大象解. 1763(元禄5年).(写真版のみ):7.
③[日]伊藤仁斋. 大象解. 1763(元禄5年).(写真版のみ):8.
④[日]伊藤仁斋. 大象解. 1763(元禄5年).(写真版のみ):5.
⑤[日]伊藤仁斋. 大象解. 1763(元禄5年).(写真版のみ):12.
⑥[日]伊藤仁斋. 大象解. 1763(元禄5年).(写真版のみ):9.
⑦[日]伊藤仁斋. 大象解. 1763(元禄5年).(写真版のみ):10.

者，水则唯有润泽之义，而不见周布四远之象，故曰云雷也。"①伊藤仁斋依据自己的理解，阐释了独到的看法，而《程氏易传》中程颐对此解释时认为：坎不为雨（水）而说欲成云，是因为云为雨而未能成功，所以为屯。故而君子看到"屯"之象，便挺身营为，解救屯难，即所谓"君子观屯之象，经纶天下之事，以济于屯难。"②可见，从表面上看：伊藤仁斋的注解比程颐的注解更全面，或者说更准确，因为程颐对"云雷屯"只是分析了"云"，没有分析"雷"，朱熹在《周易本义·象传》中也只是分析了"云"，而没有分析"雷"。然而伊藤仁斋不仅分析了"云能敷四维"，而且分析了"雷能震百里"，所以得出了"有君子经营天下之象，故曰经论天下"的结论。但是深入分析伊藤仁斋的注解又比程颐的注解缺少了对"屯"的分析，"屯"有"困难""不顺利"之义，在程颐的注解中能体现。但是"屯"也有"屯聚"之义，也许伊藤仁斋的注解蕴含了"屯聚"之义。

《周易·象》曰："山下出泉蒙，君子以果行育德。"伊藤仁斋注解曰："不曰天下有水而言出泉者，盖取必流行之象，泉出于平地，尚能流行，况山之高大，岩石树木之繁，其滋润不能不为泉出，既出则必不能不流行，故曰山下出泉，可以见君子果行育德之象。果行出泉之象，育德山气积久之象，育德乃果行之本，先言果行者，专据出泉之德而言。苏氏曰：信于久屈之中，而用于至足之后，流于既溢之余，而发于持满之末是也。"③《蒙》卦上为"艮"，"艮"为"山"，下为"水"，即"山水蒙"，在这里伊藤仁斋分析了"蒙"的下卦为"水"，而"不曰天下有水而言出泉者，盖取必流行之象"，从伊藤仁斋对此的注解来看，比程颐的《程氏易传》和朱熹的《周易本义·象传》注解得细致些，在阐释中又引用了苏轼的论述来说明，也透视出他对中国儒学的熟悉，并且伊藤仁斋注解也显示了新意。

《周易·象》曰："云上于天需，君子以饮食宴乐。"伊藤仁斋注解曰："不曰云下有天，又不曰天上云，而曰云上于天者，乃见其无雨之候，君子不可有为之时也。唯当饮食以养体，宴乐以安志可矣，谨不可有出焉。孔子曰：隐居以求志是也。"④《需》卦上卦是"坎"为"水"，下卦为"乾"为"天"，即"水天需"。程颐的《程氏易传》对此解释为：君子看到云在天上，为雨需要等待时机，所以要君子怀其道德、和其心志。伊藤仁斋对其解释具有自己的新意。又如《周易·象》曰："风行天上小畜，君子以懿文德。"伊藤仁斋注解曰："风行天上，遍下被于四远之象。君子以懿文德，则三苗可以致，颛臾可以来。"⑤又《周易·象》曰："天地不交否，君子以俭德辟难，不可荣以禄。"伊藤仁斋注解曰："君子知时方天地不交之

---

①③④[日] 伊藤仁斋. 大象解. 1763（元禄 5 年）.（写真版のみ）：2.
②梁韦弦. 程氏易传导读. 济南：齐鲁书社，2003.
⑤[日] 伊藤仁斋. 大象解. 1763（元禄 5 年）.（写真版のみ）：5.

时，自当如此，上下隔绝，君子左野，小人在位，是天地不交之时。"①《周易·象》曰："泽中有雷随，君子以向晦入宴息。"伊藤仁斋注解曰："泽中有雷云云，此言休息之义，所谓一张一弛文武之道也。颜子知东野毕之必败，盖达于是道，其自修治人皆同。"②《周易·象》曰："山附于地剥，上以厚下安宅。"伊藤仁斋注解曰："山之土石不能无崩坠，然无损于山，而下愈厚固，上亦赖焉，而有安其居，是上下皆得其所也。"③《周易·象》曰："山下有雷颐，君子以慎言语节饮食。"伊藤仁斋注解曰："山下有雷之象，其纵大言浮躁放饭流歠者，则刚勇强暴，忘警戒之心也。"④《周易·象》曰："泽上于地萃。君子以除戎器戒不虞。"伊藤仁斋注解曰："泽上于地，则塘坏崩溃，洪水四溢，有寇盗猝之象，故曰除戎器戒不虞。"⑤《周易·象》曰："洊雷震，君子以恐惧修省。"伊藤仁斋注解曰："君子平生戒惧不明亦临，犹人遇洊雷之时，自恐惧修省也。"⑥《周易·象》曰："兼山艮，君子以思不出其位。"伊藤仁斋注解曰："山安重之物，上下皆山，安重之至。君子重厚安静，无外慕之心，犹兼山之象。"⑦《周易·象》曰："山上有木渐，君子以居贤德善俗。"伊藤仁斋注解曰："山之有木，即山之性可以为美，君子居德善俗，犹山之有木而可观也。"⑧《周易·象》曰："风雷益，君子则见善则迁，有过则改。"伊藤仁斋注解曰："风中有雷，则风势大迅，迁善改过，须以空中有雷太迅速可矣。"⑨等等，都显示了伊藤仁斋《大象解》注释中具有独特的思想。

《周易·象》曰："雷风恒，君子以立不易方。"伊藤仁斋注解曰："书曰：烈风雷雨不迷，礼曰：若有疾风迅雷甚雨，虽夜必兴，衣冠而坐，唯立不易方者能焉，此'天下有山遁，君子以远小人不恶而严。'天在上山在下，是君子在上位，小人在下位之象。山之高起，有在乎下位而援上之象，君子虽其如此，而不恶声色，恭以接之，礼以遇之，绝其私谒，防其谄谀，不使其加乎其身，斯之谓远小人，斯之谓不恶而严。"⑩伊藤仁斋在这里也是从卦象出发进行分析阐释的，比程颐的《程氏易传》对此的阐释详细许多。伊藤仁斋的思路大都是从卦象引申出其含义，阐发其中道理，又如《周易·象》曰："风自火出，家人。君子以言有物，而行有恒。"伊藤仁斋注解曰："言自口出，有风自火出之象，而言以忠信为主，是言有物也。德修于内而行发于外，风有流行之象，而风自火出，是其恒。恒者有始有卒而不易之谓。"⑪还有《周易·象》曰："上火下泽睽。君子以同而异。"伊藤仁斋注解曰："火光而无体，泽空而容物，火之映水，与泽同形象，而二物用各不同，故曰云云。盖君子之德，与天下大同，又与天下大异矣。不与天下大同，则不免为异端。而不

---

① ② ⑩ ⑪ [日] 伊藤仁斋. 大象解. 1763（元禄5年）.（写真版のみ）：6.
③ [日] 伊藤仁斋. 大象解. 1763（元禄5年）.（写真版のみ）：7.
④ [日] 伊藤仁斋. 大象解. 1763（元禄5年）.（写真版のみ）：8.
⑤ ⑥ ⑨ [日] 伊藤仁斋. 大象解. 1763（元禄5年）.（写真版のみ）：10.
⑦ ⑧ [日] 伊藤仁斋. 大象解. 1763（元禄5年）.（写真版のみ）：11.

与天下大异，则不免为碌碌小人也。"①可以看出，伊藤仁斋的《大象解》，大都是从分析卦象入手，展开想象，引申出其意义。

我们再分析：《周易·象》曰："山上有水蹇，君子以反身修德。"伊藤仁斋注解曰："水流行之物，在山上，则与世龃龉扞格不相入之象，君子反身修德之时，所谓上不怨天，下不尤人是也。"②对此的解释显然与程颐和朱熹有差异，但是也分析了能流行之物在山上"与世龃龉扞格不相入之象"，其实与程颐"险陷之象"有相似之处，此时告诉人们处于危险之地，也要不怨天、不怨地，而修养自身道德。《周易·象》曰："山下有泽损，君子以惩忿窒欲。"伊藤仁斋注解曰："山下有泽，乘危而崩坏之象，不可不惩者，莫若忿。不可不窒者，莫若欲。故曰：及其壮也。血气方刚，戒之在斗。及其老也，血气既衰，戒之在得。盖因象以示警戒之意。不惩忿则亡躬。不窒欲则损命，皆忘警戒故也。曾子曰：诗曰：战战兢兢，如临深渊，如履薄冰。"③对此，伊藤仁斋也是从卦象出发进行分析，然后论证。伊藤仁斋的注解比程颐的《程氏易传》的注解详尽易懂，在这里伊藤仁斋引用了孔子《论语》中的思想即孟子的论述来说明了其中的道理。《周易·象》曰："泽上于天夬，君子以施禄及下，居德则忌。"伊藤仁斋注解曰："此不曰泽下有天，而曰泽上于天者，则君子进而登庸之象，居德自有其德之谓。言君子被用当以德泽下民为务，德尚不可居，况容有其位恃其功乎。"④伊藤仁斋认为"泽上于天者，则君子进而登庸之象"，所以君子不可恃功，要"当以德泽下民为务"。而对此，王弼、程颐都是重点解释了"居德则忌"中的"忌"。《周易·象》曰："地中生木升。君子以顺德，积小以高大。"伊藤仁斋注解曰："地中生木，萌芽将出地之象，凡林木生芽，自然进出，有顺之象。君子躬修孝弟礼仪之德，天下之至顺也。夫人心之妙，在于方寸之间，养而不害，则塞乎天地之间，可谓积小以高大也。"⑤此注解与程颐注解大同小异，都是先描述地中生木之象，然后阐发其蕴含义理。只是伊藤仁斋与程颐对"木生长之象"描述有些差异。《周易·象》曰："木上有水井，君子以劳民劝相。"伊藤仁斋注解曰："木上有水，水浸桥梁上屋宅之象，夫民者可逸而不可劳焉，然大水之至。不可不劳焉，此以劳为逸也，劝相亦然，医书曰：人皆知辅之为辅，而不知泄之为辅也，若知泄之为辅而善用之，则可谓良医也。徒知逸之为逸，而无以劳为逸之才，则不足为君子也。"⑥伊藤仁斋这里解释与《程氏易传》对此句的解释大为不同，虽然二者都是从观象出发阐释其道理，然而伊藤仁斋显得更具有想象力。程颐《程氏易传》中"木承水而上之，乃器汲水而出井之象。君子观井之象，法井之德。"⑦而伊藤仁斋认为"木上有水，水浸桥梁上屋宅之象，夫民者可逸而不可劳焉，

---

①②③[日]伊藤仁斋. 大象解. 1763（元禄5年）.（写真版のみ）：7.
④⑤[日]伊藤仁斋. 大象解. 1763（元禄5年）.（写真版のみ）：8.
⑥[日]伊藤仁斋. 大象解. 1763（元禄5年）.（写真版のみ）：9.
⑦梁韦弦. 程氏易传导读. 济南：齐鲁书社，2003：66.

然大水之至。不可不劳焉,此以劳为逸也,劝相亦然。"其注解显示了伊藤仁斋的新意。又《周易·象》曰:"木上有火鼎。君子以正凝命。"伊藤仁斋注解曰:"不曰火下有木,而曰木上有火者,盖曰火下有木,则是楺梲煨烬之类,不足取象,故曰木上有火。木性直,火性炎上,其象又直,而木上有火,则其体亭亭,火光四照,有君子正位之象,维命不于命,火光烨然永不灭,又有凝命之象,凝字义,本议论之详矣。"①《鼎》卦上卦是"离"为"火",下卦为"巽"为"风","巽"五行为木,故曰木上有火鼎之象。伊藤仁斋分析了为什么"不曰火下有木,而曰木上有火",从而引申出其中的道理。然而程颐对此解释:"木上有火,以木巽火也,烹饪之象,故为鼎。"②由此程颐引申出了其中的道理,而伊藤仁斋对此比程颐进行了更深入的思考。又如《周易·象》曰:"泽上有水节。君子以制数度议德行。"伊藤仁斋注解曰:"泽上有水,无枯竭之患而有盈溢之虑,故古人量入为出,三年耕而有一年之蓄,九年耕而有三年之蓄,议云者,损有余而补不足之谓。孔子曰:'好仁不好学,其蔽也愚。好知不好学,其蔽也荡,此之谓议德行也。'"③《周易·象》曰:"泽上有风中孚。君子以议狱缓死。"伊藤仁斋注解曰:"泽能受水而不洩,然不能流行,风能动物在泽上,则其动愈甚,夫听狱之法,不以速断为要,而以诚信感动为本,若虞芮之质成,鲁人不待子路之片言自服,自得泽上有风之象,至于断死,则狱之愈大者,益缓之可矣。不可如川流之迅也。"④《周易·象》曰:"山上有雷小过。君子以行过乎恭。丧过乎哀,用过乎俭。"伊藤仁斋注解曰:"山上有雷,其声益及于远也,行过乎恭,丧过乎哀,用过乎俭。三者虽小德,然可以及于远矣。"⑤诸如此类,伊藤仁斋注解不拘泥于程颐《程氏易传》和朱熹的《周易本义》等注解,分析卦象,然后阐发独到的见解,具有一定的新意。

但是某些《大象解》中的分析,也有不及程颐《程氏易传》注解在义理方面理解得深刻。例如《周易·象》曰:"风行水上涣,先王以享以帝立庙。"伊藤仁斋注解曰:"风行水上,无所不至,又无所阻隔,神在天地间,无所往而不在,亦犹如此,以人享于帝,不可谓慢也。不知神之所在而立庙以依之,不可谓伪也。故古先圣王用之,而自合于风行水上之象也。"⑥伊藤仁斋注解风行水上没有阻隔,无所不至,然后曰"不知神之所在而立庙以依之,不可谓伪也"比较费解,这里的注解笔者认为不如程颐的言简意赅。又例如《周易·象》曰:"泽中有火革。君子以治历明时。"伊藤仁斋注解曰:"泽中有火,通明之象,天下之难治者莫若历,难明者莫若时,义和之治历。非天下之至明不能。"⑦伊藤仁斋这里的解释虽然有新意,但与

---

① ③ [日] 伊藤仁斋. 大象解. 1763(元禄5年). (写真版のみ):11.
② 梁韦弦. 程氏易传导读. 济南:齐鲁书社,2003:293.
④ ⑤ [日] 伊藤仁斋. 大象解. 1763(元禄5年). (写真版のみ):12.
⑥ [日] 伊藤仁斋. 大象解. 1763(元禄5年). (写真版のみ):10.
⑦ [日] 伊藤仁斋. 大象解[M]. 1763(元禄5年). (写真版のみ):11.

程颐《程氏易传》对此句的解释比较，不如程颐的解释容易理解，也不如程颐对此的解释理顺，和程颐的注解还存有一定的差距。"伊藤仁斋和朱熹不同之处不仅是对占的承认与否，还有对人决定能力的信赖也有差别。"① 从对《大象》的注解看，伊藤仁斋继承了程颐、朱熹的某些思想，并且在某些方面也有所发展。

五、 儒家思想在朝鲜半岛传播中的易学研究

据学者研究，公元前7世纪左右，古朝鲜就与我国春秋时期的齐国有了贸易往来，随后与燕、西汉之间也有较多贸易往来。古朝鲜人通过贸易往来接触汉字，汉字的传入带动了儒学的传入。中国秦末汉初，燕地人卫满率领移民到达朝鲜半岛西北部，并于公元前194年推翻古朝鲜政权，建立卫氏政权。汉人的生产技术、物质文明及文化道德再次在朝鲜半岛传播。公元前108年，汉武帝发兵远征朝鲜半岛，灭卫氏政权，在半岛北部建立乐浪、玄菟、临屯、真番四郡，每郡又有若干县，乐浪郡为中心地带。中朝之间的经济文化交流更加频繁，正式拉开了儒家文化道德大量传入朝鲜半岛的历史帷幕。公元1世纪前后，朝鲜半岛的高句丽、百济、新罗"三国鼎立"。儒家文化道德首先传入半岛北部的高句丽国，尔后传入半岛西南部的百济国和东南部的新罗国。据《三国史记》记录，公元前19—公元前18年，高句丽国的琉璃明王二子解明、好童的孝行故事，与透出儒家色彩的"孝行"故事内容相一致。据朝鲜古籍记载，高句丽372年（小兽林王2年），中央设立以培养官吏为目的的"太学"，"太学"教授儒学，于是儒学在高句丽国成为官方正统思想。百济与高句丽一样，到了公元3世纪，就有了儒学教育机关，并设立五经博士制度。据《旧唐书》中《东夷传·百济》载："其籍有五经子史，又表疏并依中华执法"。南北朝时期的梁朝陆诩还专门去百济国讲学，传授儒学。新罗国接受儒学虽晚于高句丽、百济，但在公元7世纪中叶（676年），新罗国第一次统一朝鲜半岛后，儒学发展得很快。新罗王在统一前就选派了留学生到唐朝首都长安学习儒学。《三国史记》载：640年（新罗善德女王9年）夏5月"往遣子弟于唐，请入国学"。统一后，在选派的留学生中有不少人还参加了唐朝的科考，如崔致远考取进士后留在唐朝担任了侍御史、内供奉官等职。据《东文选叙》说，崔致远以下共有50多人，这些儒家文化的饱学之士，在朝鲜半岛传播儒家文化道德的过程中起到了积极的推动作用。公元10世纪，高丽王朝代替了新罗王朝。高丽国虽然崇信佛教，以佛教为国教，但在政治、文学方面却依赖儒教选拔官吏。光宗9年（958年）高丽以唐制开设科举，睿宗14年（1119年）设养贤库，从此教育和取仕皆以儒学为基础。高丽初期，名儒崔冲（984—1068）致仕后开私塾，以儒家经典育人才。尔后许多学者效仿，风靡全国。至此，儒学一时大盛，正统得以树立。1392年李氏王朝代替高

---

①田健次郎. 伊藤仁斋与朱子学. 早稻田大学院文学研究科纪要（第四二辑. 第一分册）[M] 东京：早稻田大学院文学院印刷，1997：1.

丽王朝，改国号为朝鲜，到1876年《江华岛条约》签订的400多年间，是儒家文化在朝鲜本国化最为彻底的时期，朝鲜半岛都以儒家文化道德为立国教民之本。这前期大约是中国儒学在明朝的阳明心学与朱子理学交相辉映的阶段。后期到了清朝，尽管清王朝是"夷狄"所建立的政权，但中国社会的儒家化达到了最高峰，在将自己表现为儒家君主的典范方面超过了明朝。这一点为当时朝鲜的有识之士所认同，如18世纪李朝学者朴趾源在他的《热河日记》中反驳了"夷狄"论，提出"师清"论，为中国传统文化在朝鲜的传播扫清了障碍。①

中国的《周易》和道教在朝鲜半岛颇有影响。1882年8月，两位李氏王朝的使臣朴泳孝和金玉筠奉命赴日本谈判。当时李氏王朝尚没有国旗，这两位使者认为，作为一个国家的代表，没有国旗是不行的，两人商议，决定用《周易》中内涵丰富、富有深刻哲理的太极图作为国旗图案。于是，他们在去日本的船上绘制了一面太极旗。两人回国后，将绘制国旗一事向政府作了汇报，受到肯定和赞扬。第二年即1883年，李氏王朝正式公布该旗为李氏王朝的国旗。1948年，韩国政府成立时，决定将太极旗作为韩国国旗，并于1949年颁布了制作标准：太极旗横竖比例为3比2；白底代表神圣的国土；太极图象征宇宙天地浑成以及单一民族构成的国家。中间太极的圆代表人民；太极的两仪为上红下蓝，分别代表阴阳。李甦平在《韩国儒学史》的著作中，阐述了韩国的李穑、郑梦周、郑道传、权近、徐花潭、李退溪、奇高峰、李栗谷、成牛溪、曹植、金长生、宋时烈、魏岩、韩元震、郑霞谷、李瀷、洪大容、丁茶山、崔济愚、朴殷植等代表人物的儒学思想，在韩国儒学家的著作中，也有诸多对《周易》的研究，以至于《周易》在韩国当今成了几乎家喻户晓的著作。

六、 儒家思想在新加坡传播中的易学传播

新加坡这个岛国有10来个民族，人数最多的是华人，占总人口的76.3%；次为马来族，占总人口的15%；再次是印度族，占总人口的6.4%；此外还有欧洲人、欧亚混血人、日本人、阿拉伯人、犹太人、尼泊尔人、菲律宾人、泰国人和缅甸人等。华人同其他民族一样，多属于移民的后裔，同本土文化自然维系着一条感情的纽带。儒家文化是成千上万的华人从移民船上带过来的，儒家伦理存在于新加坡的历史可以说和最初来到此地的华工一样早。儒家文化是由华人移民带到南洋的，在一个新的社会环境下，它就同固守在本土的本源的儒家思想有了分别。同时，它也和通过其他国家例如日本、朝鲜、越南等移植到该国、结合那里的特点进行改造的儒家学说有所不同。"②

新加坡从1979年6月开始，掀起了文化再生运动。其内容包括礼貌运动、敬老

---

①儒家文化在韩国的发展. http://wenku.baidu.com/view/d34e4263a45177232f60a275.html
②王文钦. 新加坡儒家文化三特征. 社会科学研究，1996（04）：86.

周运动、推广华语运动以及道德教育改革方案的提出。当年 9 月份，教育当局公布了在当时的部长王鼎昌主持下完成的《道德教育报告书》，开始准备为中三、中四学生开设宗教课程。1980 年 2 月春节前后，教育部又郑重宣布"儒家伦理"为选读课程之一。为了建设这门课程，特地从美国和台湾地区邀请了杜维明、余英时等八位教授前来新加坡讲学或提供编写方案，大众传媒也配合进行宣传，使推广儒家伦理的活动造成巨大的社会影响，一个政府如此大张旗鼓地开展维护传统价值观的运动说明了新加坡对儒家伦理的重视程度。[①]

儒学在新加坡的传播过程中，易学也得到了广泛传播，现在新加坡成立了诸多易经研究学会，它们不仅对《周易》的义理进行研究，还对《周易》分支术数学进行研究探讨。

[①] 王文钦. 新加坡儒家文化三特征, 社会科学研究, 1996（4）：87.

参考文献

[1] 朱伯崑. 易学哲学史［M］. 北京：华夏出版社，1995.
[2] 刘大钧. 周易概论［M］. 济南：齐鲁书社，2000.
[3] 林中军. 象数易学发展史.［M］. 济南：齐鲁书社，1994.
[4] 张其成. 易道主干［M］. 南宁：广西科学技术出版社，2007.
[5] 郑万耕. 易学名著博览.［M］. 北京：学苑出版社，1994.
[6] （汉）郑玄. 周易·乾凿度［M］. 北京：中华书局，1985.
[7] （德）H. 贡尼，R. 林古特. 霍克海默［M］. 北京：中国社会科学出版社，1992.
[8] 王其亨. 风水理论研究［M］. 天津：天津大学出版社，1992.
[9] （法）帕斯卡. 思想录［M］. 北京：商务印书馆，1985.
[10] （美）利奥波德·贝拉克，（美）萨姆·辛克莱尔·贝克，蔡署光，等译. 解读面孔.［M］. 北京：社会科学文献出版社，2008.
[11] （意）维柯. 朱光潜，译. 新科学［M］. 北京：人民文学出版社，1986.
[12] 苏剑波. 应用模式识别技术导论［M］. 上海：上海交通大学出版社，2001.
[13] Valentine T. A unified account of the effects of distinctiveness, inversion, and race in face recognition［J］. Quarterly Journal of Experimental Psychology，1991.
[14] （英）马林诺夫斯基. 文化论［M］. 北京：中国民间文艺出版社，1988.
[15] （法）帕斯卡尔. 思想录［M］. 北京：商务印书馆，1985.
[16] 刘逸生. 中国方术大辞典序［Z］. 广州：中山大学出版社，1991.
[17] 顾颉主编. 术数集成［M］. 重庆：重庆出版社，1994.
[18] 张东荪. 不同的逻辑与文化并论中国理学［M］. 兰州：甘肃人民出版社，1991.
[19] 张立文. 朱熹思想研究［M］. 北京：中国社会科学出版社，1981
[19] 蔡方鹿. 朱熹对宋代易学的发展［J］. 周易研究，2001，（04）.
[20] 张立文. 朱熹评传［M］. 南京：南京大学出版社，1998.
[21] 张立文. 理［M］. 北京：中国人民大学出版社，1991.
[22] 朱伯崑. 易学哲学史［M］. 北京：华夏出版社，2000.
[23] 严复. 天演论. 自序［M］. 北京：华夏出版社，2002.
[24] 胡适. 先秦名学史［M］. 北京：中华书局，1999.
[25] 李约瑟. 中国科学技术史［第3卷］［M］. 上海：上海古籍出版社，1990.

[26] Joseph Needham：'Science and Civilizaton on China'，Vol.Ⅱ，Seetion'B8－18，279ffand，after，Cambridge University press，1962.

[27] 孔子. 春秋纬·汉含孳 [M]. 北京：中华书局，1957.

[28] 孔子. 春秋纬·文耀钩 [M]. 北京：中华书局，1957.

[29] 孔子. 孝经纬·右契 [M]. 北京：中华书局，1957.

[30] （汉）董仲舒. 春秋繁露. 五行之义 [M]. 凌曙，注. 北京：中华书局，1957.

[31] 王玉德. 神秘的术数 [M]. 南宁：广西人民出版社，2004.

[32] （日）伊藤仁斋. 大象解 [M]. 1763（元禄5年），写真版のみ.

[33] （宋）朱熹. 周易本义 [M]. 苏勇，校注. 北京：北京大学出版社，1992.

[34] 梁韦弦. 程氏易传导读 [M]. 济南：齐鲁书社，2003.

[35] （清）李光地. 周易折中 [M]. 冯雷益，钟友文，整理. 北京：中央编译局，2011.

[36] （日）土田健次郎. 伊藤仁斋与朱子学. 《早稻田大学院文学研究科纪要》第四二辑. 第一分册 [M]. 东京：早稻田大学院文学院印刷，1997.

[37] （日）太宰纯（太宰春台）. 易道撥乱えきどうはつらん [M]. 延享丁卯1747.

[38] （日）森铗大年. 易道撥乱弁，一卷 [M]. 文政3 [1820] 大坂 河内屋儀助，藏板目錄4丁を付す，延3年刊（西村源六他2肆）本の后印，寬延2年藤原明遠序、寬延己巳年岸田勝跂，线裝.

[39] 周予同. 朱熹 [M]. 北京：商务印书馆，1931.

[40] 余敦康. 朱熹《周易本义》卷首九图与《易学启蒙》解读 [J] 中国哲学史，2001（04）.

[41] 蒙培元. 孟子以及儒家的事天说. 孔子研究 [J]. 济南：2000年第5期.

[42] 牟宗三. 心体与性体 [M]. 上海：上海古籍出版社，1999.

[43] （日）伊藤仁斋. 易经古义 [M]. 东京：早稻田大学院文学院印刷，1997.

[44] （日）土田健次郎. 伊藤仁斋与朱子学. 《早稻田大学院文学研究科纪要》第四二辑. 第一分册 [M]. 东京：早稻田大学院文学院印刷，1997.

[45] （日）伊藤善韶. 周易经翼通解序 [M]. 星野恒，校订. 富山房出版社，1913.

[46] （日）本居宣长. 日本哀物 [M]. 王向远，译. 长春：吉林出版集团有限公司，2010.

[47] 王鑫. 后世谈理，率祖乎易 [J] 关西大学文学会纪要，第33号.

[48] 刘文典. 淮南鸿烈集解（卷三）[M]. 北京：中华书局，1983.

[49] 王黎明. 风水中的科学与迷信 [M]. 重庆：西南师范大学出版社，1991.

[50] 王永祥. 董仲舒评传 [M]. 南京：南京大学出版社，2002.

[51] 秦伦诗. 中国易学博览. 风水 [M]. 呼和浩特：内蒙古人民出版社，2007.

[52] 史少博. 朱熹易学和理学的关系探赜 [M]. 哈尔滨：黑龙江人民出版社，2006.

[53] 高令印，乐爱国. 王廷相评传 [M]. 南京：南京大学出版社，2002.

[54] （汉）董仲舒. 春秋繁露 [M]. 上海：上海古籍出版社，1989.

[55] （美）L. 劳丹. 进步及其问题 [M]. 刘新民，译. 北京：华夏出版社，1990.

[56] （匈）拉卡托斯. 科学研究纲领方法论 [M]. 兰征，译. 上海：上海译文出版社，1990.

[57] http://view.news.qq.com/a/20070430/000005.htm 2006年09月25日17：01 人民网：专家：从多角度与视野理解"风水".

[58] 胡适. 中国哲学史大纲 [M]. 北京：北京大学出版社，2013.

[59] 王友三. 中国宗教史（上册）[M]. 济南：齐鲁书社，1991.

[60] 汪显超. 古易筮法研究 [M]. 合肥：黄山书社，2002.

[61] （汉）司马迁. 易行（史记卷一百二十八）[M]. 孙嘉镇，校订. 北京中华书局，2006.

[62] 王晓毅. 王弼评传 [M]. 南京：南京大学出版社，2002.

[63] 卢央. 京房评传 [M]. 南京：南京大学出版社，2002.

[64] 刘玉建. 汉代象数易学的理论价值及理论地位 [J]. 周易研究，2011（5）.

[65] 王充著. 陈蒲清，点校. 论衡 [M]. 长沙：岳麓书社，2006.

[66] 王晓毅. 王弼评传 [M]. 南京：南京大学出版社，2002.

[67] （宋）程颢，程颐著. 二程集 [下] [M]. 王孝鱼，点校. 北京：中华书局，2004.

[68] （宋）程颢，程颐著. 二程集 [上] [M]. 王孝鱼，点校. 北京：中华书局，2004.

[69] （宋）朱熹. 朱熹集 [M]. 尹波，郭齐，点校. 成都：四川教育出版社，1996.

[70] 李约瑟. 中国古代科学 [M]. 李彦，译. 上海：上海书店出版社，2001.

[71] （宋）黎靖. 朱子语类 [Z]. 北京：中华书局，1986.

[72] （宋）朱熹. 论语集注·季氏 [M]. 上海：上海古籍出版社，1987.

[73] （宋）朱熹. 孟子集注·告子上 [M]. 上海：上海古籍出版社，1987.

[74] （宋）朱熹. 朱子全书 [M]. 上海. 上海古籍出版社，1986.

[75] 王天恨. 孟子·尽心上 [M]. 台南：文国书局，1984.

[76] 王天恨. 孟子·公孙丑上 [M]. 台南：文国书局，1984.

[77] （宋）朱熹. 朱子遗书 [M]. 台北：艺文印书馆影印清康熙中御儿吕氏宝诰堂刊本.

[78] （明）陈邦瞻. 宋史纪事本末 [M]. 北京：中华书局，1977.

[79] 程颐，程颢. 二程集 [M]. 北京：中华书局，1918.

[80] （宋）胡宏. 胡宏集 [M]. 吴仁华，点校. 北京：中华书局，1987.

[81] 钟肇鹏，周桂佃. 桓谭　王充评传 [M]. 南京：南京大学出版社，1993.

[82] 冯友兰. 中国哲学史新编 [M]. 北京：中国人民大学出版社，1997.

[83] 马克思. 1844年经济—哲学手稿 [M]. 北京：中华书局，1982.

[84] 恩格斯. 自然辩证法 [M]. 北京，商务印书馆，1989.

[85] 任继愈. 中国哲学发展史 [M]. 北京：人民出版社，1983.

[86] 罗素. 西方哲学史 [M]. 马元德，译. 北京：商务印书馆，1988.

[87] 朱伯崑. 易学 [M]. 北京：九州出版社，2000.

[88] 史少博.《周易》中蕴含做人之道 [J]. 社会科学论坛，2007（02）.

[89] 北京大学哲学系外国哲学史教研室. 十八世纪法国哲学 [M]. 北京：商务印书馆，1963.

[90] Peter Berger, The Homeless Mind (Harmondsworth：penguin，1974).

[91] 吴江. 曾国藩成功学精华 [M]. 北京；中国华侨出版社，2000.

[92] 田昌五. 论衡导读 [M]. 北京：中国国际广播出版社，2008.

[93] （美）利奥波德·贝拉克，（美）萨姆·辛克莱尔·贝克. 解读面孔 [M]. 蔡署光，等译. 北京：社会科学文献出版社，2008.

[94] （明）陈邦瞻. 宋史纪事本末 [M]. 北京：中华书局，1977.

[95] 邓小平. 邓小平文选 [第2卷][M]. 北京：人民出版社，2002.

[96] 埃里希·弗洛姆. 人的希望 [M]. 沈阳：辽宁大学出版社，1964.

[97] 史少博.《周易》术数学的哲学价值 [J]. 青岛科技大学学报（社会科学版），2005（02）

[98] 史少博.《周易》研究路经述评 [J]. 哲学动态2006（03）.

[99] 史少博. 朱熹"禀气"说与人的道德先在性 [J]. 管子学刊，2006（01）.

[100] 史少博. 朱熹"存天理、灭人欲"的当代解读与启示 [J]. 中国石油大学学报，2006（01）.

[101] 史少博. 王充论命 [J]. 青岛大学师范学院学报，2006（12）.

[102] 史少博.《周易》蕴含做人之道 [J]. 社会科学论坛，2007（01）.

[103] 史少博.《周易》蕴含的中华民族精神 [J]. 湖北社会科学，2007（11）.

[104] 史少博."太极理也"沟通朱熹的易学与理学 [J]. 嘉应学院学报，2007（01）.

[105] 史少博. 朱熹论命 [J]. 管子学刊2007（03）.

[106] 史少博. 朱熹论"善""恶"与禀气 [J]. 青岛大学师范学院学报, 2005 (01).
[107] 史少博. 论朱熹的"五行"配"五常" [J]. 青岛大学师范学院学报, 2008 (03).
[108] 史少博. 《周易》论男女关系 [J]. 中国素质教育研究, 2008 (01).
[109] 史少博. 中国内地对古代术数研究缺失问题 [J]. 社会科学论坛, 2008 (11).
[110] 史少博. 探析《周易》的演绎思维 [J]. 东方论坛, 2009 (03).
[111] 史少博. 朱熹论"义、利"关系的视阈及意义 [J]. 济南大学学报（社）, 2010 (02).
[112] 史少博. 《周易》吉凶论的辩证关系与现实价值 [J]. 河北学刊, 2011 (02).
[113] 史少博. 儒家思想在日本的传播 [J]. 学术论坛 2012 (08).
[114] 史少博. 江户时期伊藤仁斋《易经古义》之探析 [J]. 哲学分析, 2013 (05).
[115] 史少博. 土田健次郎对儒家思想的研究与传播 [M]. 哈尔滨：黑龙江人民出版社, 2012.
[116] 蒙培元. 中国著名哲学家评传 [M]. 济南：齐鲁书社, 1982.
[117] 刘玉建. 两汉象数易学研究 [M]. 南宁：广西教育出版社, 1996.
[118] （日）伊藤仁斋. 大象解 [M]. 1763（元禄5年），写真版のみ.
[119] （日）太宰纯（太宰春台）. 易道撥乱えきどうはつらん [M]. 延享丁卯, 1747.
[120] （日）森铗大年述. 易道撥乱弁 一卷 [M]. 文政3 [1820] 大坂 河内屋仪助, 藏板目録4丁を付す, 延3年刊（西村源六他2肆）本の後印, 寛延2年藤原明遠序、寛延己巳年岸田勝跋, 線装.

索引

B

巴多明 182
八卦 70
白晋 179,180
禀气说 54
柏应理 183
卜筮 159,161

C

程颢 90
程颐 71,166
谶纬 35～40,49～53
诚 122
《春秋》 4

D

大盐平八郎 188
道德先在性 94
董仲舒 4,46～53

F

房京 19,20
风水 168～176

G

刚健 128

卦气说 16

H

环境观 115,116,117

J

吉田松阴 188
君子之道 119

K

孔颖达 14,165
孔子 2,4,6,10,21,33～46,107

L

雷孝思 181
李鼎祚 165
李约瑟 26,127,184
理之命 78,79
两仪 70
刘伯温 167
六经 6

M

蒙培元 85
孟子 2
命 54～58,76

N

内揣之术 23

Q

气之命 78,79,80
取象 137

R

人欲 101,102,103,104
儒学 1～10
瑞祥灾异说 48

S

善恶 97,98,99
森铣大年 205,207,209
邵雍 29～31
苏轼 63～68
术数 143～167
司马迁 160
十三经 7
四象 70

T

太极 69,74,75,86
太玄经 14
太宰纯 203～205,210～212,214～224
藤原惺窝 187
天理 101,103,104
天人感应说 46～48
天人合一 110,111,112,114
《图宅术》 61
推命术 59

X

相面术 60,154,157
象数 28,31,73,138
心 91～94
性 85,87,88
荀子 2

W

王弼 29,63,65,66,164
五常 12,14,15,81,83,95,96
王充 54～63,171
外揣之术 23
卫匡国 178
五经 6
五行 12,15,81,82,83

Y

扬雄 14
易道 11,45
义理 28,62,73
义理观 105
伊藤仁斋 190～203
阴阳 87,91
运数 140

Z

曾德昭 177,178
郑玄 18
中江藤树 188
周敦颐 15,83,
朱熹 31,69～109

后记

本书积累了我多年的研究和思考，其中有部分内容是我已经公开发表论文的汇集整理。儒学和易学从发展的路径看，既有交集、又有分离。《易》是儒家最重要的经典著作之一，从一定的视角看，易学是儒学的一部分；但是从另外的角度分析，易学有其独立性和自身的特点，又不完全从属于儒学，这就形成了儒学和易学的交融与分离。本书主要是从儒学视野下阐释易学，书中既有我多年的研究和思考，也吸取了许多专家的思想精华。

这部书的出版，首先感谢丘亮辉教授多年以来的帮助。丘教授做人光明磊落，正直善良，对学术有精湛的研究。还要感谢我的博士生导师刘大钧教授对我的鼓励和帮助，刘大钧教授是易学泰斗，他高尚的品德一直激励我在学术上不断奋进。我博士毕业虽然很多年，但是山东大学的许多老师的恩德都不敢稍忘。我的硕士导师刘陆鹏教授的高尚品格及对学术研究的严谨态度一直是我学习的楷模。山东大学的丁原明教授、傅有德教授、林中军教授、刘玉建教授、王新春教授、颜炳罡教授等对我的帮助也一直铭记在心。

在此，还要感谢清华大学的很多教授对我的无私帮助。多年前我在清华大学做博士后，承蒙我的合作导师曹南燕教授在生活上和学习上给予我许多帮助，令我十分感激。衷心感谢清华大学的曾国屏教授、吴彤教授、李正风教授、刘兵教授、肖广岭教授、杨舰教授、鲍鸥教授、蒋劲松教授、刘立教授、吴金希副教授等各位老师给予我的帮助和指导，各位老师渊博的知识、严谨的学术态度使我受益良多，不敢稍忘。感谢以前工作单位哈尔滨工程大学许多领导和同事的帮助。陈坤院长既是我的领导、又像大姐姐一样对我关怀和鼓励，一直激励我在学术路上不敢停步，她高风亮节的品格一直是我的榜样。2013年我因工作调动到了西安电子科技大学，又承蒙漆思院长、吴建新书记、常新教授、宋宝萍教授、夏永林教授和李刚教授等同事的帮助，为我的研究营造出积极向上的氛围，对各位领导和同事发自内心地感谢。本书参考和引用了国内外许多专家的观点，也一并深深感谢。感谢给予我帮助的所有人。

史少博

2017年8月1日